Leonard Cohen

Le Canadien errant

Ira B. Nadel

Leonard Cohen

Le Canadien errant

Traduit de l'anglais par Paule Noyart

Boréal

Les Éditions du Boréal remercient le Conseil des Arts du Canada
et la SODEC pour leur soutien financier.

Photographie de la couverture : Jean-François Bérubé, 1997.
Conception graphique de la couverture : Devant le jardin de Bertuch.

L'édition originale de cet ouvrage a été publiée par Random House sous le titre de *Leonard Cohen,
Various Positions*.

Diffusion au Canada : Dimedia

Données de catalogage avant publication (Canada)

Nadel, Ira Bruce

   Leonard Cohen : Le Canadien errant

   Traduction de : Various Positions

   Comprend un index

   ISBN 2-89052-854-5

   1. Cohen, Leonard, 1934-   – Biographie. 2. Poètes canadiens-anglais – 20ᵉ siècle – Biographies –
I. Titre.

PS8505.O22Z79414   1997   C811'.54   C97-941191-2
PS9505.O22Z79414   1997
PR9199.3.C57Z79414   1997

À Dara et à Ryan

J'aimerais pouvoir tout dire en un seul mot. Je déteste tout ce qui peut se produire entre le commencement et la fin d'une phrase.

LEONARD COHEN
The Favorite Game

Qu'est-ce qu'un poète? Un poète est un être malheureux dont le cœur est déchiré par des souffrances secrètes, mais dont les lèvres sont si étrangement conformées que lorsque les soupirs et les pleurs s'en échappent, ils sonnent comme une belle musique.

KIERKEGAARD
Ou bien... ou bien

Le monde est-il une prière à quelque étoile?

LEONARD COHEN
Beautiful Losers

Introduction

Léonard Cohen : une énigme. Beatnik en habit, séducteur notoire qui vit en ermite, chanteur sans voix, juif pratiquant le zen... Ces contradictions m'ont intrigué, j'ai voulu les comprendre. Alors j'ai suivi les traces de Cohen de Montréal à son monastère zen de Californie, en passant par Londres, l'île grecque d'Hydra, Cuba, New York, Nashville et Los Angeles. Leonard s'est montré patient tout au long de ce périple, même quand je lui ai posé *la* question cruciale aux yeux de mon éditeur, l'ouvrage pourrait-il être qualifié de biographie « approuvée ». Il a réfléchi un moment. « Tolérée », a-t-il dit. Puis, souriant : « Avec bienveillance. » Cette réponse ironique donne plus de prix encore au discret concours que Cohen et ses proches m'ont apporté. Dans une certaine mesure, ce récit d'une vie, celle de Leonard Cohen, a pu être écrit grâce à la confiance qu'ils m'ont témoignée.

On a dit de Cohen qu'il était « moitié loup, moitié ange ». On l'a également appelé « le marchand de désespoir », « le chantre du pessimisme », « le prince des rabat-joie ». Ses premiers disques lui ont valu cette étiquette : ses couplets et sa musique, selon certains, donnent « envie de se trancher les veines ». Ses chansons les plus récentes ont nuancé cette image, et ses derniers disques sont, par moment, proches de la célébration. Des enthousiastes les ont même qualifiés d'optimistes. Mais le désespoir élégant et altier de Cohen imprègne presque toute son œuvre. « Une aspiration amoureuse mélancolique » et un érotisme narcissique s'y déploient, qui ne font que rehausser le charme de l'auteur. Cohen s'est toujours senti porté vers les idées sombres, mais cette mélancolie, dit-il, n'est sans doute pas plus intense que celle que ressent le commun des mortels. « On confond souvent la dépression et le sérieux. Il se fait que j'aime le *mode* du sérieux. Être sérieux me procure paix et détente. » Un paradoxe que Nietzsche résume par ces mots : « Il y a tant et tant de choses joyeuses dans la punition. »

Cohen a connu très tôt le succès ; il est devenu le *poète maudit* dont les hymnes mélancoliques restituaient l'interminable adolescence littéraire de toute une génération. Mais ce succès restait mitigé ; ses disques se vendaient, certes, mais de façon relativement modeste, et ses livres, malgré toute la controverse qu'ils ont suscitée, ont rencontré peu de lecteurs. Au milieu des années quatre-vingt, lorsque des artistes plus jeunes ont voulu s'acquitter de leur dette envers lui en reprenant ses chansons, ces dernières ont connu un nouvel essor commercial. En 1991, un disque hommage intitulé *I'm Your Fan* a été réalisé par plusieurs groupes de musique alternative. Il a été suivi, en 1995, de *Tower of Song,* avec Elton John, Peter Gabriel, Billy Joel et Sting.

Le titre original de ce livre, *Various Positions,* emprunté au disque préféré de Cohen, est une formulation philosophique inspirée d'une maxime de Joshu Saski Roshi, le maître zen de Leonard. « L'homme zen n'a pas d'attache », a déclaré Roshi. Rester figé dans une position, s'en tenir à un seul point de vue tout au long de l'existence est radicalement opposé à la philosophie zen, dans laquelle tout est transition. Il n'existe qu'un absolu dans le monde zen : le changement. La seule réalité, le seul élément durable dans cette philosophie est le moi véritable et sans attache, un moi que l'on doit constamment essayer de découvrir. Attitude qui exige une grande discipline.

Que ce soit à Londres, en 1959, où sa logeuse exigeait qu'il écrivît trois pages par jour, ou lorsqu'il composait les paroles d'une chanson — tâche qui prenait parfois plusieurs années —, la discipline a été à la base du succès de Leonard Cohen. Tout ce qu'il a écrit a été retravaillé jusqu'à ce que la vérité soit mise à nu. « Je suis tendu, je me ronge les sangs », confie-t-il en 1993 à un critique. « Il faut que je me déshabille pas mal avant d'arriver à la vérité ; je n'ai rien du type spontané et viscéral. »

Dans le cadre de sa démarche artistique, Cohen conserve soigneusement toutes les étapes de son travail. Sa collection de notes, de documents, de journaux intimes, de brouillons, de souvenirs et sa correspondance constituent la mémoire vivante de son œuvre. De telles archives, explique-t-il, sont « au centre du tout ». Puis il ajoute : « Je vois l'œuvre flotter sur ces matériaux. » Les chansons et les poèmes publiés ne sont « que le phare — le point de départ, en quelque sorte, pour l'investigation de l'œuvre entière [...] Les archives sont la montagne, l'œuvre publiée est le volcan. » Il voit un peu ces archives comme le roc dont parle la Bible : « Peu importe ce que l'on place sur l'autel. Quelle que soit l'arche, objet précieux, ciselé et délicat, il faut que la base soit de roc, solide, brut. » Cohen note les progrès de son travail d'écriture par petites touches, comme un miniaturiste. Chaque nouvelle version le rapproche du but. C'est grâce à ce rapport serré que l'on découvre la vie de l'auteur, avec ses petites victoires et ses perpétuels revers.

« Tout ce dont j'aie jamais été sûr, dit-il, c'est qu'il me fallait conserver des choses. »

> Je ne savais pas qui j'étais, où j'allais, ce que signifiait le monde, de quoi les femmes étaient faites. La seule chose que je savais, c'est qu'il me fallait garder des traces de cette petite vie qui était la mienne [...] Je n'ai jamais dit que j'étais un grand poète ; je n'ai jamais essayé de faire croire que j'étais autre chose qu'un poète mineur et un faiseur de chansons. Je ne sais même pas quel nom coller à cette activité. Laissons aux spécialistes le soin de donner les appellations. J'ai seulement dit que j'avais tout consigné. Tout est là. J'ai accompli exactement ce que je m'étais proposé au départ, témoigner de mon voyage sans jamais porter de jugement. Mais le voyage est là. On ne peut pas en douter.

Contrairement à la vie, l'art ne connaît pas les divisions. Pour Cohen, il n'y a aucun clivage entre la musique et l'écriture. Cette conviction résume la tradition judaïque de l'unité de la Loi orale et de la Loi écrite. Elles sont inséparables, la Loi orale étant parfois considérée comme l'âme de la Loi écrite. Elles sont révélées en même temps.

Tout au long de sa vie, Cohen a voulu voir la beauté de près ; il a voulu la toucher et en témoigner. Mais le paradoxe, dans ce désir, c'est que lorsqu'on touche la beauté, elle s'évapore. Il a quitté toutes les femmes qu'il a aimées. Lorsque la beauté lui était offerte, il l'abandonnait, car il avait l'impression qu'elle allait le prendre au piège. Dans un roman inédit, il écrit : « Ce que j'admire le matin, je le méprise au crépuscule. Je passe de la gourmandise au jeûne. » Cette attitude, on s'en doute, a provoqué de nombreuses ruptures dans sa vie amoureuse. Mais elle signifie également que son esthétique résiste à tout. De la dépression et du désespoir naît la volonté de créer.

Cohen a toujours fait preuve d'un penchant à l'autodérision. « J'aime inclure dans mes œuvres la permission d'en rire, déclare-t-il en 1992. J'ai toujours pensé que j'étais un comique. » Mais l'humour ne court-circuite pas le sérieux essentiel de ses écrits. « Chacun de mes livres illustre une crise », a-t-il expliqué au début de sa carrière. Cohen a surmonté ces crises avec sa propre logique, au début grâce à la poésie, puis avec des romans, des psaumes, des chansons narratives. Son public peu nombreux mais fidèle le considère presque comme une figure pastorale, un guide spirituel. Sa musique, éclectique, est un mélange de rythmes méditerranéens, de ballades folk, de musique country et western, de blues, de jazz et de gospel. C'est un langage souple, mélancolique, qui se remodèle constamment.

La clé du charme de Leonard Cohen tient tout entière dans sa poétique de la survie, outil qui lui permet d'affronter et de transcender le côté sombre du moi. Le judaïsme a été le point de départ de sa quête spirituelle, mais c'est le bouddhisme qui lui a montré le chemin à suivre. Vingt-cinq années de bouddhisme zen l'ont aidé à survivre. Le processus de libération par le biais de la souffrance, dit-il, « m'a mené là où je suis aujourd'hui ». L'importance qu'accorde le zen à la compréhension de soi a été à la base de son attirance pour cette doctrine :

Je ne veux pas m'attacher. Je veux recommencer. Je crois que je t'aime, mais j'aime encore plus l'idée de faire table rase [...] La tentation de la discipline me rend impitoyable.

Cohen ressasse ce credo dans ses poèmes, ses chansons, ses romans ; il s'y conforme dans sa vie privée. Son discours résume son perpétuel dilemme : comment être aussi vrai que possible.

Toute biographie est, par essence, incomplète ; elle ne peut qu'essayer d'approcher, à travers un récit, des moments qui composent la vie du sujet. Par bonheur, une grande partie de l'énergie artistique de Cohen a été consacrée à l'analyse de ces moments, ce qui procure au biographe quelques clés pour élucider le mystère :

> Loin de voler avec les anges, il trace, avec la fidélité de l'aiguille du sismographe, l'état du paysage dense et sanglant [...] Il peut aimer la forme des êtres humains, les belles formes tordues du cœur. C'est bon d'avoir de tels hommes parmi nous, de tels monstres d'amour qui s'efforcent de rester en équilibre.

CHAPITRE I

La fondamentale de l'accord

L E JOUR DE L'ENTERREMENT de son père, Leonard enterre le feuillet sur lequel il a écrit son tout premier texte. Il défait l'un des nœuds papillon du défunt, y coud le bout de papier, puis enfouit le tout sous la neige de son jardin de Montréal. Il a neuf ans. C'est par le biais du symbolisme puissant de cette cérémonie secrète qu'il exprime sa tristesse. Le message enfoui scelle un lien avec le père. Chaque fois qu'il prendra la plume, il s'en souviendra. Art et sacrement, rituel et écriture ont fusionné.

L'enterrement a lieu le jour de l'anniversaire d'Esther, la sœur de Leonard, mais personne ne souligne cette coïncidence. Les deux enfants n'en discuteront que plus tard dans la soirée, lorsque, les larmes aux yeux, ils reviront l'émotion ressentie à la vue de l'homme couché dans le cercueil. Leonard supplie sa sœur de ne pas pleurer. La journée qu'ils ont vécue, dit-il, est destinée à devenir journée de célébration. Mais il est difficile aux deux enfants d'oublier l'image qui a dominé les funérailles : le visage de leur père, aussi sévère dans la mort qu'il l'a été dans la vie.

Cette mort, qui survient en janvier 1944, est l'événement le plus important de la jeunesse de Cohen. Elle est à la base de son activité artistique. « La perte, explique-t-il dans *The Favorite Game*, est mère de la poésie. » L'enfant va bien sûr se mettre en quête d'un remplaçant, ce père/mentor qu'il cherchera toute sa vie. Mais la disparition du père le libère ; elle lui permet de poursuivre ses propres desseins sans obstacle — même si elle lui impose le rôle de patriarche responsable du bien-être de sa mère et de sa sœur. Rôle ambigu, difficile, car Leonard dépend entièrement de ses oncles.

« Qu'éprouve-t-on quand on n'a plus de père ? Cela vous rend plus adulte. On découpe le rôti, on s'assied là où il avait coutume de s'asseoir », répond le narrateur de *The Favorite Game*. Comme il le fera dans presque toute son œuvre, Cohen résout ses problèmes psychologiques par la spiritualité : « La mort de son père lui avait donné une idée de ce qu'était le mystère, le contact avec l'inconnu. Il pouvait parler avec une autorité extraordinaire de Dieu et de l'enfer. »

La disparition de Nathan va laisser une cicatrice indélébile. « Ce qui arrive quand le Verbe se fait chair. » C'est ainsi qu'il la définira dans son premier roman. Le message cousu dans le nœud papillon est un talisman qu'il va porter en lui toute sa vie : « J'ai creusé dans le jardin pendant des années pour le retrouver. Je ne fais peut-être que cela, au fond, rechercher ce petit bout de papier. »

* * *

Leonard Cohen grandit à Westmount, quartier de Montréal situé sur le flanc du mont Royal. C'est là que vit la bourgeoisie très aisée. La demeure de deux étages, en briques, donne sur Murray Hill, un parc qui s'étend entre les manoirs et la côte Saint-Antoine, où la grosse synagogue Shaar Hashomayim prend quasiment la place d'un pâté de maisons. Du parc, on voit le Saint-Laurent, vers le sud, et le centre de la ville vers l'est. De la terrasse du second étage, Leonard peut voir la ville et espionner les amoureux qui se promènent dans le parc, ce parc dont il a écrit qu'il « nourrissait les rêves des dormeurs des maisons avoisinantes. » C'est « le cœur vert » qui offre aux jeux des enfants « un paysage d'épopée [...] Les chemins sinueux apprenaient la beauté aux nurses et aux servantes. »

Jusqu'en 1950, Cohen occupe une petite chambre qui fait face à la verte étendue. Cette même année, lorsque sa mère se remarie et que la fille de l'époux se joint à la famille, Cohen cède sa chambre à cette dernière et emménage dans ce qui faisait naguère office de bibliothèque. Son lit se trouve encore dans la pièce, ainsi qu'une commode et un bureau installé devant la fenêtre. La bibliothèque couvre deux murs complets.

Quelques photos ornent les deux autres. Un portrait du père ; des photos de Leonard et d'Esther dans leurs toges de diplômés de l'université McGill ; Cohen priant avec le *tallit** et les *téphillim*** devant le mur des Lamentations à Jérusalem. Des recueils de Chaucer, de Milton, de Byron, de Scott, de Longfellow et de Wordsworth sont alignés sur les rayonnages de la bibliothèque, ainsi que le *Golden Treasury*, de Palgrave. Ces livres, tous reliés en cuir, lui ont été offerts par son père, qui les a reçus le jour de sa *bar mitzvah****. Le livre de prières des Congrégations hébraïques unies, cadeau de sa mère, trône au sommet d'une étagère, avec un volume de sept cents pages, *Ozar Taamei Hazal. Thesaurus of Talmudical Interpretations,* dont le contenu a été compilé par le grand-père maternel de Leonard, le rabbin Solomon Klinitsky-Klein.

La bibliothèque contient également un recueil de poèmes de A. M. Klein, les poésies complètes de Marianne Moore, les *Poèmes,* de Robert Louis Stevenson, *Harmonium,* de Wallace Stevens, des poèmes de Matthew Arnold, *Les Mémoires de Napoléon,* un recueil complet des poèmes courts d'Auden, *Poèmes,* de Walt Whitman, *Writers Market 1957, La Dame du Lac,* de Walter Scott, *Une histoire des pratiques sexuelles,* de Richard Lewinsohn, *Le Supplice des martyrs chrétiens,* de A. R. Allinson et, relié en cuir blanc, *La Divine Comédie* de Dante. Ces ouvrages laissent entrevoir quelques-unes des influences qui vont compter dans la vie de Cohen. On trouve aussi à leurs côtés, témoignant de l'intérêt initial de Cohen pour le métier d'avocat, le *Code criminel du Canada 1953-54* et *Droit constitutionnel canadien,* de Bora Laskin.

L'homme élégant à l'expression grave dont on peut voir le portrait sur un des murs est Nathan, le père de Leonard. Il a l'œil pénétrant, les cheveux lissés vers l'arrière, la moustache impeccable. Les membres de sa famille l'appelaient Nat. Il affectionnait les vêtements édouardiens. Sur la photo, il porte un costume impeccable « tout tissé de réserve britannique ». La pose adoptée par le sujet dissimule son invalidité et sa

---

* Châle rituel en soie ou en laine blanche dont les juifs se couvrent les épaules pour prier. *N.D.T.*

** Bandes de cuir contenant des versets de la Bible, que les juifs portent au front et au bras gauche pendant les prières. *N.D.T.*

*** Rite de passage au cours duquel l'adolescent juif fait sa profession de foi solennelle au judaïsme en lisant un passage de la Torah. *N.D.T.*

mauvaise santé, conséquences de la guerre. Une tension artérielle élevée n'empêchait pas Nathan d'avoir l'air robuste. Il avait une tendance à s'empourprer lorsqu'il se mettait en colère, ce qui arrivait souvent. Son sens de la prémonition était étonnant. Edgar Cohen, le petit cousin de Leonard, de vingt ans son aîné, se souvient d'une déclaration que Nathan lui a faite un matin à la synagogue : « Je ne verrai pas la *bar mitzvah* de mon fils Leonard. » Il ne se trompait pas. Un autre jour, alors qu'à la table familiale le jeune Cohen récite par erreur le *kaddish*, prière des morts, au lieu du *kiddush*, bénédiction du vin et du *challah* (pain tressé) au repas du vendredi soir ouvrant le temps du sabbat, son père s'abstient de l'interrompre et, songeur, murmure : « Laissons-le faire, il devra la dire bien assez tôt. »

Bien que Nathan eût fait des études d'ingénieur, il ne pratiquait pas sa profession. La place importante qu'il occupait dans la fabrique de vêtements familiale l'en empêchait. Leonard l'admirait, mais avec une pointe de tristesse. Selon ses propres mots, Nathan était, au sein de la famille, « le frère persécuté, le poète refoulé, l'innocent perdu au milieu des machines de la fabrique, le juge compatissant qui écoute mais ne prononce pas de sentence ». Sa disparition perturbe la stabilité de la famille : « Il avait tout pour inspirer le mythe et le désir de vengeance ; et le fils qui lui survivait croyait déjà au poids inéluctable du destin. Il est mort en crachant le sang et en se demandant pourquoi on ne l'avait pas nommé président de sa synagogue. Ses dernières paroles à sa femme ont été : "Tu aurais dû épouser un ambassadeur." »

Une autre photo, prise dans un jardin… On y voit Nathan et sa femme. Masha sourit. Elle est légèrement plus grande que son époux, et très élégante. Le couple fixe fièrement l'appareil. Le regard de la femme est inquisiteur, un peu méfiant ; l'homme en impose, malgré une attitude un peu compassée. Il est très soigné, très net, avec son cigare, sa fleur à la boutonnière et ses guêtres.

Masha et Nathan se sont mariés en 1927. La personnalité de la mère de Cohen, dont la famille est russe, reflète bien le caractère slave. Elle est tour à tour mélancolique, émotive, romantique et pleine de vie. Suzanne Elrod, la mère des deux enfants de Leonard, estime que Masha Cohen a eu une influence déterminante sur la vie spirituelle et sur l'imaginaire de son fils. Pour Roz Van Zaig, la belle-fille, elle avait un peu l'allure d'une bohémienne. Masha a une formation d'infirmière ;

elle est très musicienne et chante souvent des chansons folkloriques en russe ou en yiddish. Lorsque son fils joue de la guitare, elle l'accompagne de sa superbe voix de contralto. Elle prend volontiers des poses théâtrales. Sa forte personnalité, soulignée par une silhouette imposante, s'est d'abord heurtée à l'attitude tranquillement conventionnelle des Cohen (certains membres de la famille pensaient que Nathan avait fait une mésalliance, mais ils ont fini par adopter leur belle-sœur, dont la générosité et la chaleur étaient si réconfortantes pour son mari malade). Mais l'entrain de l'épouse déroute souvent les oncles et tantes si réservés. Masha cuisine admirablement. Sa voix profonde est teintée d'accent russe, son anglais laisse à désirer.

∗ ∗ ∗

L'arrivée de Lazarus Cohen dans la campagne ontarienne, en 1869, s'inscrit dans la trajectoire de l'immigration juive au Canada au XIXᵉ siècle. Lazarus s'installe à Maberly et, deux ans plus tard, se dispose à y accueillir sa famille, qui attend son signal dans un pays qui s'appelle alors la Lituanie. En 1883, il déménage à Montréal, où son fils a reçu son enseignement religieux et où la colonie juive grandit rapidement. Lazarus, qui est rabbin et descend d'une famille de dévots et d'érudits, a dû se reconvertir en homme d'affaires en arrivant au Nouveau Monde. Par contre, son plus jeune frère, Hirsch, deviendra le grand rabbin du Canada. Sa voix puissante, sonore et profonde le rendra célèbre. C'est peut-être à lui que Leonard doit son timbre unique.

Lazarus fait preuve d'un grand talent pour les affaires. En 1895, après son installation à Montréal, il est nommé président de W. R. Cuthbert & Company, fonderie de cuivre qui, entre 1896 et 1906, inaugurera la première entreprise juive de dragage au Canada et possédera bientôt sa propre flotte. Le contrat qui lie l'entreprise au gouvernement stipule que les bateaux peuvent draguer presque tous les affluents du Saint-Laurent entre le lac Ontario et Québec.

Lazarus, qui a des liens étroits avec la communauté juive, se rend en Palestine en 1893 pour y représenter un groupe de colons — c'est le premier contact de Juifs canadiens avec la terre promise. Il est également élu président du Comité de colonisation juive de l'Institut Baron de Hirsch, mis sur pied afin de veiller à l'installation des immigrants juifs dans l'Ouest canadien. En 1896, il dirige la Congrégation Shaar Hashomayim, poste qu'il conserva jusqu'en 1902. Lazarus porte une longue barbe blanche, préfère la culture anglaise à la culture yiddish, et parle avec un léger accent écossais acquis dans le comté de Glengarry, où il a vécu avant d'immigrer au Canada. Il meurt le 29 novembre 1914, à l'âge de soixante-dix ans, deux semaines après avoir été réélu président de sa synagogue. Son éloge funèbre met l'accent sur sa connaissance du Talmud et de la littérature anglaise, de même que sur la grâce avec laquelle il a su harmoniser les traditions juives et la culture moderne.

En 1891, Lyon Cohen, le fils aîné de Lazarus, épouse Rachel Friedman. Ils ont quatre enfants : Nathan, Horace, Lawrence et Sylvia. Comme son père, Lyon va contribuer à la consolidation de la communauté juive à Montréal. Il lance, avec Samuel William Jacobs, le premier journal juif au Canada, *The Jewish Times*. En 1904 — il a trente-cinq ans —, il est élu président de Shaar Hashomayim, devenant ainsi le plus jeune dirigeant de la congrégation canadienne juive la plus en vue. Il est également membre du Conseil des gouverneurs de l'Institut Baron de Hirsch de Montréal, dont il assurera la présidence en 1908. Lyon fait de ses bureaux le premier centre communautaire juif de Montréal, fonde la première société hébraïque privée de prêt sans intérêt et fait construire le sanatorium Mont Sinaï à Sainte-Agathe. À la mort de son père, il est réélu président de la synagogue Shaar Hashomayim. En 1922, il devient président du Conseil de la communauté juive de Montréal, qu'il a aidé à constituer. C'est un Juif d'expression anglaise de Wesmount ; il vit dans le « haut de la ville ». Les Juifs du « bas de la ville », eux, habitent boulevard Saint-Laurent et rue Saint-Urbain, et parlent le yiddish.

Montréal, en 1900, est majoritairement peuplée de francophones mais vit sous la coupe des anglophones. Les deux tiers des citadins parlent français et habitent à l'est du boulevard Saint-Laurent ou sur la « Main ». Les Anglais se tiennent à l'ouest de la ville, dans les grandes maisons du Golden Square Mile et à Westmount — ainsi qu'à Griffintown, le ghetto de la classe ouvrière irlandaise. La colonie juive est installée tout au long de la « Main », ligne de démarcation entre Français et Anglais — conciliante géographie séparant deux solitudes. La rue

Saint-Urbain constitue la frontière occidentale de l'enclave, qui s'étend vers l'est jusqu'à la rue Saint-Denis, vers le sud jusqu'à la rue Craig et vers le nord jusqu'à la rue Duluth. L'immigration juive n'a pris de l'importance qu'à la fin du XIXe siècle, lorsque le nombre d'immigrants juifs a largement quadruplé, passant de plus ou moins 16 400 âmes en 1901 à 74 564 âmes en 1911. En raison du petit nombre d'immigrants juifs allemands, le pays n'a pas vraiment de classe juive « aristocratique » ; la plupart des Juifs d'Europe de l'Est sont des commerçants, des courtiers ou des fabricants.

Lazarus Cohen ne se conforme pas aux traditions démographiques et s'installe à Westmount, où les maisons de pierre rappellent celles de Mayfair ou de Belgravia. On y retrouve, dans un même pâté de maisons, et parfois même dans un seul immeuble, les styles Tudor, gothique et Renaissance. Sur le plan architectural, aussi bien que géographique et spirituel, ce mélange de styles est très loin de ce que l'on peut voir dans le Montréal francophone, très loin de ce que l'on appellera plus tard le « fait français ».

Dans *The Favorite Game*, Cohen met en évidence l'insularité de Westmount en soulignant le contraste que le quartier offre avec Montréal, ville d'immigrants qui ne cesse de rappeler à ses habitants leur passé. Montréal, écrit-il, perpétue un « passé qui s'est déroulé ailleurs » :

> Ce passé n'est pas préservé dans les bâtiments ou les monuments, qui sont souvent récupérés pour le profit, mais dans l'esprit des citoyens. Les vêtements de ces derniers, leur métier sont leurs seules concessions à la mode. Chaque homme parle la langue de son père.
>
> Il n'y a pas plus de Montréalais qu'il n'y a de Canadiens. Demandez à un homme qui il est et il vous donnera le nom de sa race. [...] Le temps présent n'existe pas à Montréal, seul le passé y triomphe.

✳ ✳ ✳

Lyon Cohen, qui croit fermement qu'un juif qui se respecte se doit de connaître l'histoire de son peuple, transmet cette conviction à son fils Nathan et à son petit-fils Leonard. La connaissance de la Torah est indispensable, et faire *mitzvot* (de bonnes actions) est essentiel. Aristo-crate et courtois, conciliant mais pragmatique, Lyon joue un rôle important dans la communauté juive, en particulier dans l'effort de guerre.

Il se consacre au recrutement de Juifs pour les forces armées cana-diennes. Nathan et Horace, deux de ses fils, se joignent au régiment Royal Montreal et partent au combat (le troisième, Lawrence, ne s'en-rôlera pas). Lyon est à la tête d'un corps national de soutien qui envoie des renforts aux Juifs européens victimes de pogroms et dirige le Comité administratif national du Congrès juif canadien, inauguré en mars 1919 à Montréal. On trouve, dans sa demeure de Rosemount Ave-nue, des livres sur la culture juive, et la façade de la maison arbore fiè-rement une étoile de David. Lyon reçoit fréquemment des membres éminents de la diaspora, comme Chaim Weizmann, le rabbin Stephen S. Wise et Solomon Shecter. C'est un érudit, un peu dandy, qui porte d'élégants costumes et ne se déplace jamais sans une canne de grand prix. Sa maison est confortable ; il a des domestiques.

En 1906, il fonde la compagnie Freedman, fabrique de vêtements en gros, dont la gestion devient l'occupation principale de ses fils Nathan et Horace (Lawrence dirige W. R. Cuthbert, la fonderie de cuivre et de métaux pour plomberie héritée du frère de Lyon, Abraham, mort à l'âge de cinquante-sept ans). À la fin des années cinquante, Leo-nard travaillera pendant une courte période à la fonderie et au service des expéditions de la compagnie Freedman. En 1919, Lyon fonde et dirige la Canadian Export Clothiers Ltd. Quelques années plus tard, il est élu à la présidence de la Clothing Manufacturers Association de Montréal et devient l'un des directeurs de la Montreal Life Insurance Company. En 1924, il fait un voyage en Europe et, pendant un séjour en Italie, obtient une audience auprès du pape. La veille, il est terrassé par une crise cardiaque. On le transporte dans un sanatorium suisse, où il termine sa convalescence. Il mourra le 15 août 1937. À son enterre-ment, le magnat de l'alcool Samuel Bronfman porte un des cordons du poêle.

Leonard a trois ans.

Le grand-père maternel de Cohen, le rabbin Solomon Klinitsky-Klein, est un spécialiste du Talmud. On l'a surnommé « Sar ha Dik-dook », le prince des grammairiens, titre que lui ont valu ses travaux, parmi lesquels on trouve un manuel encyclopédique des interprétations du Talmud, *A Treasury of Rabbinic Interpretations*, et un dictionnaire des synonymes et des homonymes, *Lexicon of Hebrew Homonyms* — très prisé par le poète A. M. Klein. Solomon est porté sur la polémique ; il entraîne volontiers ses élèves dans de longues arguties.

Solomon est né en Lituanie, où il est devenu le directeur d'une *yeshiva* (école juive) à Kovno. C'est un disciple du rabbin Yitzhak Elchanan, très réputé dans l'enseignement de la Loi juive. Après avoir échappé, ainsi que sa famille, aux pogroms de Russie et de l'Europe de l'Est, il se réfugie d'abord en Angleterre puis émigre au Canada en 1923. Il s'installe à Halifax, puis à Montréal, où vit Lyon Cohen — avec lequel il a échangé une vaste correspondance à propos de la colonisation juive. L'amitié qui lie les Klein aux Cohen est scellée, en 1927, par le mariage de Masha et de Nathan, qui a dix-neuf ans de plus que sa femme.

Le rabbin Klein fait de longs séjours à Atlanta, en Georgie, auprès de sa fille Manya, qui a épousé un des membres de la famille Alexander. Bien que cette dernière soit fidèle à la tradition, au point de faire porter la kippa à ses serviteurs noirs, le rabbin ne prise pas beaucoup ses séjours dans le Sud, où les Juifs qu'il fréquente ont d'autres manières de vivre et ne s'embarquent pas volontiers dans les longues discussions dont il raffole. Pourtant, le grand manoir de Peachtree, qui date de bien avant la guerre de Sécession, est devenu le lieu tout à fait insolite de la vie juive orthodoxe d'Atlanta. La figure centrale de la demeure est Manya, qui parle l'anglais avec un accent russe que colorent les voyelles traînantes du Sud.

Le rabbin finit par s'installer à New York, où il se joint aux nombreux intellectuels juifs européens regroupés autour de *The Forward*, le journal yiddish le plus important d'Amérique, dont l'un des collaborateurs est Isaac Bashevis Singer. Mais les études talmudiques et la grammaire l'absorbent beaucoup, et il passe la majeure partie de son temps à la synagogue ou à la bibliothèque y attenant. Il rend souvent visite à sa fille Masha, à Montréal — il y passera d'ailleurs presque un an au début des années cinquante. Le jeune Cohen s'installe souvent près du « rebbe » pour étudier avec lui le livre d'Isaïe. Le rabbin, qui se fait vieux, lit un passage du livre à Leonard, le lui explique dans un mélange d'anglais et de yiddish, s'endort, puis se réveille en sursaut et recommence. « Il relisait le passage avec toute la fraîcheur qu'il avait mise dans la première lecture, puis il répétait son commentaire. Il fallait parfois une soirée entière pour lire et étudier une ou deux phrases. Il s'y plongeait si profondément qu'il était incapable de passer à autre chose. Dès qu'il était question de points de vue rabbiniques, il était prompt à l'affrontement et à la polémique. »

Leonard est loin d'être un élève fervent. S'il s'installe auprès du rabbin, c'est parce qu'il souhaite être près de son grand-père. « Ce qui m'intéressait dans le livre d'Isaïe, c'était beaucoup plus la poésie en anglais que la poésie en hébreu. » Le livre d'Isaïe, dans lequel se mêlent poésie et récit, châtiment et rédemption, est l'un des textes fondamentaux dans le développement littéraire et théologique de Leonard ; il ne cessera jamais d'influencer son œuvre. L'image du feu purificateur et la métaphore du chemin comme voie vers la rédemption, souvent présentes dans ses écrits, sortent tout droit du livre d'Isaïe. Le ton prophétique d'Isaïe lorsqu'il parle de destruction : « Voici, l'Éternel dévaste le pays et le rend désert, [...] (24, 1) » trouve constamment écho dans l'œuvre de Cohen, que ce soit sur le plan personnel ou politique. Isaïe a édicté une loi que Leonard a toujours suivie : « Repousse les illusions, rejette l'oppression, élimine la tromperie. »

Le rabbin Klein a un esprit « talmudique », donc particulièrement aiguisé, le genre d'esprit, comme le dit Cohen, grâce auquel on peut citer de mémoire tous les mots touchés par une aiguille transperçant les pages d'un livre. À la fin des années cinquante, alors que, très âgé, il vit chez sa fille Masha, Solomon fait encore montre de vastes connaissances — bien qu'un peu embrouillées. Il perd la mémoire, mais se souvient que des livres de lui ont été publiés et que son petit-fils est l'auteur d'un livre intitulé *Let Us Compare Mythologies* (1956). Pourtant, lorsqu'il rencontre Leonard dans le corridor de l'étage, il lui demande parfois : « C'est bien *toi* l'écrivain ? » En 1961, Cohen dédiera *The Spice-Box of Earth* à la mémoire de son grand-père et à celle de sa grand-mère paternelle. Peu avant sa mort, à Atlanta, le rabbin Klein prépare un dictionnaire sans se servir de livres de référence. Cohen hérite de ses téphillim aussi bien que de sa vénération pour le judaïsme prophétique. Son grand-père occupe la place d'honneur parmi les mentors qui tiennent dans sa vie le rôle du père absent ou celui des sages.

* * *

Leonard Norman Cohen voit le jour à Westmount le vendredi 21 septembre 1934. Dans la religion juive, il est dit que ceux qui naissent un vendredi seront particulièrement pieux. Le choix du prénom du nouveau-né s'inscrit dans une tradition familiale voulant qu'il commence par un L — comme Lazarus, Lyon et, plus tard, Lorca, la fille de Cohen. On dit que Leonard ressemble davantage à son grand-père Lyon qu'à son père Nathan. Son prénom hébreu, Eliezer, signifie « Dieu est mon soutien ». Norman est la forme anglicisée de Néhémie, « celui qui reconstruit ». Les noms sont importants dans la tradition hébraïque, chacun d'eux exprimant un attribut divin.

Selon le calendrier hébreu, c'est pendant le mois de Tishri de l'année 5695 que Leonard Norman Cohen fait son entrée dans ce monde. Sa famille est très attachée à la tradition. L'enfant, petit-fils et arrière-petit-fils de présidents, se joindra bientôt à sa famille dans la troisième rangée à la synagogue. Il participe très jeune aux prières quotidiennes et aux célébrations hebdomadaires. Chaque vendredi soir, la famille observe le sabbat. « La religion charpente notre vie », dira-t-il.

Nathan Cohen dirige avec son frère Horace la compagnie Freedman, fabrique prospère de vêtements bon marché. L'entreprise, qui se spécialise dans la confection de costumes et de pardessus qu'elle vend dans tout le pays, est considérée à l'époque comme la plus grosse compagnie canadienne de confection de vêtements pour hommes. La plupart des ouvriers sont canadiens-français ou italiens, mais les chefs de service sont juifs. Nathan, que l'on désigne par ses initiales, N. B., s'occupe de la fabrique, des ouvriers, de la machinerie et des fournisseurs. Horace, H. R., est l'administrateur. C'est à lui que s'adressent les grossistes et les détaillants. Horace possède toutes les qualités d'un chef d'entreprise : il parle bien, est charmant, paresseux et sentencieux. Il deviendra plus tard officier de l'Empire britannique.

Bien que son état de semi-invalidité limite ses activités, Nathan n'en est pas moins dynamique, et il lui déplaît de passer après son jeune frère dans la hiérarchie. Ce sentiment, qu'il transmet sans doute à Leonard, affectera parfois les relations de ce dernier avec sa famille.

Beauty at Close Quarters, première version de *The Favorite Game,* développe ce thème de la privation chez un individu qui souffre des privilèges accordés aux autres membres de sa famille. Le père du héros est « un gros homme qui rit facilement avec tout le monde mais pas avec ses frères », écrit le narrateur, qui explique ensuite que « tous les autres ont dépassé son père dans leur course vers la gloire ».

Bien que Nathan ne soit pas porté à l'ostentation, la famille mène le train de vie de la haute bourgeoisie. Les Cohen ont une domestique, un chauffeur — qui fait également office de jardinier — et une nurse irlandaise catholique. Mary est très dévouée à Leonard et exerce une certaine influence sur la famille. Elle emmène souvent son protégé à l'église, et l'enfant grandit dans le respect plutôt que dans la crainte de la présence dominante de l'Église catholique à Montréal. Il passe souvent la fête de Noël chez Mary. Bref, il se souvient d'avoir été élevé, « dans une certaine mesure, comme un catholique ». L'Église, pour Cohen, a quelque chose de romantique ; il voit le « christianisme comme le grand bras missionnaire du judaïsme ». « C'est la raison pour laquelle, dit-il, je professais un certain intérêt condescendant pour cette version de la foi — ce qui m'était d'autant plus facile que je n'étais pas obligé de croire. »

La demeure des Cohen reflète davantage le caractère solennel du père que la personnalité chaleureuse de la mère. Nathan est toujours en complet et porte parfois un monocle et des guêtres. On le voit rarement en bras de chemise. Sur une photo prise à Tarpon Springs, en Floride, un des lieux de vacances de Nathan, on voit ce dernier en costume devant des bateaux de pêcheurs d'éponges. Leonard est tenu de s'habiller pour le dîner, mais son père tolère parfois la veste de sport. Esther, qui à table ne déplie qu'à demi sa serviette, s'attire souvent les foudres de Nathan, qui n'admet pas que la serviette ne soit pas entièrement dépliée. Il ne supporte pas que chaussures et pantoufles traînent ; elles doivent être rangées sous les lits. Ce décorum préside aussi bien à la vie de famille qu'aux activités à l'extérieur.

Nathan n'est pas attiré par la littérature, mais il reconnaît la valeur des livres. Il offre à son fils d'élégants recueils de poésie anglaise reliés en cuir. Bien qu'il ne soit pas très doué pour la lecture à voix haute, il lit pour ses enfants. Pourtant, Leonard trouve son père un peu trop réservé, voire introverti. Masha, elle, n'est pas une grande lectrice. Cohen se souvient qu'il n'y avait qu'un volume sur l'étagère de sa chambre — un livre de Gogol en version originale. Nathan aime la photographie, la musique classique « légère » — ses compositeurs préférés sont sir Harry Lauder et Gilbert et Sullivan. Filmer est un de ses passe-temps. Des extraits de ses courts métrages dans lesquels on voit ses enfants se trouvent dans *Ladies and Gentlemen... Mr. Leonard Cohen*, documentaire de l'Office national du film (ONF) réalisé en 1965. La passion de Nathan pour la caméra insuffle à son fils une fascination précoce pour la photo — qu'il soit d'un côté ou de l'autre de l'objectif. Dans le livre de l'année de la Westmount High School de 1951, Cohen signale que la photographie est son hobby, intérêt que l'on découvre également dans *The Favorite Game* et *Beautiful Losers*.

Ses parents lui offrent un petit terrier écossais — la scène est décrite dans *Beauty at Close Quarters* — auquel il donne le nom de Tinkie à cause du tintement de ses plaques d'identité. Masha appelle le chiot Tovaritch, malgré la désapprobation de Nathan, qui déteste qu'on lui rappelle le site des traités russo-allemands. Tinkie disparaîtra quinze ans plus tard dans une tempête de neige ; on retrouvera son petit corps au printemps, sous le porche d'une maison voisine. Il a été l'un des plus chers compagnons d'enfance de Leonard (il y a une photo de lui dans la maison de Los Angeles). Après sa mort, Cohen ne veut plus de chien, mais d'autres animaux se succèdent dans la maison : poissons, poussins, souris, tortues, et même un pigeon blessé trouvé dans la rue.

Pour ses sept ans, Nathan lui achète une trousse de petit chimiste et lui installe un laboratoire au sous-sol de la maison. Équipé d'une lampe à alcool et de produits chimiques, Cohen fabrique des encres invisibles, des teintures et autres mixtures. Des amis se joignent à lui pour concocter d'autres substances.

L'enfance confortable et protégée de Leonard n'en est pas moins perturbée par la mauvaise santé et la mort prématurée de Nathan. Une scène poignante de *Beauty at Close Quarters* décrit la maladie de son père. Ainsi, ce dernier doit s'arrêter à chaque marche quand il monte un escalier, aidé par son fils. Mais il « continue à raconter l'histoire qu'il a commencée, ne s'interrompt jamais pour se plaindre de la difficulté de l'ascension. Hélas, il est très vite à bout de souffle et l'effort se poursuit en silence. » Au cours de la scène de l'enterrement, dans *The Favorite Game*, Cohen raconte la colère qu'il ressent à la mort de Nathan, qui n'a que cinquante-deux ans. Il décrit la solennité de ses oncles, l'horreur qui l'envahit devant le cercueil ouvert et l'incapacité de sa mère de faire face à la tragédie. Plus tard, il dira avoir réprimé ses senti-ments : « Je n'ai découvert ceux-ci qu'en approchant des quarante ans. Jeune, j'ai dû *adopter* une attitude réceptive. J'étais très sensible aux paroles de la Bible, à l'autorité. [...] Quand j'ai perdu mon père, j'ai essayé de capitaliser sur son absence, de résoudre mon complexe d'Œ-dipe, de créer en moi des sentiments positifs. »

Après la mort de son père, Cohen se querelle avec Masha au sujet du pistolet que Nathan a acquis à l'armée. L'enfant a toujours été fas-ciné par les exploits guerriers de son père. Lorsque ce dernier a envisagé de l'envoyer dans une école militaire, Leonard a d'ailleurs accueilli l'idée avec enthousiasme. *The Favorite Game* raconte la dispute à pro-pos du pistolet, que l'auteur présente comme un véritable talisman : « un énorme revolver de calibre 38 dans un gros fourreau de cuir. [...] Meurtrier, anguleux, précis, il couve son dangereux pouvoir dans le tiroir obscur. Le métal est toujours froid. »

Cohen a toujours été attiré par les armes. Dans *Beautiful Losers,* un des personnages, F., déclare : « J'aimais la magie des armes. » Cohen possédera un revolver pendant plusieurs années. Dans une de ses chan-sons, « Rainy Night House », Joni Mitchell raconte qu'elle et Cohen ont un jour pris un taxi pour se rendre à la maison de Westmount durant l'absence de Masha. « Elle était en Floride et t'avait laissé seul avec le revolver de ton père. » Dans « The Night Comes On » (*Various Posi-tions,* 1985), un père blessé dit à son fils :

> Essaie de continuer ton chemin
> Prends mes livres, mon arme
> Et souviens-toi, mon fils, combien ils ont menti
> Et la nuit tombe
> Et tout est calme
> J'aimerais pouvoir dire que mon père avait tort
> Mais il ne faut pas mentir à la jeunesse.

L'arme reste dans la maison jusqu'en 1978, quand des vandales for-cent la porte et s'en emparent. Le vol a lieu la veille de la mort de Masha. Pour Cohen, la disparition du pistolet signifie qu'il n'y a plus de protection. Le poids de cette perte est évident. Dans *The Favorite Game,* le narrateur déclare : « Le pistolet prouvait que le père moribond avait été un guerrier. »

Leonard a supporté stoïquement la douleur éprouvée à la mort de Nathan. « Je n'ai pas souffert d'un profond sentiment de perte, sans doute parce que je l'avais toujours vu très malade », dira-t-il plus tard. Dans un poème inédit écrit sur l'île grecque d'Hydra, il célèbre sa mémoire :

> Personne ne ressemble à mon père
> Sauf moi
> Je suis seul au monde
> À porter son visage
> Et je vis ici dans des lieux
> Où jamais il n'aurait mis les pieds
> Parmi des hommes
> Qui pensent que je suis moi.
> [...]

Après la mort de Nathan, la position de Masha au sein de la famille se modifie, ainsi que sa situation financière. L'avenir lui paraît incertain. La position de Leonard est inconfortable également, car il dépend désormais de ses oncles pour le travail, et de la famille pour ses revenus. Ces changements ne sont pas flagrants, mais ils n'en préoccupent pas moins mère et fils. La souffrance de Masha est aussi intense que visible. Elle l'exprime par des sautes d'humeur et des périodes de dépression.

Treize ans plus tard, Cohen dédie *Let Us Compare Mythologies* à son père, dont il évoque la mort dans un poème intitulé « Rites ». L'œuvre fustige ses oncles, qui ont privé son père d'une mort paisible en prédisant sa guérison alors qu'il agonisait. La mort est également le thème de l'un de ses devoirs rédigés à McGill, dans lequel il met l'accent sur la cicatrice « toujours présente chez l'un des survivants — cicatrice presque indélébile ».

Au moment du décès de Nathan, Leonard fréquente l'école Roslyn, établissement d'enseignement primaire proche de sa demeure. Bien qu'il s'y débrouille pas mal, il n'y fait pas d'étincelles. Le programme de l'école comprend des activités parascolaires : les élèves ont des cours sur l'art et font du sport. Leonard apprécie les deux disciplines. Deux après-midi par semaine et le dimanche matin, il se rend à l'école hébraïque de la synagogue. Sa famille attend beaucoup de lui, un

Cohen, et les études sont difficiles, mais à six ans il connaît déjà un peu d'hébreu, ainsi que les bases du judaïsme. Mlle Gordon et M. Lerner, ses professeurs, ont beaucoup d'influence sur lui, mais ni l'un ni l'autre — et personne par la suite — ne prend jamais la peine de lui expliquer ce que Dieu attend de lui. Aucune théologie ne lui est enseignée. Il y avait quelque chose d'athée, déclarera-t-il plus tard, dans cette façon de faire.

Les services à la synagogue Shaar Hashomayim avec la famille, les jours de sabbat, ravivent son judaïsme. Leonard se souvient clairement de l'endroit où il était assis, dans la troisième rangée. « Il y avait mon oncle Horace, mon cousin David, moi, puis oncle Lawrence, les cousins, oncle Sidney et les autres cousins. Il y avait là, debout à l'avant et chantant de toute leur âme, une rangée complète de Cohen. » L'occasion est solennelle, mais un peu superficielle ; on va à la synagogue pour prier selon la tradition, avec respect mais sans ressentir grand-chose. La connaissance de l'hébreu de Cohen se limite à la liturgie : « Je ne pouvais m'adresser au Tout-Puissant en hébreu que lorsqu'il s'agissait de rédemption ! »

En 1945 — Leonard a onze ans —, un savoir bien différent de celui acquis à l'école va changer sa vision du monde. On lui montre des photos de camps de concentration. Cette révélation est, selon lui, le véritable début de son éducation juive. Il découvre que les Juifs sont « les professionnels de la souffrance ». Ce point de vue sera renforcé en 1949 après le voyage de sa sœur en Israël avec un groupe d'étudiants juifs. Le martyre de son peuple fait de Cohen, à un très jeune âge, un individu politisé.

Sa *bar mitzvah* a lieu en 1947. Mais la cérémonie est assombrie par l'absence du père, dont le rôle est de réciter la prière traditionnelle qui met fin à la responsabilité du père vis-à-vis du fils. Une fête à la synagogue allège un peu la tristesse de l'événement.

Leonard entre à l'école Westmount High en 1948 et est élu membre du Conseil des étudiants. Plus tard, lorsqu'il en devient le président, il s'y montre très attiré par la politique estudiantine : il est convaincant, habile et doué pour l'organisation. Dans *Beauty at Close Quarters*, il expose, par le biais de la fiction, une des raisons de son attirance pour ce poste prestigieux : l'attrait ressenti pour la jolie présidente sortante qui va lui consacrer plusieurs heures afin de lui expliquer ses futures tâches. Cohen est également membre du Conseil des éditeurs, qui supervise la publication du journal étudiant et du livre de l'année. Curieusement, il se montre un sportif enthousiaste, pratique le cyclisme, le ski de fond, la natation et la voile ; plus invraisemblable encore, il est membre de l'équipe de hockey de l'école ! Il devient président des Productions estudiantines et du Club de théâtre et ne tarde pas à pondre sa première œuvre. Le sketch, écrit pour une fête de Noël, est ronéotypé et distribué aux interprètes. Le livre de l'année 1951 nous apprend que l'« ambition » de L. Cohen est de devenir « un orateur mondialement connu » et que son passe-temps consiste à « diriger les chants aux entractes ». Mais il trouve aussi pas mal de temps à consacrer aux filles : au dos de sa carte du Conseil des étudiants de 1950-1951 sont griffonnés les noms et les numéros de téléphone de deux jeunes filles.

M. Waring, son professeur d'anglais, l'encourage dans son goût pour la littérature. L'écriture commence à prendre de plus en plus de place dans la vie de Leonard. Petit à petit, il se met à rechercher la solitude, rentrant directement chez lui après les cours plutôt que de traîner avec ses camarades. Ses premiers essais consistent en de courts poèmes, des nouvelles et des pages de journal intime empreintes d'émotion.

Il a pourtant beaucoup de camarades, parmi lesquels ses cousins et Mort Rosengarten. Leur cri de ralliement est : « *FSOTC and Rosengarten, Too* » (*Fighting Spirit Of The Cohens and Rosengarten, Too*/ « L'esprit combatif des Cohen et de Rosengarten »). Son cercle d'amis s'élargit lorsqu'il entre à l'université. Il comprend Henry Zemel, Mike Doddman, Derrik Lyn, Robert Hershorn, Harold Pascal et Lionel Tiger. L'un de ses meilleurs amis à l'époque est Danny Usher ; ils vont souvent se balader en imperméable dans le parc Murray Hill, livres sous le bras, pour y bouquiner ou y discuter. On peut aisément les reconnaître : Danny est grand et anguleux, Leonard petit et vif.

À cette époque, Cohen « est immergé dans le monde juif ». Il étudie la religion, est pratiquant, mais cela ne l'empêche pas de critiquer certaines coutumes. Ce ne sont pas les traditions religieuses, auxquelles il est attaché, qui vont le pousser plus tard à abandonner la pratique du judaïsme, mais ses « méthodes et méditations », que jamais personne ne discute. Se basant sur son penchant naturel pour la discipline, aussi bien que pour l'ordre et la volonté de comprendre certains processus,

Cohen donnera un jour une explication logique de son intérêt pour d'autres formes de recherche spirituelle en le décrivant comme le désir de « pénétrer plus profondément un système de pensée ».

La musique s'ajoute à ses études judaïques et profanes. Esther a commencé à apprendre le piano, et Leonard ne tarde pas à la suivre, sous la supervision d'une certaine Mlle McDougall. Les progrès sont lents ; il s'exerce sans méthode dans la petite pièce du sous-sol où trône le piano. Mais il préfère jouer des mélodies sur le flutiau qu'il a toujours en poche. Il étudie la clarinette et finit par jouer assez bien pour faire partie de l'orchestre de l'école. Mais la guitare supplante bientôt tous les autres instruments.

Alors qu'il est encore étudiant, Cohen se découvre un intérêt pour l'hypnotisme, dont il a côtoyé les mystères grâce au père d'une petite amie. Ce dernier a essayé en vain de l'hypnotiser. En dépit de cet échec, Cohen s'est passionné pour le phénomène et a continué à l'étudier dans un ouvrage de M. Young, *Vingt-cinq leçons d'hypnotisme — Comment devenir un expert hypnotiseur* (1899). Son seul accessoire est un crayon qu'il fait osciller lentement de gauche à droite devant les yeux de ses sujets. Il hypnotise la servante, ce qui lui permet de réaliser un de ses fantasmes : la déshabiller. Mais il a quelque difficulté à la réveiller. Comme il sait que sa mère est sur le point de rentrer, il gifle la pauvre fille, mais sans succès. Il consulte alors son manuel et arrive finalement à sortir la malheureuse de sa transe. Durant un été où il est moniteur à Sunshine, camp de vacances pour enfants en difficulté, il hypnotise l'une des monitrices. Au cours de la séance, il révèle à la jeune fille des événements de sa vie qu'elle avait elle-même oubliés.

L'intérêt de Cohen pour l'hypnotisme et la magie s'explique par les pouvoirs transcendants qu'ils confèrent. Dans *Beauty at Close Quarters*, il écrit : « Il voulait toucher les gens comme un magicien, pour les transformer ou pour leur faire mal, pour laisser sa marque sur eux, pour les embellir. Il voulait être l'Hypnotiseur qui se garde bien de tomber endormi lui-même. Il voulait embrasser avec un œil ouvert. »

Transformer les gens, les « embellir » en observant les différentes étapes du processus de modification fait partie des ambitions de Cohen. Comme son héros Breavman, il croit que, « devant les cycles ordinaires de la vie quotidienne, existe une échappatoire, une méthode qui ne change pas la boue en or, mais permet d'en faire quelque chose de beau. » Cohen aspire à devenir un « prêtre de la magie ». L'hypnotisme est la première manifestation de ce désir ; la poésie et la musique en seront les expressions suivantes.

La fascination de Cohen pour les rues et la vie nocturne se révèle durant son adolescence. À treize ou quatorze ans, il commence à sortir de la maison la nuit pour descendre au centre-ville, où il observe les drogués, les prostituées, les clients dans les cafés. Il écoute le bourdonnement nocturne. Puis il s'achète un sandwich dans un snack-bar et écoute la musique du juke-box — un de ses plus grands plaisirs. Il espère aussi rencontrer des filles.

Il fait généralement ces excursions seul, mais son ami Mort Rosengarten l'accompagne à l'occasion. Lorsqu'il rentre au bercail, il trouve parfois sa mère au téléphone, décrivant à son interlocuteur le manteau qu'il porte. Masha a trouvé sa chambre vide et a appelé la police pour signaler sa disparition. Lorsque Leonard rentre, elle l'envoie au lit, puis marche de long en large devant sa porte, « demandant à son époux mort de regarder son fils délinquant, demandant à Dieu de se pencher sur ses épreuves, elle qui doit à la fois être père et mère ». Les expéditions de Leonard sont en partie motivées par la vision héroïque qu'il a de lui-même, avec, « dans [son] cœur, le souvenir des injustices subies […] suscitant la sympathie d'un public innombrable ». Cette description idéalisée colle assez bien à ce que seront ses débuts musicaux.

En 1949, l'année de ses quinze ans, deux événements importants prennent place dans sa vie : il achète une guitare et découvre Lorca. Poussé par une curiosité de musicien et par la conviction que les filles s'intéresseront plus facilement à un guitariste qu'à un clarinettiste, un pianiste ou un joueur de guitare hawaïenne, Cohen achète, à un prêteur sur gages de la rue Craig, une guitare d'occasion qu'il paie douze dollars. Ses cordes d'acier en font « un instrument féroce ». À cette époque, la guitare n'est pas encore l'objet d'un engouement ; les gens croient que seuls les communistes en jouent. Cohen découvre les cordes de nylon, puis le flamenco, grâce à une rencontre avec un immigrant espagnol de dix-neuf ans qui joue devant des jeunes femmes au parc Murray Hill. Le bel Espagnol sombre, passionné et solitaire incarne à la fois une culture et un talent musical. Ces deux facettes impressionnent Cohen. Trois leçons suffisent pour qu'il apprenne quelques accords et un peu de flamenco. Le jour de la quatrième leçon, son professeur ne se montre pas. Cohen téléphone au meublé où il vit et apprend qu'il s'est suicidé. Personne ne sait pourquoi. Leonard gardera toujours une grande reconnaissance à l'Espagnol et n'oubliera jamais son enseignement. Ce dernier constitue d'ailleurs la base de sa composition musicale et de la structure de ses accords. Il chante avec Mort Rosengarten, qui a appris à jouer du banjo, et Masha se joint souvent à eux. « Je joue un peu mieux qu'on ne l'a prétendu pendant très, très longtemps, déclarera-t-il un jour. Les gens disaient que je ne connaissais que trois accords, alors que j'en connaissais cinq. »

La même année, il découvre par hasard un recueil de poèmes de Federico Garcia Lorca, écrivain espagnol dont il ne sait rien. Il fera remarquer plus tard, avec cet humour qui lui est propre, que Lorca a « ruiné » sa vie avec sa vision troublante de l'existence et son extraordinaire poésie. D'une certaine manière, expliquera-t-il, Lorca « m'a entraîné dans le business de la poésie. Il m'a éduqué. Par la musique flamenco, il m'a fait comprendre la dignité de la tristesse, il m'a appris à me laisser toucher, en profondeur, par la danse de la femme et de l'homme tziganes. Grâce à Lorca, l'Espagne a pénétré mon esprit quand j'avais quinze ans, puis je me suis enflammé pour le mouvement musical de la chanson engagée pendant la guerre civile. »

Que ce soit dans ses écrits ou en concert, Cohen a souvent répété les vers d'un poème de Lorca qui, selon lui, allaient mener à la destruction de sa pureté : « À travers l'arche d'Elvira / je veux te voir partir, / ainsi j'apprendrai ton nom / et j'éclaterai en sanglots ». L'influence de Lorca — Lorca poète, musicien et artiste — sur Cohen est riche, profonde ; il est le premier des écrivains importants dans sa vie. Louis Dudek, F. R. Scott, A. M. Klein et Irving Layton suivront, mais Lorca restera le premier modèle en matière de poésie.

Le poète espagnol a été exécuté par les phalangistes de Grenade le 19 août 1936, peu après son retour en Espagne, où il était revenu pour se battre. Leonard partage les croyances un peu fantasques de Lorca, qui croit posséder du sang tzigane et juif ; il a le même ton élégiaque, la même foi dans un absolu spirituel. Trois questions posées par Lorca annoncent les grands thèmes de son œuvre :

Est-ce ma faute si je suis un romantique et un rêveur dans un monde qui n'est que matérialisme et stupidité ? Est-ce ma faute si j'ai un cœur et si je suis né parmi des gens qui ne s'intéressent qu'au confort et à l'argent ? Quel stigmate la passion a-t-elle inscrit sur mon front ?

* * *

Leonard Cohen commence à s'adonner sérieusement à la poésie en 1950, un an après avoir découvert Lorca. Il a seize ans. « J'étais assis sur une véranda ensoleillée lorsque j'ai soudainement décidé de quitter mon travail dans une fonderie de cuivre. Ce matin-là, je m'étais dit que je ne pouvais plus supporter cette vie, alors je suis allé sur la véranda et j'ai commencé à écrire un poème. Je me sentais merveilleusement maître de moi, puissant, libre et fort. » Le désir d'écrire de Leonard s'explique aussi par l'attirance qu'il éprouve pour les femmes. « Je les voulais et ne pouvais les avoir. C'est cela qui m'a poussé à écrire des poèmes. J'écrivais à des femmes afin de pouvoir les posséder. Elles ont montré mes poèmes à d'autres gens, qui ont appelé cela de la poésie. Quand ça ne marchait pas avec les femmes, je m'adressais à Dieu. » Ce n'est pas le règne d'Apollon, mais celui de Dionysos.

Dès ses premiers essais en poésie, Cohen s'engage à fond. Contrairement à ses amis, qui se livrent à leurs activités avec une certaine désinvolture, il est complètement absorbé par l'écriture. Sa demi-sœur se souvient qu'il travaillait jusqu'à une heure très avancée de la nuit. Un de ses écrits nocturnes est un texte en prose intitulé « Murray Park at 3 a. m. », dans lequel il dit « posséder » le parc : « C'est mon domaine, car c'est moi qui l'aime le plus. » Il décrit les formes que prend sa domination, que ce soit dans des assauts imaginaires sur des joueurs de tennis ou lorsqu'il dirige les voiliers qui barbotent dans l'étang. Les bassins en ciment, encastrés « dans des étendues de pierre de différents niveaux reliées entre elles par des marches et bordées de haies taillées, apparaissent comme des autels mystérieux ou des palais d'amour enveloppés de brume. » Tandis qu'il rentre chez lui, écoutant le bruit de ses pas, il pense : « Tu [un amour de jeunesse] m'as amené dans la lumière. J'étais dans les ténèbres. »

Les amis de Cohen ont compris que son engagement envers l'écriture est authentique. Un de leurs jeux consiste à ouvrir une anthologie de poésie anglaise au hasard et à lire un vers à voix haute. Leonard termine le poème. Il travaille avec frénésie. « Tout ce que j'ai écrit après mon premier livre (publié en 1956 avec les poèmes de ses quinze ans), dira-t-il un jour en plaisantant, est devenu de moins en moins bon. »

Cohen et ses amis sont des passionnés de cinéma. Le samedi après-midi, ils rôdent autour des salles de la rue Sainte-Catherine. Un arrêté municipal interdit aux adolescents de moins de seize ans d'y entrer seuls. Cohen croit résoudre le problème en falsifiant des cartes de tram, sur lesquelles il change sa date de naissance. Malheureusement, les cartes ne peuvent déguiser le fait qu'il n'a pas la taille d'un adolescent de seize ans. Le garçon le plus grand achète les tickets, puis le groupe parcourt nerveusement le long couloir au bout duquel attend le placeur… qui fait souvent faire demi-tour au plus petit. Les chances de succès de Leonard ne sont que de vingt pour cent. Les adolescents se sont imposé un code de conduite très strict : chacun pour soi. Si l'un des garçons ne peut entrer, le groupe n'est pas tenu de manquer le film par solidarité.

La taille de Cohen pose effectivement problème : le jour de sa *bar mitzvah,* il doit grimper sur un tabouret pour être à la hauteur du lutrin. Après avoir lu dans le *Reader's Digest* que les injections d'hormone pituitaire peuvent faire grandir, Cohen demande au médecin de famille de lui faire des piqûres du produit miracle. Mais le traitement en est encore au stade expérimental, et le médecin le dissuade d'essayer. Une autre solution consiste à empiler des mouchoirs en papier dans ses chaussures. Lors d'un bal de l'école, la tactique s'avère si douloureuse qu'il est guéri de son idée fixe.

Il participe pendant plusieurs étés au rituel des camps de vacances. C'est au camp Hiawatha, dans les Laurentides, en 1944, qu'il fait la connaissance de celui qui va devenir l'ami de toujours, Mort Rosengarten. Un rapport du 26 août 1949, émanant du camp Wabi-Kon, dans le nord de l'Ontario, met l'accent sur ses talents de leader mais déplore son horreur de la routine. C'est dans les camps de vacances que Cohen perfectionne sa technique de la guitare. Plus tard, lorsqu'il deviendra moniteur, il dirigera souvent des chœurs ou apprendra des jeux aux adolescents, créant notamment des concours de haïku.

Le camp Sunshine, centre communautaire où Leonard est moniteur en 1950, est peuplé de Juifs dont le caractère exubérant est né de la nécessité plutôt que de la fantaisie. La population des écoles secondaires qu'ils fréquentent est presque entièrement juive, contrairement à l'école secondaire de Westmount. Alors que les hommes de la famille de Cohen aiment « se prendre pour des gentlemen de confession hébraïque », les moniteurs du camp de vacances se prennent d'abord et avant tout pour des Juifs. Irving Morton, le directeur, est un intellectuel socialiste de vingt-sept ans, qui aime interpréter des airs de folklore. Il possède un large répertoire de chansons célébrant les ouvriers d'une communauté juive de Crimée, Zhan Koye, et les luttes désespérées des mineurs. Il croit au « camping créatif », sans compétition, sans discipline excessive.

C'est au camp Sunshine de 1950 qu'Alfie Magerman, un des plus grands amis de Cohen, lui fait connaître *The People's Songbook*. Le père de Magerman est engagé dans des activités syndicales et, tous les matins, père et fils chantent des airs tirés de ce livre. Les chansons du recueil véhiculent une nouvelle culture folk où s'expriment des principes moraux et politiques élevés, « des chants de protestation et d'affirmation ». C'est l'époque de Woody Guthrie, de Josh White et des Weavers, qui ont fait leurs débuts au Village Vanguard en 1949. Chaque morceau, que ce soit une chanson antifasciste allemande, un air de partisan français ou « Viva la Quince Brigada », chant historique de la quinzième brigade internationale de l'armée républicaine espagnole, parle de politique, de patriotisme ou de protestation. On trouve dans *The People's Songbook* des chansons de pionniers israéliens, des airs inspirés par la résistance chinoise, et un chant de solidarité allemand de Brecht (qui est imprimé en miroir du « Star Spangled Banner », l'hymne national américain). Chaque texte prouve à Cohen que la chanson peut aussi parler de liberté et de résistance. « The Old Revolution », « The Partisan » et « The Traitor » refléteront ce que lui a appris *The People's Songbook*. Il dira ceci : « Une idée curieuse s'est un jour formée en moi, je me suis dit que les nazis ont été renversés par la musique. »

Les chansons peuvent donc transmettre une pensée sociale aussi bien que l'espoir d'un individu, comme celles de Woody Guthrie, de Brecht et d'Earl Robinson (qui a composé *Joe Hill*). *The People's Songbook* révèle à Cohen le potentiel de la musique populaire, qui lui paraît encore plus évident lorsqu'il entend Josh White au restaurant chinois Ruby Foo's en 1949. Mais bien qu'il trouve fascinant le monde de la musique pop en plein essor, il reste fidèle — et le restera toujours — à son premier amour, la musique folk. D'ailleurs il continue à mendier, pendant la journée, auprès de membres de sa famille, les vingt-cinq sous nécessaires aux juke-box de ses escapades nocturnes. « C'est grâce à ma passion pour la musique folk que j'ai découvert l'importance des paroles et c'est ce qui m'a poussé à étudier à fond la poésie. »

Cohen se considère à l'époque beaucoup plus comme un interprète que comme un compositeur. C'est en 1951 qu'il écrit sa première chanson. Il travaille tout l'été sur un air avec un ami moniteur. Lorsque la chanson est terminée, ils vont manger au restaurant pour fêter l'événement. Mais la chanson sur laquelle ils ont si ardemment travaillé est une rengaine de juke-box. Inconsciemment, ils ont incorporé une chanson pop à la mode, « Why, Oh Why », à leur propre composition — et le résultat, en fin de compte, leur paraît lamentable. Cohen fait une autre tentative, qu'il intitule « Twelve O'Clock Chant » (on peut le voir interpréter cette chanson dans le documentaire de l'ONF qui lui est consacré). Le style syncopé, les paroles, le sujet et l'émotion exprimée dans cette œuvre préfigurent la structure musicale, les mélodies et les paroles de ses futures chansons.

En 1950, Masha Cohen épouse Harry Ostrow, un pharmacien montréalais. Peu après les noces, lorsque des examens médicaux révèlent que l'époux est atteint de sclérose en plaques, la famille soupçonne ce dernier d'avoir caché sa maladie à Masha. Quoi qu'il en soit, elle reprend le rôle d'infirmière qu'elle avait tenu auprès de Nathan. Mais elle n'a aucune envie de faire de cette occupation un travail à temps plein, et une tension tangible grandit entre les deux époux. En dépit de la présence d'un homme plus âgé que lui dans la maison, Leonard reste en charge du rituel des fêtes. Masha et son mari se séparent en 1957. Harry va s'installer en Floride, espérant que le climat chaud lui rendra sa maladie plus supportable.

Après la mort de Nathan, Leonard prend ses distances par rapport à sa famille. Il passe son temps dans sa chambre, à lire ou à écrire, privilégiant sa vie intérieure. C'est une période d'exploration, d'expérimentation et d'expéditions imaginaires. La famille respecte son besoin de solitude et on se garde bien de l'importuner. Ses résultats scolaires sont moins satisfaisants pendant cette période d'isolement, mais Leonard est décidé à les améliorer : « On n'appelait pas au secours à cette époque. On se contentait de continuer jusqu'au diplôme. »

Il entretient de bonnes relations — quoique un peu distantes — avec sa sœur Esther. Cette dernière, qui a quatre ans et demi de plus que lui, ne s'intéresse pas beaucoup à ses problèmes d'adolescent. Ses amis sont plus vieux que Leonard. Les intérêts du frère et de la sœur diffèrent. Les garçons et les filles ne se mélangent pas chez les Cohen. Que ce soit à la synagogue, aux cours de musique ou de natation, à l'école hébraïque ou au B'nai B'rith, Leonard et Esther vaquent séparément à leurs activités. Les possibilités de rapprochement sont donc bien minces, mais Esther n'en encourage pas moins son frère à écrire, et ce dernier ne manque jamais de lui montrer ses poèmes et ses chansons. Ils deviendront plus proches l'un de l'autre avec l'âge, surtout après l'installation d'Esther à New York, après son mariage avec Victor Cohen.

Dans les dernières années de son adolescence, Cohen entame plusieurs relations sérieuses avec des jeunes filles. Il s'attache d'abord à Yafa Lerner, surnommée « Bunny », une jeune Montréalaise qui aime la danse. Mais son grand amour est Freda Guttman, une étudiante en arts. Elle a dix-sept ans, Cohen seize. C'est Robert Hershorn, dont Leonard a fait la connaissance grâce à son cousin David — Hershorn vit avenue Belmont, non loin des Cohen —, qui les a présentés l'un à l'autre. La jeune fille passe un an à McGill, puis s'inscrit à l'école de design du Rhode Island, mais ils continuent à se voir pendant les trois ou quatre années suivantes, poursuivant ainsi une relation nourrie par une attirance à la fois sexuelle et artistique. Cohen lit ses écrits à Freda, chante pour elle, l'emmène à des soirées. Au cours de l'été 1955, il fait en sorte qu'elle soit engagée, comme lui, au camp de vacances B'nai B'rith, près d'Ottawa, dans la Gatineau. Les amoureux se démarquent des autres responsables, lui parce qu'il est poète, elle parce qu'elle est artiste. Les gens qui ont fréquenté Cohen à cette époque se souviennent qu'il aimait citer Yeats en pagayant. Cohen décrit la jeune fille dans le chapitre « The Fly » de son premier livre, *Let Us Compare Mythologies* — dont Freda va concevoir la couverture et pour lequel elle réalisera cinq illustrations. Lorsqu'ils rompent, il écrit un court texte sur Freda et sur la signification de l'amour, le premier des nombreux textes consacrés aux femmes qu'il a connues.

Il y décrit Freda comme une femme élancée aux hanches étroites. Elle a, dit-il, « des cuisses absolument extraordinaires et c'est la raison pour laquelle, je suppose, ce mot revient si souvent dans mes vers ». Il est séduit par sa bouche, ses cheveux noirs, ses longues mains, par tous ses gestes : « Elle bougeait selon sa logique à elle, plus gracieusement que toutes les femmes que j'avais rencontrées jusque-là. » Parfois, dit-il, c'est ma meilleure amie, mais à d'autres moments ses réflexions sont banales. « Une sensation étouffante provoquée par l'intimité » ne tarde pas à le submerger. Alors Cohen la rejette, cette intimité, sous prétexte qu'il n'aime pas Freda, et parce qu'il « ne sait rien de l'amour ». Pareille intimité « prend l'allure d'une destruction mutuelle » :

> Je n'ai jamais aimé une femme pour elle seule, mais parce que j'étais prisonnier du temps dans ma relation avec elle, entre l'arrivée et le départ d'un train et d'autres engagements du même ordre. J'ai aimé parce qu'elle était belle et que nous étions deux êtres humains couchés dans une forêt au bord d'un lac sombre, ou parce qu'elle n'était pas belle et que nous étions deux êtres humains marchant entre des édifices et que nous savions ce qu'était la souffrance. J'ai aimé parce que beaucoup de gens l'aimaient ou parce qu'elle était indifférente à beaucoup d'autres, ou pour lui faire croire qu'elle était une fille couchée dans une prairie, et que ma tête reposait sur ses genoux couverts d'un tablier ou pour lui faire croire que j'étais un saint et qu'elle avait été aimée par un saint. Je n'ai jamais dit à une femme que je l'aimais et, quand j'écrivais les mots « mon amour », cela ne voulait pas dire « je t'aime ».

Ce texte insolite, vraisemblablement écrit en 1956, constitue un *Ars Amatoria* qui éclaire l'attitude de Cohen devant l'amour, attitude qui va rester sensiblement la même tout au long de son existence. C'est une schizophrénie calculée, qui consiste à rechercher un être à aimer puis à le repousser.

> Je n'ai jamais considéré les femmes comme un remède contre la solitude et je ne crois pas que les êtres humains soient si uniques et qu'il n'existe, dans le monde, qu'un seul amant exceptionnel, parfait, pour une femme aimée parfaite et exceptionnelle. Je ne crois pas que les amants soient poussés l'un vers l'autre par la des-

tinée et destinés à s'emboîter comme les pièces d'un puzzle. Chaque personne que nous désirons aimer nous emmène sur un sentier différent de l'amour, et nous nous transformons mutuellement tandis que nous marchons ensemble, car l'amour offre autant de sentiers que de paysages.

En fait, un tel point de vue protège son cœur si facilement brisé. Un carnet de notes datant du milieu des années cinquante, intitulé « Leonard Cohen / poèmes écrits / en mourant d'amour », contient des poèmes lyriques chantant le désir et la peur de l'amour.

D'après l'idée que Cohen se fait de l'amour, celui-ci est essentiel mais se redéfinit avec chaque individu. On a besoin d'un grand nombre d'amants, qui s'accorderont aux nombreuses étapes d'une vie. « Aimez », conseille-t-il,

mais ne vous engagez jamais dans un amour en particulier. On vous considérera comme un ami sympathique et un amant fidèle, justement parce que vous ne permettrez jamais à ces rôles, que vous perfectionnerez en les jouant, de s'emparer de votre cœur. C'est ainsi que l'on protège son cœur, qu'on le garde libre, sans permettre qu'aucune attache humaine ne l'abîme ; c'est ainsi que ce cœur reflète, avec une éclatante précision, toutes les cartes du ciel que les nuages, en s'écartant, révéleront un jour. Le plus important est de ne pas trop se rapprocher, parce que demain on pourrait devenir pure lumière.

En dépit de sa résistance à l'amour, ou peut-être même à cause d'elle, Cohen est, ainsi que Freda Guttman le rappelle, un personnage « charismatique ». Malgré ses origines, bourgeoises et très « Westmount », il attire les gens dans son monde de poésie et de désir. Sa décision d'être poète, ses premiers essais dans la composition de chansons et dans l'interprétation fascinent son entourage. Il peaufine cette image en apparaissant à des soirées avec sa guitare et en chantant chaque fois qu'on l'en prie. Ce bohème de Westmount est une énigme, et il conservera cette double image toute sa vie. Le bourgeois et le bohème vivront toujours en harmonie. Contrairement à l'un de ses grands amis de l'époque, Robert Hershorn, que l'obligation de prendre en main les

affaires familiales contrarie beaucoup, Cohen ne pense jamais sérieusement à se joindre à ses oncles, bien que ces derniers le pressent parfois
de le faire.

Leonard ne se rebelle pas contre sa vie bourgeoise, il veut tout simplement suivre une autre voie. Il a toujours pensé que sa famille, malgré son rang social, n'avait aucune idéal, aucune ligne de vie directrice :
« La vie consistait en tout et pour tout en habitudes domestiques et en
liens avec la communauté. En dehors de cela, aucune pression n'était
faite sur les individus. Je n'ai jamais entendu parler de révoltes ou de
conflits, parce qu'il n'y avait rien contre quoi se rebeller. Rien ne me
poussait à renoncer à ma famille. Parce que rien n'y était solide, en un
sens. Je n'avais aucun besoin de lutter avec ce monde-là, aucun besoin
de prendre position. »

Freda Guttman se souvient que Masha était obsédée par le bien-
être de Cohen et qu'elle tentait souvent, trouvant son fils trop indé-
pendant, de lui insuffler un sentiment de culpabilité. Quand Cohen
rentre à deux heures du matin avec des amis, elle se lève pour leur préparer à manger. Elle a ainsi l'occasion de faire admirer ses talents de
cuisinière. Elle est facilement déprimée — c'est d'elle que Cohen a sans
doute hérité sa tendance à la dépression — et peut se montrer impé-
rieuse. Un soir, elle interdit à Leonard de quitter la maison parce qu'il
est enrhumé. « Je t'ai sauvé quand tu étais à deux doigts de la mort et
c'est ainsi que tu me remercies ? » Elle crie beaucoup. Freda et Leonard
rient de ces explosions, pour eux il est normal qu'une mère juive se
comporte de la sorte. L'humour de Cohen l'aide à se protéger, et sa certitude d'être aimé par sa mère.

Son amie Nancy Bacal, dont il a fait la connaissance à l'école secondaire, se souvient qu'« il avait toujours des idées bien à lui ». C'est vrai
que, contrairement aux autres étudiants, il sait où il va — ce que certains
perçoivent comme un besoin d'en imposer à son entourage. Il a des
idées fixes, l'une d'elles étant la hantise de prendre du poids. Sa mère le
pousse à manger et il résiste. « Dès qu'il était question de nourriture, il
se conduisait comme une femme », dit Freda. Bien qu'il aimât les sucre-
ries, il a un jour refusé d'entrer avec elle dans une pâtisserie grecque de
Montréal, comme si la simple vue des gâteaux allait le faire grossir.

Au cours de sa dernière année au secondaire, la vie de Cohen se
complique. Il opte pour McGill, étape obligatoire dans la vie d'un jeune

homme de sa caste, mais il est tiraillé entre sa vie bourgeoise, définie par les attentes de Westmount, et ses exigences naissantes d'artiste. Pour Nancy Bacal, Leonard Cohen est le seul, parmi les garçons qu'elle a connus, qui se soit montré capable de « contenir les éléments de la douleur et d'y survivre, dans l'obscurité. Il était connecté aux choses de l'âme et du cœur. » Cohen viendra finalement à bout de ces tensions et tirera le meilleur de chacun de ces deux mondes. C'est à l'université que les deux facettes de sa personnalité vont s'affronter.

CHAPITRE II

Dans un cercueil doré

L EONARD COHEN ENTRE À L'UNIVERSITÉ McGill le 21 septembre 1951, jour de ses dix-sept ans, et y obtient son diplôme universitaire le 6 octobre 1955, peu après son vingt et unième anniversaire. On ne peut certes qualifier ses études de brillantes, c'est plutôt son zèle parascolaire qui frappe, ce zèle qu'il a déjà manifesté à l'école secondaire et qui ne se dément pas, tant s'en faut, à McGill. Il devient président de la Société de conférences et de la confrérie ZBT. En fait, Cohen personnifie le Juif de Westmount promis au succès professionnel et se conformant au mot d'ordre de sa communauté : « Faites ce qu'on attend de vous, et vous posséderez toutes les richesses que la vie peut offrir. » C'est pourtant au cours de ces années à McGill, où il assiste sporadiquement aux cours et passe de longues heures à la bibliothèque Redpath pour y lire et y écrire des poèmes, qu'il commence à prendre ses distances vis-à-vis de cette injonction.

McGill est sans conteste la meilleure université anglophone du Québec. Sise rue Sherbrooke, au centre de Montréal, sa position, sur le plan social, est aussi importante que sa situation géographique. Terrain d'apprentissage des hommes d'affaires, médecins, économistes et professeurs, elle reflète les idéaux de James McGill, son fondateur, négociant en fourrures. Écrivains, artistes et musiciens n'y occupent qu'une place secondaire. Stephen Leacock, homme de lettres et humoriste, attribuait ses liens avec McGill au fait qu'il était économiste — son statut d'écrivain comptait beaucoup moins. Au début des années cinquante, les directeurs de McGill se montrent encore soucieux de limiter le nombre de Juifs admis à l'université.

Cohen obtient une moyenne de 74,1 pour cent à l'examen d'entrée.

Paradoxalement, sa cote la plus basse est celle de littérature anglaise, et la plus haute celle de mathématiques. Les cotes qui vont suivre, dans le cadre des études elles-mêmes, seront moins satisfaisantes : sa moyenne globale au baccalauréat ne sera que de 56,4 pour cent. Il s'inscrit en lettres la première année, en commerce la seconde (avec des cours de comptabilité, de droit commercial, de sciences politiques et de mathématiques), en lettres les troisième et quatrième années, et enfin en sciences politiques, auxquelles il ajoute la zoologie. La matière qu'il préfère est l'anglais. Mais il sèche souvent les cours et c'est de justesse, après avoir dû repasser plusieurs épreuves qu'il obtient finalement son diplôme. Plus tard, il expliquera que s'il s'est obstiné à aller jusqu'au bout du programme, « c'était pour payer de vieilles dettes à [sa] famille et à [sa] communauté ».

Il introduit des politiques radicales et de nouvelles idées, parfois iconoclastes, dans sa fraternité ZBT, allant jusqu'à encourager ses camarades à boire sur la pelouse et dans les locaux — ce qui se solde par son renvoi. Mais il a le temps de redonner vie au regroupement, dont il rehausse l'intérêt des réunions en chantant et en jouant de la guitare. Il applaudit aux comportements surprenants et inattendus qu'il suscite. Un jour, un ami et une invitée apparaissent au déjeuner avec un seul manteau ; ils ont chacun enfilé une des manches et ont bien sûr peine à le garder fermé.

Cohen apporte à ses frères « un espace illimité » et la notion que tout est possible. Il est très populaire. Son activité dans la Société de conférences, d'abord en tant que secrétaire puis en tant que président, rehausse sa popularité. Au cours de sa première année à McGill, il gagne le trophée Bovey Shield d'art oratoire, représente McGill à Burlington, au Vermont, et reçoit en fin d'année le prix Gold A pour ses dons d'orateur. La deuxième année, alors qu'il est devenu secrétaire assistant de la Société, il gagne la joute oratoire annuelle Raft et représente McGill à Osgoode Hall, à Toronto. En 1953-1954, il occupe les fonctions de vice-président de la Société et en est finalement élu président la quatrième année. Son discours d'investiture s'inspire de Burke, puis Cohen fustige « la modestie politique qui, dit-il, ne mène à rien ».

Cohen participe à des joutes oratoires nationales et internationales et se mesure à des adversaires aussi divers que des étudiants de Cambridge — il en affronte deux — et une équipe de détenus du pénitencier de Norfolk, près de Boston, avec lesquels il discute de l'influence morale négative de la télévision sur la société. On l'a présenté aux prisonniers en tant que poète. Il clarifie d'abord sa position en ces termes :

> Mon collègue vous a promis un poète. J'ai bien peur de vous décevoir. Je ne parle pas en alexandrins, je ne porte pas de cape, je ne me promène pas sur la lande en ruminant de profondes pensées, je ne bois pas de vin dans un crâne et ne foule pas la nuit cosmique à larges enjambées. Personne ne m'a jamais surpris dans des ruines gothiques baignées de lune, une main pâle posée sur un lys médiéval, plein de langueur à l'évocation de douces vierges aux seins se soulevant comme la mer. En fait, je ne reconnaîtrais même pas un lys médiéval s'il m'arrivait d'en croiser un sur mon chemin, et je crois qu'il en serait de même pour une vierge. Et je boirais dans tout récipient pourvu d'un fond.

Les détenus du pénitencier, champions incontestés depuis vingt-quatre ans, l'emportent sur Cohen.

Peu après, impatienté par les débats interminables des responsables de la Société de conférences, Cohen propose de supprimer les réunions. Son activité dans la Société n'en constitue pas moins un apprentissage valable pour un aspirant avocat. À cette époque, c'est cette carrière qu'il envisage d'embrasser.

Après s'être joint à Hillel, l'association des étudiants juifs, il y constitue un petit orchestre et joue dans une pièce que Bernie Rothman met en scène. La distribution comprend Yafa Lerner, Eddie Van Zaig (il épousera plus tard Roz Ostrow, la demi-sœur de Leonard — qui joue elle aussi dans la pièce) et « Lenny Cohen » dans le rôle du deuxième garde. Freda Guttman est accessoiriste ; Robert Hershorn, machiniste. Le droit, les tribunaux et la liberté sont les thèmes du spectacle.

Avant que ne débute sa deuxième année à McGill, Cohen et deux de ses amis forment un groupe de musique country qu'ils nomment « The Buckskin Boys ». Ce choix musical ne surprend pas son entourage : le goût de Cohen pour la musique country n'est un secret pour personne. Il peut écouter pendant des heures les chansons que diffusent les stations de radio américaines. Le groupe a opté pour le nom de Buckskin Boys parce que ses membres possèdent une veste en daim.

Leonard a hérité la sienne de son père. Les musiciens se produisent dans des écoles secondaires et des sous-sols d'église, participent à des quadrilles, et régalent l'assistance des airs pop et country en vogue. Le groupe survivra tout au long des années de McGill. Cohen découvre qu'il aime monter sur scène, même si son trac et sa nervosité ne le quittent pas de tout le spectacle. Lorsque les comédiens de la société d'art dramatique de l'université montent *La Nuit des rois,* de Shakespeare, on peut l'entendre jouer de la guitare en coulisses.

Une fin d'après-midi de l'automne 1954, alors qu'il se promène rue Sherbrooke, non loin de la rue Aylmer, il se heurte à un groupe d'étudiants célébrant bruyamment une victoire de l'équipe de football de McGill. La police vient d'arriver sur les lieux. Non content de troubler le calme de la voie publique, les étudiants se sont mis à secouer des autobus. Cohen observe la scène sans y participer. Lorsqu'un policier le bouscule et lui enjoint de circuler, il essaie d'expliquer qu'il ne fait que regarder, mais le policier l'attrape par l'épaule en réitérant fermement son ordre. Calmement, Leonard écarte la main de l'homme, qui lui donne un bon coup sur la nuque. Il ne reprendra conscience que dans le « Black Maria », un des paniers à salade de la police. On l'emmène au poste n° 10, où il est inculpé. Puis on lui permet de rentrer chez lui.

Quelques jours plus tard, il comparaît en cour avec un avocat, sa mère et sa sœur. Si l'on en juge par la liste des charges pesant contre lui, Leonard Cohen a refusé de circuler, troublé l'ordre public, entravé un agent dans l'exercice de ses fonctions, obstrué la voie publique et résisté aux forces de l'ordre. Après la lecture de l'acte d'accusation, Esther éclate d'un rire hystérique et on doit l'escorter hors du tribunal. Cohen est condamné avec sursis. Quelques années plus tard, l'événement refera surface lorsqu'il posera sa candidature pour un poste de détective à l'agence Pinkerton. Une seconde entrevue lui est bien entendu refusée lorsqu'on découvre qu'il a été inculpé pour un délit et a omis de le signaler dans sa demande d'emploi. Qu'à cela ne tienne : les forces policières de Hong Kong cherchent des candidats. Des annonces viennent de paraître dans les journaux anglais de Montréal (seule exigence : un diplôme d'études secondaires). Leonard pose sa candidature, mais l'offre reste sans écho. En 1957, il écrit au Bureau des Affaires indiennes afin de demander si des postes d'enseignants sont disponibles. On le remercie de sa lettre ; ces postes, lui dit-on, sont rares.

Les ambitions de carrière de Cohen ne cessent d'osciller d'une discipline à l'autre durant ses années universitaires : il veut devenir tantôt avocat, tantôt enseignant, ou agent de police, ou détective... Heureusement, trois de ses professeurs ont sur lui une influence aussi stabilisatrice que stimulante. Louis Dudek est poète et critique, Hugh MacLennan romancier, et F. R. Scott juriste en droit constitutionnel et écrivain. Plus tard, Cohen rencontrera un quatrième mentor littéraire, Irving Layton, qui deviendra son meilleur guide. Au cours de l'automne 1954, il s'inscrit au cours de poésie de Dudek, centré sur les modernistes — parmi lesquels figure Ezra Pound, avec lequel le professeur entretient une correspondance.

Poète et critique, fils d'immigrants polonais, Dudek est né dans l'est de Montréal. Il a un doctorat en littérature de l'université Columbia. Pendant les premières semaines de cours, Cohen lui montre quelques-uns de ses écrits, que Dudek n'apprécie que très modérément. Deux semaines plus tard, Leonard récidive avec d'autres textes. Son professeur retient « The Sparrows », poème en cinq strophes au thème métaphorique recherché. Dudek est satisfait et va le prouver : alors qu'ils longent un couloir de la faculté des lettres en discutant du poème, le professeur s'arrête et ordonne à son élève de s'agenouiller. Avec une solennité mi-sérieuse mi-amusée, il adoube alors « le poète » avec le manuscrit, puis lui ordonne de se relever et d'aller se joindre au groupe encore mal défini des poètes canadiens. La continuité est assurée, la tradition sauvegardée, un nouveau poète vient d'être accueilli dans les rangs des anciens. En 1954, « The Sparrows » remporte le concours littéraire subventionné par le *McGill Daily*. Le 7 décembre, le poème est imprimé en première page de la revue.

Les premiers écrits publiés de Cohen, « An Halloween Poem to Delight My Younger Friends » et « Poem en prose* », paraissent dans *CIV/n*, revue de littérature née en janvier 1953 et tirant à deux cent cinquante exemplaires ronéotypés. La revue, qui doit son titre insolite à une déclaration de Ezra Pound : « CIV/n [l'abréviation de Pound pour « civilisation »] n'est pas l'affaire d'un seul », a été lancée par quatre récents diplômés de McGill et est dirigée par Aileen Collins (qui va

---

* En français dans le texte.

épouser Dudek). Layton et Dudek en sont les conseillers éditoriaux. Le but déclaré de la publication est de présenter une poésie moderne « qui soit une représentation vitale de la réalité, une poésie écrite dans une langue vigoureuse (si nécessaire) ou dans une toute autre langue, mais qui force le lecteur à voir à quoi ressemble le monde qui l'entoure ». Les poètes canadiens, écrit Aileen Collins, sont « forcés d'écrire avec du sirop d'érable sur une écorce de bouleau ». Il faut que cela change. Les réunions éditoriales très actives de Layton, Dudek et Aileen, souvent tenues chez Layton, suscitent l'apparition d'écrits modernes non conformistes, rédigés dans une langue franche, familière, spontanée et expérimentale. Dans sa volonté de sortir le cerveau canadien de sa gangue, *CIV/n* propose de nouvelles normes :

> Pour le bénéfice de la Kulture, au moins pour cela, ayons beaucoup de mauvaise *bonne* poésie dans le futur, au lieu de plus de *bonne* mauvaise poésie, et que les critiques nuls se taisent jusqu'à l'appel du dernier orignal.

Dans une lettre à Robert Creeley, Layton dépeint comiquement le bouclage du numéro inaugural ronéotypé de *CIV/n* : « La nuit dernière, nous avons fêté *CIV/n* dans l'orgie. Afin de donner au numéro le meilleur coup d'envoi possible, nous nous sommes déshabillés et, assis les uns à côté des autres, nous nous sommes mutuellement empoigné les parties intimes (ce qui me paraît plutôt choquant aujourd'hui). »

Pound, à qui l'on a envoyé des exemplaires du magazine, écrit à Dudek qu'il le trouve trop peu polémique et par trop régional. Il se demande si les critiques veulent vraiment « susciter une prise de conscience maximale ». Le quatrième numéro de *CIV/n*, dans lequel figure le premier texte de Cohen, témoigne d'une vision plus large. Il contient des écrits de Creeley et de Corman, un long essai sur Pound de Camillo Pellizzi, critique et auteur italien, et un éditorial de Dudek sur les vraies raisons de l'internement de Pound dans un hôpital psychiatrique de Washington. On y trouve également des textes de Phyllis Webb, de Raymond Souster, d'Irving Layton et de Cohen, qui signe Leonard Nathan Cohen. Une note de l'auteur révèle que Leonard N. Cohen « écrit des poèmes et les chante en s'accompagnant à la guitare, et qu'il fait ses études à McGill ».

Le deuxième poème de Cohen publié dans le magazine fait allusion à son séjour à Cambridge, au Massachusetts, au cours de l'été 1953. Cet été-là, Cohen fréquentait officiellement Harvard pour y suivre un cours portant sur l'essence de la poésie moderne que donnait le poète français Pierre Emmanuel. Mais Leonard avait réussi à convaincre sa mère que son intérêt pour la poésie valait bien un mois ou deux à Cambridge. Une fois installé dans cette université, il y avait passé le plus clair de son temps à la bibliothèque Widener, écoutant tous les enregistrements de John Lennox, musicien folk mondialement connu. Il décrit dans un poème les « secrets ondoiements » de la rivière Charles « où fourmillent les ombres de dix douzaines de réverbères et d'une lune ». Le poème paraîtra, révisé et avec un nouveau titre, « Friends », dans *Let Us Compare Mythologies*. Quatre autres poèmes seront publiés dans *CIV/n* avant la disparition de la revue en 1955.

L'environnement littéraire de *CIV/n* est aussi important que la revue elle-même. C'est grâce au magazine que Cohen fait la connaissance d'écrivains plus vieux et plus expérimentés qui s'insurgent contre la poétique orthodoxe en vigueur. Aileen Collins décrira plus tard cette révolte comme un effort accompli, au moins à Montréal, dans le but de démolir l'idée que l'Association des écrivains se fait de la poésie, en laquelle elle voit l'expression intempérante d'états affectifs, similaires, pour ce qui est de la texture et du goût, au sirop d'érable.

Le cercle de *CIV/n* comprend, outre Layton, Betty Sutherland, sœur du poète John Sutherland, de McGill, et compagne de Layton au milieu des années quarante (ils se marieront en 1948), le sculpteur Buddy Rozynski, directeur artistique du magazine, sa femme Wanda et, plus tard, Doug Jones, Phyllis Webb, Eli Mandel, F. R. Scott, Cid Corman, Raymond Souster, Robert Creeley et Charles Olson. Aileen Collins et les Rozynski s'occupent de la production et de la distribution, aussi bien que des finances, du courrier, de la comptabilité, de la maquette et des abonnés.

Cohen ne tarde pas à participer aux discussions, aux lectures et aux débats, arrivant souvent aux réunions avec sa guitare afin de donner un fond sonore à la lecture de ses poèmes. Ces rassemblements sont en fait des ateliers de travail, où l'on ne ménage pas ses opinions. Leonard se souvient que même Scott, un poète chevronné, était parfois très ému par les réactions que suscitait sa poésie. Il existait, dit Cohen, une

« sauvage intégrité » dans le groupe montréalais. Phyllis Webb se souvient d'avoir rencontré Leonard à la fin de l'année 1955, chez Layton,
lorsque ce dernier préparait avec Dudek la publication de son premier
livre. C'est là qu'elle a appris que le jeune poète se livrait « volontairement à une lecture quotidienne de la Bible ». Ce soir-là, comme d'habitude, les poèmes « se sont fait ratiboiser » par l'auditoire, sauf celui de
Cohen, qui a été jugé « le plus frais, le plus lyrique et le plus authentiquement sensuel ». En bref, les disputes, les insultes et les louanges
caractérisent ces réunions et procurent une aide précieuse à Cohen.
CIV/n stimulait en permanence le monde littéraire montréalais.

L'apparition de *CIV/n* confirme également la migration de la nouvelle poésie de Toronto vers Montréal. *Contact,* de Raymond Souster,
dont était sorti le Contact Press, a fermé boutique au moment même
où le tout nouveau *CIV/n* prenait son essor à Montréal. Il faut dire
aussi que la revue renforce les liens qui unissent Souster, Layton et
Dudek, liens qui ont commencé à se former avec l'élaboration et la
publication, en 1952, de *Cerebus,* leur ouvrage collectif. *Canadian
Poems, 1850-1952,* anthologie conçue par Dudek et Layton, marque la
rupture entre une poésie strictement anecdotique et une poésie impré-
gnée de lyrisme moderne. *CIV/n* est plus provocatrice que les autres
revues à petit tirage, comme *First Statement, Contact* et, plus tard,
Delta. Et c'est elle qui donne le coup d'envoi aux premiers essais poétiques de Cohen.

À cette époque, l'écrivain le plus connu de la faculté est Hugh
McLennan, lauréat du prix du Gouverneur général, dont le roman,
Deux solitudes, a frappé le pays lors de sa parution en 1945. McLennan
est entré à McGill en 1951 pour y donner un cours sur le roman
moderne et y diriger un séminaire de création littéraire. Cohen lui est
présenté par Tony Graham, fils de la romancière Gwethalyn Graham,
devenue célèbre grâce à un roman sentimental, *Earth and High Heaven*
(1944), narrant les amours d'un jeune avocat juif et d'une « goy » de
Westmount. Durant son séjour à McGill, McLennan rédige la première
version de ce qui va devenir *The Watch That Ends the Night* (1957).

La liste de lecture du cours de McLennan comprend *Dedalus,
portrait de l'artiste par lui-même,* de James Joyce. Le roman fait une
forte impression sur Cohen, en particulier le passage impression-
niste sur la « fille-oiseau », où Stephen Dedalus décrit, dans une langue

très poétique, une jeune femme sur une plage. Ce texte démontre à Cohen à quel point la prose, dans un roman, peut être lyrique.

La participation au cours de création littéraire exigeant que l'on soumette du matériel, Cohen présente des textes, que MacLennan trouve valables. L'élève admire aussi bien le maître que l'homme. « C'est ce qui s'est passé la plupart du temps dans ma vie, dira-t-il un jour. Je n'ai poursuivi ce genre de fréquentations que lorsqu'une relation intime s'était engagée. » Il considère MacLennan comme un merveilleux professeur : « Plus il se montrait réservé, plus l'atmosphère de la classe devenait intense. » Une fois les cours terminés, le maître et l'élève partent chacun de son côté, mais ils correspondent pendant quelque temps. Dans ses lettres, MacLennan exprime le souhait de voir Cohen devenir écrivain. Il écrit une introduction au numéro du mois de février 1954 de *Forge,* journal estudiantin de McGill, qui publie deux poèmes de son élève.

F. R. Scott, un autre professeur de McGill, exerce lui aussi une excellente influence sur Cohen. Cet éminent historien, poète connu, est capable de s'accorder aussi bien aux préoccupations de la génération précédente, celle des écrivains et critiques de *The McGill Fortnightly Review* et de *Preview* qu'à celles des innovateurs de *CIV/n.* Cohen suit son cours de droit commercial. Pendant la brève période où il fréquente la faculté de droit, il admire l'aisance avec laquelle Scott arrive à concilier le droit et la poésie. Le professeur encourage les tentatives littéraires de son élève, l'invite chez lui. Les heures passées chez les Scott sont « merveilleuses, pleines de chaleur, avec des moments très drôles et une grande ouverture d'esprit. L'atmosphère est fluide. On boit, on parle politique et poésie. »

Quelques années plus tard, Scott et sa femme Marian, qui est peintre, s'aventurent dans les boîtes et les cafés du centre de Montréal pour y entendre Cohen lire ou chanter sa poésie. Ils l'invitent souvent à North Hatley, où ils possèdent une petite maison. Leonard écrit dans un appentis appartenant à Elton, le frère de Scott. C'est là qu'il entame, en 1957, la rédaction de *The Spice-Box of Earth* et, un peu plus tard, retravaille les premières versions de *The Favorite Game.* Pour exprimer sa gratitude envers les Scott, il écrit « Summer Haiku for Frank and Marian Scott », que Mort Rosengarten grave sur un morceau de roc. Les Scott en feront un butoir de porte, et le poème paraîtra dans *The*

Spice-Box of Earth. Scott rédigera quelque temps plus tard une lettre de recommandation au Conseil des Arts en faveur de Cohen, qui sollicite une bourse.

Mais c'est Irving Layton, le poète qui a insufflé une nouvelle vie à des formes poétiques moribondes et lié le prophétique au sexuel, qui est indiscutablement le mentor le plus important de Leonard à McGill. Cohen découvre dans ses écrits une voix judaïque qui exprime avec passion et de la manière la plus énergique qui soit son opposition aux valeurs établies. Qui, demande Layton avec lyrisme, lira un jour les castrats, les critiques ? « Quelle race lira ce qu'ils ont déclaré / Alors qu'ils peuvent lire mes poèmes à la place ? » Northrop Frye — et il n'était pas le seul — trouvait Layton trop trivial : « Dans les écrits de M. Layton, la profusion de fesses est aussi lassante que celle des boutons d'or dans le *Canadian Poetry Magazine* », fait-il remarquer d'un ton las dans sa critique de *The Black Huntsmen*, parue en avril 1952 dans le *University of Toronto Quarterly*.

Pour Cohen, Layton n'est pas seulement un formidable professeur dont la fougue l'impressionne, il porte en lui le don prophétique et la foudre des Hébreux. Toute la force de l'identité juive est contenue dans ses textes ; et il a uni la politique à la poésie. Cohen incorporera les positions de Layton dans ses derniers textes, notamment *Flowers for Hitler* et *Parasites of Heaven*. Ils se sont rencontrés brièvement en 1949, puis à un atelier de poésie à McGill en 1954. Layton a déjà publié deux livres à cette époque, et sa combativité est bien connue. Il jongle entre sa carrière de professeur de littérature à temps partiel à l'université Sir George Williams et celle de professeur assistant en sciences politiques à McGill.

L'ego de Layton se manifeste de façon implacable en public. Il invite le pays tout entier à imiter son franc-parler et à prendre exemple sur sa sexualité sans complexe. C'est grâce à lui que Cohen apprend à valoriser le style dionysiaque, à accepter le pouvoir des visions prophétiques et à élargir sa poétique pour y inclure le judaïsme. Au nom de la poésie, Layton se livre à une critique virulente des classes où l'on enseigne une poésie « aseptisée ». « Avec un heureux hurlement / il bondissait de monument en monument », écrit Cohen dans son poème « For My Old Layton ». Si Dudek l'a adoubé, Layton l'emmène faire des virées en ville. Avec le temps, l'influence entre les deux hommes deviendra réciproque : « Je lui ai appris à s'habiller ; il m'a appris à vivre éternellement », déclarera Cohen.

L'élève accompagne souvent le maître à des séances de lecture. Pendant l'un de leurs fréquents voyages à Toronto, ils s'absorbent si profondément dans une discussion sur la poésie qu'ils ne s'aperçoivent pas qu'ils vont tomber en panne d'essence. Heureusement, ils ne sont pas trop loin d'une ferme, où ils trouvent de l'aide. Même aventure quelques années plus tard, sur la même route et devant la même ferme ! Confus, ils sollicitent l'aide de la propriétaire, qui se souvient très bien d'eux et résume l'incident en un seul mot : « Poètes ! »

Layton et Cohen lisent des textes à la vieille Greenwich Gallery, dans Bay Street. Le cinéaste Don Owen se souvient que Cohen « quittait toujours la galerie avec la femme la plus intéressante, celle que j'avais regardée toute la soirée en essayant de rassembler mon courage pour l'aborder ». Cohen est plutôt grassouillet à cette époque, mais ce n'est pas l'excès de poids qui l'empêche de courir les jupons.

Les gestes whitmanesques de Layton, ses poses étranges déroutent un public peu accoutumé à une telle originalité. Ses cheveux longs flottant sur les épaules, il s'empare de son sujet — toujours crucial pour lui —, l'impose, crie, gesticule, tempête. « En équilibre sur un fil tendu à se rompre entre le sexe et la mort, le poète, affirme-t-il, ne peut trouver le salut que dans la sexualité. » Ce message ne peut que séduire son jeune disciple. C'est Layton qui précipite Cohen dans le monde merveilleux, tumultueux et exigeant de la vraie poésie, où l'art demande un dévouement total, une totale reddition. La quête d'expériences extraordinaires est le plus bel apprentissage que puisse faire le poète, clame Layton. Cohen est tout à fait d'accord.

La réunion la plus importante à laquelle maître et disciple assistent est sans aucun doute le Colloque des écrivains canadiens, tenu du 28 au 31 juillet 1955 à l'université Queen's, à Kingston, en Ontario. Organisé par F. R. Scott et subventionné par la fondation Rockefeller, le premier grand rassemblement des écrivains canadiens accueille non seulement des auteurs bien établis, comme A. J. M. Smith, Morley Callaghan, Dorothy Livesay, Desmond Pacey, Louis Dudek, Ralph Gustafson, James Reaney, John Sutherland, Earle Birney, Malcolm Ross et Scott, mais des écrivains plus jeunes, comme Al Purdy, Jay Macpherson, Eli Mandel, Phyllis Webb et Myriam Waddington. Selon Doug Jones,

Layton est arrivé à Kinsgton, ville collet monté, « dans une voiture remplie de femmes. C'était sans doute des amies de Cohen, mais Layton avait tout l'air du sultan débarquant avec son harem. »

Cohen joue de la guitare, participe aux récitals de poésie impromptus et écoute les participants se quereller. Les écrivains prétendent que les médias font trop peu d'efforts pour promouvoir leur œuvre, ce à quoi les médias rétorquent que les auteurs n'ont que ce qu'ils méritent, en particulier les poètes dont les écrits sont volontairement obscurs. Layton réplique que les poètes écrivent pour le public, non pour d'autres poètes. Le poète, dit-il, fait partie du prolétariat, pas de l'élite. Et il continue sur ce ton pendant tout le colloque, affirmant aux journalistes et aux participants que le poète est indispensable à la société et que la société a le devoir d'aider ses écrivains à survivre en leur donnant des prix et des subsides. Ces interventions débouchent sur l'adoption d'une série de résolutions visant à officialiser l'étude de la littérature canadienne et à reconnaître la nécessité de donner aux textes canadiens une place plus importante dans les écoles et les bibliothèques.

Le Colloque de Kingston de l'été 1955 est une expérience grisante pour Cohen. Il y rencontre les plus grands poètes du pays et y entend des voix nouvelles. Les nombreuses discussions et les décisions prises dans les ateliers et au cours des réunions de Kingston ont contribué à donner une forme à sa carrière. L'éventail des publications ne tarde pas à s'élargir, on lance des revues, *Canadian Literature, Prism,* la collection de poésie de McGill et la *New Canadian Library.*

* * *

Cohen obtient sa licence en lettres en octobre 1955, avec cinq autres étudiants. Sa réputation d'écrivain n'est plus à faire sur le campus ; on tient compte des opinions de celui qui a remporté le prix de création littéraire Chester MacNaughton avec « Thoughts of a Landsman », composé de quatre poèmes, dont trois paraîtront dans son premier livre. Il a également reçu le Peterson Memorial Prize in Literature, qui a confirmé son talent aux yeux du public et affermi sa détermination à poursuivre une carrière littéraire. La légende figurant sous sa photo, dans le livre de l'année 1955 de McGill, dit ceci : « Vous avez bien sûr découvert que seule la nef des fous a fait la traversée cette année… »

« J'aspirais à mener une vie de semi-bohème », dira plus tard Cohen, parlant de ses années à McGill. « Une vie peu structurée, mais *engagée*, une vie qui réponde à un appel. » Au cours de l'automne 1953 — le début de sa troisième année universitaire —, il loue, avec Mort Rosengarten, quelques pièces dans un meublé de la rue Stanley, ce qui leur permet de se libérer des contraintes de Westmount et de vivre la vie de bohème à laquelle ils rêvent depuis si longtemps. Cette décision bouleverse la mère de Cohen et provoque la colère de ses oncles. On lui rappelle que son père a vécu avec ses parents jusqu'au jour de son mariage, soit jusqu'à trente-neuf ans. Le départ de Leonard est considéré comme une rupture avec la tradition ; en outre, la famille l'accuse d'abandonner sa mère. Mais cette nouvelle existence est trop attrayante pour qu'il y renonce. Cohen invite des jeunes femmes dans son domaine, leur donne la sérénade, leur lit des poèmes. Dans *Beauty at Close Quarters,* le narrateur explique : « Il savait quelles cordes mineures vibraient aux premières heures du matin, quels poèmes semblaient trop pervers, ou trop doux. […] Ce n'était pas les femmes qu'il voulait collectionner, mais ces épisodes parfaits. »

Après sa licence, Cohen s'inscrit pour un trimestre à la faculté de droit, mais son intérêt reste centré sur l'écriture. C'est à cette époque que Layton, Souster et Dudek créent la collection de poésie de McGill, qui va offrir de nouveaux débouchés aux jeunes poètes. Dix livres paraissent entre 1956 et 1966 — entre autres des œuvres de Pierre Coupey, David Solvay, Daryl Hine et Leonard Cohen. Mais lorsque Dudek offre à Cohen de publier le premier livre de la collection, ce dernier se montre « lent et peu empressé à remettre son manuscrit ». En fait, Dudek ne lira *Let Us Compare Mythologies* au complet que lorsque l'ouvrage sortira de presse. Les hésitations de Cohen s'expliquent par le rejet de Dudek de « la tradition sentimentale du romantisme tardif dans le domaine de la poésie », rejet que Cohen n'admet pas. Il considère que maintenir cette tradition est en soi une forme de rébellion contre le modernisme de Dudek et des autres, modernisme très présent dans les textes de Pound, de William Carlos Williams et de Charles Olson.

Let Us Compare Mythologies rassemble des poèmes que Cohen a composés en majeure partie entre sa quinzième et sa vingtième année. L'ouvrage a été récrit quatre fois avant que l'auteur ne le juge prêt pour la publication. Il prend en main toutes les étapes de la production : choix du papier, mise en pages, conception de la couverture et choix des caractères. Son amie Freda Guttman prépare les illustrations, et il fournit les trois cents dollars pour la reliure. Il ne veut pas de livre de poche, bien que les préférences de Dudek aillent à ce type d'ouvrage. Ruth Wisse, chef de pupitre du *McGill Daily,* dirige l'équipe de représentants qui s'occupent des ventes par souscription. Elle vend, à elle seule, deux cents exemplaires du livre. Cohen fait distribuer des bons de commande sur le campus, dans les cafés et les librairies. Les quatre cents exemplaires du tirage initial seront presque tous vendus.

Le livre paraît en mai avec, en quatrième page de couverture, une description des objectifs de la collection. Le texte met l'accent sur le rôle qu'a tenu Dudek. La dédicace figurant sur l'exemplaire de ce dernier dit ceci :

> À Louis Dudek, professeur et ami, qui plus que tout autre voulait que je publie ce livre, et dont tous les jeunes qui écrivent à McGill apprécient grandement l'aide et les encouragements.
>
> Leonard Cohen
> Mai 1956

En dépit de divergences croissantes avec Dudek, qui porte Pound aux nues et dont la poésie d'idées est en contradiction avec l'attrait qu'éprouve Leonard pour le romantisme, la métaphysique et la sensualité, en dépit du fait que Dudek est persuadé que devenir chanteur minera le talent d'écrivain de Cohen, celui-ci ne cesse — et ne cessera jamais — de mettre l'accent sur l'importance de la contribution de son professeur à son œuvre. Il sait que Dudek le comprend. Ce dernier déclare : « Leonard s'est toujours vu comme un rabbin. » En juin 1992, Cohen aura le plaisir d'entendre son professeur le présenter au président de McGill lors de la remise de son titre de docteur *honoris causa*. Pendant la cérémonie, Dudek résumera, avec une gentille ironie, les années que son élève a passées à McGill : « Je m'estime heureux de l'avoir vu de temps en temps dans ma classe pendant ses jeunes années à McGill. » Il terminera son discours par une question que l'on pourrait qualifier de paternelle : « Leonard, es-tu sûr que le succès soit réellement bon pour toi ? » Puis il soulignera l'intégrité de Cohen, et ce besoin constant chez lui de rechercher sa vérité personnelle. Enfin, il conclura par ces mots : « Il n'a cessé de réussir, pour autant que l'on puisse réussir, tout au long de ce combat difficile qu'est la vie. »

Cette recherche de la « vérité personnelle » est déjà évidente dans les quarante-quatre poèmes de *Let Us Compare Mythologies* (1956). Les thèmes traités — assez banals — sont ceux qui retiennent généralement les jeunes gens de vingt-deux ans aux prises avec la fascination de l'amour romantique et anéantis par la cruauté de la perte. « Elegy », le premier poème, parle de la mort du père ; « Beside the Shepherd », le dernier, célèbre la résurrection. Le patrimoine, l'héritage, l'histoire et le désir sont les thèmes dominants du livre, unis les uns aux autres par leur fusion dans le mythe et par la sensualité religieuse dans laquelle ils baignent.

Un texte en prose, daté du 27 décembre 1956 et écrit pendant l'année passée à Columbia, éclaire l'importance du mythe dans l'œuvre de Cohen. Il commence ainsi :

Je veux continuer à explorer le mythe en l'appliquant à la vie contemporaine et en le confinant à l'expérience contemporaine, afin de fabriquer de nouveaux mythes et de modifier les anciens. Je veux intégrer un temps mythique à mes poèmes afin que l'on puisse les assimiler à toutes les fables authentiques jamais chantées, et, dans le même temps, rester soucieux de notre époque et des poèmes suspendus dans notre ciel.

Cohen cite le mariage et l'adultère comme les principaux thèmes qu'il a l'intention d'explorer, et fait ensuite la liste des poèmes illustrant de quelle manière le mythe peut parfois commander l'image et la structure du poème. Ces poèmes traitent exclusivement de la trahison et de l'adultère. C'est le troisième qui définit le mieux le ton du recueil, puisqu'il raconte la trahison. En voici un extrait :

Je sais tout sur la passion et sur l'honneur
hélas cela n'avait strictement rien à voir ni avec l'un
[ni avec l'autre ;

oh, il y avait de la passion, je n'en suis que trop sûr
et même un peu d'honneur
mais le véritable objectif était de cocufier Leonard Cohen

L'idée qu'il se fait du mythe trouve un prolongement dans la conviction que ses textes ont un lien avec le folk. « Mes ballades, expliquera-t-il un jour, s'efforcent à la fois d'atteindre à la simplicité du folk et à l'intensité de la fable. »

L'intérêt de Cohen pour le mythe coïncide avec un tournant dans les études littéraires, résumé dans un texte du critique canadien Northrop Frye. En 1957, l'année suivant la parution de *Let Us Compare Mythologies*, Frye publie *Anatomie de la critique*, son traité encyclopédique sur le mythe et la littérature, dans lequel il propose un nouveau paradigme pour étudier la littérature par le biais des archétypes. Frye fait une critique du premier livre de Cohen dans le *University of Toronto Quarterly*. Il reconnaît un talent mineur au poète et en fait un éloge bien pesé. Pendant cette période, des écrivains canadiens comme James Reaney, Eli Mandel et Jay Macpherson se servent eux aussi du mythe comme médium narratif. Le livre de Cohen occupe ainsi une place dans le cheminement inconscient mais cohérent des études mythopoétiques que l'on voit fleurir au Canada.

Let Us Compare Mythologies contient plusieurs des autres thèmes qui vont nourrir la poésie ultérieure de Cohen : l'histoire, en particulier celle de la persécution des Juifs et de l'Holocauste, la sexualité et l'amour des femmes, la sensualité lyrique, la colère, les stéréotypes culturels, la religion et les sentiments de frustration ressentis devant l'utilisation de l'art et de l'histoire comme moyens de résoudre les crises personnelles. C'est le travail d'un jeune poète, qui veut choquer autant qu'exalter (« La lune qui pend, mouillée, comme un œil à demi arraché »). Ses premiers essais poétiques peuvent être vus comme une forme de prière, et la voix de celui qui les a écrits comme une voix sacrée. Cette voix exprime l'assurance, montrant ainsi ce que Layton dit être essentiel chez les jeunes poètes : l'arrogance et l'inexpérience. Lorsqu'on lui demandera, en 1994, ce qu'il pense de ses poèmes de jeunesse, Cohen répondra avec humour : « Je n'ai fait que décliner depuis lors. Ces premiers poèmes sont les meilleurs. » Leonard n'envisage aucune stratégie pour devenir un personnage public, comme Layton. « Ce que j'essayais de faire avant tout, c'était d'avoir un rancard avec une fille. C'était la chose la plus urgente dans ma vie. »

Les femmes deviennent effectivement de plus en plus importantes dans son existence, ainsi que le confirme un essai écrit au milieu des années cinquante. Son sujet principal : les seins, qu'il préfère appeler nichons, mot qu'il n'utilise qu'avec modération : « Les seins, en tout cas dans mon esprit, divisent ; ils obligent l'esprit à se tourner d'un côté puis de l'autre. » La terminologie est significative : « poitrine » appartient au monde de l'hygiène féminine. « Les femmes qui ont des problèmes de popularité parlent de leur poitrine », écrit-il. Beaucoup d'autres termes lui paraissent trop cavaliers. « Revenons donc aux nichons, qui ne représentent rien de plus que ce qu'ils sont, réels et humains. Leur forme, leur grosseur, leurs mamelons roses et plissés sont tout entiers contenus dans la musique du mot. » Une fille qu'il connaît a des « nichons magiques », qui l'enchantent. Pourtant il essaie toujours de faire croire qu'il n'est pas obsédé par les seins. Les nichons de cette fille méritent un poème, se dit-il un jour, mais qui va l'écrire ?

Layton les attacherait immédiatement à une de ses femmes ou s'approprierait peut-être le corps entier pour le mutiler dans quelque paysage féroce. Dudek les repousserait, mais à supposer qu'il accepte de les examiner, il composerait alors une sorte de catalogue de voyage, répertoriant chaque pore, chaque poil. Cela étant fait, il en ferait le panégyrique. Hine, lui, n'y croit pas. Reanney et Macpherson les transformeraient en blocs d'argent, ainsi la précieuse chair deviendrait métal. Sur cet argent, ils graveraient des hiéroglyphes qui démontreraient une des théories de leur maître, professeur de littérature anglaise. Leonard Cohen, lui, nous jetterait tous dans l'embarras en les caressant au vu et au su de tout le monde sous prétexte de prier une sorte de Jehovah oriental et souffreteux aux yeux bridés.

La femme aux « nichons magiques » passerait inaperçue au milieu d'une foule, se dit Cohen. Pourtant, un jour où il se promène « sur la sombre pente sud du mont Royal [...] pensant à toutes les injustices qui lui ont été faites », l'héroïne apparaît soudain et, à sa grande surprise, découvre ses « nichons ».

Et à cet instant j'ai su que ma vie entière dépendait de ma rencontre avec ces nichons et de la compréhension que j'en aurais,
que je dévalerais la montagne jusqu'à la ville comme un homme
vide ou comme un grand homme. Mon cœur devint alors un
champ de bataille où la compassion le disputait au mépris.

C'est à cette époque que Cohen commence à faire des dépressions
nerveuses et à prendre de la drogue. Ces crises de mélancolie le poussent d'abord à s'éloigner de son entourage, à rechercher la solitude. Il
s'aperçoit que ses affinités avec ses amis de Westmount, au lieu de s'affirmer, s'atténuent, et le sentiment d'être un étranger parmi eux modifie son regard sur sa vie passée. Ce n'est pas tant un conflit qu'un
affrontement entre deux manières de vivre — aussi séduisantes l'une
que l'autre. Nancy Bacal se souvient d'une nuit, dans la salle de la fraternité, où ils ont bu de l'armagnac devant le foyer, les poèmes de Leonard éparpillés autour d'eux, discutant avec le plus grand sérieux de la
nécessité de les brûler ou non. Ils ont finalement décidé que cela ne
serait pas sage.

La drogue, panacée des années soixante, a attiré Cohen cinq ans
plus tôt, en particulier la marijuana et le LSD. Un musicien de Montréal
lui fait connaître la première, des écrivains et des gens branchés le
second. Au fil du temps et de sa vie, sa pharmacopée s'étoffe, il se met
aux amphétamines et au haschisch. Tandis qu'il plane sous l'influence
du LSD ou de la marijuana, Cohen se sent libre d'expérimenter dans le
domaine poétique et d'utiliser de nouvelles formes dans la composition
de ses chansons. Des amis artistes se lancent eux aussi dans cette exploration des hallucinogènes. Pour Cohen, la drogue est un substitut à la
religion. Un succédané bien nécessaire maintenant que la foi et l'extase
dans lesquelles le mysticisme et une religion prophétique l'ont jadis
plongé se sont évaporées. En s'institutionnalisant, elles ont perdu leur
magie. Mais la drogue est, elle aussi, une voie sacrée. Dans « Song of
Patience », un des poèmes de son premier recueil, Leonard souligne le
glissement de la ferveur religieuse vers la frénésie de l'art, thème dont
l'écho se prolonge dans tout le texte. Les visions procurées par la
drogue sont à la fois un moyen d'échapper à la dépression et une libération de l'imagination.

Une nuit de l'année 1957, Cohen monte au sommet du mont Royal et y prend de la mescaline, substance extraite du peyotl, la drogue favorite des Indiens d'Amérique du Sud. Pour lui, la drogue est de l'ordre du sacré et du rite, elle n'est pas un divertissement. Sous son influence, il se sent capable d'explorer les états psychologiques et créatifs que l'on ne peut atteindre sans elle. À l'instar de Rimbaud, de Verlaine, de Coleridge et de De Quincey, Cohen vise à l'amplification de son imagination.

Le jour où il renoncera à la drogue, c'est parce qu'il aura constaté qu'elle a cessé d'accroître les pouvoirs de son cerveau et qu'elle porte atteinte à son intégrité physique.

Au début, la drogue lui donne le pouvoir de se concentrer d'une manière sacramentelle sur le paysage de son exploration religieuse. Il connaît des moments d'illumination. En 1965, à Hydra, alors qu'il travaille à *Beautiful Losers* sous l'influence de l'acide, il griffonne sur un mur, en lettres dorées : « Je suis changement / Je suis le même. » Sur le mur opposé, il ajoute : « Notre chant nous a menés aux fours. »

La tendance de Cohen à la dépression est exacerbée par le conflit entre son désir d'être un artiste et les obligations de sa vie bourgeoise. Il tente de vivre simultanément dans les deux mondes mais ces derniers sont incompatibles. Ses crises de mélancolie sont provoquées par des éléments déstabilisateurs dans sa vie : la mort prématurée du père, les dépressions de la mère, le suicide de son professeur de guitare. « Les cauchemars, soudainement / ne débouchent plus sur des fins heureuses », dit-il dans *Parasites of Heaven*. « Je me contente de sauter à l'extérieur. » Le fait de devenir un écrivain enfermé dans le stéréotype du créateur qui n'a ni travail stable ni revenus fixes et change souvent de partenaire sexuelle ne fait qu'accroître le mécontentement de sa famille, ce qui ne manque pas d'accentuer ses propres conflits intérieurs.

En entrant dans l'âge d'homme, les symptômes de cet état maniacodépressif se manifestent de façon plus évidente : mélancolie, sautes d'humeur et idées fixes. Ces symptômes apparaissent habituellement vers dix-huit ou dix-neuf ans. Le sujet passe alors par des changements cycliques et récurrents, se montrant, dans la première phase, créateur, sociable et extrêmement actif sur le plan sexuel et, dans la seconde, très fatigué, replié sur lui-même et terriblement anxieux. Les victimes de la dépression ont un comportement obsessionnel et sont des maniaques de l'organisation. Chez Cohen, le souci du détail, aussi bien que de l'ordre et de la netteté, prendra toujours des proportions anormales. Les lieux où il vivra seront toujours impeccables, presque monacaux. Ses carnets de notes seront minutieusement rangés par année et ses habitudes de travail refléteront son souci de la discipline et de la précision. Il ne mettra jamais le point final à une chanson avant d'être entièrement satisfait des paroles et de la musique. Il explique cette exigence dans un carnet de l'année 1967 : « En principe, tout doit être systématisé, et ce sont les détails qui font la perfection de l'œuvre. » Pourtant, il s'accuse de paresse. « Elle occupe une place notoire dans mon existence, même si j'ai réussi à convaincre plusieurs personnes de mon assiduité au travail. » Il n'en reste pas moins que son besoin de perfection et d'ordre colore toutes ses actions, ses tâches, ses amours et sa quête de plénitude spirituelle.

Cohen loue de temps à autre une chambre dans un hôtel minable du centre-ville à trois dollars la nuit, habitude qui va se transformer en fascination pour les chambres d'hôtel. Dans le documentaire de 1965 de l'ONF, *Ladies et Gentlemen… Mr. Leonard Cohen,* on le voit s'éveiller dans une chambre de la rue Sainte-Catherine puis, en sous-vêtements, regarder par la fenêtre le paysage hivernal et lugubre tout en parlant de l'insouciance que procurent ces lieux impersonnels. Le Chelsea et le Royalton, à New York, joueront un rôle important dans sa carrière; chacun d'eux lui procurera refuge et stimulation. Le poète illustrera son affinité pour le monde éphémère des hôtels dans une vidéo réalisée en 1984, *I Am a Hotel,* dans laquelle il mettra en scène des histoires vécues par des pensionnaires. Lorsqu'on lui demande pourquoi il trouve les hôtels si fascinants, il répond : « Ma personnalité ne peut s'adapter qu'à ces endroits-là. Existe-t-il un autre lieu où un type comme moi pourrait aller ? »

En attendant, il continue à se faire une place dans la vie littéraire. En 1956, la CBC enregistre une émission intitulée *Six Montreal Poets,* que Folkways Records diffusera l'année suivante aux États-Unis. L'enregistrement met Cohen au même rang que ses prédécesseurs : Layton, F. R. Scott, A. M. Klein, A. J. Smith et Dudek. Produit par Sam Gesser, impresario qui a fait connaître des chanteurs comme Pete Seeger et les Weavers à Montréal, le disque fait de Cohen le jeune poète le plus important de la métropole. On peut l'entendre sur la première face, après

A. J. Smith et avant Layton, lisant six poèmes tirés de *Let Us Compare Mythologies*, dont « The Sparrows » et « Elegy ».

Mais en dépit de cette célébrité naissante — ses admirateurs de plus en plus nombreux se pressent pour l'entendre chanter dans des cafés de Montréal —, Cohen commence à se lasser de la ville et de son atmosphère bourgeoise. Il ressent le désir de vivre dans un monde plus libre, un monde sans frontières et sans racines.

C'est à New York qu'il va le trouver.

CHAPITRE III

Passion désincarnée

En 1956, Leonard Cohen s'inscrit pour un an à la School of General Studies de l'université Columbia. Vingt-sept ans plus tôt, Garcia Lorca y a brièvement étudié l'anglais; Louis Dudek y a terminé son doctorat en 1951. Ainsi donc, Cohen suit, dans une certaine mesure, le parcours de ses modèles. Il étudie la littérature anglaise du XVIIe siècle, le romantisme et la littérature américaine contemporaine, fait de l'analyse de textes et assiste à un cours d'introduction à la critique littéraire. Le deuxième cycle universitaire, pour Leonard, ne sera que « passion désincarnée », « amour sans orgasme »; ses carnets de notes de l'époque sont remplis de dessins et de caricatures de ses professeurs et de ses camarades. Dans l'un d'eux, il écrit : « Mon œuvre incréée me manque. » À Columbia, il ne rompt pas avec les habitudes nonchalantes contractées à McGill.

Lorsque William York Tindall, l'un de ses professeurs, l'autorise à faire la critique de son propre recueil, *Let Us Compare Mythologies*, dans une dissertation, Cohen s'y montre sans pitié envers lui-même. Sa critique est cinglante. Mais il considère que le professeur a fait preuve de légèreté en lui permettant de faire son autocritique. Il finit par ressentir une telle frustration devant le manque de rigueur de Tindall et les faiblesses de son enseignement qu'il abandonne finalement les cours et devient liftier dans un magasin. Mais cet intermède est de courte durée : il est renvoyé. Motif : refus de porter l'uniforme.

Il habite à la Maison internationale, foyer réservé aux étudiants étrangers. L'immeuble se trouve dans Riverside Drive, près de la rivière Hudson. Leonard passe une grande partie de son temps avec la bohème estudiantine qui entoure le campus et hante Greenwich Village. Le mouvement beatnik commence à poindre. Allen Ginsberg, un diplômé de Columbia, a attiré l'attention du pays avec sa lecture de *Howl*, au mois de mars 1955, à la Six Gallery de San Francisco — lecture qui sera immortalisée par Kerouac dans *Les Clochards célestes*. Jack Kerouac, qui, grâce à ses qualités sportives, a obtenu une bourse d'études pour Columbia, fait également partie de la bohème du Village. Il lit ses textes, avec accompagnement musical, au Village Vanguard. Cohen va l'écouter. Un jour, il le voit dans l'appartement de Ginsberg : « Il [Kerouac] était couché sous une table de la salle à manger, faisant semblant d'écouter de la musique de jazz, tandis que les autres allaient et venaient autour de lui. » Le roman de Kerouac, *Sur la route*, remporte un vif succès en septembre 1957. Son éditeur est Viking, qui publiera plus tard *The Favorite Game*. Cohen, qui aime les écrits de Kerouac, dit de l'auteur qu'il est « une sorte de génie capable d'exprimer sa pensée à la manière d'une grosse araignée luisante tissant sa toile. [...] En fait, ce que Kerouac tisse est la grande histoire de l'Amérique. » Lawrence Ferlinghetti, Gregory Corso, Gary Snyder et William S. Burrough, écrivains de la contre-culture, sont en train de façonner un nouveau monde littéraire, audacieux, téméraire. À New York, Cohen affirme sa position anti-*establishment* — mais les beatniks ne le reconnaîtront jamais comme l'un des leurs. « J'étais toujours en marge. J'aimais les endroits où ils se rassemblaient, mais les bohèmes ne m'ont jamais accepté parce qu'ils avaient l'impression que je venais du mauvais côté de la barrière. Ils me trouvaient trop bourgeois. [...] Je n'avais pas d'assez bonnes références pour avoir le droit de m'asseoir, dans les cafés, à la grande table des bohèmes. »

Quoi qu'il en soit, Leonard apprend beaucoup de ce monde-là. Il ramènera à Montréal non seulement une nouvelle manière de présenter sa poésie — récitée avec accompagnement de jazz —, mais la conviction que l'écriture spontanée — au cours de laquelle on se livre à des « confessions non censurées, ininterrompues et non retouchées de ce qui s'est passé dans la vie réelle* » — peut à la fois libérer la langue et permettre de restituer la réalité. Neuf ans plus tard, cette conviction lui tiendra lieu de règle pour la rédaction de *Beautiful Losers*.

---

* Jack Kerouac.

Plongé dans l'ambiance de la révolution littéraire, Cohen lancera *The Phoenix*, magazine voué à une brève existence. Dans son éditorial, il déclarera :

> Le but de ce magazine est de publier des poèmes honnêtes, des récits et des articles de grande qualité. Notre intention est d'en faire un organe vital de la communauté qu'il représente. Nous voulons expérimenter. Nous recherchons la controverse. Nous voulons des idées, des chansons. Nous invitons les artistes à se joindre à nous.
>
> Leonard Cohen,
> éditeur

L'unique numéro contiendra des textes de poètes connus et inconnus : Louis Dudek, Anne Ruden, Lee Usher, Mimi Hayes, Leigh Van Valen, et plusieurs poèmes de Leonard Cohen, dont « Go by Brooks », « Whatever Cliffs Are Brought Down » (qui sera révisé et paraîtra sous un autre titre, « You All in White », dans *The Spice-Box of Earth*), « You Tell Me That Silence », « What Shadows the Pendulum Sun », « Perfumed Pillows of Night » et, le plus important, « Poem for Marc Chagall », qui s'intitulera « Out of the Land of Heaven » dans *The Spice-Box of Earth*. Quatre ans plus tard, les six poèmes réapparaîtront dans ce même ouvrage. *The Phoenix* ne paraît qu'une fois, en avril 1957. Une fois de plus, Cohen a pris en main toutes les étapes de la production, ainsi qu'il l'a fait lors de la publication de *Let Us Compare Mythologies*.

En attendant, à New York, il écrit beaucoup, parfois inspiré par la ville. Dans un poème qui n'a pas été publié, il parle de l'église Riverside, proche de la Maison internationale :

> L'église de Riverside fait peur aux touristes
> avec son carillon géant
> mais elle a moins de succès avec Dieu
> dont l'oreille est morte
> après un siècle de martyrs

et Bach en cloches est douteux
c'est une Babel stupéfaite

j'ai raconté ceci à un petit moine sculpté
qui soutient une pierre tordue.

L'événement important de l'année new-yorkaise est sans conteste sa rencontre avec Anne Sherman. C'est une femme grande et mince, aux cheveux sombres, dont il a fait la connaissance à la Maison internationale. Cohen est subjugué par sa beauté. Anne possède une grâce qui découle d'un mélange « de solidité, de discipline et de force athlétique ». La jeune femme s'est emparée de l'imagination érotique et littéraire de Cohen (elle servira de modèle au personnage de Shell, la divorcée de *The Favorite Game*). Sa beauté le bouleverse, une beauté qui brise les « vieilles règles de lumière et ne peut être comparée à celle d'autres femmes. Elle est de celles qui font de n'importe quel endroit un lieu original. » Anne sera décrite dans le roman comme une jeune femme « très soignée », bien élevée, toujours en harmonie avec « la scène qu'exige le cœur ». Elle enseigne un tas de choses à Cohen sur l'amour et le savoir-vivre ; en revanche, il lui révèle « son corps et sa beauté ».

Mais la liaison ne dure pas. Anne est plus âgée que Leonard et elle n'est pas juive. Elle décide de mettre fin à leur aventure. Par la suite, Cohen parlera souvent de son amour pour elle. Anne est devenue une amie de la sœur de Leonard et de Yafa Lerner, qui vivent toutes deux à New York. Comme beaucoup de proches, Esther et Yafa sont persuadées que Leonard veut épouser Anne, mais la jeune femme recherche une stabilité qu'il ne peut lui offrir. Plus tard, à son arrivée en Grèce en 1960, il lui proposera de l'y rejoindre, mais elle déclinera l'invitation et restera à New York, pour y épouser un grand restaurateur.

Anne Sherman personnifie la liberté sexuelle et l'amour sans culpabilité que Cohen a tant de peine à trouver chez d'autres femmes. Au cours des cinq ou six années suivantes, il continuera à parler d'elle dans ses textes en vers et en prose. Un carnet de notes de l'été 1958 contient une série de références à Anne, ainsi qu'un poème, « Anne in the Window Seat », qui exprime son chagrin de ne pouvoir vivre à ses côtés. Dans un carnet blanc, daté du mois de septembre 1961, on trouve un poème intitulé, tout simplement, « To Anne » :

Plutôt t'oublier, toi,
que les jolies maisons ou les légendes
ou le succès
mais parfois cœur des prés
est perdu, Yseult est perdue,
le nouvel appartement est perdu
et je suis invisible
dans la froide machine de l'univers
qui ne s'arrêtera
ni ne ralentira pour que tu puisses embrasser.

Dans le même carnet, il écrit :

Lecteur, je te voudrais
plus discipliné
Es-tu aussi constant que moi ?
Si tu ne l'es pas, brûle ce livre
Va au cinéma
si tu n'es pas plié en deux de rire.

Si Freda Guttman a été la muse de *Let Us Compare Mythologies*, Anne Sherman est l'inspiratrice de *Beauty at Close Quarters* — version inédite de *The Favorite Game* — et de *The Spice-Box of Earth*, qui prend ses racines dans la tradition juive et l'amour contemporain. « For Anne », court poème repris dans *The Spice-Box of Earth*, parle du départ de la jeune femme et de l'admiration que Cohen lui porte. Dans une lettre à sa sœur, datée du 13 juillet 1961, il écrit : « J'aimerais beaucoup que tu me dises tout ce que tu sais d'Anne. Si tu es en contact avec elle et si le livre l'intéresse, je t'en prie, fais en sorte qu'un exemplaire lui soit remis. Il est triste, absurde et incompréhensible que l'"unique procréatrice" de ces poèmes n'en ait pas un en sa possession. » Esther lui répond en novembre et lui apprend qu'Anne se porte bien. « Je suis heureux qu'elle aille bien. Anne est non seulement extraordinairement belle, mais c'est une femme extraordinaire, et de tels êtres ont parfois de grandes difficultés à s'ajuster aux tristes contingences de la vie quotidienne. Que ces personnes soient riches et fascinantes n'y change rien. »

L'affection de Cohen pour Anne Sherman est toujours vivante. Il a conservé d'excellentes relations avec elle — comme avec presque toutes les femmes qu'il a aimées. Son respect et sa délicatesse — et ses ruptures soigneusement orchestrées — ont créé de solides liens d'amitié entre lui et ses maîtresses. À l'exception de *Book of Mercy*, dont la source sera la redécouverte de sa spiritualité à cinquante ans, tous ses livres sont inspirés par des femmes.

Aux yeux de Leonard, Anne Sherman a incarné — et incarnera toujours — la beauté et l'amour. Bien des années après leur rupture, il lui écrit ce petit mot, mi-sérieux, mi-comique :

> Sauvons-nous à Lachine. Cachons-nous à Snowdon. Devenons autochtones à Ottawa. Donnons-nous rendez-vous à la gare centrale et embrassons-nous sans pudeur devant tous les trains.
>
> Je veux rentrer avec toi à Westmount et vivre sur les parquets cirés de la maison de mon père. Je te veux auprès de moi quand je porterai une gourmette en or et me ferai lapider par les ouvriers. Je veux que mon dédain ait ta dignité.
>
> Je t'enverrai des fleurs quand j'aurai un peu d'argent. Tu es si belle que je peux me montrer un peu fou.
>
> Je te souhaite un bon appétit, un sommeil paisible, des pâques heureuses, un carême facile, hello, temps ensoleillé, de nouveaux poèmes, une télé intelligente. Sois noble, froide, farouche.
>
> Je te conseille vivement de te joindre à moi dans mes célébrations.

Cohen est de retour à Montréal en 1957. C'est l'été. Les beatniks de New York l'ont fasciné, mais il sait qu'il restera toujours en marge de leur culture. Ses racines sont à Montréal. Il écrit à un fonctionnaire du Conseil des Arts : « Ne vous faites pas de souci, je n'ai pas l'intention de m'expatrier. Je ne pourrai jamais vivre loin de Montréal. Je suis un citoyen de la rue de la Montagne. » Une fois réinstallé en ville, il travaille par intermittence à la compagnie Cuthbert, la fonderie de son oncle, comme opérateur de machine à mouler le cuivre et assistant en étude des cadences. Il affronte un dilemme : rejoindra-t-il ses oncles, à la compagnie Freedman, optant ainsi pour une vie respectable et responsable, ou se consacrera-t-il définitivement aux arts ? Leonard est tourmenté par des sentiments ambivalents, semblables à ceux ressentis à McGill. Le poème « Priests 1957 » décrit les moments difficiles et propose une ligne de conduite. L'œuvre met en évidence la tristesse de ses oncles et leur manque d'imagination, l'incomplétude de la vie de son père, aussi immense que ses regrets devant tous ces livres qu'il n'a pas eu le temps de lire, et la mélancolie de ses cousins. Les derniers vers du poème expriment le sentiment qu'il a d'être piégé : « Devons-nous ressentir tout travail comme prosaïque / sous prétexte que notre grand-père a construit une des premières synagogues ? »

Réinstallé dans la maison familiale, Leonard entre à la compagnie Freedman, d'abord pour y pendre des pardessus sur des cintres, ensuite comme transporteur de ballots. Layton fait une description comique de ce glissement de l'art à la fabrique :

Voilà que Leonard Cohen a décidé de nous stupéfier en entrant dans l'entreprise familiale, où l'on fabrique des costumes à l'intention de personnages sans poésie, qui les achètent et les portent dans le pays tout entier. Notre grand poète lyrique est devenu employé au service des expéditions ; il vit de sa plume en écrivant des odes au papier d'emballage et à la ficelle. C'est l'attirance pour un joli mode de vie qui l'a ramené à son passé, ou une dette. Mais il fait bonne figure et murmure entre ses dents serrées. Si vous mettez l'oreille assez près de sa bouche, vous entendrez le mot « discipline », « bon pour me forger le caractère », et autres paroles édifiantes. Puissent les dieux, bienveillants envers les poètes aux itinéraires changeants, avoir pitié de nous trois [Dudek, Layton et Cohen].

Onze jours plus tard, le critique Desmond Pacey fait écho à la complainte de Layton : « Que va devenir la bohème montréalaise maintenant que tous ses chefs de file sont devenus respectables et dociles ? »

Cohen dirige, avec Mort Rosengarten et Lenore Schwartzman, la galerie d'art Four Penny, située dans un meublé de la rue Stanley. Pour attirer l'œil des visiteurs, les trois complices peignent les encadrements des tableaux de différentes couleurs. Les œuvres exposées sont des pièces de peintres figuratifs, ce qui est inhabituel à Montréal à cette époque où l'expressionnisme abstrait de Riopelle et d'autres peintres est en vogue. Leonard, Mort et Lenore sont les premiers à accrocher des œuvres de Louise Scott, de Betty Sutherland, la femme de Layton, et de Vera Frenkel. Hélas, un incendie détruit une bonne partie des tableaux, et la compagnie d'assurances refuse de payer en raison d'un problème de conformité.

Les premiers vers de « Last Dance at the Four Penny » illustrent bien cet espace magique et vivant qu'a été la galerie :

> Layton, quand nous dansons notre freilach
> sous le mouchoir fantomatique,
> les rabbins miraculeux de Prague et de Vilna
> se rassoient sur leur trône de sciure,
> et les anges et les hommes, depuis si longtemps endormis
> dans les palais glacés de l'incrédulité,
> se rassemblent dans des cuisines où pendent des saucisses
> et se querellent avec délice en discutant
> des sonorités du Nom Indicible.

Cohen travaille également à différents textes de fiction, dont une nouvelle étrange inspirée par son grand-père, le rabbin Klein, devenu sénile. La maladie du vieil homme le touche profondément. La nouvelle, qui n'a pas été publiée, s'intitule « A Hundred Suits from Russia ». Un vieil homme, qui vit dans la famille de sa fille, accuse cette dernière de lui voler ses costumes. Un jour, le petit-fils, incapable de supporter les cris et la folie ambiante, qui l'empêchent d'écrire, se prépare à fuir la maison pour aller travailler ailleurs. « Tu appelles ça travailler, ironise la mère. Dans cette chambre toute la journée à écouter des disques. Un poète, toi ? Non, un déserteur. » Le vieillard devient incontinent, et le fils dit à sa mère que le pauvre homme n'est plus un grand talmudiste mais un homme sénile qu'il faut envoyer dans une maison de retraite. Un soir, il entend son grand-père chanter une très belle chanson, et la mère lui dit que l'aïeul a accepté de se tenir tranquille afin que son petit-fils puisse écrire et devenir un jour un grand écrivain que le monde reconnaîtra. « Il a ajouté, dit-elle, que les gens viendront de très loin pour t'entendre. » L'histoire se termine lorsque le vieux, frappant du poing sur la table pour scander chaque syllabe, crie : « Cent costumes de Russie ! »

Dans ce texte, l'auteur exprime sa frustration devant la décrépitude de son grand-père qu'il adore. Il sait que le rabbin a joué le rôle de cata-lyseur dans presque tous ses écrits. Cet attachement au vieil homme se prolonge dans un premier roman non publié, *A Ballet of Lepers, An Anthology*. Le livre commence ainsi : « Mon grand-père vint vivre avec moi. Il n'avait pas d'autre endroit où aller. Qu'est-il arrivé à tous ses enfants ? Mort, déchéance, exil — comment savoir. »

Les quatre-vingt-onze pages de *A Ballet of Lepers* racontent l'his-toire d'un vendeur de trente-cinq ans qui accueille chez lui son grand-père. Ils vivent à l'étroit dans un meublé de la rue Stanley. Le vieux est sujet à des crises de violence, et le narrateur (qui n'est jamais nommé) sent naître en lui la même violence. Lorsqu'il surprend un porteur de bagages en train de se masturber dans les toilettes d'une gare, il se met à le frapper et, ce faisant, se délecte de son pouvoir : « Il se tenait devant moi, vaincu. Je le haïssais parce qu'il ne se défendait pas. Je l'aimais parce qu'il était ma victime. Je le frappai de nouveau. Il posa sur sa joue une main potelée pleine de taches de rousseur. » Tandis que le narra-teur s'enfuit dans la rue, il conclut que « chacun de nous possède un art secret. J'ai embrassé la foule de midi avec un sourire. » Le portrait du vieil homme reflète les problèmes que Cohen a affrontés lorsqu'il vivait avec son grand-père sénile — mais sans la violence présente dans le livre.

Leonard se souvient encore de ce que lui disait le vieux Solomon lorsqu'il lui rendait visite dans sa maison de retraite : « Fuis cet endroit, fuis cet endroit ! »

Dans une interview de 1990, Cohen décrit avec humour une de ses tactiques d'écriture : « Je me forçais à écrire pendant un certain nombre d'heures chaque jour, l'œil sur le réveil. Il m'aurait été facile d'avancer les aiguilles, il n'avait plus de vitre. Je me souviens du jour où j'ai écrit "Help" sur le cadran. »

Cette discipline trouvera écho dans la pension de Londres où, encouragé par Stella Pullman, la propriétaire, il prendra l'habitude d'écrire trois pages par jour. Quelques années plus tard, lorsqu'un jour-naliste lui demandera de parler de son assiduité au travail, Cohen lui répondra que ce dont un artiste a besoin par-dessus tout est d'endu-rance et d'intransigeance. Il citera le mot de Woody Allen : « Quatre-vingt pour cent de l'existence consiste à se rendre au boulot. »

A Ballet of Lepers est le premier long roman de Cohen. Il le termine en juillet 1957, puis envoie le manuscrit à Pocketbooks et à Ace Publications, qui le refusent. Le thème du roman annonce ceux de ses textes ultérieurs, en particulier *Beautiful Losers* et *The Energy of Slaves*. C'est la symbiose perverse qui unit les gens, que ce soient les amants ou les membres d'une même famille.

> Comme nous sommes tristes et beaux, nous les humains, dans nos souffrances et les tortures que nous infligeons. Moi le tortionnaire, lui le torturé, nous les victimes. Moi, souffrant dans les flammes hautes et claires de la pureté, brûlant, agonisant et étrangement calme. Lui, souffrant dans les flammes noires de l'humiliation, tandis qu'il commence son voyage vers la pureté. Moi l'instrument de sa délivrance, lui l'instrument de la mienne.
> Se peut-il que la récompense de l'avili soit d'avilir les autres ? Se peut-il que ce soit là la chaîne douloureuse menant au salut — car je sais qu'il y a une chaîne.

Dans *A Ballet of Lepers*, Cohen témoigne d'une grande connaissance de l'histoire et de la tragédie juives, sujets qui seront approfondis dans les trois recueils de poèmes qui suivront : *The Spice-Box of Earth*, *Flowers for Hitler* et *Parasites of Heaven*. Le narrateur tente d'expliquer la violence de ses actes :

> C'est arrivé, voilà tout. C'est arrivé, comme Buchenwald est arrivé, et Belsen et Auschwitz, et cela arrivera encore, tout sera programmé, cela arrivera encore et nous découvrirons les atrocités, les outrages, les humiliations et nous dirons que c'est l'entreprise d'un fou, l'idée d'un fou, mais ce fou c'est nous-mêmes, et ces entreprises violentes, ces cruautés et ces indignités sont les nôtres, et nous ne sommes pas fous, en larmes, nous demandons la pureté et l'amour.

La cruauté nécessaire de l'amour constitue un des thèmes fondamentaux de l'œuvre de Cohen. « Nous ne sommes pas fous, nous sommes humains, nous voulons l'amour, et quelqu'un doit nous pardonner les chemins que nous empruntons pour aimer, car ils sont nombreux et obscurs, et parce que nous nous montrons ardents et cruels tout au long du voyage. » La nature prédatrice de l'amour et le besoin de compassion seront continuellement explorés par Cohen dans ses écrits, aussi bien que le besoin de « comprendre ce qu'est la trahison, de manière à ne pas trahir ». Il faut également, dit-il, « apprendre la honte, se souvenir des humiliations, s'efforcer de ne pas oublier la culpabilité. [...] Comprendre la souillure pour devenir pur, la violence pour devenir doux. »

* * *

Un jour du printemps 1958, à Montréal, Cohen donne une preuve de son amitié à Layton en acceptant d'être son témoin le jour de ses fausses noces. L'écrivain, qui n'ose pas demander à sa femme Betty de divorcer, a décidé d'offrir une alliance à sa maîtresse, Aviva Cantor. Leonard déjeune avec le couple et, dans l'après-midi, les accompagne dans une bijouterie de la rue de la Montagne, où Aviva examine les alliances en or. Mais Layton oublie complètement sa maîtresse et, au lieu de choisir l'alliance avec elle, achète un gros bracelet en argent pour sa femme. C'est finalement Cohen qui passe l'anneau au doigt de la jeune femme, remplaçant ainsi son ami déchiré entre ses sentiments pour les deux femmes. Plus tard, lorsqu'il évoquera l'incident, Leonard expliquera que Layton « avait sans doute envie de vivre avec les deux. Je crois qu'il aurait très bien pu le faire. Mais c'est elles qui exigeaient qu'il fasse un choix. » Après ce simulacre de noces, Aviva se fait appeler madame Layton — ce qui n'amuse qu'à moitié son compagnon.

Pendant la journée, Cohen travaille au service des expéditions ou dans un bureau de la fabrique de vêtements de ses oncles. Il écrit ses poèmes la nuit. Parfois il les lit dans des cafés. Il passe parfois la soirée au Pam-Pam avec Stephen Vizinczey, écrivain hongrois qui va bientôt lancer la revue *Exchange* — dont l'existence sera brève. Les deux hommes regardent entrer les femmes, dont ils évaluent les charmes et qu'ils comparent les unes aux autres. Puis ils invitent leurs préférées à sortir.

Cohen projette une image de désespoir et d'anxiété, surtout lorsqu'il est avec une femme. Vera Frenkel se souvient d'une conversation au café Tokai, si lugubre qu'elle a ensuite téléphoné à un ami pour lui faire part de son inquiétude à propos de Leonard. « Ne t'inquiète pas, a répondu l'ami, il se comporte souvent comme cela avec les femmes. Il a besoin de se mettre dans cette disposition d'esprit pour écrire. » Ce « tourment » récurrent « sur le lit d'amour », comme le dit Frenkel, fait désormais partie du personnage. Certains y voient de la comédie, d'autres une véritable crise existentielle. « Leonard, dit Frenkel, a toujours eu besoin d'être sauvé et perdu en même temps. »

Cohen accueille parfois chez lui des écrivains canadiens de passage à Montréal. Lors d'une visite à Westmount avec Milton Acorn à la fin des années cinquante, Al Purdy s'étonne du contraste existant entre les deux poètes : Acorn extrêmement politisé, « une borne d'incendie rouge en jean », et « Cohen, d'une aristocratique élégance, s'activant nonchalamment à la cuisine dans sa luxueuse robe de chambre […] conscient de sa singularité ». Leonard est entouré « d'une légère mais perceptible aura de décadence… […] comme un homme que la lassitude tient en retrait, un homme qui a vécu et a trouvé la vie plutôt ennuyeuse ».

Cohen se joint à Irving Layton pour un déjeuner avec E. J. Pratt, un des grands noms de la poésie canadienne. Earle Birney a organisé la rencontre. Une photo faite à l'occasion de l'événement montre un Pratt très homme d'affaires en costume et chapeau, un Birney en veston et pantalon de sport, et les deux autres compères, Layton et Cohen, vêtus comme des kibboutzniks, pantalons de toile et chemise blanche aux manches retroussées. Cette disparité vestimentaire se reflète dans la conversation. Plus tard, Layton parlera du « visage triste à la duc de Windsor » de Birney et des anecdotes empesées de Pratt. Il expliquera à Desmond Pacey que, sur le chemin du retour, lui et Leonard ont « comparé et analysé un tas d'impressions ».

Tandis que Cohen fait la connaissance de ses pairs et de ses aînés, ses amis quittent la ville. Il écrit un court récit — qu'il intitule « Goodbye, Old Rosengarten » — dans lequel il décrit sa dernière soirée avec Mort avant le départ de ce dernier pour Londres, où il va étudier les arts. Cette nuit-là, les deux amis font une ultime visite à leurs lieux favoris, dont le café André, rue Victoria — qu'ils ont rebaptisé « The Shrine ». Cohen, qui ne se nomme pas dans le récit, essaie de convaincre Rosengarten des mérites de Montréal, ville « au seuil de la grandeur, comme Athènes, comme La Nouvelle-Orléans ». Tout a changé au « Shrine » : la bohème a quitté les lieux, les meubles ont été remplacés. Le récit est une apologie des individus qui changent, d'une ville qui change. Mais Cohen et Rosengarten doivent s'échapper de cette ville afin d'aller accomplir ailleurs leurs grandioses projets. Cohen partira un an plus tard.

Il continue à réciter ses poèmes avec accompagnement musical. En février 1958, Layton déclare au critique Desmond Pacey que Cohen a ramené de New York et de San Francisco un nouveau style beatnik. « En fait, il lit ses poèmes tandis qu'un orchestre de jazz élabore ses propres phrases. » Selon Layton, Dudek a essayé de se livrer au même exercice, mais sans succès. « Cohen surpasse de loin tous les autres. Un nouvel apport à l'école montréalaise ? » Le poète se produit dans des boîtes du centre-ville, notamment au Birdland. Au mois de mars 1958, Layton, Jonathan Williams (poète américain) et Daryl Hine assistent à une soirée où il lit ses poèmes accompagné d'un ensemble de jazz. Ils se joignent au spectacle.

En avril, Cohen donne son premier récital professionnel de poésie au Dunn's Progressive Jazz Parlour, salle aménagée au-dessus du célèbre steak-house Dunn's, rue Sainte-Catherine. Après avoir travaillé avec Maury Kay, pianiste et arrangeur qui utilise généralement de douze à quinze instruments, Cohen se met à réciter sa poésie, à minuit, improvisant parfois, tandis que Kay joue du piano. Avant de lire « The Gift » (qui fera partie du recueil *The Spice-Box of Earth*), Leonard déclare : « Je l'ai écrit pour une fille à qui j'ai offert trop de poèmes et qui m'a demandé de me modérer. Alors je lui ai donné celui-ci. C'est un poème très sérieux, ne ricanez pas parce que je vous ai dit que j'avais besoin d'argent. »

Après le récital, un journaliste fait une courte interview de Cohen :

« Qu'éprouve un poète qui vit en ermite lorsqu'il se transforme en célébrité ?

— Eh bien, répond Cohen, cela ne ressemble pas vraiment à la célébrité. Ce soir, nous avons offert de la poésie à ceux à qui elle appartient…

— Au public ?

— Non, non, non, pas au public. Aux gens branchés, aux poivrots. […] Ah, revenons à la musique, revenons à la spontanéité. Fuyons l'école. »

Une nuit du printemps 1958, Morley Callaghan fait son entrée chez Dunn's, où il a été invité par Cohen lors d'une rencontre chez Ben's

Delicatessen. Callaghan, qui a lu un article sur « les poètes des boîtes de nuit de San Francisco et de Greenwich Village », a envie de voir ce que le chanteur a dans le ventre. Dunn's, écrit Callaghan, « est une sorte de boîte à trois étages, avec trois spectacles différents et trois genres de public. Bien entendu, le poète est au grenier. »

[Vers minuit,] un serveur plaça un tabouret de bar près de l'estrade où se trouvait l'orchestre, et le jeune poète, Leonard Cohen, pâle, cheveux noirs, s'y percha pour badiner un peu avec les consommateurs afin de les détendre tout en se détendant lui-même, tandis que le chef du groupe sortait quelques sons agréables du piano. Le poète commença à lire comme un pro. Il lut surtout des poèmes d'amour auxquels le rythme du jazz semblait donner plus d'intensité et de résonance. Je regardai le visage des spectateurs. On pourrait croire que les gens qui fréquentent les boîtes de nuit sont les derniers à être friands de poésie. Mais quand on s'installe dans une boîte de nuit on est prêt à tout, désabusé, parfois même un peu déprimé. Comme on dit, on est assez *down* pour accepter tout ce qui se présente. La poésie se mêle, dans le tréfonds de l'âme, aux airs connus du jazz. Quand Cohen est venu s'asseoir à notre table, il nous a dit que s'il était là c'est parce que ça marchait. Même les serveurs l'écoutaient. N'est-ce pas le meilleur signe qui soit pour un poète qui récite dans une boîte de nuit ? Nous avons aimé.

Au cours du printemps et de l'été, Cohen continue à se produire chez Dunn's. On le voit également sur le campus de McGill et à Toronto, où il affine son côté musical qui prendra plus tard le pas sur sa poésie. C'est un genre tout neuf pour le public montréalais. Cohen se fait une réputation d'artiste.

Au mois de juin 1958, il rédige un court essai sur son esthétique :

Dans tous les textes que j'ai écrits, j'ai essayé de parler de la violence, du désir de destruction et de la passion qui caractérisent notre époque. Je veux que mes poèmes soient nourris par une sensibilité touchée par le bombardement des villes, les camps de concentration et l'infidélité humaine. Je ne veux pas dire par là

que chaque poème doit décrire un corps gonflé ou un crémato-
rium ; [...] la plupart de mes poèmes n'en parlent pas, mais qu'un
poème d'amour, par exemple, doit évoquer un amour qui rencontre et affronte le type de violence, de désespoir et de courage
auquel nous avons été exposés.

* * *

Le poète mondain de vingt-quatre ans devenu chanteur populaire
passe l'été 1958 au camp de vacances Mishmar de Pripstein, où il est
moniteur. Le camp a été fondé par un professeur, Hayim Pripstein (surnommé Chuck). C'était autrefois un camp pour enfants rattaché à un
hôtel juif de Bois-des-Filion, au Québec. L'hôtel était connu pour ses
réunions littéraires (Isaac Bashevis Singer, entre autres, y avait lu une de
ses œuvres). Lorsque, en raison de la pollution de la rivière toute
proche, l'établissement a fermé ses portes, Pripstein a fait transporter
quelques-unes des constructions sur un nouveau site, à Saint-Adolphe-
d'Howard, au nord de Montréal. La philosophie du camp est d'accueillir des enfants aux aptitudes, au vécu et aux comportements différents
et de faire en sorte qu'ils s'entendent bien les uns avec les autres.

Lorsque des camps de vacances refusent des enfants agités ou difficiles, Pripstein les accueille à bras ouverts. Le samedi après-midi, les
moniteurs assistent à des séminaires sur la psychologie enfantine, la
santé mentale et le judaïsme. Ces cours les aident à résoudre les problèmes qu'ils doivent affronter quotidiennement. La majorité des pensionnaires sont des enfants de la classe moyenne, et la plupart des moniteurs, des étudiants de McGill. Au lieu d'être réveillés au son du clairon,
les campeurs entendent les premières mesures d'un concerto pour
trompette de Haydn. Une photo prise en 1958 montre un robuste Leonard Cohen debout au dernier rang d'un groupe de campeurs à la mine
florissante. On trouve parmi les moniteurs Ruth Wisse, critique littéraire, le pianiste Robert Silverman et le sociologue Lionel Tiger. Un
grand nombre de moniteurs et de campeurs deviendront psychiatres,
travailleurs sociaux ou psychanalystes pour enfants. Cohen organise à Pripstein des séances de chansons populaires et des concours de
haïku. Il s'attache à un jeune pensionnaire nommé Robert Elkin, enfant

autistique doué d'un don extraordinaire pour le calcul. Elkin inspirera le personnage de l'infortuné Martin Stark de *The Favorite Game*.

Le quatrième livre de *The Favorite Game* est consacré à la narration détaillée du séjour de Cohen à Pripstein — l'auteur passe sous silence son arrivée, en short, au mariage de Moishe Pripstein (fils du fondateur) et de Florence Sherman. En revanche, il décrit comment il est sorti du garage à bateaux au petit matin avec une monitrice, sous le regard perçant de Mme Pripstein dont la maison, située au sommet d'une colline, donnait sur le camp. Le camp de vacances est un terrain propice à l'idylle. Une de ses amies les plus intimes, Fran Dropkin, responsable des activités artistiques, est une superbe danseuse de Brooklyn au visage encadré de deux lourdes tresses noires. La muse qui lui inspire l'un de ses meilleurs poèmes, « As the Mist Leaves No Scar », n'est autre que l'infirmière du camp. Le campeur photographe qui règne dans la chambre noire de Pripstein se souvient d'avoir développé des photos de nus pour Cohen. « Tout à fait confidentiel », lui a dit ce dernier. « Une amie de Montréal. »

Le camp de vacances est une véritable Mecque culturelle. De longues heures y sont consacrées à de passionnantes discussions sur la poésie, l'histoire et le théâtre. La vie en Israël, le statut des Juifs au Québec, Montréal et son esprit y sont analysés. C'est une époque d'intense liberté d'expression. Cohen, dont l'entourage reconnaît le talent, est le non-conformiste en chef du camp. La salle des moniteurs, aménagée au sous-sol, sert de foyer pour la plupart des débats.

Cette année-là, Leonard consacre une partie de son temps à des visites à sa mère, soignée pour dépression à l'Institut Allan Memorial, hôpital psychiatrique de Montréal. Cette dépression s'est déclenchée à la suite de l'absorption de médicaments prescrits pour une maladie de la peau attribuable au stress causé par le retour du rabbin Klein au foyer des Cohen. Masha accuse son fils et sa fille de la négliger. Leonard trouve ces reproches très pénibles. Après un traitement adéquat, la malheureuse retrouve son équilibre mental et peut enfin rentrer chez elle. Les liens de Cohen avec sa famille se détériorent encore lorsqu'il décide de ne pas reprendre son travail à la fabrique en fin d'été. Lorsque son cousin Edgar Cohen lui demande pourquoi il quitte la compagnie, il répond qu'il n'a pas le choix.

Dans le numéro de décembre 1958 de *Culture,* on peut lire une surprenante attaque de Dudek, l'ex-mentor de Cohen, contre son protégé. La nouvelle génération de poètes, déclare Dudek, « n'est même pas capable de révolte sociale et de pitié ». Il critique « l'imagerie cosmologique obscure de Cohen. [...] un chaos d'images symboliques, un véritable fatras de mythologie classique. » Layton exprime sa colère devant cette attaque. Il dénonce l'attitude de Dudek, « aussi stupide que fausse. Cohen est l'un des talents lyriques les plus purs que ce pays ait jamais produits. Il hait l'école "mythologisante" de Macpherson, Reaney et Daryl Hine. » Les accusations de son professeur ne semblent pas offusquer Leonard ; en fait, elles lui sont tellement indifférentes qu'il l'accompagne à une fête donnée au mois de janvier 1959 au Club de la Presse de Montréal en l'honneur de Ralf Gustafson.

Au mois d'avril, Cohen et Layton reçoivent une bourse du Conseil des Arts. Le projet que propose Cohen est un roman inspiré de ses séjours dans trois vieilles capitales, Rome, Athènes et Jérusalem. Étant donné qu'il bénéficie du soutien d'écrivains comme Layton et Scott, et que des critiques comme Margaret Avison, Desmond Pacey, Milton Wilson et Northrop Frye parlent de plus en plus souvent de lui, le Conseil des Arts accorde l'aide demandée. Un certain nombre d'écrivains canadiens vivent sur d'autres continents à cette époque : Dorothy Livesay et Mordecai Richler à Londres, Mavis Gallant à Paris, Margaret Laurence en Afrique. Selon Layton, cet exil est normal car « le poète canadien [...] est un exilé condamné à vivre, dans son propre pays, sans public et sans disciples ». Par conséquent, mieux vaut s'en aller dans une région où l'art est respecté. La bourse de deux mille dollars du Conseil des Arts permet à Cohen de quitter Montréal.

Ce même mois de juin, Layton le présente à un homme qui va tenir une place très importante dans sa vie. A. M. Klein, poète juif jouissant d'un grand prestige, a occupé de 1938 à 1955 le poste de rédacteur en chef au *Canadian Jewish Chronicle*. Mais le chef de file de la littérature juive, atteint de dépression nerveuse, s'est retiré du monde des lettres au milieu des années cinquante. Cohen a toujours lu Klein, qui a fait la critique du livre de son grand-père dans *The Canadian Jewish Chronicle* ; le vieux poète se souvient d'ailleurs très bien de l'ouvrage et du rabbin. Après sa rencontre avec le vieillard, Cohen dit à Layton : « La cendre a recouvert le feu », mais il ajoute que Klein n'a pas perdu son sens de l'humour et qu'il est toujours heureux de parler de poésie. À cette époque,

Cohen a déjà écrit deux poèmes sur Klein, « To a Teacher », et « Song for Abraham Klein », qui feront partie du recueil *The Spice-Box of Earth*.

Pour Cohen, la dépression de Klein est due au fait qu'il a été exilé de sa communauté. Dans une causerie donnée au mois de décembre 1963 à la Bibliothèque publique juive de Montréal, il déclare : « Klein a choisi d'être prêtre alors que nous avions besoin d'un prophète, et que ce prophète avait besoin de nous et de lui-même. » Afin d'échapper à une telle scission, Cohen va s'efforcer de combler, dans son œuvre, le fossé séparant le prophète et le prêtre en les réunissant — ou du moins en leur accordant le même temps de parole. Le prophète, écrit-il, est le visionnaire ; le prêtre est son disciple.

L'enseignement de Klein sera aussi vital pour Cohen que celui de Layton. Il lui permettra d'unir, dans son œuvre, l'énergie prophétique de Layton à la stature sacerdotale de Klein, redonnant ainsi voix au poète juif. Cohen envisagera dès lors le judaïsme dans un contexte plus large, où la rencontre du bouddhisme zen et de l'orthodoxie juive traditionnelle est possible. L'univers poétique de Cohen est un mélange complexe de tradition et d'expérimentation, d'esprit conservateur et prophétique. Ce qu'il appellera la tradition montréalaise est « un certain sentiment hébraïque lié à A. M. Klein et à Layton, qui [le] rattachait d'une certaine manière à Scott, dont le père était ministre du culte ». Et il ajoute : « Je suis attiré par la prêtrise. »

De Klein, le plus marquant de tous ses maîtres à penser, il dira :

> Son destin m'importait beaucoup. Il m'importait de voir ce qui arrive et arrivera à un écrivain juif montréalais qui écrit en anglais et n'écrit pas *entièrement* d'un point de vue juif. [...] Klein appartenait à la communauté juive de Montréal, mais il avait son propre point de vue sur cette communauté, ainsi que sur le pays et la province. Il s'est écarté de la communauté. Dès lors, il n'a plus été protégé par elle.

La retraite volontaire de Klein établit un paradigme pour Cohen, qui s'écartera un jour de la scène poétique montréalaise. « Les exilés m'ont toujours attiré, dit-il, ces gens qui ne peuvent revendiquer le paysage qui les entoure. »

* * *

Le 5 mai 1959, dans son appartement de la rue de la Montagne, Cohen rédige ces quelques lignes :

Cher monsieur McClelland,
Nous nous sommes parlé au téléphone il y a quelques mois, lorsque j'étais à Toronto, et vous m'avez dit que je pouvais vous envoyer mon manuscrit.
Le voici. J'espère que vous l'aimerez.
Je vous prie d'agréer mes sentiments les meilleurs.

Leonard Cohen

Le manuscrit en question est celui de *The Spice-Box of Earth* et son arrivée chez McClelland marque le début d'une longue relation avec l'un des éditeurs canadiens les plus prestigieux. Jack McClelland se souvient de ce jour de printemps où un jeune poète sûr de lui a traversé son bureau à larges enjambées, en veston et cravate, son manuscrit sous le bras. Après avoir jeté un coup d'œil rapide aux poèmes, qu'Irving Layton lui a recommandés, il accepte le manuscrit, sans consulter ses collaborateurs. Le geste est sans précédent. « Je crois que c'est l'unique fois où j'ai pris un tel engagement sans avoir lu ou fait lire le texte. […] Je me suis dit : d'accord, nous allons publier ce type, je me fous pas mal que sa poésie soit bonne ou mauvaise — mais j'avais parcouru quelques poèmes et les avais trouvés très bons. »

À la mi-juillet, Cohen reçoit une lettre de Claire Pratt, directrice littéraire de McClelland & Stewart et fille de E. J. Pratt. Celle-ci lui dit que son manuscrit a été accepté sous réserve que certains remaniements y soient apportés, en commençant par un resserrement du texte. Claire Pratt a joint une note de lecture à sa lettre, dans laquelle un lecteur critique certains poèmes, les trouvant « trop légers pour être imprimés » et suggère de réduire le nombre de textes érotiques. Mais, conclut-il, « aucun autre poète ne possède la langue imagée et l'expressivité que l'on trouve dans ces pages ». Claire Pratt souhaite publier au printemps 1960.

Cette nouvelle plonge Cohen dans l'extase. Il répond :

Depuis que votre lettre historique et généreuse m'est parvenue, j'ai payé plusieurs tournées à quelques amis. Un de mes oncles a

souri, un autre membre de ma famille, un peu dérangé, a retrouvé
un moment de lucidité, le Conseil des Anciens de la synagogue
familiale s'est réuni pour discuter de la possibilité de m'autoriser
à reprendre ma place sur le banc de mon père, place qui m'a été
interdite à cause de mon dernier livre, jugé lubrique, grossier et
rempli d'allusions au Christ.

Lorsque Claire Pratt suggère de publier le livre dans la collection
« Indian File », dont les titres sont présentés sous couverture rigide et se
vendent à prix fort, Cohen lui répond que ce type de recueil est dépassé. Le public n'achètera pas. Selon lui, un livre de poche aux couleurs vives se vendrait mieux : « Comprenez, s'il vous plaît, que je veux
être lu par le grand public. Je ne veux pas entrer à l'Académie. Il y a des
lieux où la poésie se vend et est appréciée. » Il propose de travailler avec
le graphiste sur une couverture susceptible de séduire un grand
nombre de lecteurs : « adolescents égocentriques, amants plongés dans
tous les degrés de l'angoisse, platoniciens déçus, voyeurs pornographes,
moines et papistes aux mains poilues, intellectuels canadiens-français,
auteurs en mal de publication, musiciens curieux, etc., tous ces adeptes
sacrés de mon Art ». Le choix d'une édition de poche contredit le désir
initial de Cohen de voir paraître sa première œuvre avec une couverture cartonnée — mais il a compris que le prix de ces livres limite le
nombre d'acheteurs. Il conclut sa lettre sur une déclaration directe et
candide : « Merci de me traiter comme un professionnel et de me donner l'impression que je suis un écrivain. »
    Claire Pratt et McClelland découvrent que Cohen fonctionne de
manière non orthodoxe lorsqu'il décline l'offre de signer un contrat
accordant à l'éditeur un droit de publication sur ses œuvres à venir. À
chaque publication, un contrat lui sera envoyé pour la forme, que
Cohen ne renverra jamais. À l'exception de son premier livre chez
McClelland (et du dernier, *Stranger Music*), cette procédure sera
constante. En dépit de son obsession pour certains détails juridiques,
McClelland ignorera stoïquement cette entorse aux conventions. Cohen
a également exigé un droit de regard sur la production de ses œuvres.
    En septembre, il décide de quitter la fabrique de vêtements. « J'en ai
assez. Je vais essayer la CBC », se dit-il. Ce qu'il va faire pendant une
brève période, au cours de laquelle il survivra en écrivant des articles et

en faisant quelques essais dans le journalisme radiophonique. Il poursuit son incursion dans le domaine de la drogue, « pour libérer l'énergie spirituelle, note-t-il, sarcastique. Du moins c'était [son] excuse. Grâce à la drogue, je peux me prendre, pendant au moins quinze minutes, pour le Grand Évangéliste du Nouvel Âge. » Son rôle d'évangéliste prend une tout autre tournure au début du mois de septembre, lorsqu'il retrouve Layton, Al Purdy et John Mills à la soutenance de la thèse de doctorat de George Roy à l'Université de Montréal. Le sujet que Roy a choisi est le symbolisme dans la poésie canadienne de 1880 à 1939. Le candidat ne se laisse pas impressionner par les célébrités qui l'entourent.

Le 12 novembre 1959, Cohen se joint à Scott et à Layton pour une lecture de poèmes à la Young Men's Hebrew Association, 92ᵉ Rue à New York. C'est un grand succès. Le trio, présenté par Kenneth McRobbie, est en voix, et Scott possède « suffisamment de dignité anglo-saxonne pour [l']avaliser ». Quelques semaines plus tard, Cohen part pour Londres. Fidèle à son habitude de marquer d'un poème ses départs et ses changements, il écrit un adieu comique :

> Un haiku toute saison pour mes amis
> qui partent et pour ceux qui ont décidé
> de ne pas partir, pour ceux qui mettent des mouchoirs propres
> et repassés dans leurs valises cabossées
> et pensent à des wagons de chemin de fer
> et même à des équipages plus nobles
> dont ils ont entendu parler mais qu'ils ne connaissent pas
> et à ceux qui n'ont même pas de mouchoir propre
> et doivent se servir de leurs manches
> ou même de leurs bras nus
> et qui s'en vont là où ils doivent aller
> Adieu.

Le 29 octobre 1959, Cohen obtient son premier passeport, qu'il utilisera abondamment dans les années suivantes et dont les cachets témoigneront de ses vagabondages : Grèce, France, Angleterre, États-Unis, Maroc, Cuba et Norvège. Sur la photo, on peut voir un garçon sérieux en veston, gilet et cravate. L'incarnation de la réussite d'un jeune homme de Westmount.

À gauche : Nathan B. Cohen. La photo ornait la chambre d'enfant de Leonard Cohen à Montréal.
À droite : Lyon Cohen, personnalité marquante de la communauté juive de Montréal,
père de Nathan B. Cohen et grand-père paternel de Leonard Cohen.

À gauche : le rabbin Kleinitsky Klein, grand-père maternel de Leonard Cohen, avec son petit-fils
à Brooklyn (New York) en 1953. *À droite*: Masha Cohen, mère de Leonard, à Montréal.

À gauche : juillet 1935, Leonard Cohen, dix mois, avec son chien Kelef. *À droite* : Leonard Cohen, vers trois ans, avec sa sœur Esther, près de la maison familiale à Montréal.

Le groupe musical Hillel en novembre 1954, à l'université McGill. Leonard Cohen, au fond, tient la guitare, Robert Hershorn, le banjo et Mort Rosengarten, le trombone.

À gauche : Leonard Cohen, étudiant à l'université McGill. *À droite* : Leonard Cohen
à la compagnie Freedman, entre M. Sorrentino et M. Hill.

La soirée ZBT à l'hôtel Mount Royal en 1954. Leonard Cohen est troisième à partir de la droite,
Nancy Bacal, troisième à partir de la gauche.

Leonard Cohen au mariage de sa demi-sœur Roz Ostrow en décembre 1956. De gauche à droite, Harry Ostrow, Freda Guttman, Roz Ostrow, Eddie Van Zaig, Leonard Cohen, Victor Cohen (son beau-frère). Première rangée : Masha Cohen Ostrow, Esther Cohen.

La colonie de vacances Mishmar (1958). Leonard Cohen est troisième à partir de la gauche (dernière rangée). Fran Dropkin est à sa gauche. Robert Elkin est quatrième à partir de la droite (entre la deuxième et la troisième rangée). Le directeur du camp, Chaim Pripstein (« C. P. »), est troisième à partir de la droite (première rangée).

À gauche: Leonard Cohen devant la statue de Catherine Tekawiththa à la cathédrale St. Patrick à New York, vers 1957. Le poète déposait souvent des fleurs au pied de la statue. *À droite*: L'été de 1957, Irving Layton, Aviva Cantor, Anne Sherman et Leonard Cohen en vacances dans les Laurentides.

Leonard Cohen et Mort Rosengarten, tous deux à gauche, au bistro Chez Lou Lou sur la rue de la Montagne, à Montréal. Cohen écrira son célèbre poème « Marita / S'il te plaît trouve moi / J'ai presque trente ans » sur le mur derrière lui.

Leonard Cohen sur la scène du Dunn's Jazz Parlour, l'été de 1958,
avec Morley Callaghan (à gauche). (Photo : Sam Tata)

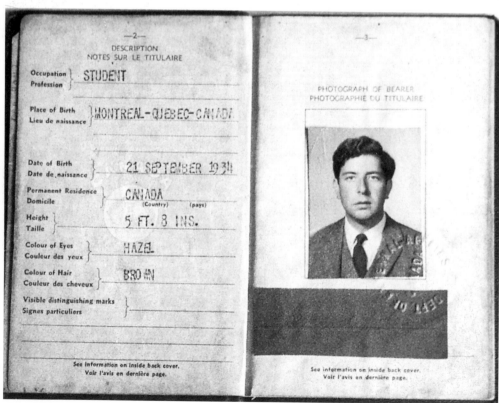

Délivré le 29 octobre 1959, le premier passeport de Cohen inaugure des années de voyages.

À Hydra. Cohen, le dos au port, en tenue caractéristique des années soixante, sur une photo publicitaire pour le film produit par l'ONF, *Ladies and Gentleman… Mr. Leonard Cohen.*

À gauche : Leonard Cohen (au centre) en compagnie de deux *militianos* à La Havane, peu après la débâcle de la baie des Cochons (1961). Trouvée dans son sac à dos à l'aéroport le jour de son départ, cette photo a été la cause de sa détention. *À droite* : Marianne Ihlen à Hydra. (Photo : L. Cohen)

À gauche : Cohen sur la terrasse de sa maison à Hydra, travaillant à *Beautiful Losers*. Notez l'Olivetti et le tourne-disque. *À droite* : Cohen et sa sœur Esther à la fin des années soixante.

CHAPITRE IV

Des molécules qui dansent dans la montagne

En cette morne journée de décembre 1959, le roi de Bohême et Guillaume IV souhaitent la bienvenue à Leonard Cohen à son arrivée à Londres. Les deux pubs se trouvent près du petit meublé de deux étages dans lequel il va habiter. L'immeuble, situé au 19B, Hampstead High Street, est niché à l'angle de Gayton Road. (Aujourd'hui, la modeste bâtisse de briques est coincée entre une boutique d'Oxfam et le Café Rouge.) De l'autre côté de la rue, à côté du bureau de poste, le Café Zen. Lorsque Cohen s'installe au 19B, les attractions principales de la rue sont un maraîcher, un restaurant indien et une buanderie. Deux petites fenêtres, sur la façade de la maison, y laissent entrer une faible lumière.

Les propriétaires du meublé s'appellent Jake et Stella Pullman. Leur maison va devenir un havre pour le nouveau pensionnaire. Mort Rosengarten, dont les parents connaissent les Pullman, y a habité. Il y accueille son vieux camarade avec deux de ses amis, Harold Pascal et Nancy Bacal. On apprend à Leonard qu'il disposera d'un lit de camp dans le salon; il montera à l'étage quand quelqu'un s'en ira. Les propriétaires ont accepté de céder le salon à Cohen à condition qu'il le range chaque matin et prouve qu'il est écrivain en rédigeant, ainsi qu'il s'y est engagé à son arrivée, trois pages par jour. «Aussi longtemps que tu écriras tes trois pages, tu pourras rester chez nous», a déclaré Stella Pullman. Tout le monde étant d'accord, Leonard s'installe et ne tarde pas à se mettre au travail, remplissant consciencieusement ses trois feuilles quotidiennes — pratique qu'il respectera durant de nombreuses années. La détermination de Stella, tout autant que sa générosité, portera ses fruits : «C'est en partie grâce à elle que j'ai terminé mon livre», dit Cohen. (Il s'agit de la première version de

The Favorite Game.) Le meublé des Pullman devient un nouveau point d'ancrage dans la vie du poète.

Cohen est heureux d'être dans la capitale de la littérature anglaise ; il a l'impression d'y avoir rejoint Shakespeare, Milton et Keats. « Londres vient d'accueillir un futur grand auteur ! » déclare-t-il. Un voyage à Dublin crée en lui une exaltation du même ordre. Après avoir visité l'Abbey Theatre et les pubs que Keats fréquentait, il écrit une courte pièce intitulée *Sugar Plum Prairies* (première version de *The New Step*). Mais une fois passée l'excitation de l'arrivée, il commence à trouver Londres bien fade et la vie nocturne peu prometteuse. Bien qu'il se soit procuré une carte de lecteur à la bibliothèque publique de Hampstead, il passe une bonne partie de son temps au William, le pub de la rue. Plus tard, il découvre un club antillais, le All-Niter, où l'on peut entendre une musique sensationnelle, fumer de l'herbe et danser. Il joue les noctambules avec Nancy Bacal, qui étudie le théâtre classique et vient d'entamer une carrière de journaliste radiophonique à la CBC. Ils jouent au flipper dans les bouges de l'East End, y rencontrent des souteneurs, explorent le monde de la drogue, hantent les boîtes de nuit, découvrent des politiques parallèles. Nancy sort avec un disciple de Malcolm X, Michael X, qui fondera plus tard la branche londonienne de Black Muslim, le mouvement musulman noir. Son intention est de retourner à Trinidad, d'y renverser le gouvernement et de faire une place à Cohen dans la classe dirigeante en tant que « conseiller permanent du ministre du Tourisme » ! Michael X retourne effectivement à Trinidad, mais il y est promptement arrêté. Leonard et d'autres sympathisants tentent de le sortir de là, mais en vain.

Le jour de son arrivée à Londres, Cohen achète, pour quarante livres, une Olivetti verte, modèle 22, qu'il conservera pendant de nombreuses années. C'est à Londres qu'il fait également l'emplette du « célèbre imperméable bleu », un Burberry à épaulettes qu'il gardera jusqu'à ce qu'on le lui vole en 1968 dans un loft de New York. À Londres, la machine à écrire et l'imperméable font office de talismans et l'aident à affronter le monde. L'Olivetti ne refusera de collaborer qu'une seule fois en vingt-six ans, après qu'il l'eut jetée contre un des murs de son appartement de Montréal parce qu'elle ne voulait pas fonctionner sous l'eau. Une fois réparée, elle servira à taper le texte de la plupart de ses chansons et de ses romans.

L'imperméable sera immortalisé dans « Famous Blue Raincoat », qu'il enregistrera sur son troisième disque : *Songs of Love and Hate*. Deux phrases du texte disent : « La dernière fois que nous t'avons vu tu semblais bien plus âgé. / Ton célèbre imperméable bleu était déchiré à l'épaule. » La chanson se termine par un énigmatique « Sincèrement, L. Cohen ». Cette chanson va devenir une signature, l'imperméable seyant parfaitement à Cohen, personnage mystérieux et énigmatique qui voue son existence au voyage et à l'aventure. Le vêtement lui-même apparaîtra dans *Ladies and Gentlemen… Mr. Leonard Cohen*, le film de l'ONF. En 1986, Jennifer Warnes intitulera son disque *Famous Blue Raincoat*. Un dessin de l'imperméable figurera sur la pochette.

L'écrivain s'insère très vite dans un cercle londonien. Par l'entremise de Tony Graham, un Montréalais qui étudie la médecine à Cambridge, il fait la connaissance d'Elisabeth Kenrick, qui fait partie d'un groupe d'étudiants. C'est elle qui lui présente Jacob Rothschild, futur lord. Elisabeth ne sera jamais la petite amie de Leonard, mais cela n'empêchera pas ce dernier de la convier, en plaisantant, à l'accompagner à Hydra en mars 1969. Elle s'abstient. Deux ans plus tard, il pense toujours à elle. Il écrit à sa sœur, à New York, pour lui annoncer qu'une jeune femme « très charmante de chair et d'esprit » va bientôt lui rendre visite.

L'activité principale de Cohen au 19B, Hampstead High Street, consiste à écrire la première mouture de son deuxième roman, *Beauty at Close Quarters*, qui deviendra plus tard *The Favorite Game*. Il commence à rédiger immédiatement après son arrivée, travaillant avec assiduité en dépit des interruptions de David, le chat, qui trouve un malin plaisir à disperser ses feuillets. Cohen lit des passages de son texte à Nancy Bacal. Une fois l'œuvre publiée, la jeune femme déclarera que la première version, beaucoup plus longue, possédait une spontanéité et une franchise qui font défaut au livre.

Cette première version, terminée au cours de l'hiver 1959-1960, s'ouvre sur les efforts de Lawrence Breavman, le narrateur, homme mal dans sa peau qui cherche, dans ses écrits, un passage où il explique combien il est difficile de commencer un livre. Il veut se révéler au lecteur par le biais de l'exagération et de la distorsion, « jusqu'à ce que, par le simple poids de l'évidence, vous me cerniez, sachant lorsque je dis vrai et lorsque je dis faux ». Un texte explicitement autobiographique suit, dans lequel le narrateur situe sa naissance à Montréal en septembre 1934 — le mois et l'année de naissance de Cohen. L'histoire de la famille est alors racontée. Il s'agit d'un récit un peu fantaisiste des aventures, incidents et passions qui ont jalonné les vingt années d'existence de l'auteur.

Les noms de quelques amis apparaissent dans le roman, notamment Freda [Guttman] et Robert [Hershorn]; Mort Rosengarten est Krantz; Irving Morton, un chanteur populaire socialiste, joue son propre rôle. Dans la version finale, certains noms changent : Freda, présentée précédemment comme une étudiante politisée, et Louise, comme une artiste montréalaise, se fondent en un seul personnage, Tamara. Stella, la femme de ménage que Cohen a hypnotisée, devient Heather. Des détails sur la maison familiale émaillent l'ensemble, avec une description minutieuse de la photo du père de Cohen accrochée dans sa chambre d'enfant. L'auteur, par l'intermédiaire de Breavman, narre sa propre vie et la maladie de son père; il fait le portrait de ses premières petites amies, parle de l'amour possessif de sa mère. Les funérailles du père sont racontées, ainsi que la scène du nœud papillon enterré avec un message à l'intérieur. Puis ce sont les premières tentatives d'hypnotisme et la relation avec le *savant idiot* (Martin Stark dans la version finale, Robert dans la précédente) au camp de vacances où le narrateur est moniteur.

En mars 1960, une fois terminée cette première version de *The Favorite Game,* Cohen révise le manuscrit de *The Spice-Box of Earth* et l'envoie à McClelland & Stewart. Il écrit à Claire Pratt, l'associée de Jack McClelland : « Je suis content de ne plus avoir le livre entre les mains. La poésie invite à la complaisance. Pendant ces dernières semaines intenses consacrées au fignolage du texte, je me suis fait de vilaines grimaces dans tous les miroirs devant lesquels je suis passé. » Le manuscrit est réduit d'un tiers, ainsi que l'a suggéré l'éditeur. Ce que l'auteur attend de l'aspect visuel des pages imprimées est devenu plus clair à ses yeux : « Je n'aimerais pas voir ces poèmes imprimés dans un caractère trop délicat. Ils doivent être larges et noirs et donner l'impression que les poèmes ont été écrits pour être chantés. »

Jack McClelland laisse le choix à Cohen entre une édition ordinaire, qui paraîtrait à l'automne 1960, et une édition plus luxueuse et spécialement conçue pour l'œuvre, qui serait publiée au printemps 1961. À la fin du mois de juillet, Cohen opte pour la seconde proposition et demande à McClelland de confier la maquette du livre à Frank Newfeld. Ce choix d'une édition plus luxueuse et plus soignée, en contradiction avec son premier souhait d'un livre de poche destiné à un large public, semble refléter la conception qu'il se fait de la poésie. Le média qui le transmet doit être d'aspect élégant et raffiné, « Westmount », pour ainsi dire. Le volume sera fabriqué selon les vœux de l'auteur. Dans une lettre à McClelland, il signale qu'il met la dernière main à son roman, qu'il lui fera parvenir aussitôt terminé. Le 28 août 1960, le manuscrit, « le seul exemplaire existant au monde », précise-t-il à l'éditeur, arrive à Toronto.

Sa tâche terminée, Cohen a le loisir de se pencher sur sa vie londonienne et constate qu'elle laisse à désirer. Un jour pluvieux du printemps 1960, alors qu'il sort de chez le dentiste, où l'on vient de lui arracher une dent de sagesse, il décide d'aller se promener dans l'East End. Dans la rue Bank, bien nommée, l'enseigne d'une banque grecque attire son attention. Il entre, aperçoit un caissier très bronzé. L'homme porte des lunettes de soleil — pour protester, sans doute, contre le paysage lugubre. Cohen lui demande quel temps il fait en Grèce. « Printanier », répond le caissier. Il n'en faut pas plus pour décider Cohen à partir. Quelques jours plus tard, il est à Athènes. « Je me suis dit qu'il était temps que j'aille dans un endroit inconnu afin de voir comment les gens y vivaient », expliquera-t-il plus tard.

L'île d'Hydra l'attire. On y parle l'anglais ; la colonie d'artistes qui s'y est établie est florissante. Leonard a entendu parler du village par Jacob Rothschild, dont la mère a épousé Ghikas (Niko Hadjikyriakos), un des peintres grecs contemporains les plus célèbres. Leur manoir de quarante pièces, datant du XVIIe siècle, est perché sur une colline, face à la mer, à quelque distance du port. On dit que la vue y est impressionnante. En 1939, Henry Miller s'y est arrêté pendant son périple grec, et le peintre australien Sidney Nolan et sa femme y ont fait un bref séjour en 1956. Jacob Rothschild a encouragé Cohen à aller voir sa mère, s'engageant à écrire à cette dernière pour la prévenir de sa visite. La décision de Leonard ne surprend pas Layton : il avait prédit que Cohen quitterait la capitale anglaise. « Quand il aura terminé son roman, a-t-il dit à Desmond Pacey, il ira sur le continent, où il fera l'amour à toutes les belles Françaises et Italiennes qu'il rencontrera, puis ce sera la Grèce et Israël ! »

* * *

Cohen arrive à Athènes le 13 avril 1960. Il visite l'Acropole et passe la nuit au Pirée, où un balayeur d'hôtel homosexuel lui fait des avances (Leonard est flatté mais les repousse). Le lendemain, il s'embarque pour la traversée de cinq heures qui va le conduire à Hydra. Le bateau s'arrête d'abord à Méthone, à Égine et à Poros. (Depuis les années soixante-dix, les « Dauphins volants », hydroptères de fabrication russe, ont remplacé les élégants bateaux à vapeur. La durée de la traversée n'est plus que d'une heure trente, alors que jadis le voyage permettait de se détendre, de prendre quelques verres et de flirter avec le sexe opposé.)

Le port d'Hydra, petit bassin en demi-cercle, est flanqué de maisons blanches s'élevant sur une pente raide, comme les sièges d'un amphithéâtre. Une esplanade pavée s'étend le long de la mer ; des maisons l'entourent, étagées jusqu'au sommet de la colline. L'harmonie de l'ensemble est parfaite. Seul le clocher du monastère de la Vierge de l'Assomption rompt l'horizontalité du tableau. La disposition du village est semblable à celle du théâtre antique d'Épidaure, le port tenant lieu de fosse d'orchestre. L'accès au port semble respecter le cadre théâtral du *parodos* (entrées et sorties de chaque côté), les maisons rappelant les sièges en forme de marches du *theatron*. Deux mille pieds plus haut, s'élève le mont Ere. En dessous, sur une haute colline, le monastère du prophète Élie.

Le matin, le port se transforme en marché. Les pêcheurs y déchargent les bateaux ; on y vend du poisson, des légumes, on y loue des ânes. À midi et en soirée, c'est le lieu où l'on se retrouve, dans les restaurants ou les cafés. Les jours de fêtes laïques ou religieuses, le port devient lieu de célébration. Lorsque Cohen y débarque, en 1960, il n'y trouve que quatre cafés et un bar.

Le plan d'ensemble d'Hydra est le fruit de la tradition plutôt que d'un projet d'architecte ou des règlements d'urbanisme. Lorsqu'un fils ou une fille de l'île s'y mariait, on construisait une nouvelle maison sur un des emplacements libres du terrain familial. L'habitation était considérée comme une unité séparée et avait un accès direct sur la voie publique. C'est la raison pour laquelle on trouve à Hydra un tas d'impasses et de ruelles aux formes bizarres (la plupart des maisons sont rectangulaires ou en forme de L ; les murs sont en pierre, les toits en bois ou en tuiles, les sols carrelés). Les portes d'entrée ont ceci de particulier qu'elles ne forment pas un angle droit avec la rue et qu'elles s'ouvrent vers le port. Les toits orange et les marches en galets forment un vif contraste avec les murs chaulés des maisons. Cette anarchie dans l'agencement des demeures a inspiré à Henry Miller sa vivante description de l'île. « Cette perfection nue et sauvage d'Hydra », écrit-il.

Bien que la petite île s'appelle Hydra, qui veut dire eau, cette dernière y est bien rare. Il n'y pleut quasiment pas ; la moyenne des précipitations annuelles n'est que de quatre centimètres. Lorsque la première maison avec piscine a été construite par un Grec américain à la fin des années soixante, le propriétaire a dû faire venir à ses frais des barges d'eau fraîche, que l'on a pompée tout au long des ruelles en pente. L'île est un rocher aride de six kilomètres et demi de large sur près de dix-sept kilomètres et demi de long, située à environ six kilomètres et demi de la côte sud-est de l'Argolide.

Il n'y a ni voitures ni camions à Hydra, la contrée étant trop accidentée et les rues du village trop étroites. Les ânes, qui font entendre leurs braiments déchirants la nuit, et quelques chevaux, à l'occasion, sont les seuls moyens de transport le long des rues et des rampes. Les ruelles les plus larges permettent à deux ânes chargés de paniers d'y marcher de concert ou de se dépasser ; les ruelles secondaires ne laissent passer qu'un seul animal. Un des sites les plus importants, au-delà du port, est le *Kala Pigadia,* « Les Bons Puits », ou « Les Puits jumeaux ». On y tire de l'eau et les gens s'y rassemblent pour échanger des nouvelles et des anecdotes. Deux autres puits plus petits sont ombragés par quelques grands arbres.

Lorsque Cohen débarque à Hydra, l'électricité y est considérée comme un luxe. On n'y trouve que quelques téléphones et presque pas d'installations sanitaires. Les habitants s'éclairent avec des lampes à pétrole ou à huile ; ils puisent l'eau dans des citernes. Aucun fil électrique n'obstrue la vue. L'une des rares discothèques du village se sert d'un tourne-disque à piles, la centrale électrique ne donnant de l'électricité que du lever du soleil à minuit. Mise à part la cuisine, chauffée par un poêle ou par des brasiers turcs en cuivre, les pièces des maisons sont munies de braseros en fer-blanc à trois pieds. La plupart des demeures sont délabrées et ont besoin de réparations. La moitié d'entre elles sont inhabitées, et aucune nouvelle maison n'a été construite depuis un siècle. À son arrivée, Cohen trouve asile chez George Johnston et Charmian Clift, un couple d'écrivains, puis il loue une bicoque douze dollars par mois.

Une fois installé, il décide d'aller se présenter à la mère de Jacob Rothschild. Il se rend, avec un guide, à la propriété des Ghikas. La sœur de Jacob lui souhaite la bienvenue mais lui laisse très clairement entendre que personne n'a entendu parler de lui, que son frère n'a pas écrit et que le type de Juif qu'il représente n'est pas nécessairement le bienvenu. Furieux de cette réception, Cohen quitte la propriété en lui jetant un mauvais sort. Un soir de l'année 1961, tard dans la soirée, alors qu'il arpente de long en large la terrasse de sa demeure, il sursaute au bruit d'une explosion. Des flammes s'élèvent très haut dans la montagne. La maison des Ghikas est en feu ! Il se dit que c'est à cause du mauvais sort qu'il lui a jeté. Le lendemain, il apprend qu'un gardien négligent, chargé de surveiller la propriété pendant l'absence des maîtres, a laissé traîner une bouteille de pétrole, qui a explosé.

Une petite communauté d'écrivains et d'artistes étrangers vit à Hydra. Les plus notoires sont les Australiens George Johnston et Charmian Clift, le peintre britannique Anthony Kingsmill et l'écrivain norvégien Axel Jensen, toujours entouré d'un petit contingent de compatriotes. D'autres auteurs vont et viennent, comme John Knowles, William Lederer (l'auteur de *The Ugly American*), le poète irlandais Paul Desmond, le poète suédois Goron Tunstrom, le journaliste israélien Amos Elan et de nombreux danseurs, artistes et universitaires. Allan Ginsberg partage la demeure de Cohen pendant quelques jours. Ce dernier l'a hélé alors que l'écrivain se promenait sur la place Syntagma à Athènes ; il l'avait reconnu grâce à une photo. Après une longue conversation, Ginsberg a accepté de lui rendre visite à Hydra. Don McGill, personnalité de la radio canadienne et l'un des directeurs de la Mountain Playhouse, et le sociologue américain Rienhart Bendix séjournent parfois au village. Des actrices, notamment Sophia Loren (*Boy on a Dolphin,* dans lequel elle joue, a été tourné à Hydra) et Brigitte Bardot commencent à s'y montrer, de même que Jackie Kennedy — et plus tard Edward —, Jules Dassin, Melina Mercouri, Anthony Perkins et Peter Finch, un grand ami des Johnston. Dans plusieurs de ses lettres de 1961, Cohen déplore le trop grand nombre d'équipes de tournage qui perturbent la quiétude de l'île.

George Johnston et Charmian Clift, journalistes australiens, se sont installés à Hydra en 1955 pour écrire. *Peel Me A Lotus,* de Charmian, est un récit attachant de leur survie, avec deux petits enfants, dans une île isolée et rudimentaire. En 1958, deux ans après la naissance de leur troisième bébé, le couple commence à battre de l'aile. Dans *Closer to the Sun,* roman paru en 1960, Johnston raconte les liaisons amoureuses et les scènes de jalousie qui jalonnent la vie des habitants de la petite île. En 1964, lorsque George attrape la tuberculose, le couple retourne en Australie. Sort alors le dernier roman de George, *My Brother Jack,* qui sera salué par la critique comme un jalon important dans l'histoire de la littérature australienne. La nouvelle du suicide de Charmian, en 1969, va bouleverser tous les résidents de l'île. George mourra un an plus tard.

C'est au bar Katsikas — « six tables pour boire et jouer aux cartes à l'arrière de l'épicerie d'Anthony et Nick Katsikas, au bout de l'esplanade pavée, près de l'hôtel Poséidon » — que Cohen fait la connaissance de George et de Charmian. Un cercle d'artistes hante les lieux. Ils passent leurs soirées à discuter, à boire et à se divertir au milieu des sacs de farine, des jarres d'olives et des chapelets d'oignons. George, l'écrivain résident, y tient sa cour ; ses discours sont « une avalanche de mots ponctués de grands éclats de rire et d'explosions d'obscénités ». Les membres de la communauté étrangère apparaissent, se retirent, réapparaissent. Le port est « une scène en fer à cheval » où les courtisans des Johnston sont « les acteurs d'un incroyable spectacle dont la fascinante intrigue se déroule devant un public époustouflé : les natifs de l'île qui, sur les côtés, regardent et commentent la scène comme un chœur de la tragédie antique ».

Cohen ne tarde pas à se joindre au cercle ; il se passionne pour les discussions, les relations sociales et les intrigues sexuelles de son nouvel entourage. Il donne son premier récital officiel à l'épicerie Katsikas, où il a inauguré la longue et profonde amitié qui va le lier aux Johnston. Ces derniers lui prêtent une grande table, sur laquelle il mange et écrit, un lit, des casseroles, bref tout ce qui est nécessaire à un début d'installation.

C'est à cette époque que Leonard et George font un pari amusant à l'occasion du soulèvement iranien de 1961 : en mai, le shah a dissous la Chambre des représentants ; en juillet, il a imposé de nouvelles restrictions en matière de liberté politique, arrêtant des généraux et des civils pour corruption afin de préparer un gouvernement par décret. Le pari est rédigé comme suit :

> Pari entre LC et George Johnston :
> « Le trône du paon deviendra
> une chiotte le
> 16 octobre 1962. » — G. H. Johnston
> Pari entre George
> H. Johnston (un gentil) et Leonard Cohen
> (un Juif) fait le 16 octobre 1961, et
> renouvelé le 20 octobre 1961, pour
> 10 000 drachmes.

> George Johnston [X]
> Bassanio [Goron Tunstrom]
> Leonard Cohen [écrit en hébreu]
> (Shylock)
> P.-S. Attendre
> le procès
>
> Vôtre,
Portia.

Dans un premier brouillon, Cohen a signé : « Leonard N. Cohen (le Juif d'Hydra). » Le pari est prophétique dans la mesure où ce qu'il formule va quasiment se vérifier lorsque la réforme agraire en Iran provoquera les émeutes populaires qui vont causer la démission du premier ministre en avril 1962 et permettre au Front national, mouvement islamiste d'opposition au gouvernement considéré comme un mouvement extrémiste de droite, de prendre le pouvoir.

Pour le pire ou le meilleur, les Johnston procurent aux habitants de l'île un modèle de vie aussi bien littéraire que domestique. Les problèmes de couple de George et de Charmian, ainsi que les menaces de rupture et les nombreuses aventures extraconjugales qui jalonnent leur existence, sont aggravés par la maladie de George et les difficultés que rencontre Charmian dans l'éducation de leurs trois enfants. George partage ses idées avec son entourage, encourage ses amis et comprend le labeur de l'écrivain même s'il a bien du mal à s'y adonner. Il est néan-moins, pour Cohen, un exemple très significatif de l'écrivain engagé. Charmian est très belle, très douée, mais elle a besoin d'amour et d'hommages masculins, car son mari est malade et impuissant. Cyn-thia, la femme du peintre Sidney Nolan, se souvient de « nombreuses discussions littéraires » dans l'entourage des Johnston. En fait, l'île est une nourriture pour l'art mais elle détruit les relations affectives.

Anthony Kingsmill, fils adoptif de l'écrivain anglais Hugh King-smill et ami intime de Cohen, est une des figures les plus originales de l'île. Peintre, grand buveur, doué pour la conversation, Anthony est obsédé par son père biologique, dont il découvre un jour qu'il n'est pas seulement juif mais qu'il s'appelle Cohen. Kingsmill a échoué à Hydra après des études d'art à Londres et un séjour à Paris. Élégant, de petite taille, le visage éclairé par des yeux gris expressifs, il porte toujours des chaussures impeccablement cirées et a coutume de citer de longs pas-sages de Tennyson, de Wordsworth ou de Shakespeare. Lorsqu'il est ivre ou de bonne humeur, il exécute une sorte de petit entrechat. Il annonce un jour à la colonie de mâles romantiques au cœur brisé de l'île que le sexe est métaphysique.

Sa survie dépend largement de son charme et des acomptes qu'il reçoit sur des œuvres que des amateurs lui commandent. Le problème, c'est qu'une fois la toile finie, il la vend parfois à quelqu'un d'autre ! Cohen lui achète un jour une peinture, qui lui est livrée. Tout est donc pour le mieux. Mais un jour où Leonard est absent de l'île, Kingsmill s'introduit chez lui et reprend le tableau pour le revendre. Il n'avouera son larcin que quelques années plus tard, s'attendant aux pires repré-sailles. Mais Leonard se contente de rire. Mieux, il continue à comman-der des toiles, qui ne se matérialisent jamais. Il ira jusqu'à payer sept fois le même tableau.

Kingsmill est un homme compliqué, parfois exaspérant ; il boit trop, court les jupons et joue chaque fois qu'il le peut. Bien qu'il soit toujours fauché, il ne cesse d'inviter ses amis. Il se targue d'avoir des dons de divination. Un jour où il se promène avec Cohen sur la plage de Kamini, à quelques kilomètres à l'ouest du port, ils aperçoivent une carte à jouer. Cohen la ramasse. Le peintre, qui n'a pas vu de quelle carte il s'agit, affirme à son compagnon qu'il la connaît. Leonard n'en croit rien. À sa grande surprise, Kingsmill la nomme sans se tromper.

En 1964, Kingsmill aura une liaison au grand jour avec Charmian Clift. La vie dans l'île est intense, et les histoires de cœur y sont plutôt saisonnières : des liaisons se forment au cours de l'été, se traînent pendant l'hiver pluvieux et froid, et se renouvellent au printemps. Kingsmill va survivre pendant de nombreuses années à ses aventures avec les femmes et la bouteille. Don Lowe le décrit comme un homme avec lequel il est impossible d'avoir le dernier mot :

> Il faisait ressortir le loser en vous. Puis il vous invitait à sortir, vous offrait à dîner sur votre propre compte et vous déclarait finalement que les victoires n'enseignent rien. Que ce sont les perdants qui sont beaux. Alors vous lui pardonniez. Et cela continuait ainsi, encore et encore.

Cohen fait de même : il pardonne, encore et encore, parce qu'il admire le don de conteur de Kingsmill et son talent pour la vie. Et le peintre aime le poète. Un jour, il explique à Don Lowe que la voix de Leonard est pareille à celle d'un rabbin, pleine de résonances, complexe ; qu'elle fait écho à toute l'histoire de son peuple. « Je ne crois pas qu'il soit mon père, mais il pourrait l'être. J'ai essayé de le lui dire. » En 1973, Kingsmill épouse une Américaine à Athènes. Tout semble s'être arrangé dans sa vie, jusqu'à ce que Christina, sa femme, le quitte pour un autre homme, avant de mourir du cancer. Il en conclut qu'il n'est pas fait pour le mariage, qui rime, selon lui, beaucoup trop avec naufrage. C'est du moins ce qu'il raconte à qui veut l'entendre. Il mourra à Londres en 1993.

George Lialios, un des meilleurs amis de Leonard à Hydra, a étudié le mouvement de musique concrète à Cologne et parle couramment l'anglais, l'allemand et le grec. Il descend d'une famille très distinguée de Patras et s'intéresse avant tout à la philosophie. Au cours de sa première visite à Hydra, en 1954, il a fait la connaissance de Lily Mack, une Russe qui a épousé Christian Heidsieck, de la riche famille des fabricants de champagne de Reims, et de Patrick Lee-Fermour, romancier qui habite la maison des Ghikas. Lialios s'installera dans l'île à l'automne 1960. Vivre dans une île, dit-il, c'est comme « vivre dans un siècle révolu ou dans plusieurs siècles à la fois ». Cohen l'invite chez lui avec sa petite amie norvégienne. Une profonde amitié va lier les deux hommes. Lialios qui est un peu plus âgé que Leonard, explique ainsi leur remarquable compatibilité d'humeur : « Les origines de Cohen sont authentiquement et profondément ancrées dans ces anciennes cultures qui ont fleuri sur la partie orientale du bassin méditerranéen. C'est l'une des raisons pour lesquelles nous nous comprenons si bien. [...] Nous pouvons rester assis l'un près de l'autre sans rien dire, ce qui est rare pour des Occidentaux. Nous ne prononçons jamais de mots inutiles. »

Alexis Bolens, Suisse bon vivant et riche, organise à Hydra des parties de poker qui vont devenir légendaires. Alexis est un ami de Brigitte Bardot et de quelques célébrités. Il donne de somptueuses soirées dans sa résidence perdue au milieu des collines. Kingsmill, Cohen et Johnston y jouent souvent aux cartes.

D'autres personnages évoluent autour des familiers de Cohen : Gordon Merrick et Chuck Hulse, Demetri Gassoumis, peintre grec américain, Pandias Scaramanga, économiste et banquier, Bryce Marsden et sa femme Helen, peintres américains cotés, et Bill Cunliff, un Anglais qui ouvrira un jour le Bill's Bar, futur lieu de rencontre de tous les expatriés.

Il existe plusieurs versions du moment où Cohen a vu Marianne Ihlen pour la première fois. Un poème très romanesque raconte l'émerveillement de l'écrivain lorsqu'il aperçoit le reflet de la silhouette de cette belle jeune femme dans la vitrine d'un bouquiniste. Dans son poème « Island Bulletin », il décrit son immédiate fascination. Mais il se souvient aussi d'avoir vu Marianne une ou deux fois au port, alors qu'elle s'y promenait avec son compagnon, Axel Jensen, romancier norvégien élève de Jung et adepte du *Yi-king*. La première rencontre pourrait avoir eu lieu au Katsikas, ou chez les Johnston. Dans ses souvenirs, Leonard voit Marianne marcher bras dessus bras dessous avec Axel, qui tient leur enfant par la main. Ce jour-là, il s'est dit qu'ils avaient beaucoup de chance d'être l'un à l'autre.

Mais le couple n'est pas aussi uni qu'on pourrait le croire. Jensen a bientôt une liaison avec Patricia Amlin, peintre américain. Ils quittent Hydra dans le bateau d'Axel. Peu de temps après, ils ont un accident de voiture à Athènes. Patricia est grièvement blessée. Mais elle finit par se remettre, et les amants décident de vivre ensemble. Cohen prend Marianne et son fils sous son aile. Il emménage d'abord dans la maison de la jeune femme, rue des Bons Puits : « Je m'asseyais dans l'escalier pendant qu'elle dormait, c'était l'endroit le plus neutre de la maison, et de cet observatoire je la regardais dormir. Je l'ai regardée pendant un an, à la lumière de la lune ou du pétrole [...] et rien de ce que j'aurais pu dire ou formuler ne s'est perdu. Ce à quoi j'ai renoncé là, la maison l'a gardé, parce que même si elle n'a jamais franchi mes lèvres, la première version que j'ai conçue de mon destin, comme un poème mineur, est trop inutile et trop pure pour mourir. »

Marianne a été mannequin à Oslo comme elle l'est à Hydra. Elle a tourné des bouts d'essai à Paris. C'est une femme belle et enjouée. La gentillesse et la générosité de Leonard la touchent ; l'homme et le poète la fascinent. Lorsque Cohen achètera une maison dans l'île, elle s'y installera avec son fils. Marianne est une femme d'intérieur, très calme ; elle apporte ordre et harmonie dans l'existence de Cohen, l'encourage à écrire. Lui ne cesse de penser à elle. Au dos de la pochette de *Songs from a Room,* on peut la voir assise près de la machine à écrire de son compagnon, dans la petite pièce du premier étage où il a coutume d'écrire. Une jeune femme très bronzée, qui sourit timidement à l'appareil.

Devenue à la fois muse et mère, Marianne alimente les pulsions créatrices de Cohen tout en satisfaisant son besoin latent de sécurité. Avec elle, il a un foyer, un but. « Elle n'était pas seulement la muse qui brille devant le poète, elle comprenait qu'il était nécessaire de me pousser vers ma table de travail », expliquera-t-il en 1994. « Marianne est parfaite, écrit-il à Layton. Sa façon d'attendre de moi des chefs-d'œuvre est douce et drôle et beaucoup plus subtile qu'elle ne l'imagine. »

Née en 1935 et élevée par sa grand-mère, Marianne a reçu la même éducation que celle dispensée aux femmes de la génération précédente. Elle est « l'incarnation de la femme européenne ». Dans une interview de la BBC, Cohen explique : « Elle pouvait rehausser le charme d'une maison par sa seule présence ; chaque matin, elle déposait un gardénia sur ma table de travail. » Axel, le fils de Marianne, fait vibrer en lui la fibre paternelle. En bref, ils vivent une confortable vie de famille.

« Marianne et moi ne pensions pas que ce serait une histoire d'amour. Nous pensions que nous allions vivre ensemble, c'est tout. » Mais leur relation devient bientôt riche et intense. La présence de

Marianne encourage Leonard à travailler. Il écrit de nouveaux poèmes et commence, en 1964, son roman le plus important, *Beautiful Losers* :

> Il y avait une femme, elle avait un enfant, il y avait des repas sur la table, de l'ordre dans la maison, de l'harmonie. C'était le moment parfait pour commencer un travail sérieux. […] quand il y a de la nourriture sur la table, quand les bougies sont allumées, quand on lave la vaisselle ensemble et qu'on met l'enfant au lit ensemble. C'est cela, l'ordre, c'est cela l'ordre spirituel. Il n'y en a pas d'autre.

Marianne adore son compagnon, mais elle se fait du souci parce qu'il prend de la drogue. À Hydra, les drogues, en particulier le haschisch, sont faciles à trouver. Pour Leonard, fumer de la marijuana ou du haschisch est devenu une habitude ; il est persuadé que l'une et l'autre excitent son imagination. Marianne ne peut l'en dissuader. Et la vie continue. La jeune femme apporte à Leonard un sentiment de sécurité et lui se montre plein d'attentions pour elle.

« Leonard était unique, étonnant », déclarera un jour une vieille amie. Il aimait *vraiment* les femmes, bien que le mot « amour » ne soit pas le terme exact. Il avait l'impression que les femmes avaient un pouvoir et une beauté que la plupart d'entre elles ignoraient. Être dans son orbite signifiait que l'on commençait à connaître son pouvoir de femme. » Une autre amie disait qu'il leur faisait honneur à toutes et les rendait belles.

Leonard est heureux avec Marianne, mais il reste libre. Aucune femme n'a jamais eu et n'aura jamais l'exclusivité dans sa vie. « On ne pouvait pas posséder Leonard », dira un jour Nancy Bacal.

* * *

Le 27 septembre 1960, six jours après son vingt-sixième anniversaire, Cohen achète une maison à Hydra, qu'il paie mille cinq cents dollars, utilisant pour ce faire un legs de sa grand-mère récemment décédée. C'est, selon les dires d'un ami, un « gros truc », un engagement envers un lieu et un monde mystérieux et étrangers. L'achat de la maison, un acte compliqué, nécessite l'assistance de son ami Demetri

Gassoumis, qui joue le rôle de traducteur, de conseiller et de témoin. Plus tard, Cohen déclarera que c'est la plus sage décision qu'il ait jamais prise de sa vie. L'habitation de deux étages, une vieille maison aux murs chaulés comprenant cinq pièces à chaque niveau, est délabrée et n'a ni électricité, ni installations sanitaires, ni eau courante. Mais c'est un espace privé où il peut écrire, que ce soit sur la grande terrasse carrelée ou dans la salle de musique installée au deuxième étage.

Il décrit la maison à sa mère :

> Elle a une large terrasse avec une vue spectaculaire sur la montagne et les maisons blanches étincelant au soleil. Les pièces sont grandes et fraîches, les fenêtres percées dans des murs épais. Je crois qu'elle doit avoir environ deux cents ans et que plusieurs générations de marins y ont habité. J'y ferai faire quelques travaux chaque année, jusqu'à ce qu'elle se transforme en manoir [...] Je vis sur une colline, où la vie s'est déroulée exactement de la même manière depuis des centaines d'années. On y entend, toute la journée, l'appel des vendeurs ambulants, c'est très musical [...] Je me lève vers 7 heures et écris jusqu'à midi. Les matinées sont plus fraîches et c'est beaucoup mieux pour travailler, mais j'aime la chaleur, d'autant plus que la mer Égée est à dix minutes de chez moi.

Dans une lettre à sa sœur, il décrit ses soirées :

> Je vais d'une pièce à l'autre avec une bougie, comme la servante de Rebecca, en haut, en bas, dans la cave qui me fait peur. Mon terrain (pour l'instant une montagne d'ordures) est habité par quelques mules. Le tintement de leur clochette, quand elles se penchent pour brouter, me donne un coup au cœur quand il se marie à la musique qui sort de la taverne le lundi à deux heures du matin. Le vent apporte des sons ; on entend trois jeunes gens qui arrivent, se tenant par l'épaule, chantant dans une parfaite et magnifique harmonie, musant [...] De jeunes Turcs remplissent la ruelle, se confiant leur chagrin d'avoir été abandonnés par leur bien-aimée, tandis qu'ils titubent devant la porte. [...] Il me reste environ une soixantaine de pays à visiter. J'y achèterai des maisons.

Cohen adopte une tradition insulaire : les chats. Au début, il essaie de les chasser, mais ils reviennent. « On m'a dit que c'était une des coutumes de l'île d'avoir des chats, et qui suis-je pour défier la coutume ? » Il les relègue dans la cave, néanmoins, par crainte de se couvrir d'urticaire. Il sait qu'il a été accepté par les habitants lorsqu'il commence à recevoir la visite de l'éboueur et de son âne. « C'est comme recevoir la Légion d'honneur. » En bref, la maison lui permet de se fixer. À un ami, il déclare : « Cette maison rend les villes moins effrayantes. Je peux y revenir chaque fois que j'en ai le désir et y vivre aisément. Mais je ne veux pas perdre le contact avec les villes et les expériences qu'elles procurent. » L'achat de la maison lui donne confiance en lui-même : « Les années s'envolent et on perd un temps fou à se demander si on va oser faire ceci ou cela. Le secret est de sauter le pas, d'essayer, de prendre des risques. »

La Grèce, pour Cohen, est un point d'ancrage et un poste d'observation d'où il peut étudier les changements dans les mœurs sexuelles et sociales. « Le caractère primitif de mon existence dans cette île est une condition qui, je l'espère, attirera vers moi la pureté intérieure », écrit-il. Il loue la discipline que l'île lui instille, il aime sa magie, cette magie capable de métamorphoser un individu qui se baigne dans l'océan : à certaines saisons, on sort de l'eau lumineux à cause du plancton qui adhère à la peau. À Hydra, Leonard oublie les rituels sociaux, les obligations, les exigences de son univers judaïque montréalais ; il peut enfin prendre ses responsabilités vis-à-vis de son identité juive.

Il respecte le jour du sabbat, allume des bougies et récite les bénédictions au repas du vendredi soir. Il cesse de travailler pendant une journée, s'habille, se rend au port à midi pour y commémorer la journée de repos des juifs avec Demetri Leousi, un insulaire qui parle un anglais édouardien acquis au Robert College d'Istanbul. Leousi, qui a eu une liaison avec une femme juive à New York, où il a travaillé quelque temps, professe une vive affection pour les Juifs et a félicité Cohen du fait qu'il était « le premier Hébreu à posséder une propriété dans l'île. Nous en sommes honorés », a-t-il ajouté.

La vie sur l'île est bon marché. Cohen peut facilement y vivre avec mille dollars par an. Il projette de rentrer au Canada pour y gagner deux mille dollars, ensuite il reviendra dans sa maison, où il pourra vivre plus d'un an sans problème. Le temps est merveilleusement chaud à Hydra, et « tout ce qu'on y voit est beau : chaque coin de ruelle, chaque lampe, tout ce que l'on touche, tout ce que l'on utilise est à sa place. On a une connaissance intime de chaque objet [...] L'endroit est très vivant, très cosmopolite. Il y a des Allemands, des Scandinaves, des Australiens, des Américains, des Hollandais, que l'on rencontre dans des lieux très chaleureux, comme l'arrière-boutique des épiceries. » C'est vrai que l'on peut aimer et travailler sans contrainte sur la petite île, et que la vie y est attachante. L'ordre y règne, et aussi la lumière :

> Ma table est pleine de soleil tandis que j'écris ceci, et je suis amoureux de tous les murs blancs de ma maison, et j'ai hâte de les quitter, et de quitter ma cuisine au sol de pierre. Je jure que je peux goûter la saveur des molécules qui dansent dans la montagne, et que j'aurai un jour le privilège de raconter ce désordre divin avant que ne s'éteigne ton foyer.

La pureté de la lumière égéenne donne une qualité particulière aux écrits de Cohen. « Il y a quelque chose d'honnête et de philosophique dans cette lumière, explique-t-il à un journaliste en 1963. On ne peut pas se trahir intellectuellement dans cette lumière ; elle invite l'âme à flâner. » La Grèce a commencé à jouer un rôle important dans sa poésie, dont on trouvera l'écho dans *Flowers for Hitler.*

Cohen finira pourtant par se sentir entravé par Hydra, comme il s'est senti à la fois nourri et entravé par Montréal. Son attachement pour Marianne va devenir dévorant, destructeur — modèle courant dans ses relations amoureuses. La vie à Hydra, avec les interactions intenses du monde insulaire, est de plus en plus difficile. Cohen se dit qu'il doit s'en aller, autant pour son écriture que pour sa paix intérieure. Kenneth Koch, un poète new-yorkais en visite, résumera les complexités de la vie dans l'île : « Hydra — tu ne peux vivre nulle part ailleurs dans le monde, Hydra y compris. »

Cohen revient à Montréal en novembre 1960. « Pour renouveler son affiliation à la névrose », peut-on lire au dos de la couverture de *The Spice-Box of Earth.* Il a besoin d'argent et veut se constituer un capital grâce à la publication de son premier livre dans une grosse maison d'édition. Après avoir présenté une nouvelle demande de bourse au Conseil des Arts, il se dit qu'il faut faire impression pour l'obtenir. Il emprunte un peu d'argent, loue une limousine et, accompagné d'un ami, part pour Ottawa. Les deux hommes fument de la marijuana et chantent pendant les deux heures qui les séparent de la capitale. Au Conseil des Arts, Leonard poursuit les secrétaires dans les couloirs en fauteuil roulant en leur donnant la sérénade. On ne sait trop quelle impression il a faite aux fonctionnaires, mais la bourse demandée arrive en début d'année, assez substantielle pour lui permettre de retourner à Hydra. Dans l'intervalle, Montréal le prend au piège, avec « toutes les vieilles et puissantes culpabilités ».

Un mois plus tard, McClelland & Stewart refuse la première version de ce qui va devenir *The Favorite Game*. Cohen s'efforce de ne voir que l'aspect positif de ce refus. « Depuis que je sais, c'est étrange, mais je jubile. Je me sens de nouveau libre, comme je me sentais libre avant qu'un seul vers de moi n'ait été publié. [...] Je peux recommencer à expérimenter, à essayer ceci, ou cela, à tout perdre. Je suis seul avec moi-même et avec les énormes dictionnaires de la langue. Une joie. »

Il commence à récrire le roman dès son arrivée à Hydra. L'éditeur new-yorkais Abelard Schuman a également refusé le manuscrit, malgré un rapport de lecture positif. Leonard écrit à Maryann Greene et à Abelard Schuman : « Il m'a fallu un certain temps pour apprendre à écrire un poème. Il me faudra un certain temps pour apprendre à écrire en prose. Je ne sais pas encore grand-chose sur la forme, mais je vous jure que je deviendrai le meilleur architecte possible dans ce domaine. » À la mi-décembre 1961, il est en mesure de déclarer aux Pullman, à Londres : « J'ai terminé mon roman presque à la date où je l'ai commencé, deux ans plus tôt, dans votre maison. »

Les commentaires des éditeurs de McClelland & Stewart, qui n'ont jamais vu d'un très bon œil que le poète devienne prosateur, sont décourageants : « Une interminable histoire d'amour avec lui-même... [...] Très ennuyeux, pour ne pas dire dégoûtant. [...] Le sexe, dans ce livre, est humide et morbide. » Dans sa première lettre, Jack McClelland a expliqué à Cohen que le manuscrit était difficile à évaluer : « L'écriture est belle, dit-il, cela on s'y attendait — mais est-ce publiable ? Et dans quelle mesure le texte est-il autobiographique ? » Cohen répond de Paris en octobre 1960. Oui, le texte est autobiographique. « Chaque événement décrit est arrivé, à l'exception de la mort de Robert à la fin de la première partie. » Il ajoute qu'il « a voulu parler d'une certaine société et d'un certain individu et donner une idée de ce qu'est l'art bâtard de la poésie. Je crois savoir de quoi je parle. Une autobiographie? Lawrence Breavman n'est pas moi, mais nous avons fait pas mal de choses semblables. Mais comme nous avons réagi différemment à ces choses, nous nous sommes dissociés l'un de l'autre. »

Dans une lettre ultérieure, McClelland fait la critique du roman et demande à Cohen s'il a signé d'autres contrats d'édition. Ce dernier lui répond qu'en décembre 1961 Lou Schwartz, de la maison Abelard-Schuman, lui a offert pour son roman révisé une avance dans un salon de l'hôtel Ritz, en présence de Layton et de sa femme, de A. J. M. Smith et de F. R. Scott. Schwartz a insisté pour qu'il accepte une somme d'argent tout de suite, mais Cohen a refusé et déclaré qu'il préférait passer par les canaux habituels. Schwartz a ensuite manqué à sa parole. « Il a réussi à m'offenser et pourtant, vous le savez, j'ai une sainte nature et ne m'offense pas facilement », écrit Cohen. McClelland l'invite à faire les remaniements conseillés par la maison d'édition et à lui soumettre de nouveau le roman. « Je vous considérerai toujours comme mon éditeur, répond Cohen, et je n'oublierai jamais le soin extraordinaire que vous avez apporté à la publication de mon recueil de poèmes. Pour autant que cela me soit possible, je m'adresserai toujours à vous en premier lieu. Mais je viens tout juste d'accorder les droits pour le Commonwealth à Secker & Warburg. Quoi qu'il en soit, il y aura de meilleurs livres que celui-là. » McClelland restera l'éditeur de Cohen, relation aussi importante pour l'un que pour l'autre.

Les sentiments de Cohen à l'égard de son roman sont ambivalents. Il le décrit comme « un foutoir important » mais « misérable ». C'est « un livre sans mensonges », un texte habité par « le souffle du chef-d'œuvre ». « Ce *ne sera* pas un chef-d'œuvre, mais les lecteurs verront que l'auteur l'a écrit avec ses tripes. » Il parle du roman révisé comme d'un « livre sans alibis ; les alibis que l'on se donne quand on veut partir, ou prendre de la drogue, ou commettre de petits méfaits ».

L'ambivalence perdurant, le roman passe par tous les stades, allant du chef-d'œuvre à l'échec. Cohen explique à Seymour Lawrence, de l'Atlantic Monthly Press : « Sa seule valeur réside peut-être dans le fait qu'il m'a permis de me débarrasser d'un fatras autobiographique oppressant », puis il ajoute que les lecteurs de McClelland & Stewart trouvent la première version « dégoûtante, ennuyeuse et lugubre. Ils pensent que je devrais m'en tenir à la poésie. Par contre, un éditeur de New York m'a dit qu'il s'agissait de l'un des premiers romans les plus prometteurs qu'il ait jamais lus. J'ai récupéré le manuscrit pour le réviser. Voilà toute l'histoire. » Le même jour, il écrit à sa sœur : « Mon texte boite tranquillement vers l'immortalité. Je traverse la phase au cours de laquelle je déteste ce que j'ai écrit. » Quelques jours plus tard, il déclare : « À vrai dire, il m'importe peu d'être publié ou non. J'ai beaucoup appris sur l'écriture, et cela seul en vaut la peine. Mon prochain livre n'en sera que meilleur. »

Au milieu de l'année 1961, alors qu'il était en pleine réécriture, Cohen a fait lire le roman à George Johnston. Ce dernier, convaincu que le livre avait un intérêt aussi bien commercial qu'artistique, a proposé à son ami de le mettre en contact avec David Higham Associates, ses agents littéraires à Londres. Une longue correspondance s'est engagée entre Cohen et son futur agent, Sheila Watson. Dans leurs lettres, ils discutaient en détail des brouillons, des révisions et du travail de réécriture. L'une d'elles contenait un rapport de lecture du 29 janvier 1962 :

Écriture suprêmement belle la plupart du temps mais presque tout le livre est obscène ou quasiment — dans le sens habituel du terme. […] L'érotisme du roman est racheté par une toile de fond soigneusement dessinée et par une philosophie juive de l'existence. […] Le titre est affreux, vulgaire et ne colle pas au style du roman.
Tout à fait vendable.

D'autres lecteurs disaient que le livre était « trop long… pour ce qu'il a à dire », et que le titre, *Beauty at Close Quarters. An Anthology*, était trop lourd. Cohen a continué sa révision et proposé d'autres titres : *Buried Snows, Wandering Fires, Winged with Vain Desires*. *The Favorite Game* sera choisi le 7 novembre 1962. Secker & Warburg ne publieront le roman révisé qu'en septembre 1963.

* * *

Durant un séjour à Montréal en décembre 1960, Cohen renoue avec ce qu'il appelle ses nuits montréalaises classiques. « Trois heures du matin, avenue des Pins. Les clôtures noires et les arbres de tous mes vieux poèmes sont entourés de canyons de neige. » Le poète est content de l'aspect créateur de sa vie, mais ne cesse de se débattre dans des problèmes financiers. Il ne reçoit qu'une modeste rente annuelle de sept cent cinquante dollars, bien insuffisante pour vivre. « Mis à part ce désespoir minuscule à propos de l'argent, je suis heureux, productif, et mon immense joie créatrice offense tous mes collègues. »

Une des occupations de Cohen consiste à écrire des dramatiques pour la télévision avec Irving Layton. Chaque matin, ce dernier arrive à l'appartement de son ami, près de la rue MacGregor, et ils travaillent sur des projets séduisants qui ne trouvent malheureusement pas preneur. « Nous nous incitions l'un l'autre à travailler, raconte Cohen. Il prononçait une phrase, j'endossais le rôle d'un personnage, et nous œuvrions merveilleusement bien ensemble. » Mais « Lights on the Black Water », « A Man Was Killed », « Up With Nothing » et « Enough of Fallen Leaves » n'excitent l'imagination de personne. Leonard et Irving ont décidé d'écrire six pièces, dont « One for the Books », qui met en scène un libraire communiste. Hélas, la collaboration des deux poètes se révélera infructueuse.

Cohen s'essaie tout seul au théâtre. Layton se souvient d'une visite de son ami, venu lui lire sa pièce, « The Whipping ». C'était, dit-il, « un truc « macabre, irrésistible », ressemblant à un de ses textes écrits au retour d'Hydra, « The Latest Step ». L'œuvre prendra finalement un autre titre, « The New Step (ballet dramatique en un acte) » et sera publiée dans *Flowers for Hitler*.

Mais Cohen s'ennuie. Montréal, comme tous les endroits où il habitera, commence à lui paraître insipide. Il a des fourmis dans les jambes.

Toujours en quête de stimulants, il décide de partir pour Cuba.

CHAPITRE V

« Désespérément hollywoodien »

En 1957, ESTHER ET SON MARI Victor ont passé leur lune de miel à Cuba et en sont revenus impressionnés par les bars, les casinos et les boîtes de nuit. À cette époque, la vie nocturne de La Havane se déroule encore sous les auspices de Batista. Fidel Castro ne prendra le pouvoir que deux ans plus tard.

À la fin du mois de mars 1961, Cohen décide d'aller voir de près la révolution socialiste. Il prend un autobus pour Miami, puis un avion de la Pan American pour La Havane. Il fait très chaud dans la capitale cubaine. La ville se désintègre tranquillement, tandis que Castro affronte l'Amérique. « Je suis dingue de toute forme de violence », a déclaré Leonard avant de partir. Plus tard, il avouera que son séjour à Cuba avait beaucoup moins pour but de soutenir Castro que de nourrir son imagination : « Mon esprit était plein de cette mythologie liée à la guerre civile. Je me disais que ce serait peut-être ma guerre civile espagnole à moi — mais il faut reconnaître que ma participation a été plutôt molle. J'étais, avant toute chose, poussé par la curiosité et le goût de l'aventure. »

Cette escapade cause certains problèmes à McClelland & Stewart : « Le jour de votre départ, les épreuves [de *The Spice-Box*] sont sorties, et je ne sais quoi faire », lui écrit son éditeur.

Cohen a pris l'avion pour Cuba le 30 mars, comme l'a fait Garcia Lorca trente et un ans plus tôt, à quelques jours près. Une fois de plus, l'attirance de Leonard pour un lieu est attribuable en grande partie au fait que ce lieu a excité l'imagination de son modèle. Les trois mois cubains de Lorca ont commencé en avril 1930 ; il y a donné des causeries, lu sa poésie et participé à une chasse au crocodile. « L'île est un paradis, a-t-il déclaré à ses parents. Cuba ! Le jour où vous ne me trouverez pas, cherchez-moi en Andalousie ou à Cuba. »

Cohen arrive dans une ville superbe en plein déclin. Les gratte-ciel du Vedado, le quartier des affaires à l'ouest de la vieille ville, sont dans un état de délabrement prononcé ; les murs sont craquelés, les vitres cassées. Les façades des demeures élégantes de Cobanacan et d'El Cerro, que des familles de paysans squattent, ont perdu leurs couleurs pastel ; les murs s'effondrent, la peinture des boiseries s'écaille, la végétation pousse dans les crevasses. Les pelouses autrefois impeccables se sont desséchées, les chèvres broutent autour des piscines. Des taxis décrépits ont remplacé les belles voitures. Le Havana Country Club n'existe plus, les vastes pièces de l'immeuble sont occupées par la nouvelle École nationale des arts. Quant au Prado, club très huppé de l'élite espagnole, il s'est transformé en centre sportif ; des matelas de gymnastique en recouvrent le sol.

Dans le passé, La Havane avait la réputation d'être « le bordel de l'Amérique ». Des bateaux remplis de prostituées accueillaient les touristes qui arrivaient par la voie navigable séparant le château du Morro de la ville. Sous le règne de Batista, les bâtisses appartenant au réseau prospère de la prostitution portaient le nom pudique d'« académies de danse ». À l'arrivée de Cohen, un programme de réforme destiné aux onze mille prostituées de La Havane vient d'être mis sur pied. Les casinos sont interdits et le jeu est réduit à des opérations clandestines. Mais le socialisme n'a pas réussi à effacer le charme exotique et la sensualité du monde cubain. Une beauté violente subsiste. On entend les maracas et les marimbas dans toute la ville. Le rythme des rumbas et des cha-cha-cha donne envie de danser. Le bar Sloppy Joe's, l'établissement le plus connu de La Havane, a perdu une partie de l'éclat qui l'a rendu célèbre, mais il est resté ouvert. Dans la vieille ville, la Bodeguita del Medio, un des rendez-vous favoris d'Hemingway, porte encore sur ses murs la signature des habitués.

En dépit des réformes, une certaine lasciveté règne dans toute la ville. Cohen retombe immédiatement dans ce qu'il appelle ses vieilles habitudes bourgeoises : traîner le plus tard possible pour se mêler à la vie nocturne. Cette habitude d'adolescent ne le quittera pas de toute sa vie ; on le trouvera souvent debout à trois heures du matin, son heure préférée, écrivant ou discutant avec des amis autour d'un verre. Il a adopté l'uniforme des rebelles : short kaki et barbe de plusieurs jours.

Très peu de citoyens hantent les rues de La Havane la nuit — les gens du bloc de l'Est ainsi que les techniciens et assistants soviétiques restent gentiment à l'hôtel. Quant à la jeune interprète tchèque dont Leonard a fait la connaissance, son patron lui a tout simplement interdit les sorties nocturnes. Seules tiennent compagnie à Cohen les prostituées qui racolent le long du Malecon, le large boulevard longeant l'océan, ou les filles rencontrées dans la vieille ville. L'érotisme qui irradie de ces superbes femmes d'ascendance noire ou espagnole, au teint chocolat, lui semble irrésistible.

Il passe ses nuits dans les bas quartiers de Jesus del Monte et dans les faubourgs chic de Miramar, au bord de la mer. C'est là qu'il retrouve les souteneurs et leurs protégées, les joueurs, les malfrats de troisième zone et les truands du marché noir. Il fréquente les ruelles et les petits bars de la vieille ville, en particulier le Tropicana, si célèbre autrefois. Un établissement qui possède, dit-on, la salle de danse la plus vaste du monde. Lorsque le Shanghai, réputé pour ses spectacles de nus, a fermé ses portes, le Tropicana l'a remplacé, avec ses tables de roulette, son cabaret, sa scène et sa piste de danse en plein air. D'abord déclarés hors-la-loi par Castro, les boîtes de nuit, les maisons de jeu, les bordels, les casinos et les salles de machines à sous ont rouvert. Le taux de chômage était devenu beaucoup trop élevé et compromettait les objectifs économiques de la révolution.

Cohen aime se dire qu'il est « le seul touriste à La Havane ». C'est le titre d'un poème à venir.

Un soir, un officiel du gouvernement canadien se présente à son hôtel pour lui annoncer poliment que sa présence est requise de toute urgence à l'ambassade. (Plus tard, lorsqu'il évoquera cette visite nocturne, Cohen précisera que son excitation, ce soir-là, l'a emporté sur l'appréhension. « J'étais Upton Sinclair ! J'avais une importante mission à remplir ! ») Se sentant affranchi, et « combatif », il accompagne le visiteur vêtu de sombre à l'ambassade, où il est immédiatement introduit dans le bureau du vice-consul. Ce dernier, il le voit bien, le déteste au premier coup d'œil : sa barbe et son costume kaki lui déplaisent, cela ne fait aucun doute. De toute sa hauteur, le vice-consul toise le pseudo-révolutionnaire et lui fait part d'une grave nouvelle : « Votre mère se fait du souci pour vous ! »

Rien de surprenant. La veille, des révolutionnaires pilotant des bombardiers ont organisé une petite attaque à l'aéroport de La Havane, et les médias ont grossi l'événement à l'échelle du pays. Affolée, la mère de Cohen a contacté Laz Phillips, son cousin sénateur, pour lui demander de retrouver son fils afin de s'assurer qu'il est encore en vie.

La menace de l'invasion, qui a mis le pays en alerte, crée une telle psychose que Cohen va se faire arrêter, risquant ainsi de se joindre aux cent mille prétendus dissidents que Castro a fait enfermer dans ses prisons au cours des mois précédents. L'arrestation a lieu près de l'hôtel Miramar, playa de Varadero, où il loge. Ce jour-là, tandis qu'il se promène sur la fameuse plage de sable blanc qui s'étend sur 140 kilomètres à l'est de La Havane, il se voit soudainement entouré de douze soldats tchèques armés de mitraillettes soviétiques. Il est très tard. Les militaires pensent que cet homme seul sur la plage est le premier parachutiste d'un groupe américain qui aurait atterri à Cuba. Ils emmènent leur prisonnier au poste de police local. Pendant ce temps, Cohen — d'autant plus inquiet qu'il a un couteau de chasse dans la poche de son short kaki — ne cesse de répéter la seule phrase espagnole qu'il connaisse, un slogan de Castro : *Amistad del Pueblo* (amitié pour les gens du peuple). Mais sa déclaration n'ébranle pas la détermination de ses ravisseurs. Il faudra une heure et demie d'interrogatoire pour que les policiers comprennent qu'il n'est pas un espion mais un partisan du régime séjournant de son plein gré à La Havane.

Contents de voir que les intentions de leur prisonnier sont pures, les *militianos* l'embrassent, ouvrent une bouteille de rhum et l'invitent à fêter sa libération. Ensuite, pour témoigner leur amitié à leur protégé, ils lui passent autour du cou un collier de coquillages et un bout de ficelle avec deux balles en guise de pendentif. Ils ne le quittent pas de toute la journée suivante, puis le ramènent en voiture à La Havane. Cet après-midi-là, tandis qu'ils marchent dans une rue de la ville, un photographe prend une photo du groupe — Leonard en short kaki, et avec le collier. Il achète la photo, la range négligemment dans son sac à dos.

Les jours passent. Cohen continue de fréquenter la scène nocturne havanaise, se mêlant aux peintres et aux écrivains, discutant de liberté artistique et d'oppression politique. Il rencontre un tas d'Américains communistes, dont il ne partage pas les vues. Il a même une violente altercation avec l'un d'eux. L'homme crache sur lui et le traite de bour-

geois. Le lendemain, afin de prouver qu'il est bien un « bourgeois indi-
vidualiste », Cohen se rase la barbe et enfile un costume de toile.

Pendant ce temps, à Montréal, Irving Layton s'inquiète lui aussi. Il
écrit à son ami pour lui dire de quitter Cuba au plus vite. « Ce n'est pas
le moment, pour un poète casse-cou et qui veut rester libre, de se traîner dans cette île », déclare-t-il à Desmond Pacey. Layton est persuadé
qu'une invasion de Cuba est imminente et que Cohen est en danger.

Il ne se trompe pas. La crise est bien imminente, et le danger est
d'autant plus réel que les relations diplomatiques entre les États-Unis et
Cuba sont suspendues. À La Havane, la virulence de la rhétorique anti-
impérialiste augmente de jour en jour et la vie quotidienne devient de
plus en plus périlleuse pour les étrangers. L'affaire de la baie des Cochons, le 17 avril 1961, accroît la peur des Cubains — en dépit du fait
que la victoire inespérée de Castro contre mille trois cents envahisseurs
cubains entraînés aux États-Unis semble avoir consolidé son pouvoir et
rehaussé son prestige. Des « touristes » sont arrêtés chaque jour sans
explication. Cohen trouve pourtant l'attitude du gouvernement « impeccable ». Et il ajoute : « Même envers quelqu'un d'aussi ambigu et
ambivalent que moi. »

Le lendemain de l'invasion, il écrit à Jack McClelland pour le
remercier de l'envoi du premier contrat qui les lie. Puis il ajoute : « Ima-
ginez à combien d'exemplaires le livre va se vendre si je suis blessé dans
une attaque aérienne. Quelle publicité ! Ne me dites pas que vous n'y
avez pas pensé. » Suit son propre rapport des événements de la fameuse
nuit :

> Ce soir-là, il y a eu une salve prolongée de tirs antiaériens. Un
> avion non identifié (mais on sait qu'il était américain). Je crois
> qu'on tirait de la chambre voisine. J'ai regardé par la fenêtre. La
> moitié d'un peloton descendait le Prado [Paseo de Marti]. Les
> miliciens se sont accroupis derrière un lion de bronze. Désespéré-
> ment hollywoodien.

Lorsque Cohen décide de quitter Cuba, il découvre que la plupart
des bourgeois havanais essaient également de fuir. Ses visites quotidiennes à l'aéroport bombardé Jose Marti, à vingt-cinq kilomètres au
sud-ouest de la ville, constituent d'abord un rituel inutile. Impossible

de trouver une place. Mais il fait la connaissance, dans la file d'attente, de plusieurs personnes, notamment de l'éditeur de la *Monthly Review*, magazine socialiste. L'homme est impatient lui aussi de s'échapper. Cohen finit par trouver un siège dans un avion pour Miami. Le 26 avril, jour de son départ, alors qu'il fait la queue, il entend un fonctionnaire appeler les personnes qui se trouvent devant et derrière lui, puis plus rien. Pas de Leonard Cohen ! Examinant la liste de l'employé, il constate que son nom a été barré. Un fonctionnaire lui ordonne de se rendre au bureau du service de sécurité, où un officiel cubain lui annonce qu'il lui est interdit de quitter le pays. La raison ? Une photo trouvée dans son sac à dos. Comme il y est habillé en *militianos* et encadré de deux soldats, on le prend pour un Cubain qui essaie de fuir le pays. Il signale qu'un exemplaire de la *Déclaration de La Havane*, dans laquelle Castro condamne l'exploitation de Cuba par les États-Unis, se trouve également dans ses bagages, mais cela ne convainc pas les officiels qu'il est étranger. Selon eux, son passeport canadien est faux.

On le fait sortir de la salle d'attente pour l'emmener dans un local réservé aux services de sécurité, où on le confie à un gamin de quatorze ans armé d'un fusil. Cohen explique à son gardien que cette détention n'est pas légale, il parle de ses droits de citoyen canadien, mais le jeune homme ne bronche pas, jusqu'à ce qu'un incident sur la piste d'envol attire son attention : des Cubains que l'on veut faire sortir d'un avion protestent bruyamment. Oubliant son prisonnier, le jeune homme se précipite vers la scène de la bagarre. Cohen remet ses effets dans son sac puis se dirige vers l'avion, se répétant nerveusement : « Tout va bien se passer, ils se fichent pas mal de toi. » S'interdisant de regarder en arrière, il monte à bord, se laisse tomber sur un siège et s'efforce de rester immobile. Personne ne lui demande son billet. Les portes se ferment, les réacteurs se mettent en marche, l'avion commence à rouler sur la piste d'envol. Il est sauvé.

Dix-huit mois plus tard, pendant l'installation des fusées soviétiques, Victor Cohen, le beau-frère de Leonard, accuse ce dernier d'être pro-Castro et anti-américain. Cohen répond à l'accusation par un long message politique. Il déclare qu'il est contre toute forme de censure, de collectivisme et de contrôle, et qu'il a repoussé l'hospitalité que le gouvernement cubain accorde aux écrivains étrangers séjournant à Cuba. Il demande à son beau-frère de comprendre qu'il s'est rendu sur l'île

« pour y assister à une révolution socialiste », pas « pour agiter un drapeau ou prouver quoi que ce soit ». Bien qu'il ait rencontré beaucoup de Cubains heureux, ajoute-t-il, la vue des longues queues de « gens effrayés attendant devant la porte du quartier général des services secrets dans l'espoir de voir des membres de leur famille, ainsi que les camionnettes à haut-parleur hurlant l'hymne national et les affiches couvrant les murs de la ville n'ont cessé de [l'] angoisser ». « J'ai laissé des poèmes antigouvernementaux partout où je suis allé, j'ai parlé aux peintres et aux écrivains cubains de l'affrontement inévitable qui les attend avec les autorités [...] Ils m'ont regardé comme un bourgeois anarchiste, un bohème. » Quelque temps après, il avouera que les motifs de son séjour à Cuba étaient strictement personnels et plutôt minables, mais la lettre à son beau-frère adopte une position morale plus élevée :

> Je fais partie des rares hommes de ma génération qui se sont fait suffisamment de souci concernant la réalité cubaine pour s'y rendre seuls, sans invitation. J'ai eu faim quand l'argent a manqué, mais j'ai catégoriquement refusé d'accepter ne fût-ce qu'un sandwich d'un gouvernement qui tuait ses prisonniers politiques.

Quelques années plus tard, lorsqu'on lui demandera pour quelles raisons il est allé à Cuba, il optera pour une réponse où la bravade le dispute à la bouffonnerie : un « profond intérêt pour la violence [...] Je voulais tuer ou être tué. » Cuba a toujours oscillé entre la nostalgie et le désastre, a écrit un historien.

En fin de compte, le séjour à La Havane a été consacré autant à l'écriture qu'à la révolution. Cohen y a écrit des poèmes et commencé un roman, dont cinq pages seulement ont survécu. Intitulé *The Famous Havana Diary* (l'auteur y déclare que le titre pourrait tout aussi bien être *Havana Was No Exception*), le texte débute comme un roman de Raymond Chandler : « La ville s'appelait La Havane. C'est, à peu de choses près, le seul détail que vous obtiendrez de moi. » Il s'agit en fait d'un récit largement autobiographique et très drôle relatant l'équipée à Cuba. Si on y distingue Cohen le moraliste, on y découvre surtout son éternelle préoccupation pour le sexe, la seule chose à laquelle il est loyal, explique le narrateur — bien que le voyeurisme suffise parfois. « J'ai pris plaisir à la regarder grâce à une centaine d'yeux disséminés dans toute la chambre, les yeux du télescope, des yeux au grand angle, des yeux en *close-up*, des yeux de périscope en suspension dans du fluide. » Un autre passage donne un avant-goût de la technique narrative qui sera utilisée dans *Beautiful Losers* : « Nietzsche — mais avec une intrigue — une intrigue dingue, absurde [...] dans *un style* destiné à la rendre crédible. » Un passage supprimé dit ceci : « Plus vite, Aleut, saute ! Wow ! Attention ! Ah, toi, ris, le corps. YEUX MAINS. »

Les autres textes sur Cuba sont principalement des poèmes : « All There Is to Know about Adolph Eichmann », « The Only Tourist in Havana Turns His Thoughts Homeward » et « Death of a Leader » — qui feront tous partie du recueil *Flowers for Hitler* — ont été écrits soit à La Havane soit dans l'autobus pour Miami. « It Is a Trust to Me », également écrit à Cuba, paraîtra dans *The Energy of Slaves*. Ces poèmes expriment tous la désillusion provoquée par le fait que Castro n'est pas un révolutionnaire authentique, puisque son régime est devenu « oppressif et répugnant ». En septembre 1963, Cohen dira : « Le pouvoir met en pièces des hommes terrorisés. C'est cela que j'ai vu à Cuba. »

∗ ∗ ∗

Au début du mois de mai, Cohen est au Canada, après un arrêt à New York pour y rendre visite à son amie Yafa Lerner. Cette dernière l'a trouvé transformé par son expérience cubaine, plus conscient de son rôle de poète canadien bien au fait de ce qui se passe sur la scène internationale. À Montréal, Cohen déclare à Layton que Castro est « une figure tragique ». Dans une lettre ultérieure, il ajoute que le « communisme est moins sinistre sous les palmiers mais que Cuba n'est pas un endroit à fréquenter pour les hommes élevés dans la liberté et la corruption des villes américaines. On [le pouvoir] s'y montre trop inquiet de ce que peuvent dire les artistes. Cela met mal à l'aise. »

Le 4 mai, Cohen apparaît sur la scène du centre O'Keefe, à Toronto, à l'occasion de la Conférence canadienne des arts. Il a été invité à lire, devant les sommités rassemblées pour la circonstance, quelques-uns de ses poèmes (et, en français, ceux d'Anne Hébert, que cette dernière, trop nerveuse, ne peut lire elle-même). Northrop Frye, Mordecai

Richler, Jay Macpherson, Hugh MacLennan et George Lamming sont présents. Layton y prend la vedette avec son poème sur Jacqueline Kennedy, « Why I Don't Make Love to the First Lady ». Plus tard, il dira que Cohen a lu merveilleusement bien et lui a fait penser à Dorian Gray.

À la mi-mai, Leonard participe à la production de *The Spice-Box of Earth*. Le livre promet d'être un succès. Mais une petite catastrophe survient : tandis qu'elle déballe des exemplaires à la librairie de l'université McGill, Marquita de Crevier, ex-épouse de Lionel Tiger (et, après leur séparation, très sentimentalement liée à Cohen, qui lui a offert une boîte à épices juive), découvre que des pages du livre sont blanches. Lorsque l'auteur est informé de ce malheur, il déclare que s'il avait été présent à ce moment-là, il aurait été incapable de continuer à écrire de la poésie.

L'erreur est bientôt réparée et le livre, complet cette fois, suscite admiration et enthousiasme. Un lancement a lieu chez la mère de Cohen le 27 mai 1961, auquel assistent Layton et McLelland. *The Spice-Box of Earth* va devenir le premier best-seller de Cohen au Canada. Sur la jaquette du livre, ces quelques notes biographiques :

Leonard Cohen, 27 ans, diplômé de McGill, se dit domicilié à Montréal, mais tandis que son livre était sous presse, il était en route pour Cuba. Il a passé l'année dernière au bord de la mer Égée, et résume ainsi cette expérience :

Je ne devrais pas être au Canada. L'hiver ne me convient pas du tout. J'appartiens aux rives de la Méditerranée. Mes ancêtres ont fait une terrible erreur. Mais il faut que je revienne sans cesse à Montréal pour me ressourcer en névrose. La Grèce possède le vrai climat philosophique — il est impossible d'être malhonnête dans cette lumière. Mais il n'y a qu'à Montréal que l'on peut être passé à tabac parce que l'on porte une barbe. J'aime Montréal. Mais je hais les spéculateurs qui détruisent mes rues préférées pour y bâtir ces prisons qui sont le produit de l'ennui et de l'or.

Bien qu'il préfère nager dans la mer Égée, Leonard Cohen admet qu'il a un penchant pour le camping dans le nord du Québec. Il écrit un roman.

Le titre du recueil, inspiré de la boîte d'épices sacrée dont on respire le contenu après le coucher du soleil le jour du sabbat, trace la frontière entre le sacré et le profane. L'épice est un rappel odorant du lien entre le religieux et le quotidien. De la célébration de la nature, dans « A Kite Is a Victim », le poème d'ouverture, aux éléments destructeurs de l'histoire dans les derniers mots de « Lines from My Grandfather's Journal », le recueil exprime une joie qui trouve son contrepoint dans la tragédie. Les thèmes qui vont marquer, chez Cohen, la poésie de la maturité émergent : sexualité, histoire, judaïsme, amour. Que le sujet de l'œuvre soit la fellation, le mysticisme juif ou la mort, on y trouve toujours une promesse.

Le poème exprimant le mieux la tension cachée sous le romantisme du livre est « The Genius », litanie dans laquelle le narrateur décline les Juifs qu'il pourrait devenir : l'habitant du ghetto, l'apostat, le banquier, l'acteur de Broadway, le médecin. Elle se termine sur la possibilité la plus troublante :

> Pour toi
> Je serai un Juif de Dachau
> couché dans la chaux vive
> les membres tordus
> gonflés d'une douleur
> qu'aucun esprit ne peut comprendre.

Le narrateur de « Lines from My Grandfather's Journal » déclare : « C'est étrange, mais même aujourd'hui, la prière reste mon langage naturel. »

Le livre est encensé. Le critique Robert Weaver le qualifie de « puissant » et affirme que Cohen est « sans doute le meilleur jeune poète canadien anglais d'aujourd'hui ». Louis Dudek, Eli Mandel et Stephen Vizinczey, tous amis de Leonard, ne tarissent pas d'éloges. L'écrivain Arnold Edinborough affirme que Cohen a surpassé Layton et est dès lors devenu le poète canadien le plus important. Quant au critique Milton Wilson, il déclare, dans « Letters in Canada 1961 », que *The Spice-Box of Earth* est une œuvre considérable. Desmond Pacey, dans la deuxième édition de sa prestigieuse revue *Creative Writing in Canada* (1961), écrit que Leonard Cohen est « sans conteste le plus prometteur » des jeunes poètes du pays, parmi lesquels il place Al Purdy et Phyllis Webb.

Le tirage de *The Spice-Box of Earth* est épuisé en trois mois, mais le recueil ne remporte pas le prix du Gouverneur général. Cette récompense est remise à Robert Finch pour *Acis in Oxford*. Pour Irving Layton, c'est une injustice :

> Il n'y a pas un seul poème dans le livre de Finch qui mérite ce prix. C'est un fatras ennuyeux, pompier, sans trace de la moindre poésie. Des *exercices* anémiques, pour ne pas dire exsangues. Rien de plus. Quel trou de cul de pays faut-il être pour primer de telles conneries, où le lyrisme authentique d'un Cohen n'est pas reconnu.

Leonard est déçu. « Sur le plan psychologique, je crois qu'il traverse une très mauvaise passe », confie Layton à Desmond Pacey. « C'est foutrement difficile d'être un jeune poète ! » Mais si le jury du prix du Gouverneur général ne reconnaît pas la puissance de *The Spice-Box of Earth*, le public, lui, ne manque pas de le faire. Le recueil si joliment imprimé continue de se vendre. Frank Newfeld, à qui l'on doit la mise en pages et la conception de l'ouvrage, reçoit un prix important.

C'est ce printemps-là que se déroule un épisode beaucoup moins connu du public : l'aventure de Cohen et d'Alexander Trocchi, romancier écossais fuyant les États-Unis pour faux et usage de faux et autres condamnations ayant trait à la drogue. Cohen lui donne asile et, pendant les quelques jours où Trocchi est chez lui, touche pour la première fois à l'opium. Le romancier en a transporté une boulette avec lui, qu'il prépare sur la cuisinière. Puis il demande à son hôte s'il veut lécher le poêlon. Ce dernier ne peut résister, mais il ne ressent pas grand-chose. Les deux compères décident alors d'aller dîner dans un restaurant chinois de la rue Sainte-Catherine. Tandis qu'ils traversent la chaussée, Leonard perd soudainement la vue. Il s'accroche à son compagnon, puis s'évanouit. Trocchi le traîne jusqu'au trottoir et attend qu'il reprenne ses esprits.

Quelques jours plus tard, Leonard explique à Robert Weaver qu'il vient tout juste de déposer Trocchi sur un bateau britannique en partance pour l'Écosse. « Son passeport est expiré depuis deux ans, autrement dit il était à deux doigts de se faire prendre. Il se préparait une dose toutes les demi-heures [...] C'était une foutue responsabilité. Il fait d'ailleurs tout ce qu'il faut pour qu'on le sache. C'est pour ça qu'il est dans tous ses états quand il est en public. C'est un camé public. J'étais soulagé de le voir monter sur le bateau. » Le poème « Alexander Trocchi, Public Junkie, Priez Pour Nous », dans *Flowers for Hitler,* fait l'éloge de l'aspect et de l'attitude bohèmes de Trocchi. Cohen écrit : « Ta pureté » — d'une noirceur baudelairienne — « me pousse à travailler. / Il faut que je revienne à la luxure et aux microscopes. » Un an plus tard, il lira *Caïn's Book,* le roman de Trocchi autrefois mis à l'index. On sentira l'influence de ce texte dans *Beautiful Losers.*

À la fin du mois de mai, la bourse de Leonard est renouvelée par le Conseil des Arts du Canada, mais il ne reçoit que mille dollars. Il écrit au directeur des bourses que l'investissement du Conseil « produira des bénéfices hors de proportion avec le risque couru. Je vous promets, avant un an, un livre qui aura quelque importance dans notre littérature nationale. » Puis il a le culot de demander une bourse de voyage. « Il est indispensable que je m'éloigne pour avoir une perspective nouvelle sur cette semi-autobiographie embrouillée. » Avant de partir, il assiste à une cérémonie au chapitre local Hadassah de sa synagogue, au cours de laquelle on plante un arbre en son honneur. Cette occasion lui paraît idéale pour défendre son œuvre controversée : « Je rappelle [aux Juifs montréalais] que c'est une vieille habitude de notre peuple de rejeter les critiques les plus honnêtes de certains de ses membres. Cela remonte à Moïse. »

* * *

En août 1961, après vingt et un jours de traversée sur un cargo yougoslave voguant vers Gênes, Cohen débarque en Grèce. La plupart des passagers sont des gens âgés rentrant en Yougoslavie pour y prendre leur retraite aux frais du gouvernement. « Ils pleurent une partie de la journée, écrit Leonard à Esther, et, le reste du temps, engloutissent de copieux repas. Je me sens comme chez moi. » Il se lie d'amitié avec le capitaine, un homme de trente-trois ans, avec lequel il philosophe presque toutes les nuits sur le destin « qui a fait de l'un d'eux le maître d'un navire et de l'autre un poète itinérant, tous deux en exil ». Il sait pourtant qu'il sera bientôt « enraciné sur le rocher d'Hydra », où il travaillera dans la liberté. « La liberté que seul un océan me séparant de mon lieu de naissance et de moi-même peut me donner. »

« À Hydra, je suis purgé de mes "hypocrisies gothiques" ; mon style est purifié par les montagnes nues et par un camarade étranger qui chérit un anglais tout simple », écrira-t-il deux ans plus tard à McClelland. « Merci au haschisch, au cognac et aux femmes névrosées qui paient en nature. » Il ajoute que les produits de l'île sont les « éponges, les films, les dépressions nerveuses et les divorces ». À Layton, il révèle qu'il a aperçu des corps dans la mer et vu à l'œuvre des « drogues d'assassins ». Son ami se montre plutôt sceptique : « Je crois que les vins grecs sont un peu trop forts pour lui », dit-il à une connaissance. Pendant ce temps, Cohen essaie d'obtenir une avance sur les droits d'auteur de *The Spice-Box of Earth,* et conseille à McClelland de « faire le maximum pour garder Cohen à l'abri de la confection de vêtements ».

Quelqu'un lui offre six mille dollars pour la maison qu'il a payée mille cinq cents dollars. Il refuse. C'est cette maison, expliquera-t-il plus tard, qui lui a donné ses racines, il n'est pas prêt à la vendre. Hydra l'a libéré de ses inhibitions montréalaises ; son écriture y est devenue moins classique, moins « compétitive ». Et il y est à l'abri des intrus. Il connaît cependant le prix à payer pour un tel isolement : « J'ai choisi un pays perdu / rompu avec l'amour / dédaigné la fraternité née de la guerre / J'ai poli ma langue à la lune de pierre ponce. » En Grèce, expliquera-t-il un jour, on se « sent bien, fort, prêt à se mettre au travail ». Cette réflexion est une clé pour comprendre le processus d'écriture de Cohen, qu'il s'agisse de ses vers ou de sa prose. Il lui est impossible d'écrire s'il n'est pas « prêt à se mettre au travail », s'il n'est pas dans un état de concentration et de bien-être créatifs. Jeûner engendre souvent cet état. Des amis se souviennent de l'avoir vu jeûner pendant près d'une semaine. Le jeûne convient au caractère sacré du temps qu'il consacre à son œuvre et satisfait son besoin de discipline.

En dehors des longues périodes de stérilité qui l'accablent de temps à autre, il se plie à une sévère discipline quotidienne. Chaque matin, il écrit sur la terrasse ou dans le bureau à plafond bas du sous-sol. Il n'interrompt son travail que pendant les heures brûlantes de la mi-journée. Alors il lit, se baigne. Puis il se remet à la tâche. En Grèce, écrit-il à

Robert Weaver, « il y a ma belle maison, et le soleil qui fait bronzer mon cerveau couleur d'asticot ».

Un poème en prose intitulé « Here Was the Harbour » évoque cette pureté de la vie à Hydra qui le touche si profondément. Il décrit le port et le bleu intense du ciel, puis déclare : « Le ciel attend des hommes toutes sortes d'histoires, de divertissements, d'enjolivures, exactement comme il en attend de ses étoiles et de ses constellations. [...] Le ciel veut que l'homme tout entier soit perdu dans son histoire, abandonné dans la mécanique de l'action, il veut qu'il émeuve ses camarades humains, les quitte, et pourchasse les pas et les figures des danses anciennes. » C'est dans le silence d'Hydra que Cohen trouve l'inspiration — même si la Grèce, en tant que sujet ou décor, ne joue qu'un rôle étonnamment limité dans son œuvre. Quelques poèmes décrivent sa vie à Hydra, mais cette vie n'est pas présente dans ses romans et n'apparaît que sporadiquement dans ses chansons.

Il ne peut s'empêcher de se mêler de politique. En octobre 1961, il se livre, à l'intention d'Esther, à une analyse de l'état du monde :

Rien n'échappe au communisme qui supprime la corruption, la pauvreté et le charme. Et le luxueux Occident est rigide et hystérique. Quelles chances peut avoir dans ce monde-là un parasite littéraire qui aime s'amuser ? Quoi qu'il en soit, ton chèque me permettra de me fournir en haschisch pour quelque temps.

La drogue est de plus en plus présente à Hydra ; on peut se la procurer sans problème — souvent par l'intermédiaire d'un natif faisant des voyages réguliers à Athènes. Et la marijuana est cultivée dans l'île. Cohen fume pour aiguiser son imagination ; il est devenu dépendant de l'herbe et en être privé le désespère. « Indictment of the Blue Hole », un de ses poèmes, le révèle clairement. En voici un extrait :

Le 28 janvier 1962
Mes narcotiques abandonnés
m'ont abandonné

Le 28 janvier 1962
7 h 30 doit avoir enfoncé ses
piques dans ton poignet bleu

« The Drawer's Condition on November 28, 1961 » commence par cette question : « Y a-t-il rien de plus vide / que le tiroir où l'on a l'habitude de ranger son opium ? »

La drogue la plus populaire de l'île est le haschisch, mais on y trouve également du LSD et de la marijuana. Dans les premiers temps, c'est le pharmacien qui fournit à Leonard les médicaments opiacés et autres comprimés, mais d'autres sources d'approvisionnement deviennent très vite nécessaires. Il écrit à un ami canadien-français : « J'ai fumé pas mal de haschisch et avalé une bonne quantité d'opium, mais ni l'un ni l'autre n'étaient fameux, et l'O est dangereux. Écrire est mieux que les deux, et écrire, c'est l'enfer. » Il a recours aux amphétamines, prend du maxiton, les deux en vente libre. Ses amis le baptiseront un jour Capitaine Mandrax (le mandrax est une marque anglaise d'amphétamines). En 1964, il déclarera que le haschisch et les amphétamines l'ont merveilleusement aidé à terminer *Beautiful Losers,* au cours d'une séance intensive d'écriture.

Un passage d'un essai inédit de 1965 explique les divers usages de la drogue dans l'île :

Sur ce coin de la planète, les hommes fument et cuisinent du haschisch depuis des siècles et, ainsi qu'un nombre infini d'homosexuels américains et européens peuvent en témoigner, le font sans attenter à cette vigueur que nous avons toujours associée à un peuple qui a joué un rôle si crucial dans l'histoire, une histoire qui n'a cessé de faire école, non seulement au cours des périodes classiques et byzantines mais, et c'est peut-être plus important encore, à notre époque. Nous qui sommes ici aujourd'hui croyons que ces pays de la Méditerranée orientale sont l'alambic scintillant dans lequel s'accomplira la synthèse la plus pure et la plus réussie de l'Occident et de l'Orient. Les insulaires préparent un thé avec du pavot sauvage pour les enfants nerveux et les mules rebelles…

Nous fumons une cigarette ordinaire dans laquelle nous avons introduit quelques miettes de haschisch. Nous ne pouvons nous fier à ce cocktail rudimentaire pour nous procurer les visions et les idées auxquelles nous aspirons ardemment, mais il nous détend, nous rend plus réceptifs. En ce qui concerne les loisirs, je dois dire qu'il rehausse l'expérience musicale et érotique. Ma femme n'écouterait jamais Bach sans avoir fumé, et je n'écouterais pas les cigales au crépuscule. [...] Les paroles d'un grand nombre de bouzoukis célèbrent la générosité aromatique de la feuille lorsqu'elle se transforme en fumée.

En septembre 1961, un Cohen sûr de lui annonce au responsable de la page éditoriale du *New York Times* qu'il va lui envoyer un sonnet terminé quelques jours plus tôt. Selon lui, « On His Twenty Seventh Birthday » est l'un de ses meilleurs poèmes : « Il me faut un an pour être capable d'écrire un poème comme celui-là. » Le *Times* ne juge pas utile de le publier.

Leonard écrit à Claire Pratt, à Toronto, pour lui dire qu'il persévère dans son roman sybarite, un texte que personne, il en est sûr, ne voudra lire. Il ajoute que son prochain livre sera « si ordonné que les gens le prendront pour un théorème de géométrie ». Puis il se dit très occupé par sa poésie, qui lui « nettoie l'esprit afin [qu'il] puisse y élever quelque splendide temple grec à cinq colonnes ».

Cohen vit de nouveau avec Marianne. Cela fait six ans et demi que les yeux bleus profonds et les pommettes hautes de la jeune femme le fascinent. Quand elle joue les mannequins pour une boutique d'Hydra, elle exerce une telle séduction sur les flâneurs, avec ses jolis vêtements et ses lunettes noires, que certains d'entre eux, la prenant pour une vedette, lui demandent parfois un autographe. Cohen fait de même un jour où elle traverse le port : il lui demande de signer le menu du restaurant dans lequel il se trouve. Des planches contact faites à Paris en 1963, après un défilé de mode, ont fixé sur le papier la beauté et l'innocence enfantines de Marianne. Le contraste entre sa naïveté et ses poses suggestives, dans sa robe noire moulante, est étonnant. Pour Cohen, Marianne est une beauté lyrique, tout en finesse :

> C'est si simple
> de s'éveiller à côté de ton oreille
> et de compter les perles
> avec mes deux têtes
> [...]

Allons nous coucher
après le souper
Dormons et réveillons-nous
toute la nuit.

Cohen veut protéger Marianne, comme il voudra protéger d'autres femmes tout au long de sa vie — une des explications de son grand pouvoir de séduction. Lorsque la jeune femme rend visite à sa famille à Oslo, il se joint à elle. Il écrit à Layton : « Il semble que Marianne ait surpassé et anéanti toutes les femmes que j'ai connues et que je doive l'accompagner pour tenter de percer son mystère dans la neige. Elle est si blonde dans mon cœur ! » Il part donc en Norvège. À Oslo, il écrit : « Mène-moi dans les familles, les villes, les congrégations / Je veux me balader, invisible, le long des artères / comme les multitudes que je ne peux voir d'ici. »

Tandis que Marianne est chez sa mère, Cohen écoute des disques grecs, fume le cigare et savoure la beauté immaculée de la Norvège. « Il y a ce petit quelque chose, dans l'air, qui n'accorde pas la moindre attention à nos souffrances minuscules et nous invite, nous ordonne de nous joindre à l'absurde rire éternel. Aujourd'hui je me tords de rire à m'en tenir les côtes. » Il est séduit par la morale nordique, l'air glacé et l'alimentation frugale des habitants. « Je travaille en ce moment sur mon nouveau livre mais aujourd'hui j'ai envie de tout laisser tomber. L'air est trop doux pour ce travail de l'esprit, les harengs trop savoureux. Quand je ne reluque pas les filles blondes, je mange du hareng ; il m'arrive même de faire les deux à la fois. »

Apprenant que son roman sera publié en Suède, il explique à Esther qu'il plaira sûrement aux Suédois parce qu'« il est si mélancolique, et névrosé, et cochon ». Il annonce à Stephen Vizinczey qu'il s'abandonne totalement au plaisir oral : « Manger et donner des baisers. Franchement, je déteste sortir du lit. En fin de compte, je ne crois pas que je sois un poète maudit. Mais j'aurai peut-être, demain, l'impression d'avoir perdu quelque chose. » Un mois plus tard, il écrit à Robert Weaver : « La Norvège est blonde et splendide et j'y suis populaire comme un nègre avec mon nez foncé. Je vais voyager toute ma vie. » Il danse en écoutant Radio Luxembourg. « Je danse le twist tout seul, et la marijuana londonienne ne me manque même pas. »

Au printemps, lorsque son roman est terminé, il éprouve un sentiment de réalisation et d'ennui. Il écrit à Yafa Lerner :

> Étrange de ne plus ressentir le moindre désir sexuel. Cela va m'obliger à tout recommencer une fois de plus, à trouver une nouvelle structure à laquelle m'accrocher. Plus de désir sexuel. C'est comme une sorte d'amnésie. Tout cela me laisse trop de temps pour penser et m'accule à la métaphysique.
> Jamais je n'aurais pensé que le désir était si fragile.
> Écris-moi.

Il envoie une lettre à un certain Dwyer, du Conseil des Arts, pour lui dire que David Higham Associates, un groupe d'agents littéraires, a accepté son manuscrit. « Il s'agit du roman sur lequel je travaille depuis deux ans, celui que Jack [McClelland] déteste. » Il cite des extraits de notes de lecture, fait remarquer qu'ils sont favorables, et admet que si le texte avait été ne fût-ce qu'un peu moins imaginatif, les « innombrables et remarquables descriptions ayant trait au sexe » auraient été hors de propos. Il remercie Dwyer pour le soutien offert par le Conseil des Arts « et pour avoir créé autour de [son] œuvre une atmosphère d'intérêt ». Puis il ajoute qu'il travaille sur « un poème surréaliste centré sur le son et traitant de l'Underground System for project '62 de la CBC » et vient de commencer « un roman dont l'action se situe dans la campagne au sud de Montréal ». (Seules en subsistent quelques pages.) Il termine en priant M. Dwyer de lui donner tous renseignements utiles sur les boulots qui pourraient lui convenir au Canada.

* * *

En mars 1962, Cohen s'installe dans sa pension de Londres pour y procéder à la révision de son roman, dont les droits ont été acquis par Secker & Warburg. Il écrit à Jack McClelland pour lui demander si « un recueil de poèmes spontanés et choquants » intitulé *Flowers for Hitler* est susceptible de l'intéresser. Le même jour, il fait parvenir une lettre de remerciements au rabbin Cass, responsable de l'organisation B'nai Brith Hillel de McGill, qui lui a envoyé une critique de *The Spice-Box of*

Earth. Il signale que l'auteur de l'article a modifié la première strophe de l'un de ses poèmes, mais, ajoute-t-il, « c'est le genre de *chutzpa* qui me plaît et auquel je me livre secrètement moi aussi, alors transmettez-lui mes félicitations ». La dernière lettre de la journée est destinée à Robert Weaver, de la CBC. Cohen lui apprend qu'il a rencontré le critique Nathan Cohen à Paris et qu'ils ont passé la soirée à chanter ses louanges. Il a promis à Weaver d'écrire un texte sur la Grèce lorsqu'il en aura terminé avec sa révision. « Londres est horrible, conclut-il, et j'aspire au massacre franc et brutal de l'hiver canadien. »

Le lendemain, il écrit à son ami montréalais Daniel Kraslavsky pour se plaindre du peu d'argent que lui a rapporté son roman :

> Après deux années d'existence de ce livre dans lequel j'invite le monde entier à partager ma merveilleuse jeunesse, j'obtiens quoi ? Cashmere ? Que veut dire cashmere ?
> Il faut que je retourne dans mon île grecque. On me dit que ma maison est en train de s'écrouler. Je vais retrouver une Norvégienne et son gamin. Je deviendrai mari et père d'un seul coup. Je n'ai pas assez de fric pour vivre ailleurs. J'aime être là mais être là me coupe de mes Racines culturelles et du Courant dominant. Il me reste des illusions sur les Racines et le Courant dominant. Était-ce bien cela que je voulais ?

À la fin de la lettre, il dit qu'il ne comprend pas sa « femme blonde ». Puis il ajoute : « Pourquoi suis-je devenu un Scott Fitzgerald sans pognon et sans relations ? »

Il se montre plus sombre encore dans une autre lettre, s'y plaignant de la lenteur de son travail, « deux fois plus lent qu'il ne le devrait ». « Je perds mon temps entre les cauchemars, les grosses déprimes et les poèmes maniaques. Je suis presque paralysé par l'indécision. » Londres fait ressortir ses contradictions aiguës. Après avoir tant vanté les qualités de Marianne, il commence à reconnaître que leur relation est ambivalente. Ils se connaissent si mal qu'il se dit terrifié à l'idée de se réveiller un jour fauché et coincé dans une île grecque avec une femme avec laquelle il n'arrive pas à établir de contact et un enfant dont il ne parle pas la langue. « Je ne peux pas m'empêcher de penser qu'un désastre va me tomber dessus si je retourne là-bas. » Il ajoute qu'il va

probablement devoir rentrer à Montréal afin de se « bagarrer pour un revenu minable [...] Sinon je serai forcé de faire du journalisme et d'inventer un tas d'excuses pour ne pas créer de chef-d'œuvre. »
La solitude l'accable :

> J'ai le sentiment d'avoir perdu Montréal et je ne suis pas seulement solitaire, je suis seul. Je suis comme un œil qui pend de son orbite par quelques nerfs ; j'aspire à me détacher ou à refaire partie du corps tout entier ; tout excepté cette souffrance aveugle et inutile. Je n'ai pourtant pas abandonné, alors ne me laisse pas te déprimer. Il y a des idées à tirer de l'ennuyeux chaos. Je pourrais me débrouiller sans cet apprentissage, mais puisque je n'ai pas le choix, mieux vaut apprendre. Le rire est un coup de poing dans le visage des dieux et je rendrai ces faces célestes bleues et ensanglantées.

Une lettre à Marianne confirme cette indécision romantique : « Il y a un million de choses dont je voudrais parler avec toi, des choses qui me font peur [...] et l'océan qui nous sépare déforme ce qui est si simple quand nous sommes ensemble. » Il lui raconte qu'il a demandé à Mort Rosengarten de lui acheter un coin de terre dans l'île Bonaventure, à peine plus grande qu'un rocher, tout près des côtes de la Gaspésie, au Canada, où ils pourront vivre dans la nature. Tout ce qu'il aime lui manque, à commencer par elle :

> J'ai envie de toi et d'amour aveugle, de corps bruns communiquant dans un langage qu'il n'est pas nécessaire de comprendre, j'ai envie de lecteurs qui dévoreraient mon âme lors d'une fête, j'ai envie de santé au soleil, de forêts que je connais, de tables où s'entassent des viandes, des fruits et du pain, d'enfants démolissant le roi du foyer, j'ai envie de villes à l'élégance intacte et de quartiers chaotiques dans des villes modernes où subsiste le village, de restaurants honnêtes, de parcs et de batailles. Je déborde d'amour pour le monde et tu seras mon interprète.
> Je veux rentrer au Canada et dévaliser une banque.

Le même jour, il écrit à sa mère pour lui dire qu'il a toujours su que son livre serait publié, « comme [il a] toujours su [qu'il] voulai[t] être un écrivain, même quand cette ambition était contrée par des gens soi-disant sensibles et par tous les obstacles du provincialisme et de la prudence élevés en travers de [sa] route ». Il a également appris, dit-il, que « les choses qui sont données ne signifient rien ; [que] seules les choses accomplies grâce à la lutte et à la souffrance ont de la valeur. [...] Je n'ai ni plus ni moins d'illusions sur l'écriture que je n'en avais il y a onze ans [en 1951], lorsque j'ai commencé. [...] Je continuerai à me battre pour la vie que j'entends mener, je continuerai à lutter contre ma propre faiblesse. [...] Le secret de mon triomphe réside dans le fait que je n'attends rien, que je ne m'attends pas à changer quoi que ce soit, que je ne m'attends pas à laisser quelque chose derrière moi. »

Il annonce à sa mère son intention de rentrer au Canada en été, lorsqu'il aura terminé la révision du texte, et d'y acheter une petite maison à la campagne. Puis il retournera en Grèce en automne.

Le froid et l'humidité de Londres le désespèrent, mais Secker & Warburg veulent qu'il y reste pour y effectuer les fameux remaniements. « J'ai envie de mettre en pièces tout ce qui me nourrit », écrit-il à Layton le 23 mars. Est-ce ma faute si elle [Marianne] est une prêtresse dont la nature est de tout rendre difficile et prosaïque ? » Il ajoute : « Je travaille à mon roman avec un scalpel. Je ne pourrai pas le sauver mais c'est un des cadavres les plus intéressants que j'aie vus. »

Une autre lettre à sa mère fait état de sa déception de ne pas avoir reçu le prix du Gouverneur général pour *The Spice-Box of Earth*. « Dommage, *The Spice-Box* est le dernier livre que tout le monde pourra comprendre. J'ai trois ans et demi d'avance sur le sens poétique éclairé et le décalage horaire augmente de jour en jour. [...] Secker a accepté mon manuscrit parce qu'ils veulent mon cinquième livre. [...] On va prendre ce beau texte pour une autobiographie complaisante et enfantine, désordonnée et interminable. [...] En réalité, c'est une description extrêmement et subtilement harmonieuse d'une sensibilité, la meilleure en son genre depuis *Dedalus, portrait de l'artiste par lui-même*, de James Joyce. Je suis tout à fait prêt à être ignoré ou exécuté par de stupides gens de lettres. » Il termine sa missive par une mise en accusation :

Quelle triste farce nous faisons de nos vies, surtout les prévoyants, surtout eux parce que ce qu'ils engrangent disparaît jour après jour. Donnez-moi une guerre, donnez-moi des divorces et des déshonneurs compliqués, donnez-moi des vies brisées et des fantasmes alcooliques, donnez-moi tout, sauf la petitesse et la sécurité.

Un passage, à la fin de la lettre, fait état de son plaisir de danser le twist dans le club antillais All-Niter, où la fumée de la marijuana est si épaisse qu'on peut planer sans en avoir pris une seule bouffée. « C'est la première fois que je prends vraiment plaisir à danser. Il m'arrive même d'oublier que je fais partie d'une race inférieure. Leur herbe peut être avantageusement comparée au haschisch grec. Le twist est le plus grand rituel après la circoncision. Au All-Niter, on peut choisir entre les génies des deux cultures. Je préfère le twist. »

CHAPITRE VI

Cocktails
dans la trousse de rasage

À Hydra, deux perturbations majeures vont interrompre le travail acharné de Cohen sur la réécriture de *The Favorite Game* : un séjour de sa mère et l'invasion de prétendus amis. Depuis l'achat de la maison, Leonard n'est pas encore arrivé à convaincre Masha qu'il y vit à l'abri du besoin, se nourrit correctement et sait où il va. Il ne manque pourtant pas, dans ses lettres à sa sœur et à sa mère, de mettre l'accent sur l'excellente organisation de sa vie : il a une femme de ménage — sa maison est donc bien entretenue — et est entouré d'amis attentionnés. Selon lui, Masha a tort de s'inquiéter : il lui envoie des recettes de cuisine, lui fait la chronique des événements mondains de l'île et la tient au courant de ses travaux d'écriture.

Mais rien ne vaut une visite. Cohen se prépare donc à recevoir sa mère.

Il lui faut d'abord apaiser ses inquiétudes météorologiques. Est-ce qu'il pleut dans l'île ? Y fait-il humide et froid ? « Il n'est pas tombé une seule goutte sur l'île en été au cours des six mille dernières années, il y a donc peu de chances que cela commence en 1962 », lui répond-il. Il lui conseille d'emporter des vêtements légers car il fait très chaud : « Tu suffoquerais dans ta veste de vison, et si tu ne suffoques pas, tu te feras dévorer par une bande de chats. Les pauvres bêtes n'ont jamais vu des poils de vison de leur vie, elles vont te prendre pour une nouvelle espèce de rongeur. »

Il est impensable que Masha s'installe à l'hôtel, Leonard ne veut même pas en entendre parler. Pourquoi vivrait-elle dans un endroit inconfortable et étouffant alors qu'elle peut trouver le même inconfort et une chaleur tout aussi étouffante chez lui ? « Ma maison est grande et ta présence ne risque pas de compromettre mon travail ou de déranger mes femmes, mes maîtresses et mes enfants ! » Il lui promet qu'elle trouvera une façade fraîchement passée à la chaux, que les boiseries pourries seront remplacées et les escaliers de pierres réparés. Même sans eau ni électricité, la maison est agréable. « L'achat de cette demeure, écrit-il, a été l'action la plus sage de toute mon existence. Il est probable qu'Esther et toi vous installiez un jour ici. »

La visite de Masha va apporter quelques changements radicaux dans la vie de son fils, le plus important étant le départ de sa compagne, qui va devoir s'installer ailleurs pendant quelque temps. D'après la loi juive, un Cohen (membre de la caste des prêtres) ne peut épouser une femme divorcée. Leonard et Marianne ne sont pas mariés, mais de découvrir qu'il vit avec une femme divorcée et son enfant serait tout aussi choquant pour sa mère. Il faut donc que la jeune femme disparaisse momentanément. Cette nécessité les contrarie autant l'un que l'autre, mais ils doivent s'y résoudre.

Malgré toutes ces précautions, le séjour de Masha est un désastre. La chaleur l'incommode, elle ne se sent pas bien. Conclusion, Leonard ne fait rien pendant un mois. « Elle est un peu dépassée, écrit-il à Esther, et je m'attends à une catastrophe d'un jour à l'autre. Mon emploi du temps a été complètement chamboulé. Elle a apporté avec elle "le vieux chaos habituel" […] » Puis il confie à un ami : « Elle se nourrit de mon énergie. Il ne me reste aucune réserve pour quoi ou qui que ce soit, livres ou humains. » Il ajoute :

> Un animal nomade devrait se cacher très loin pour dormir. Une fois qu'il s'est creusé une tanière permanente et que le chasseur la découvre, c'est, pour ce dernier, une invitation au carnage. C'est ma faute si je ne voyage pas léger. Étrange d'être pris au piège dans une maison que l'on a aménagée pour y être libre.

Cohen s'est engagé à récrire son roman. Il a promis à Roland Gant, de Secker & Warburg, que la nouvelle version sera cent fois meilleure que la première. La moitié de la première partie de l'original a été coupée. Le livre sera plus court d'un tiers. Cohen propose plusieurs titres : *The Mist Leaves No Scar, Mist Leaves No Scar, Only Give a Sound, Only Strangers Travel,* ou *No Flesh So Perfect,* mais « aucun d'eux ne sonne bien. […] *THE MOVING TOYSHOP* ne me déplaît pas, mais on pourrait croire qu'il s'agit d'un livre sur la jeunesse ; or, ce n'est pas que cela, c'est une allégorie pour un corps parfait, impossible, indistinct et perdu, celui qui nous échappe quand nous embrassons, celui qui plane au-dessus de la meilleure danseuse et gâte sa danse, ou en fait quelque chose de triste. » D'autres titres suivent : *Fields of Hair, The Perfect Jukebox, The Moonlight Sponge* — et *The Original Air-Blue Gown*, tiré de « La Visite », un poème de Hardy.

Des visiteurs de Montréal s'annoncent. Cohen en est contrarié : ils vont lui gâcher l'existence, l'empêcher de travailler. Ces gens comptent sûrement sur lui pour réserver des chambres d'hôtel, leur indiquer les bons restaurants et leur servir d'interprète. Il écrit à Esther :

> Je n'ai pas l'intention d'ouvrir ma porte à tous ces raseurs, dont la seule excuse pour me casser les pieds est qu'ils ont les moyens de s'offrir le voyage et connaissent mon nom. […] Je suis sérieusement déterminé à me mettre au travail, et eux sont en vacances. Ils viennent ici pour s'éclater, alors que je suis ici pour y trouver l'ordre et y travailler en paix. Ma maison est un atelier.

Dans la même lettre, il se plaint d'Anthony Perkins, de Melina Mercouri et de Jules Dassin, qui tournent un film à « l'endroit précis où [il va se] baigner ». Il reçoit des visites surprise, son cousin Alan Golden, par exemple, un petit plaisantin « auquel [il] [n'a] jamais adressé la parole sauf par-dessus l'épaule à la *schule* (l'école). […] En fait, s'il n'était pas venu, les Golden ne seraient restés pour [lui] qu'une rangée de visages flous au-dessus des épaulettes de l'uniforme de la compagnie Freedman. »

Leonard et Marianne se mettent à éviter certaines personnes et les promenades au port : « J'ai accueilli des visiteurs avec une telle férocité que plus personne n'ose se présenter chez moi. J'ai cloué un avis NE PAS DÉRANGER sur la porte », écrit-il à sa sœur. Pourtant, certaines rencontres se révèlent parfois intéressantes. Un jour, il voit débarquer une troupe de danseurs du Bolshoï et, après s'être présenté, discute avec eux du statut des artistes en Russie et au Canada. Quelque temps après, le couple décide de partir à Kyparisi, au Péloponnèse. Hydra est devenue « intolérablement touristique, ce qui est très bien pour l'immobilier mais très mauvais pour la littérature canadienne ». Et Leonard avoue : « Difficile d'être un poète maudit quand on est bien bronzé. »

Mais un poète bien bronzé est une denrée attrayante, et les femmes aiment beaucoup cela. Il y a d'abord Astrid, une grande Allemande rousse époustouflante, puis Phyllis, une Américaine qui adore les chansons de Leonard, et enfin deux Australiennes : la première, blonde et élancée, tape son manuscrit ; l'autre grimpe par-dessus les hauts murs de sa demeure pour venir le retrouver. Quelques-unes de ces femmes sont les bienvenues, d'autres sont envoyées à des résidents plus empressés, comme Don Lowe et Anthony Kingsmill. Dans *Perennial Orgasm*, un roman inédit, Don Lowe raconte en détail les aventures d'une certaine Oressia, qui arrive à Hydra pour y voir Cohen et finit par échouer chez un poète irlandais. Hélas, la tentative de séduction du poète est contrariée par un ronronnement, à l'arrière-plan. C'est la voix de Leonard, dont ils écoutent un disque. L'ardeur des deux partenaires s'éteint.

Une fois Masha partie et femmes et touristes écartés de son chemin, Cohen reprend le travail interrompu. En août, il annonce à Roland Gant : « J'ai éliminé [de mon livre] cette sorte de mélancolie égocentrique inséparable des premiers romans. Ce que je veux mettre sur le marché est une arme polie et précise. La nouvelle version est dure. L'auteur n'y impose pas son mal de vivre au lecteur, c'est pourquoi cette version fait plus mal. En gros, il faut tailler dans la chair pour dégager l'ossature. » Il termine le livre en octobre, le réduisant quasiment de moitié. Puis il déclare à un ami : « Je pense que je me suis récrit moi-même et, comme pour le livre, je ne suis par sûr d'aimer le résultat. Nous avons tous plusieurs images de nous-mêmes. On est parfois surpris de découvrir celle que l'on adopte. »

L'autocritique est impitoyable :

Un jour, j'ai découvert que j'étais un homme vivant une existence ensoleillée et dépouillée avec une très belle femme. Cet homme était pauvre, ses vêtements étaient élimés, déteints, il n'avait pas de costume du dimanche, et il était la plupart du temps heureux — plus heureux que je ne l'aurais jamais imaginé —, mais aussi plus dur, plus cruel et plus solitaire que je ne l'aurais jamais voulu.

Il déclare à Layton qu'il n'est pas tout à fait satisfait de la nouvelle version de son roman. Pourtant, il ajoute : « Quiconque a une oreille saura que j'ai mis l'orchestre en pièces pour arriver à ma ligne mélodique juste. […] En un sens, cela signifie beaucoup plus pour moi que la réalisation elle-même. Je me sens plus léger et me promène avec un gros scalpel. Tout ce que j'ai lu dans la semaine qui vient de s'écouler est trop long. […] Je ne sais rien de mes semblables — c'est pour cela que j'ai cette terrible et irrésistible tentation d'être un romancier. »

Novembre lui apporte une occasion inattendue de voyager. La CBC l'invite à participer, à Paris, à une table ronde avec Malcolm Muggeridge, Mary McCarthy et Romain Gary. Il s'exclame, devant Robert Weaver : « Le monde est-il devenu fou ? Non seulement on nous pardonne un cachet, mais on paie nos dépenses ! » L'émission radiophonique d'une heure, qu'il préside pour six cents dollars, tournera autour de la question suivante : « Y a-t-il une crise dans la culture occidentale ? » L'émission doit être enregistrée à l'hôtel Napoléon. Cohen arrive deux jours avant la rencontre, s'installe dans une « chambre couleur cercueil de l'hôtel du Square de Cluny », et y lit le travail des autres participants. Une nouvelle, « Luggage Fire Sale », qui sera publiée dans *Partisan Review* (1969), raconte son aventure, au cours de laquelle il drague une étudiante en médecine à deux heures du matin dans un café du boulevard Saint-Michel et écrit sur un des murs de son hôtel : « Le changement est le seul aphrodisiaque. » Le texte fait également écho à son plaisir d'être loin d'Hydra et « de quelques femmes qui [le] connaissent trop bien ». Il arrive à Paris avec une petite boulette de haschisch libanais et un bronzage intégral qui, dit-il, « atteste de [son] plus grand succès dans la vie : la découverte de plages chaudes où [il peut] vivre nu avec une personne qui vaut la peine d'être regardée ». Il ajoute que « le côté le plus doux » de cette femme anonyme d'Hydra est « la manière avec laquelle elle lui fait savoir [qu'il ne peut] ni la blesser ni la regretter ».

Avant l'enregistrement, les participants sont invités à déguster un repas fin à l'hôtel Napoléon, au cours duquel le sujet principal de la discussion est la marijuana. Pendant l'enregistrement, Muggeridge met l'accent sur le fait que la culture embellit la condition humaine, et McCarthy déclare qu'elle est partie intégrante de la société. Cohen, se demandant pourquoi il est payé, jette la Russie sur le tapis. Ils tombent tous d'accord sur l'existence d'une nouvelle culture mondiale qui engloberait à la fois celle de la Chine et de la Russie, mais n'arrivent pas à se mettre d'accord au sujet de la grandeur dans la culture contemporaine. Cohen déclarera plus tard que la discussion n'a été ni spirituelle ni profonde : la chère était trop succulente. « Les crises culturelles — surtout les permanentes — ont un effet dérisoire sur les corps gavés de mets succulents et de vins français. On aurait dû nous affamer pendant trois ou quatre jours. »

En février 1963, il est de retour en Amérique du Nord, en partie pour réapprovisionner son compte en banque, en partie pour célébrer la prochaine publication de *The Favorite Game* par les éditions Viking, de New York. « C'est une parfaite petite machine, dit Cohen, parlant du livre. Pas spectaculaire, mais nouveau. Et sans aspérités. Il répand même, de temps à autre, une petite pluie d'étincelles. »

Une longue et fructueuse association avec Cork Smith, de Viking, vient de commencer. C'est Smith qui a accepté *The Favorite Game.* En mai, lorsque l'auteur renvoie les épreuves corrigées du livre (sorti à Londres en octobre), il explique à Smith qu'une épigraphe de Yeats est « impensable ».

[Yeats] a déjà trop reçu, et moi qu'est-ce que j'ai ? Tu as déjà vu un de mes poèmes sur la première page d'un livre ? [...] Non, non, je refuse, je résiste, devons-nous être soumis au chantage perpétuel des Irlandais sous le simple prétexte que quelque cent mille d'entre eux sont morts de faim ? [...] Non pour Yeats, non pour Wilde, non pour Behan, non pour Thomas. Et n'essaie pas de me dire qu'il n'était pas un C. R.* Oh non. Et je suppose que Roosevelt n'était pas juif ? Je te vois venir. La page restera blanche.

Smith, éditeur perspicace, jouera un rôle crucial dans l'évolution de *Beautiful Losers,* et prendra ensuite en main la publication de ce roman difficile. Cohen lui envoie les dernières retouches de *The Favorite Game,* avec un poème :

---

* Catholique romain.

Dis à toutes tes amies dorées
que Cohen a été terrassé par leur attendrissante beauté
qu'il ne peut plus désormais lutter contre le désir
qu'il est abattu, frappé par la Loi

Cohen de la rue de la Montagne
Cohen des juke-boxes
Cohen l'éponge du clair de lune
Cohen le Juif Keats
l'a attaché avec une ficelle.
Cet austère historien peut-il être celui qui un jour succomba
comme un épileptique public
à de jolis visages dans chaque fenêtre

Oui
Cohen a été terrassé
Il est couché sur un lit de neige
Par conséquent, que les danseuses blondes
ne s'attendent pas à ce qu'il se lève pour se présenter.

En juillet, après avoir renvoyé les épreuves du roman, Leonard reçoit une photocopie du projet de jaquette du livre, sur laquelle figure une photo de l'auteur. Il écrit immédiatement à Cork Smith pour exprimer sa consternation :

La photo est celle du jeune romancier que je n'ai jamais voulu être : rasé de près, pâle, collectionneur d'amitiés, s'apitoyant sur lui-même, pas assez fou pour l'asile d'aliénés, pas assez brutal pour l'alcoolisme, bref, le visage qui hante les réunions de Hadassah. Je te jure que j'ai l'œil cruel, dur, sombre. Dans les montagnes on m'appelle Leonardos Tête de mort.

À New York, où il habite chez sa sœur, Cohen ne tient pas en place. Il écrit à Sheila Watson :

Ça fait longtemps que je n'ai pas dormi. Je porte des lunettes noires dans Park Avenue à quatre heures du matin. [...] J'ai dépensé mon avance pour des escargots. J'ai une poupée Edgar Allan

Poe en plastique. La Finlande se fout pas mal de moi. Les gypsies de la Huitième Avenue sont en train de disloquer ma vieille bande de potes. On donne un cocktail dans ma trousse de rasage, qui me menace des déserts de l'Arizona. Je ne voulais pas faire de mal au vieux en parlant la langue des anges.

Jack McClelland ne s'est pas montré très empressé à l'idée de publier *The Favorite Game*. Il pense que Cohen n'avait pas à écrire un « premier roman » comme celui-là, à la fois autobiographique et égotiste. Cohen rétorque qu'il s'agit d'« un troisième roman déguisé en premier roman ». (Ses deux premiers romans, *Ballet of Lepers* et *Beauty at Close Quarters,* n'ont pas été publiés.) « J'utilise la forme du premier roman comme un bon technicien utilise la première personne », dit-il.

Parlant du roman à venir, Cohen a fait à Jack McClelland la prédiction suivante : « J'écrirai un livre dont le sujet sera l'expérience pure. À côté de ce livre, *The Favorite Game* ne sera plus qu'un grotesque fauxsemblant. Il faudra que tu viennes chercher le manuscrit dans ma cellule. » Pour McClelland, *The Favorite Game* est « un beau livre, mais il n'en reste pas moins que c'est un premier roman ». Il répète que ce n'est pas cela que Cohen aurait dû faire. L'éditeur croit que le livre sera encensé par la critique mais qu'il n'obtiendra aucun succès commercial. Puis il déclare : « L'un des grands dangers de s'obstiner dans un boulot comme le mien est que l'on commence à croire que l'on sait ce que c'est qu'un livre. Ma plus grande qualité d'éditeur, pendant des années, a été de savoir que je n'y connaissais rien. »

Leonard répond à McClelland qu'il n'a jamais écrit avec facilité : « La plupart du temps, je déteste tout ce qui fait partie du processus d'écriture. Essaie donc de comprendre que je n'ai jamais pu m'offrir ce luxe : être capable de choisir le type de livres ou de poèmes que j'aurais voulu écrire, les femmes que j'aurais voulu aimer, ou la vie que j'aurais voulu mener. »

* * *

Une fois terminée la révision du roman, Leonard se tourne vers la poésie. Les poèmes qu'il écrit à cette époque vont devenir le noyau de *Flowers for Hitler,* intitulé jusque-là *Opium and Hitler.* Les thèmes du recueil sont nouveaux et pressants : Hydra, l'histoire, la politique. L'auteur, qui considère ses poèmes comme radicaux et provocateurs, s'attend à une réaction négative de la part de McClelland & Stewart. « Les poèmes, dit-il à Jack, ne plairont à personne parce que personne n'aime la vision grotesque que j'ai de la santé. J'aurais dû dire ces textes au lieu de les écrire. Épanouis-toi dans ta vie de chef autoritaire. » Il termine la lettre sur un : « Adieu pour toujours / Leonard Cohen / le Juif Keats. »

Contrairement à *The Spice-Box of Earth*, lyrique dans son essence, *Flowers for Hitler*, avec ses thèmes brutaux et déplaisants, va sans doute offenser le lecteur. Mais Cohen accepte cette éventualité. Il déclare à Cork Smith : « J'accepte de boire la ciguë vu le tort que cela fera à l'ordre établi, car je dresserai le fils contre le père, la bien-aimée contre l'amant, le disciple contre le gourou, le piéton contre le feu rouge, le consommateur contre la serveuse, la serveuse contre le maître d'hôtel ; et ils se coucheront tous, libres et pleins d'amour, comme des fleurs qui s'accouplent. » Il estime que les poèmes de *Flowers for Hitler* sont importants car ils constituent « une étude originale de l'Autorité ». Leonard écrit à sa sœur que le recueil sera terminé dans quelques semaines et que les dix jours qui viennent de s'écouler ont été « une des périodes les plus créatives [qu'il a] traversées ». « Je crois que ce livre féroce et destructeur s'inscrit dans une démarche révolutionnaire. C'est la meilleure étude de la psychologie de l'autorité qui ait jamais été faite. »

En juin, Cohen choisit quelques-uns de ces poèmes et les envoie à la CBC, qui organise un concours de poésie destiné à des poètes de moins de trente ans. Dans la lettre d'accompagnement, il spécifie que *Opium and Hitler* est un recueil « de poèmes en prose sur l'esprit totalitaire de notre siècle ». Quelques mois plus tard, il déclare à Marian McNamara, son agent américain : « J'ai laissé ma santé mentale dans ce livre et je me suis ainsi affranchi de l'esclavage, de la logique et de la raison. Cela fait du bien. » Mais le véritable défi consiste à trouver le moyen adéquat d'exprimer ces nouvelles valeurs. Il révèle à Cork Smith : « Un très grand nombre de mes valeurs ont été remises en question et sont sorties de cette aventure renforcées ou détruites. Je veux exprimer certaines choses, mais les formes que j'utilise pour le faire sont boiteuses et semblent entravées par une sorte de complaisance qu'il me faut déloger de mon système. »

Les critiques de Jack McClelland surprennent Cohen. Jack préfère le premier titre, *Flowers for Hitler,* à *Opium and Hitler.* Il pense que la qualité inégale des poèmes fera du tort à la réputation de l'auteur. « Mais comme tu es Leonard Cohen, dit-il, nous publierons le livre tel quel, et sans essayer de trouver des justifications. » Ces paroles blessent Cohen, il ne veut pas que le livre soit publié « avec de tels sentiments, en honorant avec une telle prudence [sa] place dans les lettres canadiennes ». Il ajoute qu'il a dix poèmes de plus à inclure dans le recueil, ainsi qu'une pièce de théâtre en vers. Oui, il accepte de faire d'autres remaniements, bien que sa confiance dans son travail n'ait pas changé d'un iota.

> Je sais que ce livre est un chef-d'œuvre, qu'il est cent fois meilleur que *Spice-Box.* Je sais aussi qu'il n'y a personne au pays qui puisse réellement apprécier ces poèmes. Mes sonorités sont trop nouvelles. […] Jack, jamais un livre comme celui-là — que ce soit en prose ou en vers — n'a été écrit au Canada. […] Crois-moi, je pourrais refaire un autre *Spice-Box* et tout le monde serait content. Je connais la formule. Mais j'explore maintenant de nouveaux territoires.

Cohen met l'accent sur la langue de son nouveau livre ; il raconte à McClelland que de jeunes écrivains l'ont lu. « Ils ont été renversés. […] Le recueil m'a fait sortir du monde des poètes enfants gâtés pour me pousser dans la montagne d'excréments dans laquelle pataugent les écrivains des premières lignes. Je n'avais pas prévu ça. J'ai aimé les tendres comptes rendus de *Spice-Box,* mais ils m'ont un peu embarrassé. HITLER ne bénéficiera pas de la même hospitalité dans les journaux. »

La parution est retardée en raison de corrections de dernière minute. Le titre et les poèmes relatifs aux chambres à gaz, aux nazis et à l'Holocauste ont été sévèrement critiqués par les membres du comité de lecture. Une des notes commençait par ces mots : « Je trouve le manuscrit décevant dans l'ensemble. Après quelques pages, il fait le même effet que la fraise du dentiste, cela devient si insupportable qu'il faut que cela cesse. Le talent poétique naturel et sensuel de Cohen ne brille dans aucun de ses vers. » Un autre lecteur dit : « Cette poésie est

pleine d'amertume et de haine. [...] Mais la haine est-elle vendable ? »
Le même lecteur déclare que Cohen se montre « immature », mais, dit-il, « *si* l'auteur a l'intention de s'étaler sans fin sur le même sujet et de faire défiler jusqu'à l'écœurement le même vieux thème, alors, par tous les moyens, tirons tout ce que nous pouvons de lui tant qu'il est encore vendable ».

Le manuscrit original porte une dédicace méprisante qui a certainement choqué le comité de lecture. Cohen accepte de la supprimer. Elle est révélatrice de son état d'esprit à l'époque :

Avec mépris, amour, nausée et, par-dessus tout,
avec un sentiment de la communauté si fort qu'il me paralyse,
je dédie ce livre
aux professeurs, aux médecins et aux dirigeants de l'époque de
mes parents :
LA GÉNÉRATION DACHAU

Prié de réviser le manuscrit, Cohen y retravaille au Canada pendant l'hiver 1963-1964. Il y ajoute d'autres textes. « J'étais pris en embuscade par cinquante nouveaux poèmes à intégrer à l'ensemble », écrit-il fin mars, après une tournée de lecture triomphante dans l'ouest du Canada. En mai, il se dispute toujours au sujet du titre avec McClelland, espérant pouvoir garder *Opium and Hitler*. « Le titre est vachement fascinant et les adolescents malades qui composent mon public vont l'adorer. » Ce qui le dérange, lui, c'est la couverture. Frank Newfeld a dessiné un corps de femme « avec [son] visage à la place des tétons ». « Ce titre que tu trouves choquant n'a plus d'importance maintenant que le dessin est choquant lui aussi ! [...] Il [le dessin] n'a même pas la franchise d'une affiche pornographique, ni l'esprit d'invention de certaines cartes postales cochonnes, ni l'énergie de l'humour surréaliste authentique. »

Une fois le titre remplacé par *Flowers for Hitler,* Cohen finit par proposer lui-même six premières pages de couverture. La jaquette finale rassemble ses six propositions. On y voit neuf dessins encadrés — entre autres un chien, un parachutiste, une maison, deux roses et un Hitler à tête de bébé. Le motif principal est un cœur évoquant le caractère romantique implicite dans la référence aux fleurs du titre. La couverture est rouge sur fond blanc, comme une carte de la Saint-Valentin. « Ce qui est essentiel dans le titre, c'est que le mot Hitler soit imprimé sur un fond reflétant la vie quotidienne — c'est ce dont parle le livre. Il ne doit rien avoir d'effrayant, ni de faux, ni de redoutable. Il faut permettre aux gens de voir le mot sans la boursouflure, sans les portes qui grincent, et l'effet sera puissant », explique Cohen. Sur la page de titre, le lecteur trouve cette énigmatique « Note sur le titre » : « Dans le passé, ce livre se serait intitulé *SUNSHINE FOR NAPOLEON,* et plus loin encore dans le temps, *WALLS FOR GENGHIS KHAN.* »

McClelland & Stewart n'incorpore pas ces changements dans les épreuves, non plus que la nouvelle dédicace, « Pour Marianne », qui remplace la référence à Dachau. Cohen est furieux, il propose de laisser tomber la publication. Mais il envoie une épigraphe tirée des mémoires de Primo Levi, *Si c'est un homme,* destinée à rappeler au lecteur qu'il doit lutter contre la destruction de sa propre conscience et contre la création du mal.

En dépit de toutes ces chamailleries, McClelland réussit à convaincre Cohen de faire une tournée de promotion dans les universités ontariennes, pendant la dernière semaine d'octobre, avec Layton, Phyllis Gotlieb et Earle Birney. Puis Jack explique à Leonard que le livre était imprimé lorsque sa lettre est arrivée mais que les pages n'étaient pas encore collées. Ils vont pilonner le premier tirage, faire les changements demandés et réimprimer. Il faut noter que McClelland n'a lu que quelques poèmes du manuscrit : « Je ne peux pas me vanter d'être un lecteur de poésie. […] Je suis flatté que tu penses que j'ai lu ta foutue poésie. Hé, on a les Beatles, pourquoi aurait-on besoin de poètes ? »

Cohen a donc fini par accepter le titre *Flowers for Hitler.* Mais le texte de la jaquette, qu'il voulait que l'on supprime, lui a « causé, ainsi qu'au livre, un tas d'ennemis. Il était très important que le livre d'un Juif sur Hitler soit exempt d'une arrogante promotion personnelle. » Le texte de présentation, extrait d'une lettre datée de septembre adressée à McClelland, met l'accent sur le fait que Leonard a abandonné, dans ce livre, le lyrisme romantique au profit de l'histoire dans toute son horreur. Dans cette même lettre, Cohen critiquait les économies faites sur son ouvrage, en particulier le livre de poche. Le bouquin, selon lui, était très ordinaire et la mise en pages mutilait les poèmes.

Au cours de l'été 1963, il essaie de placer des extraits de *The Favo-*

rite Game dans plusieurs magazines. *Playboy* refuse, *Cavalier* accepte. Satisfait, Cohen écrit à son agent new-yorkais que le roman ferait un bon film et lui conseille d'essayer de le vendre à Hollywood. Les studios déclinent l'offre.

* * *

À Hydra, les amis de Marianne et de Leonard envient leur existence passionnante : Cohen se prépare à publier un roman, Marianne est mannequin dans la boutique très chic de Magda Slovak. Mais dans leur vie privée, c'est une autre histoire. De courtes vacances, en juillet 1963, ne pourront rabibocher le couple. Une lettre à Layton, envoyée le mois suivant, laisse nettement entendre que les problèmes subsistent. « La Méditerranée n'arrange rien, dit Cohen, tout est en train de se défaire ici [...] Gurdjieff avait raison quand il gueulait sur son lit de mort à tous ses disciples éplorés : "Abandonnez le système." » La relation idyllique de Leonard et de Marianne se dénoue.

Les voyages et les contacts stimulent la créativité du poète, mais font de l'ombre à son amour. « So Long, Marianne », une de ses chansons, exprime bien ce marasme :

> Tu sais que j'aime vivre avec toi
> Mais tu me fais oublier tant de choses
> J'oublie de prier les anges
> Et les anges oublient de prier pour nous
> [...]
> Maintenant j'ai besoin de ton amour caché
> Je suis froid comme une lame de rasoir neuve
> Tu es partie quand je t'ai dit que j'étais curieux
> Je n'ai jamais dit que j'étais courageux

Pour renouer avec le caractère sacré de son œuvre, il faut qu'il poursuive sa quête artistique, ainsi qu'il le résumera quelques années plus tard dans *Death of a Lady's Man* : « [...] j'avais la femme que j'aimais. Je voulais en finir et ça n'en finissait pas : ma vie d'artiste. »

Une lettre de septembre 1963 à un éditeur new-yorkais souligne

« la violente désintégration qui [l']empêche de saisir les brillantes étincelles, qui se font de plus en plus rares. […] Il [lui] arrive de ne rien ressentir pendant une semaine ». L'époque n'est « pas tant chargée de violence que de mensonges… » « Je suis en manque, et j'ai même envie de laides femmes, j'ai envie de nudité, je refuse de parler à qui n'est pas nu. » Une note autocritique se glisse dans la lettre : « Ce que j'attends des autres, et surtout des femmes, est particulièrement scabreux, et je commence à voir à quel point c'est hilarant, et qu'il est normal que personne ne me donne rien de tout cela. » Il écrit à Cork Smith : « Plus un écrivain s'éloigne de sa méchanceté, de son amertume et de ses petits problèmes égoïstes, plus ses écrits se chargent de souffrance et de douleur. »

La vie personnelle de Cohen est bouleversée, mais cela n'empêche pas les visiteurs d'atterrir sur l'île : John Knowles, romancier et auteur d'*Une paix séparée*, Howard Bacal, le frère de Nancy, qui fait des études de psychiatrie, Marcella Maltais, peintre canadien, Sharona Aaron, chanteuse de musique folklorique israélienne, et quelques autres. « Une grande blonde qui porte des robes orientales et se promène avec un livre intitulé *Le Mystère de la vie* nous est arrivée en disant qu'elle me connaissait », écrit-il.

Leonard continue à suivre de près la vie sexuelle d'Hydra. Fin août, il écrit à sa sœur :

Un tas de lesbiennes françaises cette semaine…
Des pervers des deux sexes me disent que l'année n'est pas bonne, rien de comparable avec l'année dernière. La police a roué de coups un vieux pédé pour se désennuyer et deux masochistes ont quitté l'île, indignés parce qu'on ne s'intéressait pas à eux !

Il ajoute que « d'un point de vue sexuel », il est tout à fait dépassé. « Je n'ai plus qu'à accepter cette réalité. Mère ne sait pas quel phénomène je suis, un véritable artiste en chair et en os vivant avec une vraie femme, même si elle est chrétienne. »

Cet été-là, un de ses meilleurs amis est arrêté pour possession de drogue, passé à tabac et jeté dans une geôle du Pirée. L'événement le bouleverse. Il écrit « I Threw Open the Shutters ».

The Favorite Game sort à New York en septembre. En octobre,

Cohen fait un saut au Canada pour y recevoir le prix de cinq cents dollars offert au lauréat du Concours de la CBC des nouveaux poètes canadiens. Poussé par l'intérêt que suscite le roman, le magazine *Holiday* propose à l'auteur d'écrire un article sur Glenn Gould. Le projet consiste à interviewer le pianiste et à recueillir ses impressions sur une série de villes. Mais l'éditeur ne veut pas que l'on reconnaisse les deux personnages et suggère qu'ils portent de fausses barbes pendant leur promenade dans Montréal, la première ville de la liste. Cohen et Gould se retrouvent au sous-sol de l'hôtel Bonaventure à Ottawa pour y commencer l'entretien, mais le poète est si passionné par les propos du pianiste qu'il en oublie de consulter la liste de questions qu'il a préparée. Pendant les quelques mois qui suivent, il évite de répondre au téléphone, convaincu que la personne qui appelle est l'éditeur mécontent de ne pas encore avoir reçu l'article.

À la mi-octobre, il participe à la conférence Foster, réunion non officielle de poètes et de critiques tenue dans la campagne québécoise. Les orateurs les plus importants sont John Glassco, A. J. M. Smith, Irving Layton, F. R. Scott, Milton Wilson, Louis Dudek et George Whalley, et les délégués, Ralph Gustafson, Eli Mandel, Seymour Mayne, Henry Moscovitch, Ronald Sutherland et Leonard Angel. La présence de Cohen marque son entrée officielle sur la scène de la nouvelle littérature canadienne.

Après l'intervention de Layton, consacrée au « processus créateur », Cohen déclare qu'il y a « des milliers de poèmes et de poètes dans le monde et que la plupart des poèmes ne sont jamais écrits. Les poètes, qui en sont toujours au stade anal, aiment ramasser tout ce qu'ils trouvent. » Layton expose une opinion tout à fait différente ; il décrit la poésie comme « un discours authentiquement personnel permettant d'atteindre les racines même de l'être [...] les doutes, les perplexités, les conflits intérieurs, les joies, les désirs et les chagrins — et la terreur et l'extase de vivre chaque jour au-dessus de ses moyens psychiques. La psyché des grands poètes abrite d'énormes et terrifiants démons. »

Après l'intervention de Louis Dudek, consacrée aux « petites revues », Cohen ravive la discussion en déclarant que ces dernières ont rempli leur but initial et n'ont plus de rôle à jouer dans la littérature. « Dans la mesure où les magazines à grand tirage publient les textes les plus audacieux et les plus extraordinaires, les bons écrivains n'ont plus à avoir recours aux petites revues de poésie. » *Esquire*, affirme-t-il, est certainement ouvert aujourd'hui à une littérature qui, dans le passé, ne trouvait accueil que dans les revues spécialisées. La position de Cohen est sans doute influencée par le fait que des extraits de *The Favorite Game* ont paru dans *Cavalier* (magazine pour hommes renommé pour ses pin up). Il reproche à son ami Layton d'être devenu un rebelle de carton-pâte, dont les singeries, enregistrées par la télévision de la CBC, amusent le bourgeois. La participation de Cohen aux trois journées du colloque renforce sa position dans l'esprit du public, tandis qu'il renoue avec ses amitiés de l'époque de *CIV/n*. Il lit son poème « Alexander Trocchi, Public Junkie, priez pour nous ».

Revenu à Montréal, il y fait la connaissance de Suzanne Verdal, une danseuse qui, en 1966, inspirera deux poèmes du recueil *Parasites of Heaven*. Ce soir-là, la jeune femme exécute une danse spectaculaire avec son mari, le sculpteur Armand Vaillancourt. La scène se passe au Vieux Moulin, une boîte de nuit de Montréal. L'un des poèmes célébrera la beauté de la jeune femme. L'autre sera la première version de l'une des chansons les plus connues de Leonard, « Suzanne », qui fera partie de son premier disque, *Songs of Leonard Cohen* (1968). Il commence à l'écrire au cours de l'été 1965, sans très bien cerner son sujet, jusqu'à ce que Suzanne l'invite dans son loft près du Saint-Laurent, où ils passent des heures à discuter à la lueur des chandelles. Cohen a toujours prétendu qu'ils n'ont jamais été amants, « mais elle [lui] préparait du thé Constant Comment et c'étaient des moments magiques ».

Le décor de la chanson s'inspire d'une visite à la chapelle de Bonsecours, l'église des marins, monument du XVIIe siècle dans le Vieux-Montréal. On y voit une immense sculpture dorée de la Vierge, tournée vers le fleuve pour bénir les marins en partance. Dans le sanctuaire, suspendues au plafond de l'église, des lampes votives en forme de bateau. Le troisième couplet de la chanson, dans lequel on peut lire « Le soleil coule comme du miel / sur Notre-Dame du port », fait directement allusion à Notre-Dame de Bonsecours et à sa statue de la Vierge bénissant les eaux et les marins. Yafa Lerner se souvient encore de l'état d'exaltation dans lequel se trouvait Leonard, en septembre 1965, tandis qu'il lui récitait le poème. Puis il lui a annoncé que c'était une chanson. Plus tard, il l'a chantée au téléphone à Judy Collins. « Suzanne » ferait un jour partie de l'un des disques de la chanteuse, *In My Life*.

Dans une interview de 1986 sur la vie de John Hammond (le directeur de Columbia avec lequel il a signé son premier contrat d'enregistrement), Cohen explique que le premier vers de la chanson a presque
le ton du reportage : « Suzanne t'emmène / chez elle près du fleuve / tu
entends passer les bateaux / tu peux passer toute la nuit près d'elle. » La
seconde strophe évoque des symboles du catholicisme à Montréal, une
ville où l'iconographie religieuse est omniprésente. « Et Jésus était
marin / quand il a marché sur les eaux / Il est resté longtemps à guetter
/ de sa tour de bois solitaire [...] abandonné, presque humain / il a
coulé sous votre sagesse comme une pierre [...] » Leonard résume la
troisième strophe comme l'aspiration à « cette attention pleine de compassion qu'un homme s'attend à recevoir d'une femme » :

> Suzanne te prend la main
> et te conduit au fleuve
> Elle est vêtue de guenilles et de plumes
> de l'Armée du salut.
> Le soleil coule comme du miel
> sur Notre-Dame du port
> Et elle te montre où regarder
> parmi les ordures et les fleurs
> [...]
> Et tu veux voyager avec elle
> tu veux voyager les yeux fermés
> et tu sais que tu peux te fier à elle
> car elle a touché ton corps parfait
> avec son esprit.

Cohen se souvient d'avoir trouvé la mélodie de « Suzanne » avant
les paroles. « La plupart de mes chansons commencent par une phrase
musicale et un vers. [...] Parfois, les poèmes naissent avec la musique,
parfois la musique naît après eux, parfois il me vient des mots réclamant une musique pour les parfaire. »

Au Canada, Cohen a été affublé d'une fâcheuse appellation : « La
voix de sa génération ». « Les stations de télé me filent cent dollars la
demi-heure pour toute ineptie blasphématoire qui me vient à l'esprit »,
écrit-il dans une lettre de 1963. Il est devenu une personnalité littéraire,

mais le personnage est plus connu que l'œuvre. « Hier, alors que j'allais poster une lettre, un homme m'a accosté et m'a dit : "Je parie qu'il n'y a pas un seul poème convenable dans cette enveloppe !" »

Dans cette même lettre, il annonce : « Ce dimanche, je m'adresserai à l'auditoire de la Bibliothèque publique juive et cet événement fera enfin de moi un rabbin. » L'intervention, controversée, est commentée dans le *Canadian Jewish Chronicle*. L'article s'intitule « Un poète romancier prétend que le judaïsme a été trahi ». Le 29 décembre, à un symposium sur « L'avenir du judaïsme au Canada », parrainé par la Bibliothèque publique juive de Montréal et la Société d'aide aux immigrants juifs du Canada, Cohen donne une allocution intitulée « Solitude et histoire ». Il commence par infliger un choc au public en accusant la communauté juive de négligence et d'indifférence envers ses artistes. Mettre l'accent sur la survie collective des institutions juives, dit-il, est une erreur ; les Juifs doivent survivre dans la solitude, en tant que témoins. S'ils renoncent à ce rôle, ils abandonneront le but de leur existence. Les Juifs sont les dépositaires du monothéisme, c'est la raison pour laquelle ils doivent continuer à témoigner. D'après lui, les Juifs ont de plus en plus peur d'être seuls. Le prophète a disparu ; seul le prêtre reste. Et le dernier grand poète qui a essayé d'être à la fois prophète et prêtre, A. M. Klein, s'est enfermé dans le silence. Les rabbins et les hommes d'affaires ont pris le pouvoir. Le vide laissé par la perte des valeurs juives a été comblé par l'argent des hommes d'affaires juifs. Klein a vu ce changement et a décidé de devenir prêtre plutôt que prophète. Les jeunes écrivains juifs ne commettront pas cette erreur ; ils resteront seuls et s'efforceront de s'acquitter de leur rôle prophétique.

Cette mise en accusation confirme les pires soupçons de la communauté : Cohen s'est dressé contre elle, d'abord par le biais d'un texte imprimé, *The Favorite Game,* et maintenant en chair et en os. L'assistance manifeste son mécontentement, mais en raison de l'heure tardive, le président, le docteur Joseph Kage, met fin à la discussion et suggère de reprendre le symposium le dimanche suivant. À la seconde rencontre, on annonce à la salle bondée que Cohen ne viendra pas ; la communauté prend cette absence pour une insulte. Dans une interview ultérieure, Cohen précisera que personne ne lui a confirmé la date de la seconde réunion. En son absence, quelques orateurs se déchaînent contre lui, allant jusqu'à s'attaquer à sa vie privée. Ils citent des fragments de son roman et associent l'auteur à tout ce qui est scabreux ou vulgaire dans son texte. Quelques-uns des plus jeunes membres de l'assistance tentent de prendre sa défense mais sans grand succès.

L'identité juive de Cohen est souvent mise à l'épreuve. La structure de son judaïsme, comme sa quête musicale, appellent à une symbiose avec un être suprême et confirment sa vocation sacerdotale. « Attire-moi vers toi avec un signe précieux, élève-moi jusqu'à toi. Toi et moi, cher Dieu étranger, sommes des démons qui doivent disparaître dans la lumière éternelle et rampante, dans les étincelles tâtonnantes imprimant la silhouette de chaque forme épuisée. »

La controverse soulevée au symposium de décembre 1963 ne s'apaise pas, même lorsque Cohen quitte Montréal au début de l'année 1964 pour se rendre dans l'Ouest canadien. Il fait un séjour à Winnipeg en février, où il lit ses poèmes au Manitoba Theatre Center — au cours d'un spectacle où se produit également le trio Lenny Breau —, puis à l'université du Manitoba. Il part ensuite pour Vancouver, où il s'adresse aux étudiants de l'université de Colombie-Britannique, ainsi qu'aux membres du Centre communautaire juif et de la Bibliothèque publique de Vancouver. Cohen incarne le poète iconoclaste détaché de sa communauté — *cool* plutôt que *beat*, mystérieux plutôt que furieux. Il porte des vêtements noirs. Ses lectures font sensation et la tournée est un succès.

À Vancouver, il rencontre Earle Birney, qui a fait la promotion de son œuvre. Plus tard, il lui écrira pour le remercier de son hospitalité, lui conseillant d'un ton moqueur : « Je t'en prie, laisse tomber tout ça. Layton et moi te remplacerons. Puis nous laisserons tomber nous aussi. » Au Centre communautaire juif, le 12 février, il explique quelle est « la distinction entre le prophète et le prêtre », ajoutant que « le conflit entre le prophète et le prêtre va sans doute déclencher une renaissance religieuse ». Ses propos sont mal accueillis. Mais, pour lui,

il y a quelque chose dans l'Occident qui invite soit à déposer les armes soit à se considérer comme en état de siège permanent. J'ai choisi d'être en état de siège. Déconné un peu devant la foule de la bibliothèque, me lançant dans un aperçu de mes complexités orientales — sans aucun rapport avec le sujet.

Beaucoup de gens trouvent sa conduite grossière. La verdeur de sa langue choque et les invitations qu'il fait à quelques femmes de l'auditoire — il leur propose de le rejoindre dans sa chambre d'hôtel après la causerie — provoquent l'indignation. En dépit de la colère du public, il écrit au responsable du Conseil des Arts qui parraine la tournée : « Vancouver est une belle ville polynésienne et je vais y passer le reste de ma vie. »

En mars, il révèle à son agent américain, Marian McNamara, que son périple dans l'Ouest a été « plutôt triomphant ». « Mais pour ce qui est de la prose, se plaint-il, beaucoup de boulot, beaucoup de moments creux. » Il ajoute qu'il compte célébrer Pâques et la pâque et toutes les fêtes du renouveau.

Cohen a un autre but, une autre aspiration : « En gros, je veux m'emparer d'une réserve de discipline suffisante pour les dix années à venir afin de pouvoir me consacrer à une tâche véritable. » Ce vœu sera exaucé grâce à *Beautiful Losers,* écrit en deux périodes de rédaction intensive de huit mois chacune, la première en 1964, la seconde en 1965. Le but de Cohen, ainsi qu'il l'explique à Eli Mandel et à Phyllis Gotlieb, est de composer une « liturgie, une longue confession, tout à fait dingue, mais en utilisant toutes les techniques du roman moderne [...] suspense pornographique, humour et intrigue conventionnelle ». En février 1964, il annonce qu'il veut s'isoler « à la campagne et travailler sur [son] nouveau roman dément ». Sept mois plus tard, il écrit à Jack McClelland : « Mon nouveau roman, *PLASTIC BIRCHBARK,* est au fond de son asile. »

Au début, il n'écrit jamais plus de trois pages par jour, ce qui lui prend de une à huit heures. Il tape sur la terrasse de sa maison d'Hydra, une chaîne sonore portable à ses côtés. Puis, au fur et à mesure que le livre avance, ses séances d'écriture s'allongent, allant de douze à quinze heures par jour. Quelques comprimés d'amphétamines et un disque de Ray Charles le soutiennent. *The Genius Sings the Blues* est son disque préféré, il l'écoute inlassablement. « Sometimes I sit here in this chair and I wonder », chante Ray Charles. Cohen est convaincu que les amphétamines lui fortifient le cerveau, jusqu'au jour où, explique-t-il, « le système entier s'est effondré. Ce n'est pas un très bon truc pour les gens déprimés ; la chute est affreuse. Il [lui] a fallu dix ans pour [s]'en remettre. »

Ce travail d'écriture est interrompu par un séjour au Canada en octobre à l'occasion de la remise du Prix littéraire du Québec — quatre mille dollars — pour *The Favorite Game*. Cohen se joint à une tournée de lectures qu'organise Jack McClelland. Les quatre poètes invités prennent place dans deux voitures : l'exubérant Irving Layton, Earle Birney et sa barbe blanche, une Phyllis Gotlieb plutôt nerveuse et Cohen avec sa veste de cuir. Après une lecture à la Bibliothèque publique de North York, le 25 octobre 1964, ils s'arrêtent dans six universités de l'est du Canada : Waterloo, Western, Toronto, Queen's, Carleton et McGill, où ils lisent leurs œuvres devant des publics allant parfois jusqu'à trois cents personnes. Des réceptions et des séances de signature ont également lieu, ainsi que des émissions radiophoniques et télévisuelles. L'entente entre les poètes n'est pas au beau fixe. Selon McClelland, Birney est timide et boit trop, Gotlieb est renfermée, Layton cabotin, et Cohen a l'air de s'ennuyer. L'article du *Time* sur la lecture à l'université Western est ironique : « Leonard Cohen en veste de cuir noir, chemise et cravate soigneusement assorties, cheveux coiffés à la César, jette un regard circulaire sur la salle et demande : "C'est une église ?" » Le magazine fait un compte rendu défavorable de *The Favorite Game*, « dans lequel l'auteur se montre plus préoccupé par ses propres souffrances » que par la souffrance universelle. Lorsqu'un étudiant lui demande « ce qui fait qu'un poème est un poème », Cohen répond : « Dieu. C'est le même genre d'opération que la création du monde. »

Les poètes n'ont pas gagné beaucoup d'argent — cinq mois plus tard, une fois leurs dépenses payées, les trois compères et Phyllis n'ont plus que cent cinquante dollars à se partager — mais Cohen recueille un bénéfice particulier de l'équipée. Donald Owen, qui a suivi le groupe pendant la tournée, a filmé les interventions de chaque poète (celles de Birney et de Gotlieb étaient plutôt assommantes) pour l'Office national du film. Le résultat final est un film monté et partiellement refilmé par Donald Brittain, avec pour sujet Cohen. *Ladies and Gentleman... Mr. Leonard Cohen*, diffusé en 1965, est le premier film sur le poète.

Même si la tournée l'a largement fait connaître, Cohen se plaint, en mars 1965, à Jack McClelland :

La tournée de lectures m'a fait un ennemi du pays tout entier et a ruiné ma vie au Canada. Cela n'est pas seulement dû à ma personnalité détestable, mais résulte du peu d'attention accordé au livre que la tournée était censée promouvoir. Et le pire est qu'il semble que nous ne recevrons pas d'argent en plus. Yankel, Yankel, pourquoi nous as-tu menti ?

* * *

Pendant la tournée, des événements politiques ont obscurci l'univers artistique de Cohen. Il est, dit-il à Marian McNamara,

déchiré par les conflits soulevés par la Révolution tranquille, ici au Québec. Le sentiment séparatiste est très fort et la plupart d'entre nous sommes engagés dans une réévaluation douloureuse de l'*idée* du Canada, de la *valeur* de la Confédération, et de ce que seraient les risques de l'indépendance. [...] Il n'est pas facile de parler ou de résister aux rêves de ceux qui pensent avoir été humiliés et qui sont prêts aujourd'hui, maintenant, à lancer des bombes.

Une fois rentré à Hydra, Leonard reprend la réécriture interrompue de *Beautiful Losers* tout en écoutant la musique country du réseau des Forces armées que diffuse une station de radio d'Athènes. Il incorpore les bouleversements politiques du Canada à son œuvre. La Révolution tranquille est en train de changer le paysage de Montréal, transformant la ville en cité francophone, séculière ; elle prend d'assaut la classe d'affaires anglophone dominante. En 1963, le Front de libération du Québec entame sa campagne de violence. En mai, l'explosion d'une bombe à retardement dans une boîte aux lettres de Westmount blesse grièvement un expert en explosifs. Dans une interview du 26 octobre 1963, Cohen fait remarquer que l'explosion de plusieurs boîtes aux lettres est une invitation faite au Canada à rentrer de nouveau dans l'histoire, et que la survie de la nation dépend de la réaction du peuple à cet événement. Le 12 juillet 1963, une bombe détruit la statue de la reine Victoria, rue Sherbrooke. La tête de cuivre de la statue grandeur nature est projetée à plus de quinze mètres du monument. Le corps est renversé. Écrits à la craie sur la pierre, ces mots : « Tu arrives au but », et sur la rue, près de la tête sectionnée : « Voici la réponse ».

Dans *Beautiful Losers*, l'attentat est une idée de F., l'un des protagonistes, qui explique au narrateur qu'il va se suicider en déposant une charge de dynamite sur les genoux de la reine Victoria. « La reine Victoria et moi », poème du recueil *Flowers for Hitler*, met l'accent sur la force symbolique du personnage. Cohen inclura le poème, avec un accompagnement musical réduit au minimum, dans *Live Songs*, son disque de 1973. La visite de la reine et du prince Philip à Montréal est racontée dans le roman, et l'auteur souligne le contraste entre la ferveur révolutionnaire toute neuve des Québécois et leur attachement déclinant à la monarchie. L'atmosphère érotique qui règne lors d'un rassemblement séparatiste démontre les liens existant entre la politique, l'histoire et le sexe.

La réponse de Cohen au mouvement est complexe, mais dans une lettre du mois de février 1964, il écrit : « Dans dix ans le Québec ne fera peut-être plus partie du Canada et je resterai au Québec. Notre gouvernement vient de créer un ministère de la Culture, le premier en Amérique du Nord. » Il confie à George Johnston, à Hydra : « J'ai pris un engagement envers l'Art et envers mon Destin. Tous les autres engagements n'en sont pas, ce sont des contrats, et je n'aime pas le monde judiciaire de la contrainte. »

*   *   *

Dans *Beautiful Losers*, F., jeune poète montréalais qui se meurt du cancer, affirme que « les textes le possèdent ». On pourrait dire la même chose de Cohen, qui fonde son roman sur plusieurs lectures fondamentales : *Une vierge iroquoise : Catherine Tekakwitha, le lis des bords de la Mohawk et du St. Laurent (1656-1680)*, du père Édouard Lecompte (1927) ; *Kateri of the Mohawks*, de Marie Cecilia Buehrle ; un ouvrage intitulé *Jesuits in North America* ; un magazine américain de bandes dessinées de 1943, *Blue Neetle* ; un almanach du fermier ; un passage du *Crépuscule des idoles*, de Nietzsche ; et *Le Chant de Hiawatha*, de Longfellow.

Cohen s'est pris d'une sorte de passion pour Catherine Tekakwitha, une jeune Mohawk devenue la première sainte indienne. La jeune fille le fascine. Elle « incarne dans sa vie, dans ses choix, la plupart des éléments complexes auxquels nous avons à faire face aujourd'hui. Elle m'interpelle. Elle ne cesse de m'interpeller », déclare-t-il en 1990. C'est une photo de Catherine, dans l'appartement d'Alanis Obamsawin, une amie abénaquise, qui a d'abord éveillé sa curiosité. Mais c'est Kahnti-neta Horne, une femme des Premières Nations devenue politicienne, qui lui a parlé plus longuement de la jeune Indienne. Une statue de la sainte est posée sur une tablette, au-dessus de la cuisinière de la maison de Leonard à Montréal, et des gravures la représentant sont accrochées dans sa maison et dans son bureau de Los Angeles. Lorsqu'il est à New York, il dépose parfois des fleurs au pied de sa statue de bronze, devant la cathédrale Saint Patrick.

Il tire également son inspiration de Swedenborg, dont il étudie les œuvres en profondeur en janvier et en février 1966. Les ouvrages sont abondamment annotés et soulignés. Il fait également allusion au *Yi-king* dans *Beautiful Losers,* et « How We Used to Approach the Book of Changes : 1966 », poème repris dans *The Energy of Slaves,* y fait écho.

Au milieu des années soixante, Steve Sanfield, Axel Jensen, George Lialios et Cohen se rencontrent régulièrement à Hydra pour discuter de certains textes, comme le *Livre des Révélations, Le Yi-king,* ou *Livre des transformations, The Secret of the Golden Flower* et *Le Livre tibétain des morts.* C'est Jensen qui procure les livres-clés au groupe. On y trouve également *Le Yoga tibétain et la Doctrine secrète* ainsi que les traductions d'Evan-Wentz. Cohen, de son côté, fait connaître la pensée hassidique à ses amis, en particulier l'œuvre de Martin Buber et de Gershom Scholem, et le Livre de prières des juifs.

Dans un essai inédit de 1965, Cohen souligne l'importance de son initiation, à Hydra, dans le cadre de « l'entreprise ésotérique » :

> Nous avons parmi nous des adeptes de la télépathie, de la télékinésie, de la lévitation, de l'*apporte,* de la téléplastie, de la dématérialisation, de la télesthésie, de la psychométrie, de la kryptoscopie et autres disciplines oculaires [*sic*] mineures qui, au mieux, prouvent l'importance des jeux de salon dans le cadre de nos buts ultimes, et au pire pourraient être considérés comme une distraction dangereuse par rapport à ces buts majeurs. Je serais plutôt porté à l'interprétation la plus pessimiste qui soit de ces phénomènes, mais la charité que nous professons tous pour la discipline

des autres m'interdit de traiter le sujet d'une manière plus cinglante. Nous avons également parmi nous des étudiants en système tantrique sexuel, et je regrette de devoir dire, aussi déplacés que puissent paraître ces regrets venant de moi, que ces étudiants se sont souvent retrouvés dans des situations adultères des plus fâcheuses.

En mars 1965, Cohen annonce à Jack McClelland que *Beautiful Losers* sera terminé un mois plus tard. « Et si je passe au travers de la censure, il pourra nous procurer pas mal d'argent. J'ai besoin de fric — en conséquence, peux-tu me dire combien tu comptes me donner ? » Trois semaines après, il déclare qu'il a « écrit le Bhagavad-Gita 1965 ». « Ce qui arrivera à ce livre n'a pas d'importance car j'ai découvert un moyen d'écrire un roman en trois semaines et je pourrais ainsi en produire quatre en 1965. Je suis sérieux. » Il propose de nouveaux titres pour *Beautiful Losers* :

SHOW IT HAPPENING ou SHOW IT HAPPENING EVERY DAY est le nouveau titre du roman, ou peut-être THE HISTORY OF THEM ALL, ou peut-être THE BEAUTIFUL LOSERS, ou simplement BEAUTIFUL LOSERS. Rien que ces titres valent déjà une fortune pour Hollywood idéal. Donc tu recevras bientôt le gâchis.
En avril.
L'un de nous deux ne tourne pas rond.

Deux esquisses de pages de couverture proposent BEAUTIFUL LOSERS / A Pop Novel et PLASTIC BIRCHBARK / A Treatment of the World. D'autres titres sont repris sur un autre feuillet : IT WAS A LOVELY DAY IN CANADA, INDIAN ROCKETS et INDIANS. Dans une section expérimentale, le texte est mis en musique avec des accords de guitare.

Le récit de *Beautiful Losers* englobe l'histoire, la politique et le sexe, ainsi que F. le souligne au narrateur : « Tu as été baptisé avec le feu, la merde, l'histoire, l'amour et le deuil. » L'auteur a recours à une multiplicité de tons et de formes narratives, incorporant au roman le journal intime, les lettres, la grammaire, les récits historiques, la publicité, les catalogues, les notes de bas de page, la poésie et le théâtre. Le texte, encyclopédique, vigoureux, touche à tout et fait parfois éclater la forme même, alors le narrateur s'arrête pour rappeler au lecteur qu'« un homme est en train d'écrire ceci [...] Un homme comme toi. » L'écriture de *Beautiful Losers* a enseigné à Cohen « une technique rapide et personnelle pour développer les grand thèmes ». L'œuvre est passée toutefois par un grand nombre de transformations.

Cohen analyse le roman dans une lettre à Cork Smith :

> En ce qui concerne le prologue, je ne vois pas ce que je pourrais y mettre, et je crois qu'il interférerait, en quelque sorte, avec la façon dont le livre est lancé, autrement dit avec son mouvement continuel *vers l'avant*. Un prologue aurait l'air de vouloir dire au lecteur : Vous voyez, tout ceci n'est que pure invention, et me voici, votre fidèle auteur, dans ma bibliothèque, la pipe au bec, content d'avoir ajouté un livre à mon œuvre. Mais je jure que ce n'est pas cela du tout. J'ai écrit certaines choses, et même des passages du *Favorite Game*, en tenant compte de l'idée que je me fais de la carrière, mais chaque mot de ce livre-ci est hostile au sens même de la carrière. Ton collègue a touché quelque chose de très vrai, je crois, lorsqu'il a dit qu'il craignait que le lecteur ne prenne le livre pour un essai. *C'est* un essai, mais il serait inopportun de le révéler — en fait la notion même d'essai doit être rigoureusement bannie des textes de promotion. Je crois que cela constituerait un sérieux handicap pour la mise en marché du livre. C'est un essai dans le sens où, à chaque page, l'auteur se livre généreusement, ce qui n'est pas souvent le cas dans une œuvre d'imagination. Le livre est une longue prière, une longue confession essayant de se dérouler sur le thème de la vie d'une sainte, une méditation sur la corde raide. L'auteur chancelle dans les cris du public puis s'écrase les couilles sur la corde, et tous les hommes dans l'assistance grimacent, car ils savent quel effet ça fait. Au risque d'avoir l'air prétentieux, je dirais que le livre ressemble avant tout aux *Exercices spirituels* de saint Ignace, dans la mesure où ce dernier demande à l'élève de visualiser les différentes étapes de la vie de Jésus, de voir Nazareth, de voir le paysage de Nazareth, de ne jamais bondir dans la gloire mais d'aller des *faits* au mystère. Le mystère est toujours ancré dans le fait ordinaire ; sa porte est étroite. C'est de la fiction

parce que j'utilise une construction, des personnages, un décor, des parodies de suspense pornographique — parce tout le mécanisme de la perception religieuse s'est atrophié, en moi et en toi, et que nous sommes offensés par tous les comptes rendus de mystère qui ne sont pas présentés en termes anthropologiques ou fictionnels. Comme je ne pouvais écrire un livre qui se serait appelé « Les Méditations de Cohen » — et y croire en plus —, il fallait que je tire une histoire de la prière. Je crois que j'ai assez de métier pour cela. Du reste, une bonne partie du plaisir retiré de l'écriture de ce livre provient directement de la fierté du métier, le simple métier de la fiction. Il me fallait, encore et encore, me rassurer moi-même, et rassurer le lecteur par la même occasion, en lui affirmant qu'il s'agit de fiction et de fiction seulement, et quand nous avons cru cela, quand nous avons été détendus, alors j'ai pu vraiment plonger dans la prière qui est elle-même composée (du moins je le crois), au fond, de faits réels, de boutons, de doutes, d'ordures et de tartes à la crème ; il faut passer à travers toute la merde avant de pouvoir utiliser le simple vocable. Quoi qu'il en soit, tout cela est de l'autopsie. Si le livre fait partie de ces rares œuvres qu'on lit encore dans les trois ans qui suivent leur publication, ou même dans les cinq ans, cela veut dire que son côté fictionnel est susceptible de laisser la place à la prière.

Au cours de la rédaction de *Beautiful Losers,* Cohen a persévéré dans sa pratique du jeûne qui l'aide à se concentrer sur la création et lui donne le sentiment physique de la sainteté de sa vocation. La privation de nourriture et le refus du plaisir revivifiaient l'importance de sa tâche, conformément à la tradition judaïque, pour laquelle le jeûne est un moyen de sanctifier le moi par la maîtrise des appétits. Cette sainteté est quelque peu compromise par les amphétamines, qui le tiennent éveillé et lui ruinent l'appétit. « Mon jeûne m'a suivi et j'ai suivi mon jeûne », écrit-il. Il veut dire par là que la nourriture qu'il donne à son esprit amoindrit sa faim et qu'il se réjouit de ce que son corps soit vide.

Une fois le roman terminé, il s'effondre. Il se rend alors dans une autre île, mais au cours de la traversée de retour, il est victime d'une insolation et manque perdre connaissance en arrivant chez lui. Il se traîne jusqu'à son lit et ne peut rien avaler pendant dix jours, en proie aux hallucinations. Il maigrit, ne pesant plus que cinquante kilos. L'abus d'amphétamines combiné à l'insolation a provoqué l'effondrement. Heureusement il va mieux le jour où les cigognes arrivent à Hydra. Chaque année, ces dernières font halte sur l'île au cours de leur migration vers l'Afrique et nichent pour une nuit dans l'un des plus hauts bâtiments de l'île, une église, par exemple. Le lendemain, lorsqu'elles repartent, Leonard a presque recouvré ses forces.

La nature peu orthodoxe de *Beautiful Losers* provoque quelques remous. Les membres du comité de lecture de Viking ont besoin de huit lectures avant de finalement conseiller la publication du livre, mais ils ne savent pas très bien de quoi il parle. Selon un des lecteurs, c'est « le Canada auquel on a arraché la feuille d'érable — une mystification sérieuse, généreuse et libidineuse, terrifiante et drôle. Un roman authentiquement expérimental. Je reconnais que je ne comprends pas toujours où il y veut en venir, mais j'aime sa façon de voyager. » Brendan Gill, du *New Yorker*, Norman Holmes Pearson, de Yale, et Leslie Fiedler, de Buffalo, font l'éloge de l'œuvre — Fiedler écrit que c'est un « roman d'art pop sacrément honnête, avec une Pocahontas catholique romaine et tout et tout ». McClelland a également fait appel à des lecteurs extérieurs, qui ont confirmé son jugement : le livre est une œuvre brillante. « Il me déroute, dit Jack, me confond et je ne sais pas très bien quoi en dire. Ce livre est dingue et incroyable et merveilleusement bien écrit, mais en même temps épouvantable, choquant, révoltant, dégoûtant, malade et c'est peut-être un grand roman. Que je sois pendu si je le sais. »

La réaction de Cohen à la lettre d'acceptation de McClelland est une missive de six pages commençant par une parodie de dialogue entre des critiques canadiens et un Cohen sur la défensive. Elle commence avec une réplique du second, qui déclare à ses critiques qu'il n'a été l'auteur du livre que « pour une courte période. Bientôt il deviendra le livre que *vous* avez écrit, et vous le considérerez comme un trésor. » La lettre continue dans la tradition de la scène du procès de Leopold Bloom dans l'épisode de « Circé » d'*Ulysse* :

— Monstre de la Kabbale ! Explique-toi ! Il se fait que nous savons que même Milton Wilson hait ton livre.

— Celui qui a la paternité du livre est déjà parmi vous. Je l'ai déjà perdu. Je suis le seul homme qui ne l'ait pas écrit.

— Les associés de Jack McClelland sont tout à fait certains que tu es un charlatan malade et ils ont transmis cette opinion à leur associé, Jack McClelland, qui résiste avec le courage déroutant et authentique de l'homme qui aspire à devenir un païen en résistant à la voix de sa conscience.

— Messieurs, n'attendez pas ma pitié.

— Beurk! Juif Cohen, tu es allé trop loin, cette fois, dans ta condescendance. Tu as écrit un livre dégoûtant et nous avons l'intention de te punir avec le p[rix du] G[ouverneur] g[énéral], ainsi tu seras caché pour toujours à la vue des Américains.

Le dialogue continue sur le même ton : le roman est une vraie saleté, un fantasme. Et il est fétichiste. Cohen réplique en déclarant : « Le livre que j'ai entre les mains est absolument vide, il ne contient aucune trace de personne, et surtout pas de moi-même. » Puis il stipule ses conditions pour la publication du bouquin, comprenant, entre autres choses, le pouvoir de décision en ce qui concerne la couverture et la jaquette : rien ne sera fait sans son accord. Le travail lamentable accompli pour *Flowers for Hitler* l'a traumatisé : « Le caractère exhibitionniste de la couverture, contre lequel je me suis élevé, a fini par se retrouver au dos du livre. Il faut absolument que nous évitions toute velléité de ce genre pour *Beautiful Losers*. » Leonard ne veut pas d'extraits de critiques sur le dos de couverture. « En toute franchise, je dois dire qu'il n'y a pas, dans le sinistre tas de critiques canadiens, un simple cerveau que je puisse prendre au sérieux, quelle que soit l'attitude adoptée par eux envers mes textes. » Suivent quelques considérations pécuniaires : « Si tu pouvais m'obtenir rapidement ces cinq cents dollars [d'avance], tu contribuerais à la sauvegarde de ma santé mentale. Disons que nous allons mettre tout cela par écrit, que j'accepte en gros ton offre d'édition et que nous réglerons les détails comme nous le faisons toujours, à notre manière courtoise et non officielle. »

McClelland accepte que Cohen écrive lui-même la note biographique du « Prière d'insérer ». Et il est entendu que celui-ci ne sera imprimé qu'après avoir été approuvé par l'auteur. Cohen écrit un texte, dont l'éditeur ne gardera qu'une partie :

Poussé par la solitude et le désespoir, un Montréalais d'aujour-
d'hui tente de se guérir en invoquant le nom et l'existence de
Catherine Tekakwitha, une Iroquoise convertie par les jésuites au
XVIIe siècle et la première jeune fille indienne à faire vœu de virgi-
nité. Obsédé par le souvenir de sa femme Édith, qui s'est suicidée
dans une cage d'ascenseur, l'esprit tyrannisé par la présence de F.,
personnage puissant et mystérieux qui se vante de posséder des
pouvoirs occultes et qui fut l'amant d'Édith, le narrateur se lance
dans un voyage insensé et inquiétant dans le paysage de l'âme.
Voyage impossible à décrire et impossible à oublier [...] *Beautiful
Losers* est une histoire d'amour, un psaume, une messe noire, un
monument, une satire, une prière, un hurlement, une carte rou-
tière de régions sauvages, une plaisanterie, une insulte de mauvais
goût, une hallucination, un truc barbant, un étalage de virtuosité
malsaine tout à fait hors de propos, un pamphlet jésuitique, un
rire orangiste, une fantaisie luthérienne scatologique, en bref une
épopée religieuse déplaisante d'une incomparable beauté.

Toutes les catégories sont présentes, conclut Cohen ; faites votre
choix.

Mais le manuscrit a décidé de ne pas coopérer : une fois le roman
accepté, l'auteur écrit à l'éditeur : « J'ai perdu la seule copie carbone que
je possédais. Un coup de vent a dispersé les feuillets dans la mer un jour
où je relisais à l'extérieur. C'est grâce à mon agent new-yorkais, qui
avait une copie du manuscrit, que j'ai pu continuer la révision. » Mais
les commandes des libraires sont prometteuses et atteignent déjà,
même avant le lancement, un total de trois mille cent exemplaires. En
outre, le roman est entre les mains de producteurs de cinéma : Otto
Preminger, le groupe MCA, Ulu Grosbard et Alexander Cohen. Un seul
point noir, l'auteur n'arrive pas à vendre sa nouvelle intitulée « Luggage
Fire Sale », déjà refusée par *Playboy, Esquire* et *Nugget.*

Au Canada, le roman risque de se heurter à la censure. La stratégie
de mise en marché inclut un envoi d'exemplaires de presse et un avertissement aux libraires spécifiant qu'il s'agit d'une œuvre puissante qui
vaut la peine d'être lue. Mais la promotion, explique McClelland, doit
éviter l'approche sensationnaliste. McClelland pense que le livre risque
d'être interdit, ce qui explique la modeste avance envoyée à l'auteur.

Les comptes rendus des premiers lecteurs de la maison d'édition sont trop prudents ou trop négatifs pour que l'on puisse s'en servir en promotion. McClelland décide de faire un lancement à Toronto, le 29 mars 1966, à l'Inn on the Park, presque un mois avant la sortie officielle du livre. Journalistes, universitaires, éditeurs, politiciens, présentateurs de radio et de télévision, écrivains, réalisateurs et lecteurs potentiels y assistent. La liste d'invitation, qui comprend quatre cents noms, pourrait se lire comme le bottin mondain canadien : Robertson Davies, F. R. Scott, Earle Birney, Hugh MacLennan, Northrop Frye, Timothy Findley, Adrienne Clarkson, Morley Callaghan, Marshall McLuhan, Ramsay Cook et d'autres personnalités tout aussi en vue.

Des affiches reproduisent une photo de Leonard Cohen en veste et pull à col roulé, l'air studieux, fixant intensément un manuscrit, un stylo à la main. La posture méditative est manifestement destinée à faire oublier le roman potentiellement scandaleux dont le titre s'étale sous la photo. On y voit également la couverture réalisée par Harold Town. Près de trois cents personnes assistent à la somptueuse réception. Un des invités présents lit à haute voix le télégramme suivant : « Longue vie à Leonard Cohen / La confrérie des bacchantes timides. »

L'université de Toronto, qui recueille les manuscrits de Cohen depuis 1964, achète celui de *Beautiful Losers* un mois avant la sortie du livre. L'auteur reçoit six mille dollars, somme substantielle pour un écrivain pas très riche. L'achat met en évidence l'importance qu'il a déjà, à trente et un ans, et prouve que l'on croit à son roman.

Les critiques commencent à sortir en avril. Les réactions sont passionnées. Le journaliste et critique Robert Fulford louange et éreinte le livre, le traitant de « fantasme emballé dans une fable ». Il ajoute :

C'est, entre autres choses, le livre le plus révoltant jamais écrit au Canada. Loin d'encourager les pulsions sexuelles, il fait tout pour les étouffer. Le livre est un échec de poids. Mais c'est fort probablement le livre canadien le plus intéressant de l'année.

Quelques jours plus tard, Fulford révèle qu'un libraire torontois n'a vendu, pendant la première semaine suivant la publication, aucun de ses vingt-cinq exemplaires. Cohen participe à une émission télévisée de la CBC sur l'actualité, *This Hour Has Seven Days.* Cet événement augmente quelque peu les ventes, en dépit de critiques défavorables dans tout le pays. Austin Clark démolit le livre dans le *Toronto Tele-graph*; il dénonce la médiocrité des personnages, le dialogue emprunté et la pédanterie exhibitionniste du roman. Miriam Waddington se contente de dire : « L'histoire met en scène trois personnes à la sexualité polymorphe. » La bibliothèque publique Deer Park de Toronto met ses trois exemplaires en circulation avec la critique de Fulford jointe en guise d'avertissement. Le poète bill bissett réagit de manière plus posi-tive. Il écrit, dans le magazine *Alphabet* : « Je donne une bonne critique au livre de Cohen, une excellente critique ; un million d'étoiles. » Peu de journalistes partagent cet enthousiasme, ce qui n'empêche pas l'auteur de déclarer : « C'est la meilleure chose que j'aie jamais faite. C'est un chef-d'œuvre de technique littéraire. »

Mais il est mécontent de la distribution de l'ouvrage. Jack McClel-land lui fait remarquer que des grands magasins comme Simpson ou la librairie W. H. Smith ont décidé de ne pas prendre le risque de mettre en vente une œuvre aussi controversée. Mais Jack n'en défend pas moins le livre avec acharnement auprès de George Renison de W. H. Smith, affirmant qu'il s'agit d'une œuvre robuste, pleine d'énergie. « La plupart des amateurs de pornographie, dit-il, n'auront pas la moindre idée des intentions de l'auteur ni de la richesse de son livre. »

Lorsque Cohen déplore le prix élevé du bouquin (6,50 $), McClel-land invoque les coûts de production ; il a fait importer les feuilles des États-Unis et les a fait assembler au Canada ; les droits sur les feuilles sont de dix pour cent et le taux de change avec le dollar américain est de huit pour cent. La jaquette a coûté cher, tout comme la reliure. Plus de trois cents exemplaires sur le tirage de quatre mille ont été distribués aux revues et aux journaux. Il y a également le coût des affiches, du matériel de promotion et des exemplaires de presse, sans parler du somptueux lancement de Toronto (dont McClelland pense qu'il n'a pas rapporté grand-chose. « Soit, dit-il à Cohen, parce que tu pensais qu'il ne convenait pas à ton image, soit parce que tu n'avais pas envie de faire l'effort nécessaire pour te mettre en valeur. »). L'éditeur supplie Cohen de participer à un plus grand nombre d'émissions de radio et de télévi-sion mais d'éviter d'y parler de son roman comme d'un livre pornogra-phique. « Il y a des gens qui ont été pendus pour moins que cela. »

Au cours de l'été 1966, la popularité de Leonard Cohen atteint de nouveaux sommets lorsqu'on annonce qu'il a accepté un poste de présentateur à la CBC, à Montréal. Robert Fulford commence l'un de ses articles en disant : « Il est agréable de penser qu'un poète canadien est en passe de devenir une vedette de la télé, ou que nous aurons bientôt une vedette poète. » Interviewé à propos de cet événement inattendu, Cohen déclare : « Je me suis dit qu'il était temps d'entrer dans les médias de masse. » En fait, on lui a demandé de faire de brèves interviews et de courts topos avec une présentatrice vedette. « J'aimerais faire quelque chose de beau. J'aimerais me rapprocher des téléspectateurs, les amener à participer à l'émission, et même à envoyer des films réalisés à la maison. Et j'aimerais aider le Montréal anglais à redevenir une communauté. »

L'émission ne sera jamais produite. En novembre, on propose à Cohen de participer à une nouvelle émission de la CBC réalisée par Daryl Duke pour l'ensemble du réseau et intitulée *Sunday*, mais le projet restera également sans suite. Bien que son cœur penche pour le roman et la poésie, Cohen commence à se rendre compte du pouvoir des médias électroniques.

CHAPITRE VII

Photo noire

Dans une interview de 1980, Cohen fait un aveu : d'aussi loin qu'il se souvienne, les femmes l'ont toujours obsédé. Il faut dire que sa célébrité a rendu cette obsession réciproque. Ainsi qu'il le raconte dans « Luggage Fire Sale », son aura de « dépouillement spirituel » attire et émeut les femmes. Au cours d'une réception, à Montréal, il s'approche d'une créature élancée aux longs cheveux sombres, prend une mèche de ses cheveux, la trempe dans son verre et se met en devoir de la sucer, lentement. Puis il s'éloigne sans commenter ce geste insolite. George Lialois, un ami grec, raconte que Leonard et lui étaient « assoiffés de femmes. Nous étions, dit-il, attirés par le sexe opposé dans toutes ses variétés, mais rêvions d'une femme idéale qui appartiendrait à la sphère de la métaphysique plutôt qu'à celle de la réalité. Toute la poésie érotique de Leonard Cohen porte le sceau de cette convoitise. »

En général, sa poésie exprime cette convoitise qui le nourrit — sur le plan artistique, du moins —, car on ne peut pas dire que la poésie nourrisse son homme. La poésie n'est pas, écrit Cohen, « un substitut pour la survie ». *Parasites for Heaven*, recueil publié en 1966, contient des poèmes remontant à 1957, écrits alors qu'il avait vingt-trois ans. Ce livre léger commence par un texte énigmatique en quatre vers : « Ainsi, tu es le genre de végétarien / qui ne mange que des roses / C'est cela que tu veux dire / avec tes perdants magnifiques. » La valeur principale du recueil réside dans le fait qu'il dévoile un changement profond chez l'écrivain, à qui l'isolement d'Hydra commence à peser. Cohen ressent le besoin de s'unir, d'une certaine manière, à ses lecteurs ; il veut redéfinir son passé. « Comment pourrais-je imiter l'orbite parfaite du goéland / tournant et tournant autour du poisson invisible, / peut-on faire

comme le soleil / qui s'empare des rochers et en durcit le faîte ? »
Comme le recueil ne récolte que quelques critiques mitigées et se vend
mal, Leonard se dit que le moment est venu de changer d'horizon.

C'est en 1966 que sa carrière de chanteur commence à se dessiner.
Il a compris qu'il ne pourra jamais gagner sa vie en restant écrivain. En
janvier, il se passionne pour l'œuvre de Bob Dylan. À une journée
consacrée à la poésie, organisée par F. R. Scott — à laquelle assistent
Layton, Dudek, Purdy, A. J. M. Smith et Ralph Gustafson —, Leonard
joue de la guitare, chante et tient des propos dithyrambiques sur Dylan.
Comme personne n'a entendu parler du chanteur, Scott décide d'aller
acheter deux de ses disques, *Bringing It All Back Home* et *Highway 66
Revisited*. Une fois revenu, il met l'un d'eux sur le tourne-disque, malgré le manque d'enthousiasme de l'assemblée. Quelques minutes plus
tard, Purdy « bondit hors de la pièce comme si on lui avait donné un
coup de pied au derrière », criant : « Ce type est un affreux raseur. J'en
ai marre. » Seul Cohen écoute religieusement, puis annonce, solennel,
qu'*il* deviendra le Dylan canadien — déclaration qui provoque un tollé.
Le reste de l'après-midi se passe à regarder deux films récents de
l'ONF : *A. M. Klein : The Poet as Landscape* et *Ladies and Gentleman…
Mr. Leonard Cohen* — que le héros de ce dernier film boude. À dix
heures du soir, Scott remet un des disques de Dylan sur la platine.
Aucune protestation, cette fois, de la part de l'assistance. On se met à
danser.

Le mois suivant, à l'occasion d'un concert de Dylan à la Place des
Arts, Layton annonce à un groupe d'étudiants que Leonard va se
mettre à chanter. « Mais il ne sait pas chanter ! » répondent les jeunes
gens.

Cohen n'a pas grand choix : *Beautiful Losers* a eu de bonnes critiques, mais les ventes sont restées médiocres. Mille exemplaires seulement ont été écoulés au Canada, contre trois mille aux États-Unis.
Quant à *The Favorite Game*, on n'en a vendu que deux cents exemplaires au pays, contre mille aux États-Unis. Leonard a compris que, à
moins de s'engager sur le chemin peu séduisant menant à un poste universitaire, il ne survivra pas en tant qu'écrivain, en dépit des louanges
de la critique. C'est dans le domaine musical que se trouve son salut
financier. « Rétrospectivement, cela ressemble à une stratégie idiote,
mais je me suis dit : je *suis* un musicien country et j'*irai* à Nashville.

[…] J'ai des chansons, c'est grâce à elles que je vais me sortir de cette crise économique. C'est fou. » Sur la route de Nashville, il fait escale à New York, où il vivra par intermittence pendant deux ans. L'humeur de la ville fait écho à la sienne, il se délecte de son énergie et de sa dureté.

Son ami Robert Hershorn lui prête un peu d'argent et lui remet un billet d'introduction pour Mary Martin, Canadienne vivant à New York, et pour un assistant d'Albert Grossman, l'imprésario de Dylan et de Peter, Paul et Mary. Mary Martin a réussi à faire engager The Hawks, groupe de Robbie Robertson et Levon Helm, pour accompagner Dylan. Ils se rebaptisent The Band en 1968 et font des tournées avec Dylan avant de poursuivre seuls leur carrière et de devenir les figures originales du rock que l'on connaît. Pendant une brève période, Mary Martin prendra en main la carrière de Van Morrison.

Lorsque Cohen arrive à New York à l'automne 1966, il ignore tout de la renaissance du folk, survenue pendant ses années passées en Grèce. Il n'a aucune idée de la gloire soudaine de Judy Collins, de Joan Baez et de Phil Ochs. Mais il trouve dans la métropole une sensibilité qui lui convient parfaitement : « Je m'y sentais tout à fait chez moi. » Il s'installe d'abord à l'hôtel Penn Terminal, 34e rue, puis à l'hôtel Henry Hudson, près de la 8e avenue, et finalement à l'hôtel Chelsea, au 222 Ouest, 23e rue. « Une fois débarqué au Chelsea, j'ai su que j'y resterais », dit-il. L'endroit « avait du caractère et offrait un tas de possibilités » ; il lui était facile d'y instaurer « les rudiments d'une vie sociale ». Entre ses séjours new-yorkais, Cohen rentre à Montréal, où il vit soit chez sa mère, soit dans un hôtel du centre-ville — il a une prédilection pour l'hôtel de France, rue Sainte-Catherine.

En 1966, le Chelsea aux murs épais et aux plafonds hauts est connu comme *la* résidence des musiciens et des écrivains de l'underground naissant. La direction de l'hôtel professe un « respect indéfectible » pour la vie privée de ses pensionnaires. Les murs de marbre du hall d'entrée et l'escalier à l'élégante rampe de fer forgé contrastent avec l'ascenseur lent et bringuebalant. L'immeuble possède un cachet défraîchi, un délabrement romantique. Dans les années soixante, la drogue y est florissante. (Cohen révélera un jour que l'on s'y embarquait souvent « dans un tas de voyages non organisés, simplement parce qu'on avait été invité à passer un moment dans la chambre d'un pensionnaire ».)

Le Chelsea a toujours accueilli dans ses murs une bohème artistique très variée. Mark Twain, Eugene O'Neill, Dylan Thomas, William S. Burroughs, Arthur C. Clarke, Arthur Miller, Virgil Thomson et Thomas Wolfe y ont séjourné. Cohen y rencontre Joan Baez, Bob Dylan, Jimi Hendrix, Allen Ginsberg, Kris Kristofferson et Janis Joplin, qui y effectuent de courts séjours. Harry Smith, réalisateur, anthropologue, ornithologue et mentor d'Allan Ginsberg, est une des figures les plus fascinantes de l'hôtel. Stanley Bard, le propriétaire, encourage les musiciens et les écrivains d'avant-garde ; il aime les excentriques. Cohen assiste un jour à l'arrivée d'un zoo aux derniers étages. Une répétition en costumes d'*Aïda*, produit par Katherine Dunham, avec lions, tigres et autres animaux a lieu au Chelsea. Les acrobates font leurs exercices d'assouplissement dans les couloirs, les chanteurs vocalisent dans l'ascenseur.

La chambre de Cohen, pas beaucoup plus grande qu'un réduit, abrite sa guitare et deux lits à une place. Du hall d'entrée, les pensionnaires peuvent se rendre directement dans un restaurant espagnol ouvert toute la nuit. La synagogue se trouve à quelques immeubles de là, vers l'est. L'affection de Leonard pour le Chelsea ne se démentira jamais ; il y reviendra fréquemment, même pendant sa période Nashville.

« Chelsea Hotel # 2 », une des chansons du disque *New Skin for the Old Ceremony* (1974), évoque la rencontre la plus étonnante que Cohen ait faite dans cet hôtel. Le public des concerts connaît bien sa fameuse introduction à sa chanson sur Janis Joplin :

Il était une fois un hôtel à New York. Il y avait un ascenseur dans cet hôtel. Une nuit, à trois heures environ, j'ai rencontré une jeune femme dans cet hôtel. Je ne savais pas qui elle était. C'était une très grande chanteuse. Cette nuit new-yorkaise était particulièrement morne. J'avais été manger au Bronco Burger ; un cheeseburger ; qui ne m'avait pas remonté le moral. Puis j'étais allé à la White Horse Tavern, espérant y trouver Dylan Thomas, mais Dylan Thomas était mort. Dylan Thomas était mort. J'ai repris l'ascenseur, et elle était dedans. Elle ne me cherchait pas, elle cherchait Kris Kristofferson [rires]. « Lay your head upon the pillow. » Je ne la cherchais pas, je cherchais Lily Marlène. Pardonnez-moi ces circonlocutions. C'est plus tard que j'ai découvert qu'elle était Janis Joplin

et nous sommes tombés dans les bras l'un de l'autre grâce à
quelque procédé divin d'élimination qui transforme l'indifférence
en compassion, et après sa mort, j'ai écrit cette chanson pour elle.
Elle s'appelle « Chelsea Hotel ».

À l'occasion d'un spectacle plus récent en Norvège, Cohen corrige
le récit de sa première rencontre avec Janis Joplin. Une fois dans l'ascenseur, il demande : « Vous cherchez quelqu'un ? — Oui, je cherche
Kris Kristofferson. — Vous avez de la chance, petite dame, je suis Kris
Kristofferson. » Cohen était passablement plus petit que l'acteur, mais,
ainsi qu'il le dit, ces temps-là étaient généreux. D'après Yafa Lerner, il
était courant que des femmes s'offrent à Cohen lorsqu'elles se trouvaient avec lui dans l'ascenseur du Chelsea. Il commence à écrire
« Chelsea Hotel # 2 » en 1971, dans un bar polynésien de Miami. Il le
terminera à l'hôtel Imperial d'Asmara, en Éthiopie, en 1973.

Il existe un « Chelsea Hotel # 1 », avec d'autres paroles et un tempo
beaucoup plus lent. Cohen l'a interprété pendant sa tournée de 1972,
souvent sous l'influence du mandrax, qui les rendait beaucoup plus
calmes, lui et la chanson. Le tempo original étant soporifique, il avait
décidé de récrire paroles et musique. Son guitariste, Ron Cornelius, lui
avait donné le nouveau jeu de cordes qui avait permis de composer la
nouvelle version. Mais la chanson le mettait mal à l'aise : révéler que
Janis Joplin en était le sujet lui paraissait indélicat.

Sa rencontre avec Joan Baez a lieu au cours d'une soirée. Le ton de
la discussion s'élève lorsqu'ils commencent à parler de Ghandi, dont
Leonard a lu une biographie dans laquelle il a découvert que le vieux
guide chiquait régulièrement de la rauwolfia, racine d'un arbuste indien dont on tire un des ingrédients actifs du valium et de certains
tranquillisants. Pour Cohen, le mouvement non violent est composé
d'une armée de gens gelés au valium. Baez, qui a un jour déclaré qu'elle
était la seule personne qui n'avait jamais pris de drogue durant la
grande fête des années soixante, prend cette déclaration comme une
offense personnelle. « Elle tenait tellement à cette image de fille qui ne
prend pas de drogue », dira Cohen. Baez, qui a également une anti-
pathie pour le mysticisme et l'occulte, ne peut accepter le dernier vers
de « Suzanne » : « Et tu sais que tu peux te fier à elle / car elle a touché
ton corps parfait avec son esprit. » Chaque fois qu'elle interprète la

chanson, elle change le dernier vers. C'est seulement lorsqu'elle et Dylan viennent au Forum de Montréal avec la Rolling Thunder Review, en 1975, qu'elle chante le vers tel qu'il a été écrit. « Je l'ai finalement chanté comme il le fallait », dit-elle à l'auteur en coulisses.

Dès son arrivée à New York, Leonard est au premier rang de ce qu'il appelle la Renaissance new-yorkaise de la musique folk. Des clubs comme le Bitter End permettent à de nouveaux talents de se faire connaître. Mais jusqu'à ce que Mary Martin prenne sa carrière en main, des visites à plusieurs agents n'ont suscité que des commentaires réticents : n'est-il pas trop vieux, à trente-deux ans, pour se lancer dans une telle aventure ? Cohen est désappointé, accablé ; il a maigri. Il se souvient du jour où, assis devant une tasse de café dans un établissement du Village, il s'était senti si seul et si indésirable qu'il avait écrit sur un napperon : « À mort le cool ! » Puis il avait brandi le napperon pour le montrer aux clients.

Les problèmes de sa vie professionnelle se reflètent dans sa vie privée tout aussi compliquée. À sa demande, Marianne et son fils Axel sont venus vivre à New York, mais comme Leonard considère que le merveilleux chaos de l'hôtel Chelsea est tout à fait contre-indiqué pour une famille, même une famille aussi peu structurée que la leur, il a loué un loft dans le Lower East Side, près de la rue Clinton pour Marianne et le petit. Lui est resté au Chelsea mais ses préoccupations sentimentales sont orientées ailleurs. À Hydra, dans un contexte simple et traditionnel, la vie du couple avait un sens, mais il n'en est pas de même à New York. Leonard et Marianne ont perdu leurs assises, cherchent en vain un nouveau modèle d'existence.

Il leur arrive pourtant de se conduire comme une famille, lorsqu'ils se rendent à Montréal, par exemple, pour y assister au mariage de Carol Moskowitz, un ami. Cohen, qui porte ce jour-là un très beau costume gris fait sur mesure, passe une partie de son temps appuyé au chambranle de la porte ; il a l'air d'un « torturé professionnel », fera remarquer l'une des personnes présentes. Il faut dire que l'écrivain n'est pas épargné par les soucis : en plus de ses problèmes de couple, il vient d'apprendre que plusieurs de ses amis ont été inculpés pour trafic de drogue.

À cette époque, il tient sporadiquement un journal, dans lequel il note les hexagrammes du *Yi-king* qu'il tire au sort et ses observations sur leurs mutations, ou des poèmes occasionnels exprimant une auto-critique ou une aspiration, deux de ses sujets préférés. Un texte de mars 1967 en témoigne :

> Je suis si impatient, je ne peux
> même pas lire lentement.
> Je n'ai jamais vraiment aimé apprendre.
> Je veux vivre seul
> en amitié avec les hommes
> Je vous dis cela parce que
> des accords secrets sont cause
> de malheur.

À l'hôtel Henry Hudson, il est entouré de drogués et de clochards. C'est là que le genre de vie qu'il mène commence à perdre de son charme. C'est pourtant dans cet hôtel qu'il fait la connaissance d'une femme étrange qui le mystifie. Elle est suédoise, moitié putain moitié professeur. Quelques jours plus tôt, dans un ascenseur — encore un —, elle lui a dit qu'il était mort mais qu'elle pouvait le ramener à la vie. Leonard a accepté d'entreprendre une thérapie, dans laquelle la Suédoise mêle le yoga et une psychologie assez bizarre. Fasciné par cet enseignement — qui lui coûte près de six cents dollars —, il décide d'enregistrer cet étrange professeur dans le but d'écrire un livre. Mais lorsque le magnétophone se met à tourner, la Suédoise reste muette. Cohen continue cependant à la fréquenter, lui chantant souvent les chansons qui feront partie de son premier disque.

Le caractère romantique de la Grèce et ses couchers de soleil se sont évanouis dans les réalités new-yorkaises, dans les émanations des pots d'échappement. La vie ordonnée d'Hydra, avec Marianne, n'existe plus, elle a été remplacée par l'obscurité et le chaos. Leonard prend de plus en plus de drogue ; il y trouve un refuge momentané, et cesse de penser, pendant quelques heures, que sa carrière de chanteur est en berne. Il devient ombrageux. Il lui arrive de rester pendant quelques jours avec un ami, puis de disparaître pendant un jour ou deux parce qu'un visiteur qu'il n'aime pas s'est présenté, même pour une courte visite. Il quitte souvent une soirée quelques minutes après y avoir fait son entrée. Mais il continue à travailler et à chanter, malgré sa dépression.

« Tout servait de matériau pour son travail d'écriture, raconte Yafa Lerner, mais il ne s'en acquittait qu'au prix des pires souffrances. »

En 1966, alors qu'il est à la recherche « de l'endroit où ça se passe », Cohen pénètre dans une salle aux murs recouverts de feuilles d'argent. C'est La Dom, le club d'Andy Warhol, qui se trouve 8e Rue, dans l'East Village. À son entrée, Leonard aperçoit — et en tombe immédiatement amoureux — une blonde sculpturale qui chante sur un ton monocorde. Elle a l'accent allemand, une voix de brume presque mourante. C'est Nico, « la parfaite reine des glaces aryenne ». Au milieu de projections de parachutistes sur les murs, « [il a] vu cette fille chantant derrière le bar. Un spectacle qui valait le déplacement. C'était la plus belle femme [qu'il avait] jamais vue de [sa] vie. » « Je me suis avancé, dit-il, puis je suis resté planté devant elle jusqu'à ce que des gens me bousculent. » Le critique d'art David Antrim disait de Nico qu'elle possédait « un visage macabre — ressemblant si bellement à un *memento mori,* avec cette merveilleuse voix spectrale sortant de la ravissante tête blonde ». Cohen revient à La Dom tous les soirs où Nico chante. Jusqu'au jour où il décide de lui parler. Jackson Browne, un beau jeune homme de dix-huit ans, accompagne la jeune femme à la guitare. Nico vit à New York depuis 1959, elle a d'abord été mannequin, mais elle suit maintenant le cours d'art dramatique de Lee Strasberg, où elle a rencontré Marilyn Monroe, qui a fréquenté l'école pendant une courte période. Dylan, dont l'influence sur Nico ne s'est jamais démentie, l'a présentée à Warhol, suggérant à ce dernier de faire des films avec elle. Estimant qu'elle devait plutôt chanter, Warhol l'a refilée à son orchestre rock, The Velvet Underground, dont font partie John Cale et Lou Reed. Paul Morrissey a accueilli Nico dans le groupe — le critique Richard Goldstein a décrit cette union comme un « mariage secret entre Bob Dylan et le marquis de Sade » — afin de neutraliser « la laideur stridente qu'ils essaient de vendre ». Leur premier disque sort en 1967, avec en guise de signature une banane érotique dessinée par Warhol. Cette image préfigure peut-être la fameuse photo du disque de Cohen de 1988, *I'm Your Man,* où l'on voit le chanteur, en lunettes et costume noirs, manger une banane.

Nico spécifie clairement à Cohen qu'il ne se passera rien entre elle et lui : elle préfère les hommes jeunes. Elle le présente à Lou Reed, qui stupéfie Leonard par la connaissance qu'il a de son œuvre. Reed possède un exemplaire de *Flowers for Hitler,* qu'il demande à Leonard de lui dédicacer, et il a lu *Beautiful Losers* à la parution du livre. L'auteur confie à un ami : « Je crois qu'à cette époque, il [Reed] était en manque de compliments — et j'étais dans le même cas. Nous nous sommes donc déclaré l'un à l'autre à quel point nous étions remarquables. » Un soir, au Max's Kansas City, quelqu'un insulte Cohen. Reed lui dit que, lorsqu'on a écrit *Beautiful Losers,* on se fout pas mal de ce genre de conneries.

Complètement entiché de Nico, Cohen la suit partout dans la métropole ; elle ne s'intéresse manifestement pas à lui. Mais il est follement amoureux et persiste à lui faire la cour : « J'allumais des bougies, je priais, je psalmodiais des incantations et portais des amulettes, *tout* pour l'amener à tomber amoureuse de moi. Sans succès. » Le 14 mars 1967, à l'hôtel Chelsea, la note qu'il écrit dans son journal montre à quel point la dépression et l'art s'enchevêtrent dans son existence : « Journée épouvantable, rêves sans espoir au sujet de Nico. La guitare est morte, la voix est morte, les mélodies sont truquées, ringardes. [...] Nico est d'une humeur terrible. Essayé de l'atteindre, essayé de faire en sorte qu'elle reste à mes côtés pendant quelques secondes. Impossible. » Ce jour-là, le journal intime rapporte une visite de Phil Ochs et de Henry Moscovitch, jeune poète montréalais, ainsi que le conseil d'un ami d'aller voir un psychiatre, ce qui pousse Leonard à écrire : « Poète maudit, 1890 environ. Abrégé la visite. Été chez Judy Collins, lui ai appris "Sisters of Mercy". »

Subjugué par la beauté de Nico — elle a été mannequin à Paris et a fait de la figuration dans *La Dolce Vita* de Fellini —, Cohen écrit « Take This Longing » pour elle. Elle interprète la chanson à plusieurs reprises mais ne l'enregistrera jamais. Il rédige aussi une sorte de confession en prose sur l'envie qu'il a d'elle. Après avoir expliqué que le texte est dû à un « excès d'acide », à une trop grande solitude et à une éducation trop poussée pour son intelligence, le narrateur essaie de se justifier :

C'est triste quand un être [...] doit se consoler tout seul du gâchis de ses journées en se disant que sa voix et son œuvre donnent forme à l'huître de la réalité la plus profonde, la plus obscure, la plus fraîche, la plus crue dans le réfrigérateur insondable du cœur de l'océan, mais je suis cette sorte d'huître, et voilà tout. [...] Il est

ahurissant de voir à quel point je suis célèbre pour les quelques
êtres qui ont vraiment compris qui je suis. Je suis la Voix de la
Souffrance et ne peux être consolé.

Le narrateur s'identifie ensuite comme « le créateur de la Photo
noire », le photographe qui, après avoir délimité le champ de vision,
met la main sur le viseur avant d'appuyer sur le déclencheur. Seule
Nico, écrit-il, peut comprendre ce que signifie cette photo noire. « Mon
œuvre, entre autres choses, est un monument à la gloire des yeux de
Nico. » Il ajoute :

> Qu'il y ait eu une telle paire d'yeux de mon temps, et que je les aie
> rencontrés, front contre front, que la Photo noire ait chanté à
> d'autres iris et, oui, à d'autres cornées, rétines et nerfs optiques,
> tout au long du chemin menant de la housse de cuir crasseuse au
> cœur agité de Nico, autre cœur humain, constitue en fait l'unique
> assaut à ma solitude que le monde extérieur m'ait jamais fait
> subir, et c'était elle.

Ce n'est que bien plus tard que Cohen découvre finalement la raison de son timbre mystérieux, que ce soit lorsqu'elle chante ou parle :
elle est partiellement sourde. Mais il est « paralysé par sa beauté, et sa
conversation le rend perplexe ». Il la considère comme une chanteuse
remarquable. « Complètement méconnue. […] mais c'est l'un des
talents les plus authentiquement originaux dans tout le business. »
Quelques années plus tard, ils se retrouveront par hasard au Chelsea,
devenu un endroit dangereux : un meurtre y a été commis la semaine
précédente, les prostituées, les vendeurs de drogue et les flics hantent les
couloirs. Le bar est sur le point de fermer. Est-ce à cause de l'alcool, est-
ce en souvenir du bon vieux temps, Nico propose de monter à la
chambre de Leonard pour y continuer la conversation. Ils s'assoient
l'un contre l'autre sur le lit. « J'ai mis ma main sur ce que je croyais être
son poignet, alors elle a fait un saut en arrière, puis m'a asséné un coup
si terrible qu'il m'a projeté en bas du lit. Elle hurlait, hurlait… Soudain,
la porte est tombée et une vingtaine de flics se sont précipités dans la
chambre, pensant que j'étais l'assassin. » Quelques vers de « Memories », du recueil *Death of a Ladies' Man*, évoquent Nico :

J'ai épinglé une Croix de Fer à mon revers
je suis allé vers la fille
la plus grande, la plus blonde
J'ai dit « Écoute, tu ne me connais pas encore
mais cela ne saurait tarder
alors, tu ne veux pas que je te voie
tu ne veux pas que je te voie
tu ne veux pas que je te voie toute nue ?

« Une fois dans ma chambre, raconte Cohen, Nico a soupiré : "Je ne supporte pas ce qui n'est pas artificiel". » Un jour, il apprendra la triste déchéance de la jeune femme, devenue dépendante de la drogue. Elle mourra à Ibiza en 1988.

* * *

Cohen interprète quelques-unes de ses chansons devant Mary Martin. Cette dernière, qui va devenir son premier imprésario, le présente à Judy Collins. Un jeudi soir de l'automne 1966, lorsque Leonard rend visite à Judy, il trouve chez elle Earl Robinson, auteur des paroles de « Joe Hill » et de « Ballad for Americans ». Après son départ, Leonard chante quelques-unes de ses chansons. « Judy m'a dit qu'elle aimait ça, mais qu'elle n'y voyait rien [pour elle], et que si j'écrivais quelque chose d'autre je reprenne contact avec elle. » Quelques mois plus tard, alors qu'il est chez sa mère, il lui chante « Suzanne » au téléphone. Judy est conquise ; elle enregistre la chanson pour son disque *In My Life*, qui sort en novembre. Cohen sait que cette fois c'est la bonne ; il le confie à Sam Gesser, un producteur montréalais : « Je suis en train d'écrire une chanson formidable, je n'ai jamais dit ce genre de choses à personne. Je sais, tout simplement. Ça sonne comme Montréal. Ça sonne comme les quais. Ça sonne comme le port. » Gesser réplique : « Il y a déjà un tas de chansons comme ça, Leonard. »

Le 2 décembre 1966, il reçoit le disque de Collins à son petit appartement de la rue Aylmer à Montréal. Il écoute « Suzanne » toute la matinée. Il l'écoute encore l'après-midi lorsque trois étudiants de McGill viennent l'interviewer. Cohen leur parle de Dylan ; il leur dit

que la musique pop est l'avenir de la poésie. Puis il fait remarquer que
la communauté locale n'a abandonné le mot « pseudo », en parlant de
sa poésie, que lorsqu'il a atteint une certaine célébrité. Il parle ensuite
du clivage spirituel entre les vieux et les jeunes, déclare qu'il donne son
appui à tout système de croyance efficace : « Catholique romain, bouddhiste, LSD. » Les étudiants lui demandent de leur parler de ses chansons. Même si vous n'avez pas de voix, même si vous jouez mal,
répond-il, « contentez-vous de parler avec vos tripes, dites aux gens qui
vous êtes et vous les toucherez ».

Le nouveau disque de Judy Collins, *Wildflowers* (1967), contient
trois chansons de Cohen, « Sisters of Mercy », « Priests » et « Hey, That's
No Way to Say Goodbye », et l'un des grands succès de la chanteuse,
« Both Sides Now ». Judy reconnaît que c'est l'exemple de Cohen qui l'a
encouragée à écrire ses propres chansons. Elle n'avait jamais fait aucune
tentative en ce sens avant de le rencontrer. Mais elle l'encourage à son
tour lors de son premier tour de chant, le 30 avril 1967, donné à l'occasion d'un rassemblement organisé par SANE, le Comité national pour
une politique nucléaire sensée. L'événement, qui se tient au Town Hall
de New York, restera gravé dans les mémoires : après avoir attaqué
quelques mesures de « Suzanne », Cohen s'arrête net et quitte la scène
en proie à un mélange de trac et de contrariété. Sa guitare espagnole
s'est désaccordée à cause du changement de température entre les coulisses brûlantes et la scène glacée. Le public lui crie de revenir. C'est là
qu'intervient Judy, qui le pousse fermement en scène. Il y reprend sa
chanson.

Cohen ayant réussi à s'imposer à Judy Collins comme parolier,
Mary Martin téléphone à John Hammond, l'artiste-vedette de Columbia Records et responsable de la production, pour lui parler de lui. C'est
Hammond qui a découvert et engagé Billie Holiday, Count Basie, Are-
tha Franklin et Bob Dylan (plus tard ce sera Bruce Springsteen). Sur les
conseils de Mary, Hammond commence par visionner le film de l'ONF
de 1965. Puis il invite Leonard à déjeuner. Ils mangent au White's,
23e rue, et reviennent ensuite à la chambre du Chelsea, où Hammond
prie Cohen de lui interpréter quelques-unes de ses chansons. Ce dernier
s'exécute et chante « Master Song », « The Stranger Song », « Suzanne »,
« Hey, That's No Way to Say Goodbye » et une chanson qui ne sera
jamais enregistrée et qui parle de fleuves. Après ce tour de chant im-

promptu, le directeur de Columbia se contente de dire : « Tu l'as, Leonard. » Qu'est-ce que j'ai ? se demande le chanteur, du talent ou un contrat ? Hammond trouve que Cohen a un « pouvoir hypnotique », que c'est « un magicien » — différent de tous les chanteurs qu'il a entendus jusqu'alors. « Leonard a établi ses propres règles, explique-t-il, c'est un artiste tout à fait original. »

Curieusement, Columbia ne se montre pas très enthousiaste. Bill Gallagher, le cerveau du service des ventes, s'oppose au projet sous prétexte que parier sur un poète de trente-deux ans constitue un trop grand risque : il y a peu de chances, selon lui, que Cohen devienne un chanteur à succès. Au cours des années, les relations entre Cohen et Columbia refléteront cette ambivalence. En 1984, Walter Yetnikoff, alors président de CBS Records, déclarera au chanteur : « Leonard, nous savons que tu es formidable, mais nous ne savons pas si tu es bon. » Dix-huit ans plus tôt, Columbia se pose la question en ces termes : Cohen a du talent, mais est-il vendable ? En fin de compte, la maison décide de courir le risque et, une semaine après la rencontre avec Hammond, Cohen entre dans le studio E de Columbia, 52ᵉ rue.

L'enregistrement d'un disque n'est pas une mince affaire, d'autant plus que Cohen n'a jamais mis les pieds dans un studio d'enregistrement et qu'il ne lit pas la musique. Hammond a engagé des musiciens de premier ordre pour l'accompagner, mais Leonard a très vite l'impression qu'il accorde beaucoup plus d'attention à leurs qualités musicales qu'aux paroles de ses chansons. C'est la première fois qu'il est accompagné par des musiciens professionnels et il ignore comment travailler avec eux. Hammond, tout à fait détendu, lit son journal derrière la console, manifestant, ainsi que Cohen le résumera plus tard, « un manque d'attention compatissant ». Hammond sait que le chanteur doit trouver tout seul son propre mode. Néanmoins, se disant qu'il est préférable d'enregistrer sur une piste, guitare et basse seulement, il fait venir Willie Ruff, un bassiste qui enseigne à Yale. Ruff, qui est aussi linguiste, comprend parfaitement le sens des chansons de Cohen et anticipe ses variations musicales. C'est avec son aide que le chanteur enregistre « Suzanne », « Master Song », « Hey, That's No Way to Say Goodbye » et « Sisters of Mercy ». « Leonard avait toujours besoin d'être rassuré, expliquera un jour Hammond, et Ruff faisait cela très bien. » Pour constituer l'ambiance qui lui convient, Leonard éteint les lumières du studio, allume des bougies et fait brûler de l'encens. Mais il a besoin d'un autre objet pour se sentir à l'aise : un miroir.

À Montréal, il a toujours chanté devant un miroir en pied, d'abord parce qu'il a besoin de se voir pendant qu'il interprète, ensuite pour voir ce que voit le public. Hammond fait donc installer un miroir dans le studio. Mais les séances ne s'en améliorent pas pour autant. Leonard se rend alors chez un hypnotiseur afin de lui demander s'il est possible de recréer des états d'âme — en fait, ceux dans lesquels il se trouve quand il écrit. La tentative échoue. Ce qui n'arrange rien, c'est qu'il juge sa voix peu commerciale et qu'il n'est pas sûr de son talent de guitariste. Sur ces entrefaites, Hammond tombe malade et doit se retirer de l'aventure. Le nouveau producteur, John Simon, joint d'autres instruments au groupe : cordes, cors et « des coussins de sons afin de permettre à la voix de Cohen de s'y appuyer ».

Cohen n'est pas d'accord avec les initiatives de Simon ; il a l'impression de perdre le contact avec ses chansons. Mais le producteur n'en reste pas là : il ajoute un piano et des percussions à « Suzanne », affirmant que la chanson exige un rythme plus syncopé. Cohen fait enlever ces instruments. Selon lui, la chanson doit rester « linéaire, lisse ». Dans « So Long, Marianne », Simon place un arrêt, un blanc, dans la musique. Cohen le fait disparaître au mixage. Les arrangements musicaux, sur le premier disque, sont de Simon, mais le mixage est de Cohen. Ce dernier est convaincu que l'« adoucissement » qu'a voulu Simon — avec l'adjonction de cordes et de cors — est nuisible, mais il ne peut hélas être supprimé de la bande maîtresse à quatre pistes. Sur le livret joint au disque, on peut lire cette note de Cohen :

> Chansons et arrangements furent présentés les uns aux autres. Ils ressentirent une certaine attirance mais une vendetta leur interdisait de s'épouser. Les arrangements décidèrent de donner une fête malgré tout. Les chansons préférèrent se cacher derrière un voile de satire.

La sortie non officielle de *Songs of Leonard Cohen* a lieu le 26 décembre 1967 — bien que l'on donne toujours 1968 comme date. Dans l'ensemble, les arrangements nuisent aux chansons. Dans « Sisters of Mercy » on entend, à l'arrière-plan, un orgue à vapeur et des cloches ; le chœur de « So Long, Marianne » est composé de chanteuses rock'n'roll ; celui de « Suzanne » alourdit le son. Par contre, « Master Song » et « Winter Lady » bénéficient de sons électroniques originaux. L'élément le plus déconcertant, dans le disque, est le hurlement plaintif à la fin de « One of Us Cannot Be Wrong ».

Avant la sortie du disque, *Sing Out,* magazine de musique folk, publie deux articles sur Cohen. Le premier, écrit par Ellen Sander, est purement biographique ; le second est une analyse de la musique de Cohen par Buffy Sainte-Marie, chanteuse crie née en Saskatchewan. Buffy déplore le manque de connaissances musicales de Cohen mais admire ses modulations parfois extravagantes, attribuables aux changements de tonalité dans une même chanson. « Ses schémas musicaux, écrit-elle, sont très souvent "imprévisibles", et se répètent de manière si imperceptible qu'une oreille non avertie ne remarque pas la structure de base. » Selon Buffy, Cohen « élève les auditeurs au-dessus du champ musical familier. [...] C'est comme perdre la trace du temps, ajoute-t-elle, ou sortir du métro à Times Square et se retrouver au zoo du Bronx ; vous ne savez pas comment c'est arrivé ou qui s'est trompé, mais vous êtes là. » En bref, la musique des chansons de Leonard semble manquer de « structure et de sens » en raison de ses progressions d'accords inhabituelles, mais une fois apprivoisée, elle enchante.

Pendant ce temps, ignorant les conséquences d'un tel geste, Cohen a vendu les droits de trois de ses meilleures chansons : « Suzanne », « Master Song » et « Dress Rehearsal Rag ». Mary Martin connaissait un arrangeur, Jeff Chase — qui se disait également éditeur de musique —, et elle avait réussi à convaincre Leonard de faire appel à lui pour améliorer les chansons en question. Travaillant de concert, Chase et Leonard ont réalisé un disque de démonstration destiné à la promotion. Bien que Cohen se soit très vite rendu compte que son partenaire et lui n'avaient pas les mêmes idées sur la musique, il a néanmoins accepté de signer certains documents accordant « temporairement » à Chase les droits sur les trois chansons et l'autorisant à le représenter. Jusqu'au jour où il lui a déclaré que leur travail n'était pas valable — à quoi Chase s'est contenté de répondre qu'ils étaient liés par contrat. Après discussion, Chase a accepté de se retirer à la condition de garder les droits sur les trois chansons en guise de dédommagement. Ne sachant que faire, manquant totalement de confiance en lui-même, Cohen a demandé conseil à Mary, qui lui a suggéré de laisser aller les choses. Les droits des trois chansons appartenaient donc désormais à un bluffeur, qui n'avait jamais fait que préparer les partitions de base.

C'est en 1970, après sa première tournée, que Cohen comprend toute l'étendue de son erreur. Il comprend également que Stranger Music, la maison qu'il a fondée en 1967, appartient en partie à Mary Martin, avec laquelle il ne s'entend plus. Il consulte alors Marty Machat, l'avocat de Bob Johnston, producteur de Columbia. Machat, qui deviendra bientôt l'avocat de Cohen, négocie un arrangement financier avec Mary Martin afin qu'elle se retire de Stranger Music. Mais l'affaire des droits des trois chansons n'en est pas pour autant résolue. Quelque temps après, lorsque Cohen y fera allusion, il dira que les chansons ont « été perdues à New York ». Puis, parlant de « Suzanne » : « Mais il est sans doute préférable que je ne possède pas cette chanson. L'autre jour, j'ai entendu quelqu'un la chanter sur un bateau voguant sur la mer Caspienne. » En 1983-1984, Chase contacte Barrie Wexler, un ami de Cohen, pour lui dire qu'il pense que ce dernier doit récupérer ses droits. Il est disposé à les rétrocéder et attend une offre. Une réunion a lieu à l'hôtel Royalton, à New York, entre un Chase nerveux et un Cohen furieux. Lorsque Cohen demande à Chase combien il veut, ce dernier réplique : « Qu'est-ce que tu en penses ? » Leonard réfléchit pendant quelques secondes, puis répond : « Un dollar, connard ! » Chase se précipite hors de la pièce. Mais Cohen veut ses droits. En 1987, il accepte de payer une somme plus élevée que sa première offre, mais plus modeste que celle que propose Chase.

Avec *Songs of Leonard Cohen*, le chanteur se frotte aux sombres machinations financières du monde de la musique — un sérieux contraste avec l'industrie du livre, dans lequel on ne trouve qu'une corruption relativement modeste en raison d'investissements plus limités. Le disque est une déclaration artistique cohérente ; il soulève des problèmes qui seront repris dans les chansons suivantes. Cohen a déclaré un jour qu'un artiste ne crée qu'une ou deux chansons dans sa vie, qu'il réinvente constamment, et que ses premiers écrits contenaient déjà tous ses thèmes et leurs variations. *Songs of Leonard Cohen* le prouve.

Le verso de la pochette montre Jeanne d'Arc dans les flammes du bûcher. Les mains de la sainte sont enchaînées, ses yeux bleus levés vers le ciel ; les flammes lui enveloppent la poitrine. L'image est d'un peintre inconnu. En fait, c'est une carte postale mexicaine que l'on peut trouver partout au Mexique et que Cohen a dénichée dans une boutique d'accessoires de magie. Elle représente l'*anima sola*, l'âme solitaire tentant de se libérer des chaînes du monde matériel. « J'ai eu l'impression que j'étais cette femme », expliquera-t-il quelques années plus tard. La réapparition de la même image au dos de la pochette du disque hommage de 1995, *Tower of Song*, « boucle la boucle », déclarera-t-il.

« Stories of the Street » illustre le désespoir et le désordre dans lesquels vit Cohen pendant sa première période new-yorkaise. Ainsi qu'il le dit au début de la chanson, « les histoires des rues sont les [s]iennes », puis il détaille ses expériences : « Je m'appuie au bord de la fenêtre / de ce vieil hôtel que j'ai choisi / une main sur mon suicide / une main sur la rose. »

« Sisters of Mercy » a été écrite à Edmonton après une rencontre avec deux voyageuses. Il les a découvertes tandis qu'il se réfugiait dans une encoignure de porte pour se protéger d'une tempête de neige. Comme elles n'avaient pas d'endroit où aller, il les a invitées à partager sa chambre d'hôtel. Les deux filles voyageaient en auto-stop d'un bout à l'autre du pays. Épuisées, elles sont tombées endormies sur son lit. Alors il s'est assis dans un fauteuil près de la fenêtre. La tempête se calmait, le ciel s'éclaircissait. Leonard regardait le reflet de la lune sur la rivière Saskatchewan. Une mélodie résonnait dans sa tête (il se souvenait de l'avoir jouée pour sa mère dans leur cuisine de Montréal). Il a écrit les couplets pendant que les deux jeunes filles dormaient. « C'est la première fois qu'une chanson m'était donnée sans que je doive suer sur chaque mot. Lorsque les filles se sont réveillées, je leur ai chanté la chanson telle qu'elle est aujourd'hui, parfaite, tout à fait terminée, et elles ont été heureuses de l'entendre. Elles s'appelaient Barbara et Lorraine. »

« The Stranger Song », qui parle de perte, de départs et du besoin constant de reprendre la route, est avant tout une confession. L'amour est nécessaire, pourtant il est destructeur ; la chaleur et le confort qu'il procure affaiblissent la volonté. Tous les thèmes ultérieurs des chansons de Cohen sont contenus dans cette chanson. *Songs of Leonard Cohen* est une sorte de modèle pour les chansons à venir.

* * *

C'est à l'automne 1969 que Leonard rencontre Bob Dylan. Ce jour-là, il se trouve dans la loge du Bitter End, un club de musique folk de Greenwich Village, où il est allé entendre Phil Ochs et Tim Buckley. Dylan est revenu à New York après avoir passé plusieurs années dans l'isolement à Woodstock, à la suite du terrible accident de moto qui a failli lui coûter la vie en 1966. Comme il a entendu dire que Cohen était au Bitter End, il a demandé à Paul Colby, son assistant et ami, de l'inviter à venir le rejoindre. Les deux chanteurs se sont retrouvés rue Mac-Dougal, au Kettle and Fish, l'antre favori de Dylan.

L'art de Cohen et celui de Dylan se ressemblent par certains côtés : les paroles de leurs chansons sont recherchées, leurs mélodies d'une élégance surprenante, et ils n'ont pas beaucoup de voix. Dylan puise aux mêmes sources que Cohen : la Bible et Hank Williams. En janvier de l'année précédente, Columbia a sorti un disque de chaque chanteur : *Songs of Leonard Cohen* et *John Wesley Harding*. Les critiques considèrent l'œuvre de Cohen comme un chef-d'œuvre de désespoir ; Dylan se contente d'appeler cette rumination « le premier disque rock biblique ». Leurs pas se croiseront encore : en 1970, en coulisses, à l'issue du concert pluvieux de Cohen à Forest Hills ; au Forum de Montréal à l'occasion de la Rolling Thunder Review, où Joan Baez et Dylan se produisent ; en 1977, quand Dylan a séjourné dans la maison louée par Leonard en banlieue de Los Angeles ; et enfin à Paris en 1987. C'est là que Dylan révélera à Cohen, alors qu'ils prennent un café après l'un de ses concerts, qu'il a écrit « I and I » en un quart d'heure. Cohen lui répondra qu'il a mis deux ans à écrire « Hallelujah ».

Leonard a fait part de son admiration pour Dylan à plusieurs reprises. C'est, selon lui, « le chanteur le plus raffiné de notre génération. [...] Personne ne compare l'un ou l'autre de nos chanteurs populaires à Matisse ou à Picasso. Dylan est Picasso — par son exubérance, son registre et le fait qu'il a assimilé toute l'histoire de la musique. » Dylan, de son côté, a dit qu'une des trois personnes qu'il n'aurait pas regretté d'être un seul instant est Leonard Cohen (les deux autres étant Roy Acuff et Walter Matthau).

* * *

Alors qu'il vit à New York, Cohen commence à faire des apparitions à la télévision canadienne. Il représente le produit culturel canadien parfait. Il s'exprime bien, est sexy et vit à l'étranger. Il fait sa première apparition, dans le cadre de l'émission *Take 30*, animée par Adrienne Clarkson. Ce soir-là, on le voit avec le groupe folk torontois, The Stormy Clovers, qui a interprété ses chansons dans des clubs de Montréal et de Toronto. Dans *Take 30*, Cohen chante « Traveller » (une première version de « The Stranger Song »), « Suzanne » et « So Long, Marianne ». Pendant l'émission, Adrienne Clarkson lui demande s'il veut désormais chanter plutôt que d'écrire des poèmes. Il répond : « Je crois que l'époque où les poètes en cape noire s'asseyaient sur des escaliers de marbre est révolue. »

En 1967, Cohen a une aventure avec Joni Mitchell, qu'il a rencontrée au Newport Folk Festival. Peu après, il lui rend visite à Greenwich Village, à l'Earl Hotel, Waverly Place. Joni chante souvent à Montréal et passe pas mal de temps avec son ami. Une de ses chansons, « Rainy Night House », a d'ailleurs été écrite après une visite à la mère de Cohen. Lorsque Leonard se rend à Los Angeles à l'automne 1968, il passe presque un mois avec la chanteuse dans sa nouvelle maison de Laurel Canyon. La jeune femme dit que Cohen l'inspire, lui offre d'autres modèles pour l'écriture de chansons. Mais elle trouve parfois ses attitudes un peu surprenantes : un jour, elle découvre son nom (à lui) inscrit à l'arrière du lourd balancier d'une vieille horloge qu'elle possède. Lui et Dylan, « donnent le rythme » et la forcent à découvrir de nouveaux horizons musicaux. Pour Cohen, leur relation amoureuse est « un prolongement de leur amitié » — une amitié qui va durer très longtemps.

En 1967, persuadé que Cohen est la voix de la nouvelle contre-culture, un producteur l'envoie à Hollywood pour y faire la musique d'un film de John Boorman. C'est la première fois que Leonard séjourne à Hollywood. Plus tard, il se souviendra surtout des boîtes d'allumettes à son nom dans la chambre d'hôtel. Le producteur, lui, croyait qu'il deviendrait une sorte d'autorité dans le nouveau mouvement musical et culturel. Il se trompait. « Ils m'ont fait visionner le film, mais je n'arrivais pas à me sentir concerné. » Leonard retournera à Hollywood l'année suivante pour écrire la musique d'un film portant le titre provisoire de « Suzanne » — film d'art vaguement influencé par sa chanson. Les cinéastes ignorent qu'il a perdu les droits de « Suzanne » ;

quand ils l'apprennent, le projet tombe à l'eau. Leonard passe quelque temps avec Joni, qui commence à se tailler une place importante sur la scène musicale de la côte ouest. Puis il loue une voiture et se rend en Californie du Nord pour y voir un ami, Steve Sanfield, qu'il a connu à Hydra.

Rentré à New York, il se produit plus souvent en spectacle. Le 6 avril, à la State University de Buffalo, devant une salle pleine à craquer, le présentateur du spectacle s'adresse en ces termes au public : « James Joyce n'est pas mort ; il vit à Montréal et s'appelle Cohen. » Leonard lit des extraits de *Beautiful Losers* et chante « Suzanne », « The Stranger Song », « Master Song », « Love Calls You by Your Name » et « The Jewels in Your shoulder ». Le public le rappelle trois fois. Le 27 avril, Cohen fait ses débuts au Town Hall de New York, qui a organisé le spectacle au profit de SANE et, peu après, se produit dans le cadre d'Expo 67, à Montréal, dans un petit pavillon aménagé comme une boîte de nuit. Entrant en scène avec sa guitare et une poignée de bougies, Cohen amorce le dialogue avec le public en annonçant : « Je ne peux pas chanter à moins que vous n'acceptiez de prendre une bougie et de l'allumer au milieu de votre table. » L'assistance trouve ce caprice plutôt ridicule mais se plie de bonne grâce au désir du chanteur. Un spectateur se souvient que le jeu de Cohen à la guitare était atroce et que sa voix ne valait pas beaucoup mieux. « Mais il arrivait à vous toucher. Les femmes sont très vite tombées sous le charme ; les hommes étaient moins convaincus, mais le climat était fabuleux. »

Cohen chante également au Rhinegold Music Festival, à Central Park, et, le 16 juillet, au Newport Folk Festival, où il se joint à Joni Mitchell, Mike Settle et Janis Ian pour le premier après-midi consacré aux chanteurs paroliers. C'est Judy Collins qui a organisé l'événement. Dans la voiture qui le conduit à Newport, Cohen confie à son avocat, Marty Machat, qu'il n'a pas grand-confiance dans ses dons de chanteur. « Aucun de vous ne sait chanter, réplique Machat. Quand je veux entendre des chanteurs, je vais au Metropolitan. » Cohen se produit également au Big Sur Festival, en Californie.

En septembre, il est invité à *Camera Three*. En quatorze ans, l'émission culturelle de la CBS n'a jamais connu une cote d'écoute aussi élevée. En novembre paraît le disque *Wildflowers*, de Judy Collins, dans lequel elle interprète trois chansons de Cohen. Le disque deviendra son plus gros succès ; il atteindra la cinquième place au palmarès. Ces événements préparent le terrain pour la sortie de *Songs of Leonard Cohen*. Une interview du 28 janvier 1968 dans le *New York Times* traduit très bien l'état d'esprit dans lequel se trouve Leonard. L'entretien a lieu dans sa chambre de l'hôtel Henry Hudson, toujours aussi délabré, mais dans lequel il jouit du style de vie inhérent au fait d'être « uniquement, une célébrité de l'underground ». Il semble, dit-il, que le disque « ait fait de [lui] l'un des porte-parole les plus importants des pèlerins vieillissants de [s]a génération, la génération prétendument silencieuse. » Cohen expose ses vues sur le sexe, les femmes, les mouvements révolutionnaires, les colonels grecs qui ont pris le pouvoir en 1967, et la souffrance, domaine dans lequel les gens attendent de plus en plus ses lumières. Il suggère des régimes alimentaires — trois ans plus tôt, il a été végétarien, maintenant il ne mange plus que de la viande. Il propose même un nouveau langage : « Quand je vois le visage d'une femme transformé par l'orgasme que nous avons atteint ensemble, je sais que nous nous sommes rejoints. Tout le reste est fiction. C'est le vocabulaire d'aujourd'hui, le seul langage qui nous reste. [...] Tous ceux que je rencontre me fatiguent à crever. Ça me met K.-O. Tout ce que je peux faire, c'est me mettre à genoux. Je ne me considère même pas comme un écrivain, un chanteur ou un artiste quelconque. Être un homme est une occupation bien assez accaparante. » Il voit en la femme le salut de l'homme et l'en glorifie. « J'aimerais que les femmes se pressent de prendre le pouvoir. Cela va de toute façon arriver, alors finissons-en tout de suite. [...] Nous pourrons alors reconnaître que les femmes sont vraiment les cerveaux et les forces qui tiennent tout ensemble, et que les hommes font de l'art et des commérages. Alors nous pourrons nous atteler sérieusement à notre boulot puéril pendant que les femmes font tourner le monde. Je suis pour le matriarcat. »

Invité à parler de son œuvre, Cohen déclare que ses romans ont un caractère pathologique. « Ce que je découvre dans ma boîte aux lettres, c'est que les meilleurs produits de notre époque sont en train de disparaître. Les sensibilités les plus raffinées de notre temps se tordent de douleur. Cela signifie qu'un changement est en cours. » L'humanité, conclut-il à la fin de l'interview, « doit redécouvrir la crucifixion. La crucifixion sera de nouveau comprise comme un symbole universel, et pas seulement comme une expérience sadique, masochiste ou arrogante. Il faut qu'elle soit redécouverte parce que c'est là où l'homme est arrivé. Sur la croix. » Le grand titre de l'entretien — une de ses déclarations — est : « Je vis comme un hors-la-loi depuis l'âge de quinze ans. »

Le lendemain, il part pour Hydra.

Une critique mitigée du disque paraît dans le *Times*. « Sur l'échelle de l'aliénation, peut-on lire au début du papier, Cohen se place quelque part entre Schopenhauer et Bob Dylan, deux autres grands poètes du pessimisme. » Mais le critique ajoute que le disque aura un certain succès, bien que le « *weltschmerz** et le *soft rock* » ne fassent pas toujours des best-sellers. « Il y a dans "Suzanne", dit le journaliste, des passages surréalistes assez digestes. » Une comparaison avec Dylan met l'accent sur leurs différences : « M. Dylan s'est aliéné la société et en est furieux ; M. Cohen se l'est aliénée et ça le rend tout simplement triste. » La conclusion est plutôt positive : « La musique populaire était depuis longtemps mûre pour une expression néo-keatsienne de la lassitude. M. Cohen, cette saison, pourrait bien être cette voix-là. »

Songs of Leonard Cohen ne remporte qu'un succès honorable aux États-Unis — cent soixante-deuxième au palmarès, entre *Young Rascal's Collection* et *These Are Songs,* de Petula Clark. L'été, il est treizième en Angleterre, ce qui donne une idée de ce que sera sa popularité en Europe. Columbia a fait un disque avec « Suzanne », mais ce dernier ne figure pas au palmarès. Cohen ne fait pas de tournée pour épauler le disque, principalement en raison de ses doutes quant à sa présence sur scène. Au Canada, *MacLean's* n'aime pas du tout le disque, qu'il qualifie de « sentimental ». Un article de *Village Voice,* intitulé « Beautiful Creep », critique le mouvement de poésie folk et dit que Cohen en est l'adepte le plus actif. « Cohen souffre d'une façon grandiose dans chaque couplet », dit le journaliste. L'œuvre du chanteur est étiquetée comme déprimante, sombre et désespérée. Huit mois plus tard, le *New York Times* déclare que Cohen, Dylan, Paul Simon, Rod McKuen et Laura Nyro sont les nouvelles voix de la poésie rock folk.

Cohen fait un saut à Londres : deux spectacles composés l'un et l'autre de douze chansons et intitulés « Leonard Cohen Sings Leonard

---

* La douleur du monde. *N.D.T.*

Cohen » doivent passer à la BBC. On peut y entendre « You Know Who I Am », « One of Us Cannot Be Wrong » et « Dress Rehearsal Rag ». L'introduction à la dernière chanson témoigne de l'état d'esprit lugubre du poète. Elle parle d'un chanteur tchèque qui avait l'habitude d'interpréter, dans ses tours de chant, une chanson si déprimante que des gens, après le concert, se jetaient par les fenêtres. Leonard ajoute que le chanteur lui-même a fini par se défenestrer. « Dress Reherseal Rag » est une chanson du même genre, qu'il n'interprète que lorsque l'assistance est assez joyeuse pour en supporter le désespoir.

Bien qu'il soit catalogué comme poète et chanteur des années soixante, Cohen se tient à l'écart des grands mouvements. « Je n'ai jamais épousé l'esprit de ma génération parce qu'il ne me semblait pas assez séduisant. […] Je me tiens la plupart du temps sur la ligne de front de ma vie minuscule. Je me souviens de m'être enflammé, comme tant d'autres, dans les années soixante. Tous nos appétits étaient en éveil : on voulait l'amour, on voulait créer, on était avides ; on voulait vraiment tout avoir. » Cohen pense que le commerce a rapidement récupéré le mouvement folk. « La chose est morte très, très vite ; les marchands s'en sont emparés. Personne n'a essayé de résister. Ma pureté est fondée sur le fait que personne ne m'a *offert* suffisamment d'argent. Je suppose que si j'avais dérapé dans des royaumes plus populaires, j'aurais abdiqué quelques-unes des caractéristiques de ma nature que l'on décrit aujourd'hui comme des vertus. »

Le désordre de la vie de Cohen à New York l'amène à explorer d'autres voies, qu'elles soient sexuelles, pharmacologiques ou spirituelles. L'une d'elles est la scientologie. En 1968, à Hollywood, alors qu'il descend Sunset Boulevard en voiture avec Joni Mitchell, ils aperçoivent devant l'entrée d'un immeuble des femmes en sari blanc qui distribuent des brochures aux passants. Le mot « scientologie » s'étale sur une grande enseigne suspendue au-dessus de la porte de l'immeuble. « C'est quoi, la scientologie ? demande Joni. — Une religion de cinglés », répond Leonard. Une semaine plus tard, il l'appelle de New York pour lui dire qu'il est entré en scientologie et qu'ils vont diriger le monde. Après deux ou trois mois, il annonce à son amie qu'il est déçu et qu'il a eu pas mal de problèmes pour se dégager de l'affaire. Au départ, la scientologie lui a proposé, en guise de but, le « chemin clair ». (« Es-tu jamais devenu clair ? » demande-t-il dans « Famous

Blue Raincoat ».) Cohen avait également entendu dire que c'était un bon endroit pour y rencontrer des femmes. Le 17 juin, il reçoit un certificat de l'Église de scientologie lui décernant le « grade IV — Libération ».

Sa liaison avec Marianne touche à sa fin. Il a des aventures avec d'autres femmes et essaie de faire passer sa conduite pour de la générosité. À New York, il ne tient pas en place. Il voit souvent Marianne et son fils, mais il sait que leur avenir à trois se présente mal ; plusieurs de ses chansons en parlent. La dissolution du couple se reflète dans un texte exposant les prémices de « Hey, That's No Way to Say Goodbye », qu'il écrit

> dans un lit fatigué du Penn Terminal Hotel en 1966. La chambre est brûlante. La fenêtre n'ouvre pas. Je suis en plein dans une querelle amère avec une femme blonde. La chanson est à moitié écrite au crayon mais elle nous protège tandis que nous manœuvrons l'un et l'autre pour obtenir une victoire inconditionnelle. Je me suis trompé de chambre. Je me suis trompé de femme.

« So Long, Marianne » est le dénouement musical de leur liaison. Ils se séparent en 1968. Bien que Marianne soit encore folle de Leonard, elle a compris qu'elle ne pourra jamais l'avoir tout à elle. « Mes nouvelles lois n'encouragent pas / satori mais la perfection », écrit-il. Dans ses relations suivantes, que ce soit avec Suzanne Elrod, Dominique Issermann ou Rebecca de Mornay, Cohen s'efforcera toujours de mettre ce principe en vigueur, construisant chaque liaison nouvelle en tenant compte de ses premières expériences avec les femmes. Il a besoin d'un attachement sérieux, monogame, mais équilibré par une liberté qui lui permette de créer. Marianne, à qui il a dédié *Flowers for Hitler*, a été à la fois l'inspiratrice et la victime de ce besoin.

CHAPITRE VIII

« Y'a pas d'remède à l'amour »

LEONARD COHEN RENCONTRE Suzanne Elrod, jeune femme de dix-neuf ans, dans un ascenseur de l'hôtel Plaza à New York. Il se trouve dans la métropole pour y assister à une séance de scientologie — une des ornières dans lesquelles il a trébuché sur la route de l'illumination. Suzanne vit au Plaza, tous frais payés par son protecteur, un homme d'affaires. Elle sort de l'ascenseur lorsque Cohen y entre. L'ayant regardée, il fait demi-tour et se présente à elle. Leur liaison commence presque tout de suite ; elle fait ses bagages, quitte le Plaza et s'installe au Chelsea.

Suzanne est radicalement différente de Marianne. Marianne est protectrice et femme d'intérieur, Suzanne dominatrice et d'une franchise plutôt directe. Sa beauté sombre et sensuelle, sa sexualité provocante vont subjuguer Leonard pendant dix ans ; il n'arrivera jamais à résister à ses exigences, qu'elles soient d'ordre vestimentaire ou immobilier. Un vieil ami grec fera un jour remarquer que les deux femmes « ont des natures de chatte » : Marianne est un « puma », alors que Suzanne est « la persane du boudoir », qui sort ses griffes et bondit lorsqu'on s'y attend le moins. Marianne semble impénétrable, comme si elle était entourée d'un mur de verre l'isolant de son entourage, mais elle est aimante, docile et compréhensive. Avec Suzanne, Cohen a l'impression d'avoir trouvé son égale, un être avec qui il peut communiquer avec le même degré d'intensité. Sa beauté lui paraît fascinante, sa sensualité irrésistible. À côté des icônes, sur les murs blanchis à la chaux de la maison d'Hydra, elle a accroché des gravures érotiques sur bois. Suzanne est une Juive de Miami, très belle, très compliquée. « Chaque fois que je regarde son cul j'oublie toutes nos misères », dit Leonard.

Lorsqu'il découvre que l'écriture de sa maîtresse est aussi petite que la sienne, il lui dit : « J'ai bien peur que nous ne soyons condamnés à rester ensemble pendant fort longtemps. »

La différence d'âge ne semble pas perturber le couple — pourtant, un jour où Leonard révèle son âge (trente-quatre ans) à un journaliste qui l'interviewe, Suzanne s'exclame : « Leonard, ne dis pas ton âge ! » Il se met à rire et cite l'apôtre Jean (8, 32) : « […] la vérité fera de vous des hommes libres ». Pendant leur première année de vie commune, Cohen et Suzanne mènent une vie itinérante, s'installant d'abord à Hydra, puis séjournent au Chelsea, ou à Montréal. Ils y occupent, à Westmount, le dernier étage de l'appartement de Robert Hershorn, avant de louer une petite maison dans le quartier grec. Cohen écrit et compose, Suzanne se lance dans la rédaction d'un roman pornographique. « Pour nous faire rire », dit-elle. Leonard lui offre une bague de mariage juive, mais ils ne se marieront jamais. Peu de temps après, ils s'installent à Nashville.

Bob Johnston, le producteur de musique folk rock le plus prisé de Columbia — il a produit l'œuvre de Dylan —, s'est intéressé au premier disque de Cohen en 1968, à Los Angeles, et a demandé au chanteur qu'il lui confie la réalisation du suivant. L'enregistrement se fera à Nashville. L'idée de juxtaposer le Juif urbain et lugubre à la toile de fond rurale et country de Nashville paraît plutôt saugrenue. Cette ville conservatrice est le haut lieu de l'esprit chrétien puritain aux États-Unis ; les dépliants touristiques en parlent comme de « la place forte de l'évangélisme ». En bref, Nashville est considérée comme un parc à thèmes essentiellement chrétiens et républicains. Sur le plan musical, la production donne plutôt dans le mauvais calembour et les arrangements sirupeux. L'émission de télévision *Hee Haw* y débute en 1969, et « Okie from Muskogee », chanson antiprotestataire de Merle Haggard, en devient le plus grand succès. Mais les *aw-shucks* (Ah, zut !) de Nashville, sa patine *hillbilly**, donnent une fausse idée du haut degré de musicalité et d'innovation que l'on peut y trouver. Chet Atkins et le producteur Owen Bradley sont les pionniers des nouveaux sons ; Johnny Cash compose des airs intéressants ; Kris Kristofferson y écrit ses chansons tout en étant

---

* Montagnard du sud des États-Unis. Personnage qui a la réputation d'être plutôt fruste. *N.D.T.*

concierge de nuit à Columbia ; Elvis enregistre aux studios RCA ; Bob Dylan y a fait deux disques (*John Wesley Harding* et *Nashville Skyline*) ; et Buffy Sainte-Marie prépare le sien. Le penchant de Cohen pour la musique country remonte à l'époque des Buckskin Boys, le premier groupe dans lequel il s'est produit. Leonard se considère, de façon tout à fait incongrue, comme un chanteur country.

Lorsqu'il arrive à Nashville, on y assiste aux débuts du métissage du pop et du country, qui efface la distinction entre les deux disciplines. « Ode to Billy Joe », de Bobbie Gentry, occupe la première place aux palmarès country et pop. Glen Campbell y a enregistré « Witchita Lineman », et Ray Charles, un des chanteurs préférés de Cohen, y a fait paraître le second volume de « Modern Sounds in Country and Western Music ». Sur le plan expérimental, une série de douze duos entre Bob Dylan et Johnny Cash a été enregistrée en mars 1969. Un seul d'entre eux, « Girl from the North Country », paraîtra sur le disque de Dylan, *Nashville Skyline*. La philosophie du métissage renaîtra par vagues au cours des trente années suivantes, avec différents degrés de succès. À Nashville, Cohen trouve des musiciens professionnels enthousiastes et prêts à l'accepter tel qu'il est : un poète un peu plus âgé qu'eux, doublé d'un chanteur folk-rock en herbe.

Il a proposé à Suzanne de l'accompagner. Mais elle a passé la veille de leur départ à faire la noce avec plusieurs hommes. Message peu subtil, mais clair. Leonard est furieux, mais sa compagne le domine ; il accepte de vivre dans cette sorte d'esclavage. Malgré son écart de conduite, Suzanne partira tout de même avec lui. Le couple loge pendant quelques jours au Noel Hotel, puis s'installe dans une ferme, à Franklin, petite ville située à trente-cinq kilomètres au sud-ouest de Nashville. Bob Johnston, qui loue la maison à Boudleaux Bryant, le parolier qui a écrit, entre autres, « Bye, Bye Love » pour les Everley Brothers, l'a cédée à Cohen pour soixante-quinze dollars par mois. Le couple y restera deux ans. Le chalet est entouré de mille cinq cents hectares de forêt vierge où poussent noyers, châtaigniers, chênes, hêtres et frênes. Il y a aussi un ruisseau. Des paons sauvages vagabondent aux alentours. Cohen amuse ses rares invités en imitant leur braillement.

Le couple mène une vie campagnarde et tranquille ; Leonard et Suzanne ne se rendent à Nashville que pour les enregistrements ou pour y rencontrer des amis. La jeune femme porte de longues robes

qu'elle a fabriquées elle-même, travaille sur son métier à tisser et fait de
la poterie. Les invités déplorent que la petite ferme soit si isolée et que
ses locataires y mènent une vie par trop simple. À cette époque, Leonard suit un régime macrobiotique (il a été végétarien de 1965 à 1968).
La seule boisson qu'il peut offrir à ses invités n'est bien souvent que du
thé de soja.

Au Tennessee, Leonard peut enfin satisfaire un de ses fantasmes :
jouer les cowboys. L'un de ses endroits favoris à Nashville est le magasin de surplus de l'armée Woodbine. Un journal intime de cette époque
contient des photos de plusieurs comptoirs d'armes. Cohen devient le
poète au fusil. Ses amis viennent parfois passer l'après-midi avec lui
pour partager son passe-temps. Ils arrivent un jour dans une voiture
bourrée d'armes. Leonard se joint à eux avec le plus gros fusil qu'il possède, un pistolet Walther PPK, dont il parlera dans *Energy of Slaves*. Il
compare la puissance de feu de son arme à celle des gros calibres de ses
amis — puis explique pourquoi il est impressionné par la manière dont
le Sud protège ses femmes.

Un cheval lui paraît absolument indispensable. Kid Marley, cowboy
intermittent et buveur à plein temps, lui en vend un. Marley est une
figure légendaire du coin, il peut chanter et jouer de l'harmonica. Mais
son cheval boite et refuse de trotter. Il broute dans le pré pour tuer le
temps, attentif à se tenir le plus loin possible du cowboy montréalais —
qui a pourtant appris à monter.

Willie York est un des voisins de Leonard. Personnage haut en couleur, il possède un alambic et a tiré sur un agent des douanes. Il est le
héros d'un succès du chanteur country Johnny Paycheck, intitulé
« Willie York, Big East Fork, Franklin, Tennessee ». York s'occupera du
chalet et de la terre de Cohen pendant les deux années où ce dernier y
habitera, mais cela ne l'empêchera pas de faire quelques emprunts, la
carabine de Leonard entre autres. Un voisin fantasque, ce Willie. Il peut
frapper à la porte en plein milieu d'un orage pour venir demander
vingt dollars. Que Cohen lui prête, bien entendu. L'individualisme de
Willie lui plaît ; il aime sa compagnie.

Dans l'ensemble, Suzanne ne déteste pas vivre au Tennessee, mais
elle se rend régulièrement à New York ou en Floride. « Diamonds in the
Mine », que l'on trouve sur le troisième disque de Cohen, évoque le fait
que sa femme ne lui écrit pas et sa déception devant la boîte aux lettres

vide. Mais composer, enregistrer, vivre loin des pressions de Montréal et de la vie intense d'Hydra lui procurent une heureuse détente : « Je suis allé vivre là-bas. J'avais une maison, une jeep, une carabine, une paire de bottes de cow-boy, une petite amie, [...] une machine à écrire, une guitare. Bref, tout ce dont j'avais besoin. » Quant à Suzanne, elle voit la vie au Tennessee avec une pointe de cynisme : « Aussi longtemps qu'un type comme lui était dans mon univers, je n'avais pas d'objection à être là. Je marchais sur la pointe des pieds — tout pour que le poète puisse écrire. Notre relation était comme une toile d'araignée. Très compliquée. »

Cohen a transposé avec bonheur dans le Tennessee campagnard le mode de vie d'Hydra — un isolement romantique qui lui permet de travailler. Mais sa mélancolie ne le quitte pas pour autant, ainsi qu'en témoigne un poème retrouvé dans le carnet de notes de Nashville de 1969, intitulé « The Pro ». Une sorte de testament tragicomique :

> Je lègue à plusieurs jaloux une légende de second choix
> [de ma vie.
> À ces filles de l'école secondaire
> qui préféraient mon œuvre à celle de Dylan
> je laisse mon oreille de pierre
> et mes ambitions franciscaines jetables.

L'enregistrement de *Songs from a Room* se passe bien. Bob Johnston, le producteur, comprend la délicatesse des chansons de Cohen et la finesse avec laquelle la poésie s'y mêle à la musique. À l'instar de John Hammond, il aide Leonard à surmonter la nervosité qui l'envahit quand il travaille avec d'autres musiciens. Ils enregistrent dans le grand studio de Columbia de la 16e Avenue, que Johnston a pourvu d'un nouvel équipement. C'est Johnston qui a fait le choix des choristes, dont Charlie Daniels, un violoniste texan de taille imposante, qui a joué avec Dylan et va bientôt entamer avec succès une carrière en solo. La première séance est un peu floue. « Qu'est-ce qu'on fait ? » demande Cohen en arrivant. — Allons acheter de la bière et des hamburgers », propose Johnston. Quand ils reviennent au studio, Cohen pose la même question, mais plus précise : « Qu'est-ce que tu veux que je fasse ? — Chanter », dit Johnston. Après la première prise, Cohen va à la régie, écoute, et demande : « C'est cette voix-là que je suis censé avoir ? — Ouais », répond Johnston.

Charlie Daniels se souvient que Cohen appréciait les dons musicaux des interprètes mais mettait d'abord son propre talent en évidence. On demandait à Daniels et aux autres choristes de l'écouter attentivement afin de bien intégrer la chanson. Chaque chanteur avait sa propre couleur. Plus tard, Johnston parlera du disque comme d'un tableau et décrira son rôle de « garde du corps musical de Cohen », dont la mission était de protéger sa musique des intrusions artificielles et des falsifications du son. Il veut que le disque ait une atmosphère de fragilité, de douceur. Mais il veut aussi que la voix de Cohen « fasse penser à une montagne », sans que la pureté de son timbre en soit sacrifiée pour autant. Puis, Johnston décide que des voix françaises doivent rehausser « The Partisan », une des seules chansons que Cohen n'a pas écrites. Ils se rendent en France afin d'enregistrer trois choristes françaises.

La musique de *Songs from a Room* a été composée pour mettre en valeur les paroles des chansons. Pas de tambour ; une guitare électrique utilisée avec une grande modération dans les accords finals de « A Bunch of Lonesome Heroes ». Le climat des séances d'enregistrement est très détendu, ce qui laisse beaucoup de temps pour chaque prise. Chacun peut alors comprendre les différentes colorations que Cohen donne à chaque chanson. Johnston vient de produire *Blonde on Blonde,* de Dylan, et *Folsom Prison,* de Johnny Cash. Il est donc prêt à recevoir le nouveau son que Cohen apporte.

Johnston a dit de Leonard qu'il stimulait l'énergie psychique de ceux qui l'entouraient. « Dylan avait un œil sur le futur proche, Leonard une main sur l'avenir », expliquera-t-il dans une interview. Puis il décrit le Cohen guitariste, son jeu de cordes si subtilement élaboré — comme la veuve noire tisse sa toile. Il souligne le pouvoir, le magnétisme qu'exerce sa voix envoûtante sur le public.

Ce qui n'empêche pas Cohen de cultiver des doutes. Parlant de son interprétation de « Lady Midnight », il écrit : « La voix est incertaine. Comme le reste de ma vie. À cette époque, il me fallait un quart d'heure pour décider si je porterais ma casquette pour sortir et une demi-heure pour savoir s'il me faudrait l'ôter en rentrant. »

Au studio, cependant, Cohen sait exactement où il va. Johnston « y

crée une ambiance qui encourage chacun à faire de son mieux, à prolonger les séances, à faire des prises supplémentaires ; une ambiance
libérée de tout jugement, de toute critique ; on se sent porté ; ce sont des
moments exaltants ». Toute la magie repose sur les mouvements de
Johnston lorsqu'il écoute l'interprète. « Il dansait pour vous… […] son
immense générosité rayonnait dans le studio. » Les enregistrements
deviennent aisés pour Cohen ; il est de plus en plus serein. D'ailleurs, il
écrit dans son journal : « Lu le Zohar, fait de l'exercice ; je reviens dou-
cement à la vie. »

Le disque sort en mars 1969. Lugubre, brutal et d'une grande puissance d'émotion, il ne fait rien pour dissiper la réputation de prince du
pessimisme qui colle à Cohen. Dans « You Know Who I Am », il
chante :

> Parfois je te veux nue
> Parfois je te veux farouche
> Je veux que tu portes mon enfant
> Et je veux que tu tues un enfant.

« Bird on the Wire » devient l'hymne qui va chapeauter ses tours de
chant. « Il semble, dit-il, qu'il me rappelle à mes devoirs. » Au cours
d'une soirée à Nashville, Kris Kristofferson, qui a commencé à vendre
ses propres chansons, reproche à Cohen d'avoir plagié une partie de la
mélodie de Lefty Frizell, « Mom & Dad'Waltz », ce qui ne l'empêche pas
d'admirer les paroles de la chanson et de déclarer que les trois premiers
vers : « Comme un oiseau sur le fil / Comme un ivrogne qui chante à
minuit dans une chorale / J'ai tenté d'être libre à ma façon », constitue-
raient son épitaphe.

L'histoire de « Bird on the Wire » débute en Grèce.

Lorsque Cohen arrive à Hydra, il n'y a aucun fil électrique dans
l'île, ni téléphone ni électricité. Mais les poteaux téléphoniques font
bientôt leur apparition. Puis ce sont les fils. « Je regardais ces fils téléphoniques de ma fenêtre et me disais que la civilisation avait fini par
me rattraper et qu'en fin de compte il me serait impossible de lui
échapper. Je ne vivrais donc pas cette existence du XIᵉ siècle que je pensais avoir trouvée. Les fils téléphoniques étaient le commencement de la
fin. » Puis il voit les oiseaux se poser sur les fils. Le deuxième vers,

« comme un ivrogne qui chante à minuit dans une chorale », lui est inspiré par toutes ces soirées au cours desquelles, saoul et chantant, il
montait et descendait les interminables escaliers du port d'Hydra avec
ses amis. On voyait souvent « ces trois gars se tenant par l'épaule, trébu-
chant sur les marches et chantant en parfaite harmonie ». Il termine la
chanson en 1969 dans un motel de Sunset Boulevard.

Un 45 tours, « The Old Revolution », se classe soixante-troisième
au palmarès américain et, de manière surprenante, deuxième en Angleterre. En France, la popularité du disque lui vaudra d'être couronné
« folksinger de l'année » par le *Nouvel Observateur*. Il devient un *must* ;
un journaliste déclare que si une Française ne devait posséder qu'un
disque, ce serait sans doute un disque de Leonard Cohen. Le président
Georges Pompidou emporte ses disques lorsqu'il part en vacances.

C'est de Nashville que Cohen se rend en Italie pour rencontrer
Franco Zeffirelli et Leonard Bernstein, dans une villa près de Rome.
Zeffirelli, qui réalise un film sur saint François d'Assise, *François et le
Chemin du soleil,* veut que Cohen écrive les paroles de la bande sonore
du film, dont la musique est de Bernstein. Le cinéaste italien emmène
d'abord le chanteur sur la tombe du saint ; et Cohen en ramène
quelques oiseaux de métal bénits par le père supérieur du monastère.
S'ensuivent de longues réunions et de somptueux repas servis par de
beaux garçons — mais le travail avance peu. Mécontent, Cohen quitte
la villa pour Rome, où il tombe sur Nico. Sa vieille obsession le sub-
merge de nouveau, mais rien de concret n'en résulte. Zeffirelli terminera son film, mais sans Cohen ; c'est Donovan qui le remplacera.

Après quelques tentatives infructueuses, Leonard finit quand
même par participer à la composition de bandes sonores. Il se trouve à
Nashville pour enregistrer son troisième disque, *Songs of Love and Hate,*
lorsqu'il décide d'entrer dans un cinéma pour y voir un film intitulé
Brewster McCloud. Il reste dans la salle pour revoir le film. Le soir, au
studio, un homme lui téléphone pour lui dire qu'il a construit un film
en s'inspirant des chansons de son premier disque ; il a, dit-il, écrit le
scénario en écoutant le disque. « Qui êtes-vous ? demande Cohen. —
Eh bien, j'ai fait *M.A.S.H.,* répond l'homme. C'est un de mes films.
— Je ne l'ai pas vu », dit Cohen, puis il demande quels sont les autres. — « J'ai fait un film qui est passé complètement inaperçu. Vous
n'en avez sûrement jamais entendu parler. Ça s'appelle *Brewster*

McCloud. — Incroyable, dit Cohen, je viens tout juste de le voir ! En fait, je l'ai vu deux fois. Vous pouvez me demander tout ce que vous voulez ! » C'est ainsi qu'il écrit les chansons de *McCabe and Mrs. Miller*, de Robert Altman.

Cohen compose un peu de musique instrumentale pour *McCabe and Mrs. Miller*, mais on n'utilise que sa guitare en arrière-plan pour un monologue de Warren Beatty. La bande sonore du film, mise en vente en 1971, comprend « The Stranger Song » (la chanson d'ouverture), « Sisters of Mercy », « Winter Lady », et d'autres compositions instrumentales. Quand il visionne le film sans la musique, Leonard avoue candidement à Altman qu'il ne l'aime pas. Mais il le revoit — terminé cette fois — quelques mois plus tard dans une salle de Montréal. Il appelle immédiatement le cinéaste à Londres. « Oubliez tout ce que j'ai dit, c'est un très beau film », lui crie-t-il au téléphone.

Les critiques sont mitigées. Dans le *New York Times*, Vincent Canby déclare que les intentions du film « ne sont pas seulement trop sérieuses, elles sont lourdement imposées par un symbolisme fatigué et un commentaire folk-song qui ne rappelle pas le vieux Pacifique Nord-Ouest mais le *Hungry i* de San Francisco. » Quelques mois plus tard, dans le même journal, John Simon déplore que le dialogue « soit dit *sotto voce*, du bout des lèvres et dans un coin de l'écran, ou tout à fait *off* ». Et il continue sur le même ton : « Il n'y a pas grand-chose à voir dans le film, et encore moins à entendre — sauf l'une ou l'autre ballade prétentieuse de Leonard Cohen, le Rod McKuen des diligences, qui n'ont rien à voir avec le sujet. » *Time* ajoute que la voix râpeuse de Cohen évoque « un Villon qui aurait des engelures ». Le film ne fait pas carrière au box-office. Altman l'appelle « mon plus grand flop ».

* * *

De Nashville, Cohen se rend à Los Angeles pour y assister au mariage de Steve Sanfield, que George Johnston lui a présenté à Hydra en 1963. Steve est né au Massachusetts ; il prend du LSD, pratique le bouddhisme tibétain. C'est un mystique. Pendant son séjour à Hydra, il vendait de vieilles bandes dessinées et du haschisch. Décidé à travailler dans un camp de réfugiés tibétains, il s'était rendu en Californie pour y être initié par un missionnaire japonais du bouddhisme zen, Joshu Saski Roshi, arrivé aux États-Unis en 1962 pour y établir une secte missionnaire zen, l'école Rinzai. Contrairement au bouddhisme Soto, qui conseille l'illumination progressive, l'école Rinzai met l'accent sur l'illumination soudaine, explosive, obtenue par d'austères séances de *zazen* (méditation), de *sanzen* (rencontres avec le maître au cours desquelles une question déconcertante pour la logique courante, appelée *koan*, est posée) et par des rituels quotidiens de travail et de repos.

Au moment où Sanfield fait sa connaissance, Roshi a cinquante-sept ans. Il a été moine au Japon pendant quarante et un ans, dont quinze comme maître zen. Roshi est le guide d'un groupe zen modeste mais engagé, dont les membres se retrouvent dans un local de la banlieue de Los Angeles. Il a transformé son garage en *zendo,* ou salle de méditation, et une chambre à coucher en *zazen,* pièce réservée à l'examen spirituel ; il dort sur un matelas dans le salon. Après une douloureuse séance de méditation, le soir de sa première visite, Sanfield est invité d'emblée au *sanzen,* où, sans crier gare, on lui pose un premier *koan* : « Montre-moi la voix de Dieu. » Comme il est incapable de répondre, on le raccompagne immédiatement à la porte. Il revient le jour suivant, pour y rester trois ans. Le garage-*zendo* est son endroit de repos.

Dans le but de rassembler des fonds pour le groupe d'adeptes de plus en plus nombreux et pour le *zendo* en pleine expansion, Sanfield se rend à New York à l'automne 1967. Il s'installe à l'hôtel Penn Terminal. C'est là qu'il rencontre de nouveau Cohen, qui enregistre son premier disque dans la métropole. Ce dernier se montre désireux d'en apprendre davantage sur Roshi. Mais le judaïsme n'en reste pas moins important pour les deux hommes. Un dimanche, accompagnés de Mort Levitt, ils se dirigent vers le bas de la ville pour y rendre visite à un groupe de jeunes hassidims. Tandis qu'ils traversent Washington Square, ils aperçoivent des disciples de Swami Bhaktivedanta. Les participants ont formé un cercle à l'intérieur duquel le gourou dirige un mantra. C'est la première visite de Bhaktivedanta aux États-Unis ; le mouvement Hare Krishna vient tout juste de naître. Allen Ginsberg se joint au groupe des personnes qui dansent et psalmodient. Sanfield et Levitt se remettent en route ; Cohen s'attarde. Lorsque ses amis reviennent de chez les hassidims, le cercle est en train de se défaire. Le commentaire de Cohen est laconique : « Joli chant ! »

Après son séjour à New York, Sanfield tombe amoureux de la femme d'un membre du groupe zen. Roshi lui ordonne de quitter le *sangha*, ou communauté, pendant six mois. Sanfield et sa nouvelle compagne partent pour les montagnes Santa Inez, au sud de Santa Barbara. Quelques semaines plus tard, Roshi fait savoir à son disciple en exil qu'il veut lui parler, exprimant, par la même occasion, une sorte d'approbation mitigée en ce qui concerne ses amours. Treize mois plus tard, en 1969, le couple se marie lors d'une cérémonie présidée par Roshi dans les locaux du centre zen Cimarron, au centre sud de Los Angeles. Le Cimarron, maison construite dans un complexe de bâtiments, est devenu le cœur de l'école Rinzai et est toujours, à l'heure actuelle, le premier temple de Rinzai-ji en Amérique.

Lorsque Sanfield a écrit à Nashville pour demander à Cohen d'être son témoin, ce dernier s'est contenté de lui envoyer une curieuse photo — sur laquelle tout laisse supposer qu'il est en train de chasser : on distingue, débordant de sa cartouchière, les entrailles d'un animal. Pourtant, lorsque Sanfield entre au Cimarron le jour de son mariage, une des premières personnes qu'il y aperçoit est son ami. Avant la cérémonie, alors que Leonard se trouve dans la cuisine pour aider à préparer les plats, un petit moine japonais y fait son apparition, prend de la nourriture dans le réfrigérateur, met les pieds sur la table et se met à manger. Puis il disparaît. Quelqu'un apprend à Cohen, à voix basse, que le petit moine est Roshi. La cérémonie comprend une célébration des dix préceptes du zen — décalogue incluant, entre autres, l'interdiction de tuer, d'abuser des rapports sexuels, de mentir et de s'abandonner à la colère. Après lecture du cinquième précepte, qui interdit de se livrer à l'intempérance, on ouvre les bouteilles de saké pour commencer la fête.

La relation de Leonard avec le zen, qui dure depuis vingt-huit ans, a été inaugurée sur cette note ambiguë, qui va caractériser son engagement.

* * *

En avril 1969, Cohen reçoit le prix du Gouverneur général de poésie pour *Selected Poems, 1956-1968,* qui a paru l'année précédente. Plus de 200 000 exemplaires ont été vendus aux États-Unis. C'est le premier livre de poésie qu'on y publie de lui, mais son deuxième disque vient d'y être lancé et le public commence à apprécier son talent. Une annonce publicitaire pleine page dit, entre autres choses : « Ce qui fait de Leonard Cohen un poète original est qu'il transforme sa poésie en chansons. [...] Il y a aujourd'hui une demande de plus en plus grande pour l'œuvre de Leonard Cohen. » Le texte se termine sur une curieuse note optimiste : « Il se pourrait qu'il y ait 20 000 000 de Leonard Cohen aux États-Unis. Vous pourriez même être l'un d'eux. »

Selected Poems se vend bien au Canada, mais les chiffres sont loin d'atteindre ceux des États-Unis. Le recueil, qui contient un choix de textes des quatre premiers livres de Cohen et vingt nouveaux poèmes, présente une excellente vue d'ensemble de son œuvre. Il est publié en Angleterre en 1969 et, au cours des quatre années suivantes, en Allemagne, en Israël, en Suède, en France et en Espagne. Lorsque Leonard apprend qu'il a remporté le prix du Gouverneur général, il envoie, d'Europe, un télégramme au Conseil des Arts : « Puis-je respectueusement demander que mon nom soit retiré de la liste des lauréats du prix du Gouverneur général 1968 ? Que tous ceux qui m'ont décerné ce prix soient remerciés pour leur généreuse intention. Une grande partie de moi-même lutte pour accepter cet honneur, mais mes poèmes s'y opposent absolument. » Personne, au Canada anglais, n'a jamais dédaigné le prix littéraire le plus prestigieux du pays (non plus que les deux mille cinq cents dollars qui l'accompagnaient alors). Mais le mois précédent, l'écrivain québécois Hubert Aquin a refusé la récompense pour des raisons politiques. En tant que séparatiste et membre du Rassemblement pour l'indépendance nationale, Aquin se sentait tenu de décliner cet honneur. (En raison de l'embarras causé par les deux refus, les responsables du prix vont désormais changer leur manière de procéder : ils ne feront connaître les noms au public qu'après s'être assurés que les gagnants acceptent le prix.)

Cohen n'en fait pas moins une entrée tout à fait inattendue — avec la romancière québécoise Diane Giguère — à la réception organisée par Jack McClelland à l'issue de la cérémonie donnée à Ottawa, au Château Laurier. Aussitôt qu'il l'aperçoit, Mordecai Richler le pousse froidement vers les toilettes. « Viens ici. J'ai à te parler. » Puis il ferme la porte et, sans tourner autour du pot, demande à Leonard pourquoi il a refusé le prix. « Je ne sais pas, proteste Cohen d'un ton hésitant. — Si tu avais répondu différemment, je t'aurais foutu mon poing sur la gueule », répond Richler, furieux. En fait, Cohen pensait qu'il n'était pas nécessaire, à ce moment-là, « d'être derrière le Canada ». En 1969, expliquera-t-il plus tard, le pays n'avait pas l'air d'une entité qui a besoin de soutien. Il pensait aussi qu'une personne née au Québec n'avait pas à accepter une récompense du gouvernement fédéral au moment où les séparatistes demandaient à être reconnus. Certains de ses amis faisaient partie du mouvement séparatiste ; ç'eût été faire preuve de désinvolture que d'agir ainsi. Jack McClelland, lui, se contente de dire : « Je n'ai pas la moindre idée de la raison pour laquelle il est venu à la réception. »

Une grande partie des textes de *Selected Poems* a été choisie par Marianne. Le recueil témoigne des changements dans les préoccupations de Cohen — qui vont de son intérêt initial pour la religion et l'identité à la souffrance provoquée par le deuil et les violences de l'histoire, en passant par la célébration lyrique de l'amour. Un des poèmes les plus connus du livre est une supplication comique intitulée « Marita » :

> MARITA
> S'IL TE PLAÎT TROUVE-MOI
> J'AI PRESQUE TRENTE ANS

Cohen avait gribouillé cette inscription sur un mur jouxtant une des tables de la terrasse d'un bistro montréalais bien connu, Chez Lou Lou les Bacchantes, logé sous le local de ce qui avait été autrefois La Crêpe bretonne. Le bistro, qui avait ouvert ses portes en 1962 (et les a fermées en 1982), était le lieu de rencontre de journalistes, écrivains, artistes et politiciens — et d'un tout-venant beaucoup moins distingué. Pierre Trudeau, René Lévesque, Jack Kerouac, Geneviève Bujold, Harry Belafonte finissaient toujours par s'y montrer, s'installant au fameux comptoir de zinc ou aux tables de marbre de la terrasse. La Marita du poème est Marita La Fleche, petite Manitobaine brune et séduisante qui dirigeait trois magasins de vêtements pour dames. Le soir, après avoir fermé sa boutique de la rue de la Montagne, elle se pointait au Bar Zinc, comme on l'appelait alors. Cohen, un habitué, avait essayé de la draguer. Tapotant gentiment la tête du poète, Marita lui avait dit : « Fais ton chemin, jeune homme, et reviens quand tu auras trente ans. » L'impromptu de Cohen était sa réponse au conseil de la jeune femme. À l'heure qu'il est, cependant, il affirme n'avoir aucun souvenir d'elle.

Les critiques canadiens et américains aiment beaucoup *Selected Poems*, mais ils préfèrent nettement les poèmes d'amour à ceux qui témoignent de la quête spirituelle de l'auteur. Une publicité pour le *New York Times* parle de « complainte pour une ménagère moderne ». Et on peut lire dans le *New York Magazine* : « C'est pas facile, vous savez, de porter une minijupe et de ne pas perdre le fil d'une de ses chansons sans devenir dingue parce que SOS couches-culottes est en panne ! » Le 13 avril 1969, dans une interview du *Times,* Cohen explique qu'il n'y a pas de différence entre un poème et une chanson : « Certains textes étaient d'abord des chansons, d'autres des poèmes, d'autres des situations. Tous mes textes sont accompagnés à la guitare, même les romans. » Il adore citer cette pensée d'Ezra Pound : « Quand la poésie s'éloigne trop de la musique, elle s'atrophie. Quand la musique s'éloigne trop de la danse, elle s'atrophie. »

Selected Poems est suivi d'une interruption dans l'écriture. *Energy of Slaves* ne sortira qu'en 1972, *Death of a Lady's Man* en 1977 et *Book of Mercy* en 1984. La chanson prend le pas sur toutes les autres activités de Leonard ; il enregistre sept nouveaux disques entre 1971 et 1985. Sa vie privée subit des changements radicaux ; il devient père, se livre sporadiquement à la pratique du zen et élabore de nouvelles modalités de vie avec Suzanne. Certains de ses amis, de même que des critiques, trouvent qu'il compromet son talent en se consacrant à la chanson. Mais c'est la musique qui lui donne un auditoire.

En juin 1969, le magazine *Saturday Night* consacre dix pages « à la gloire de Leonard Cohen ». L'ensemble comprend trois articles. Sur la couverture, le poète maudit fixe le lecteur de ses grands yeux sombres. À gauche de la photo, ces quelques mots : « Leonard Cohen : le poète en tant que héros. » Le grand titre, au sommet de la couverture, concerne Richler : « Mordecai Richler parle des WASPS effrayés de Westmount. » Jack Batten, le nouvel éditeur associé du magazine, analyse la popularité du chanteur auprès des jeunes, souligne la portée de sa poésie et de ses chansons, explique pourquoi elles reflètent notre époque. Une jeune fille de dix-huit ans rapporte une conversation de deux heures avec Cohen dans une chambre de motel. Elle parle de la profondeur de ses paroles — et de sa taille peu imposante. « Il essaie de donner l'impression qu'il est plus grand qu'il ne l'est en réalité. J'ai entendu d'autres femmes dire la même chose. »

À cette époque, Cohen fait partie des écrivains dont on trouve la photo sur une trentaine de panneaux dans des stations de métro torontoises. Pour Max Layton, fils d'Irving, c'est un moyen efficace de promouvoir la littérature et la culture canadiennes. Sur le panneau consacré à Cohen, intitulé « Poetry underground », figure un grand portrait réalisé par le photographe Sam Tata, ainsi que les paroles romantiques de « Go by Brooks », tirées de *Selected Poems.*

Au cours de l'année 1969, Cohen est la cible de critiques qui lui reprochent de continuer à vivre en Grèce après le coup d'État de 1967 et la répression violente qui s'est ensuivie. Il se défend en déclarant que « passer ses vacances dans un pays gouverné par des fascistes n'est pas une trahison contre l'humanité ». « J'ai une maison là-bas, mes amis y vivent, et je ne considère pas le fait d'habiter ma maison comme une collaboration. Au contraire. » Deux poèmes d'*Energy of Slaves,* tous deux intitulés « I Threw Open the Shutters », traitent de ce qu'ont enduré ceux qui étaient là et parlent des tortures qu'ils ont subies. La seconde version se termine sur ces vers ironiques :

> Je jure par la lumière du soleil
> de suivre son conseil :
> effacer de mes vers toutes les preuves
> oublier ses pieds troués

* * *

C'est le succès de *Songs from a Room* (1969), souligné par la publication d'un premier recueil contenant les paroles et les arrangements musicaux de vingt chansons, qui décide Cohen à faire sa première tournée. Elle a lieu exclusivement en Europe — il en sera de même pour celles de 1972 et de 1974. La première tournée en Amérique du Nord ne se fera qu'en novembre 1974. Elle commencera au Bottom Line de New York et se terminera au Celebrity Theatre de Phoenix en mars 1975. Après cela, Leonard ne chantera plus à New York pendant dix ans.

L'orchestre, formé par Bob Johnston, comprend Charlie Daniels,

Ron Cornelius et Bubba Fowler (ne se considérant pas comme un musicien de clavier, Johnston aurait préféré rester chez lui, mais Cohen n'a rien voulu entendre). Deux chanteuses complètent le groupe : Corlynn Hanney et Sue Mussmano. La tournée — six concerts dans six villes différentes — débute le 4 mai 1970 à Hambourg. C'est lors de ces premiers spectacles que Cohen manifeste un curieux sens de la mise en scène. Se présentant devant le public allemand qui tape des pieds, il lève le bras et crie : « Seig Heil ! » À Paris, il invite la foule enthousiaste à monter sur le plateau. Le public ne se le fait pas dire deux fois... et la direction appelle la police. Cohen maîtrise pourtant la situation. Il a commencé le concert en récitant « Bird on the Wire ». À Copenhague, après le spectacle, il entraîne le public dans la rue, puis jusqu'à son hôtel. À Londres, il chante devant 10 000 fans au Royal Albert Hall. Un critique déclare qu'il « se met si bien au niveau de son public, fait preuve d'une telle humilité que c'en est fascinant ; on a l'impression de se trouver devant un terrain vague triste et dévasté ». La mélancolie de Cohen, si particulière, lui gagne définitivement le cœur du public anglais. « On annonce que Cohen arrive et les billets se vendent en un clin d'œil », écrit un journaliste londonien. « Il se glisse discrètement en scène alors que vous êtes encore en train de discuter du moelleux des sièges... [...] Être seul, nous dit-il, ne veut pas nécessairement dire que l'on se sent seul. Cohen possède un don unique : il mêle au discours ordinaire les métaphores les plus subtiles. »

Le 25 juillet, le groupe se produit à Forest Hills, dans l'État de New York. Le concert restera célèbre en raison d'une pluie incessante et d'un son défectueux. Parlant de Cohen, un journaliste fait remarquer que « le timbre de sa voix » est plus impressionnant que sa poésie : « Il y a une certaine sécheresse dans la manière de chanter de M. Cohen ; sa voix est plate comme un mur, mais un mur qui aurait la texture du stuc. » Un autre critique trouve que l'effet vocal s'atténue au bout d'un certain temps. Bob Dylan, venu incognito et refoulé un moment par la police, vient féliciter Cohen et ses musiciens en coulisses. En août, le groupe, qui s'appelle « The Army », retourne en Europe pour se produire au festival pop d'Aix-en-Provence et à l'île de Wight.

À Aix, ils trouvent une partie de la ville prise dans un gigantesque embouteillage — du moins les cinq kilomètres qui séparent leur hôtel de l'endroit où a lieu le festival. Bob Jonhston ordonne alors à Billy

Daniels, le directeur de la tournée, de trouver des chevaux. Les musiciens ne viennent-ils pas du Tennessee et du Texas ? Par chance, il y a des chevaux dans l'écurie de l'hôtel. On les leur loue. Ils s'habillent en cow-boys, sautent en selle et, précédés d'un guide, se mettent en route à travers la campagne. Mais voici qu'ils aperçoivent un *steak house* français qui a tout l'air d'un « Texas Bar ». Dans le sud de la France ! Sans même se consulter, les dix cow-boys et le Juif montréalais qui a appris à monter dans un camp de vacances, sautent de cheval, attachent leur monture à un faux poteau de saloon et font une entrée spectaculaire au *steak house*. Inutile de dire que les clients en restent bouche bée. Quant aux propriétaires, ils sont ravis de voir se réaliser un de leurs fantasmes : de vrais cow-boys dans leur saloon ! Après quelques bouteilles de vin, le groupe se remet en selle et se dirige vers la salle de concert, décidant en route d'entrer en scène à cheval. Ce qu'ils font, en dépit de la trouille de Charlie Daniels qui a peur que la scène branlante ne s'écroule. Cohen, sur son cheval blanc, prend la tête, mais il faut d'abord, avec force cajoleries, convaincre l'animal de monter la rampe. Le cheval se cabre au bon moment, tandis que le cavalier salue la foule.

La mise en scène n'est pas appréciée. Un groupe de maoïstes veut même se faire rembourser et crie que Cohen est un fasciste. Des bouteilles atterrissent sur la scène ; un projecteur s'effondre. Les musiciens ont l'impression que quelqu'un vient de tirer sur eux. Cohen empoigne le micro et invite les manifestants à monter sur le plateau. D'un ton glacé non dépourvu d'une certaine arrogance, il laisse clairement entendre au public que les musiciens eux aussi sont armés — ces musiciens cavaliers qui arrivent tout droit d'un Ouest où tout le monde se promène avec un fusil. « Si vous n'aimez pas ce que vous entendez, prenez le micro. Jusque-là on continuera à chanter. »

Le concert de l'île de Wight du 31 août 1970 leur réserve également quelques surprises. Le groupe ne montera en scène qu'à quatre heures du matin, succédant à Jimi Hendrix, qui a mis le feu à la scène. Les trois cent mille spectateurs sont épuisés. Un vrai incendie s'attaque aux stands de la concession. Les organisateurs doivent réveiller Cohen, qui arrive en imperméable et en pyjama et prend vingt minutes pour accorder sa guitare. Puis, ayant revêtu une veste safari et un jean, il commence à chanter. Le groupe joue dix-sept chansons, au ralenti — ils ont pris du mandrax. Leonard récite trois poèmes, très lentement.

Les rappels durent quatorze minutes. Après le concert, Kris Kristofferson raconte que Cohen « a fait la chose la plus renversante qu'on ait
jamais vue : il a apprivoisé la Bête. Une voix seule, et triste, a pu faire ce
que les meilleurs rockers du monde avaient essayé de faire pendant
trois jours. » Kristofferson déclare à Zal Yanofsky, son accompagnateur,
que c'est cette musique de fond-là qu'il veut pour ses chansons. « Patron, répond Zal, Leonard est un poète anxieux. T'es un alcoolique. »

Melody Maker, un journal britannique, se montre beaucoup moins
enthousiaste : « Leonard Cohen est un vieil emmerdeur qui devrait rentrer au Canada, un pays qu'il n'aurait jamais dû quitter ! » Furieux
de l'importance du cachet que Cohen a exigé, Ricki Farr, un des organisateurs du concert, déclare : « Cohen exploite son vieux trip de
peace and love et toutes les conneries habituelles. Ce type est une vieille
bique ennuyeuse et il est surpayé. Il ferait beaucoup mieux de rentrer
au Canada. »

Une partie du succès de la tournée est due au fait que Cohen a
compris que, après avoir vécu loin du monde pendant des années, il
peut s'y mêler à nouveau. « J'ai décidé que je ne pouvais plus vivre
comme un lâche. Il fallait que je chante, ou je n'étais plus rien. J'ai aussi
commencé à accepter d'être guidé, à permettre aux gens de m'aimer…
[…] Je savais tout sur la solitude et rien sur la cohésion et l'unité. » Le
Yi-king a joué un rôle important dans ce changement. Leonard a étudié
le livre à Hydra, se concentrant sur les principes fondamentaux, oppo-
sés en tous points, complémentaires et alternatifs, qui gouvernent le
monde, ce monde qui a un profond besoin de stabilité et d'élévation.
« Le livre a été une sorte de professeur pour moi », explique-t-il à un
journaliste. Je pense qu'il est temps, maintenant, pour moi et pour les
autres, de nous réunir. J'ai le sentiment qu'un grand rassemblement se
prépare… […] Je veux amener les gens vers une nouvelle sensibilité. »
La réaction du public parisien à son rappel à l'ordre au milieu du chaos
est le signe que communication et unité sont possibles. C'est la souffrance qui a mené Leonard là où il est arrivé sur le plan artistique, mais
c'est le chant qui le soulage de ses souffrances.

Marty Machat, l'avocat et conseiller de Leonard, l'accompagne
pendant une partie de la tournée. De 1969 jusqu'à sa mort, en 1988,
Machat représentera Cohen et veillera sur ses intérêts dans le domaine
du disque. C'est lui qui produira *A Bird on the Wire,* récit filmé de

la deuxième tournée du chanteur, ainsi que la revue musicale *off-Broadway* intitulée *Sisters of Mercy. A Musical Journey into the Words of Leonard Cohen*. Le spectacle sera partiellement subventionné par Columbia, mais la compagnie de disques décidera de se retirer lorsque Clive Davis, un fan de Cohen, perdra son poste de président.

À Paris, le Royal Winnipeg Ballet joue *The Shining People of Leonard Cohen,* la première d'une série de productions théâtrales et de danse inspirées de l'œuvre du poète. La chorégraphie de Brian MacDonald est basée sur un groupe de neuf poèmes d'amour récités pendant le spectacle. Ce dernier s'ouvre sur un texte en prose : « Dans la Bible, des générations se succèdent dans un seul paragraphe », extrait de *Parasites of Heaven*. Les danseurs apparaissent entre les poèmes. Ils dansent sans musique ou avec un accompagnement sonore produit avec des sons divers : rires et mots pris dans les textes, déformés électroniquement. Une rumeur circule : Cohen est à Paris et est sur le point de faire son apparition. Mais l'information est fausse. L'œuvre est encensée dans la presse française.

Pendant ce temps, à Halifax, Leonard reçoit un diplôme honorifique de l'université Dalhousie, sur lequel on peut lire qu'il est devenu pour beaucoup « un symbole de leur propre angoisse, de leur aliénation et de leurs incertitudes » et que *Beautiful Losers* « a démontré qu'il est le porte-parole de la confusion et de l'incertitude ressenties par une génération tout entière ». Le *Globe and Mail* le consacre « artiste de l'année ». Son intelligence et sa présence justifient cette récompense, écrit le journaliste, et compensent amplement ses faiblesses vocales. Cohen réplique que sa voix n'est peut-être pas des plus belles, mais qu'il a sa manière à lui de faire valoir une chanson.

Il retourne à Nashville, où il a commencé à enregistrer son troisième disque, mais il semble avoir perdu son équilibre. « Tout, absolument tout semblait s'effondrer autour de moi : mon esprit, mes intentions, ma volonté. Alors je suis entré dans une longue et profonde dépression. […] J'ai recommencé à croire à toutes ces choses négatives que l'on disait sur ma manière de chanter. J'ai recommencé à haïr le son de ma voix. » La drogue, qu'il prend régulièrement, ses doutes à propos de son œuvre, l'instabilité de sa relation avec Suzanne sont au cœur de cette dépression. Le mépris que sa compagne manifeste pour son travail débouche sur une perte de confiance. Il doute de l'amour de

Suzanne. Certains textes ne parlent que de son caractère désagréable et de cette manie qu'elle a de l'accuser de ses propres défauts. « Je suis tombé amoureux d'elle à cause de son imagination, écrit-il, mais elle cherchait autre chose : la sécurité, le succès, le confort matériel. » Assis devant elle dans la salle à manger d'un hôtel, tout ce à quoi il arrive à penser est « poison familier, dépendance, amour… […] La fascination de sa non-beauté ». Leur liaison est devenue une prison. Une période de déclin et de retrait s'ensuit, que le ton découragé de *Songs of Love and Hate*, le troisième disque de Leonard, traduit parfaitement.

> Parfois j'ai l'impression que ma vie est une trahison et que je suis le plus grand comédien de ma génération, confie-t-il à un journaliste français. Mais il faut continuer. Je ne peux pas toujours avoir quinze ans et rester puceau. Aujourd'hui j'ai trente-six ans et je suis devenu avide. J'accepte cela. Il fut un temps où j'étais incapable de rester dans une pièce avec quatre personnes. Sauf s'il y avait une fille qui m'adorait. Plus je deviens vulgaire, plus mes préoccupations se tournent vers les autres. J'essaie de me guérir et le seul moyen de me guérir est de conquérir le monde.
> C'est *mon* aventure. Mon plus grand besoin est de me trouver intéressant.
> C'est la souffrance qui m'a conduit là où je suis. La souffrance m'a permis de me rebeller contre ma propre faiblesse.

Pendant une décennie, ou presque, Leonard Cohen sera incapable de se libérer de la douleur qui va s'abattre sur lui. Il va essayer divers remèdes, de l'acide à la cocaïne en passant par la scientologie et le *Yi-king*. Il pense qu'une certaine quantité de souffrance est formatrice. « Il faut recréer sa personnalité, afin de pouvoir vivre une vie qui convienne à sa condition et aux épreuves qu'elle vous réserve. »

CHAPITRE IX

Trompettes et rideau de lames de rasoir

LE TITRE DU TROISIÈME disque de Leonard Cohen, *Songs of Love and Hate,* reflète bien la double vie du poète au retour de la tournée. D'un côté, le zen, qui prend une place de plus en plus importante dans son quotidien, de l'autre sa relation tendue avec Suzanne. Leur fils, Adam, viendra au monde en septembre 1972 ; Lorca, leur fille, deux ans plus tard. Malgré son amour pour ses enfants, Leonard n'en continuera pas moins de s'absenter souvent afin de se consacrer à son métier, ainsi qu'il l'a toujours fait. Entre 1971 et 1977, cinq disques sortiront, et seulement deux livres. Une productivité aussi modeste n'apporte pas la popularité. Cohen se sent marginalisé ; son sentiment d'aliénation et ses doutes augmentent. Il ne cesse de se dire que sa voix ne convient pas à ce qu'il cherche à lui faire exprimer. Il est déprimé, prend trop de drogue. Une rumeur commence à circuler : il va se retirer. Pourtant il continue à travailler, mais son public décroît et les compagnies de disques perdent confiance.

Songs of Love and Hate, lancé en mars 1971, témoigne d'un désespoir de plus en plus tangible et d'un profond sentiment d'insécurité. Enregistré à Nashville et produit par Bob Johnston, le disque a bénéficié d'enregistrements complémentaires en différé dans un studio londonien. La plupart des chansons, écrites depuis longtemps, ont été beaucoup retravaillées. « Joan of Arc » a été rédigée au Chelsea ; « Avalanche » et « Dress Rehearsal Rag » remontent à plusieurs années. Une chanson inédite de 1967, « Love Tries to Call You by Your Name » a été légèrement remaniée et a changé de titre. Elle s'intitule maintenant « Love Calls You by Your Name ». Cette manière de refaçonner de vieux textes est caractéristique de Cohen. Elle deviendra une habitude.

« Joan of Arc », avec ses surprenantes ruptures, constitue une sorte d'expérimentation, dans la mesure où Cohen chante et parle sur des pistes superposées. Il s'est inspiré du palimpseste, parchemin manuscrit dont on a presque effacé la première écriture pour pouvoir écrire un nouveau texte : « Mes modèles étaient ces manuscrits sur lesquels on peut voir des phrases écrites au-dessus d'autres phrases. Je me suis dit que cette technique était tout à fait indiquée pour obtenir le résultat que je visais. » « Famous Blue Raincoat » fait également partie du disque, nouvelle réflexion sur le triangle amoureux.

Le ton mélancolique de l'ensemble traduit la dépression de l'artiste devant la situation malheureuse dans laquelle il se débat. Bien que « Last Year's Man » ait été commencée cinq ans plus tôt, son thème, paralysie et désagrégation, reste d'actualité :

> Mais la lumière du ciel est comme une peau
> de tambour que je ne repriserai jamais
> Et toutes les pluies tombent amen
> Sur les travaux de l'homme de l'an passé.

C'est avec « Famous Blue Raincoat », dont les derniers mots sont *Sincerely, L. Cohen*, qu'il signe son disque. D'abord intitulée « The Letter », la chanson souligne la perte tragique de l'amour et la certitude de ne jamais le retrouver. Leonard s'y inspire aussi de l'imperméable Burberry acheté à Londres en 1959, puis volé dans le loft de Marianne à New York. Il raconte : « Elizabeth [une amie londonienne] pensait que j'avais l'air d'une araignée. Mais l'allure [de l'imperméable] est devenue plus virile quand j'en ai ôté la doublure, et il a atteint la gloire lorsque les manches élimées ont été réparées avec des morceaux de cuir. » Cohen n'est pas tout à fait satisfait de *Songs of Love and Hate*. Plus tard, il dira : « Mon découragement a augmenté à chaque disque [les trois premiers], même si je savais que je m'améliorais en tant qu'interprète. »

Franz Schubert a écrit que chaque fois qu'il essayait de composer un chant d'amour, il composait un chant de souffrance, et vice versa. Cohen pourrait dire la même chose. Peu de gens se sont montrés séduits par le désespoir obsédant des chansons de son troisième disque. Le public avait accepté, aimé la mélancolie des deux premiers, mais l'ampleur de la dépression que reflète le dernier dépassait son seuil de tolérance. L'autocritique de Cohen n'est pas plus réjouissante : « Le même vieux ronron monotone ; et dans l'ensemble, un minuscule progrès. » Il ajoute que sa voix « manque d'authenticité », qu'elle est pleine d'anxiété et révèle les pulsions conflictuelles qui l'habitent, puis il classe le tout sous l'étiquette : « blues européen ».

Les journalistes préviennent les acheteurs qu'il est inutile d'essayer d'écouter le disque de Cohen par une journée ensoleillée. Et bien que ses deux premiers disques, vendus à plus de cent mille exemplaires au Canada, aient gagné un disque d'or, le troisième ne se vend pas. Un recueil des arrangements musicaux, qui paraît sous le même titre que le disque, n'augmente pas les ventes.

Au cours des quelques mois suivants, Cohen continue de chanter en public et à travailler sa voix en vue d'une autre tournée. La sortie de *McCabe and Mrs. Miller,* de Robert Altman, lui redonne une certaine popularité. En août 1971, il crée une maison d'édition à Londres avec le magnat de la *pop music,* Tony Straton-Smith, président de Charisma Records. Le premier livre qu'ils se proposent de publier, sous le logo de Charisma Books, est un recueil des poèmes d'Irving Layton, mais l'ouvrage, imprimé avec les clichés du *Selected Poems* paru chez McClelland & Stewart, ne sortira qu'en 1977. Cohen a tenté de monter une maison d'édition en Angleterre six ans plus tôt, qu'il a appelée Spice-Box Books Ltd., mais l'entreprise est tombée à l'eau faute de contacts en Grande-Bretagne.

En mars 1972, après avoir passé deux mois avec Roshi au mont Baldy, Cohen est rentré à Nashville pour répéter avant la tournée européenne. Le groupe se produira dans vingt-trois villes. Deux jours avant le départ pour Dublin, les chanteuses Donna Washburn et Jennifer Warnes passent une audition au studio A de Columbia. Jennifer Warnes, originaire de Los Angeles, est à Nashville pour enregistrer une émission de télévision et a entendu dire que Leonard Cohen cherche des choristes. Les voix des deux femmes — surtout la voix de contralto de Warnes — contrastent merveilleusement avec celle de Cohen. « La raison pour laquelle je veux être accompagné par des filles, leur dit-il, est que ma voix me déprime. J'ai besoin de vos voix pour adoucir la mienne. » Les deux chanteuses sont engagées.

Cohen se débat avec les problèmes logistiques de la tournée qui se prépare et avec son marasme personnel. « J'avance en titubant. Il m'arrive parfois, en plein milieu d'un boulot, de ne plus savoir où j'en suis. J'arrive à donner suffisamment d'équilibre à ma vie pour que cette tournée se tienne, mais la plupart du temps, je vacille sous les coups. Je m'arrange sûrement pour me les infliger moi-même, ces coups. Chacun est responsable de sa condition. »

Leonard décide de prendre le taureau par les cornes ; il jeûne, fait du sport, pratique le yoga et médite. Dans l'espoir de renouer avec ses racines montréalaises, il achète, au cours de l'hiver 1972, un cottage et un duplex rue Saint-Dominique. Le duplex est transformé en atelier de sculpture pour Mort Rosengarten, et en studio de musique. Leonard y habite avec Suzanne. Le voisinage cosmopolite lui plaît. Trois ans plus tard, pour vingt et un mille dollars, il achètera trois autres propriétés.

Bob Johnston suggère que l'on filme la tournée. C'est Tony Palmer, qui a déjà tourné un film sur Tom Jones, qui va réaliser le film ; Marty Machat en sera le producteur. *Bird on the Wire* sortira en 1974. On y verra Cohen en scène, faisant le clown avec les musiciens, puis essayant de draguer une Allemande venue lui demander un autographe en coulisses.

La tournée est une véritable aventure. À Vienne, les instruments de musique sont retenus à la douane et on annonce aux musiciens qu'ils ne les récupéreront qu'après le récital. Lorsque Cohen apprend la nouvelle — il est dans son bain —, il se contente de dire : « *Oh boy,* nous allons devoir chanter *a cappella.* » Lorsqu'ils arrivent à la salle de concert, il demande aux spectateurs qui possèdent des instruments de musique d'aller les chercher. Ce qui est bientôt fait. Le récital peut enfin commencer. À Copenhague, le son par trop médiocre provoque la colère du public ; il faut rembourser. Cohen participe à l'opération, tendant l'argent à ses fans mécontents et discutant avec eux pour les amadouer. En Allemagne, où il donne six concerts, il accueille la foule turbulente du Berlin Sportpalast avec les mots fatidiques que Goebbels a prononcés exactement au même endroit : « *Wollt Ihr den totalen Krieg ?* (Vous voulez la guerre totale ?) »

À Francfort, où il croit avoir mal chanté, il raconte l'histoire suivante :

Un jour où je me promenais à New York en pleine tempête de neige, je me suis trouvé tout à coup derrière un homme qui portait un écriteau dans le dos. J'ai lu

S'il vous plaît ne me dépassez pas
Je suis complètement aveugle
Vous, vous avez des yeux et vous pouvez voir
S'il vous plaît ne me dépassez pas.

Mais quand j'ai regardé le visage de l'homme j'ai vu qu'il n'était
pas tout à fait aveugle, du moins physiquement, alors je l'ai rat-
trapé au coin de la rue et je lui ai demandé pourquoi il portait cet
écriteau. « Mon vieux, tu crois vraiment que je parle de mes
yeux ? » a-t-il répondu. Alors j'ai écrit cette chanson.

À Londres, Leonard se produit de nouveau au Royal Albert Hall.
« Bien que la salle fût pleine à craquer, écrit un critique, on avait l'impression que chaque personne était assise à côté d'un siège vide. [...]
Entre chaque chanson, on aurait pu entendre un mouchoir tomber. Un
silence, une attention qui, d'une certaine manière, étaient d'une terrible
intensité. Ç'aurait été pécher que de tousser. » Cohen quitte la scène,
revient pour le rappel dans un tonnerre d'applaudissements. Alors il
saisit le micro et dit : « Je n'ai plus de chansons en moi. » Normalement,
il termine ses tours de chant en quittant silencieusement la scène, lais-
sant derrière lui sa guitare et ses livres.

À Jérusalem, au Palais des sports Yad Eliahu, un chahut monstre
commence lorsque Cohen quitte la scène au beau milieu de son tour de
chant. Agité, en pleurs, il déclare qu'il lui est impossible de continuer et
que les places seront remboursées. La drogue et surtout la tension provoquée par le fait qu'il termine la tournée dans la Ville sainte le boule-
versent. Dans la loge, un Cohen égaré repousse ses musiciens et son
imprésario qui le supplient de retourner en scène. Les organisateurs
israéliens, qui ont entendu la conversation, annoncent la nouvelle à la
foule : Cohen ne jouera pas et les places seront remboursées. Le public
de jeunes répond en entonnant un chant hébreu, « *Zim Shalom*. Nous
vous apportons la paix ».

Revenu à sa loge, Cohen décide de se raser. En fourrageant dans
l'étui de sa guitare pour y trouver son rasoir, il aperçoit une petite enveloppe d'acide oubliée là quelques années plus tôt. Il se tourne alors vers
son groupe : « Si on en prenait un peu ? — Pourquoi pas ? » répondent
les musiciens. « Alors, comme à l'eucharistie, j'ai déchiré l'enveloppe et
tendu une petite portion à chacun. »

Après un rasage rapide et une cigarette, tout le monde entre en scène. Le public est déchaîné. Le LSD commence à faire son effet lorsque Leonard se met à chanter. C'est alors qu'il voit la foule unie dans une des images grandioses du rêve de Daniel dans l'Ancien Testament. Lorsque celui qui a été le témoin de l'histoire apparaît devant lui et lui demande : « Est-ce là Tout, ce spectacle sur la scène ? », il comprend que là, à Jérusalem, il est soumis à une épreuve. Jouer ou rentrer chez soi, l'avertissement est clair. À ce moment précis, Cohen chante « So long, Marianne » avec ferveur. Il a une vision d'elle et se met à pleurer. Se tournant vers les musiciens pour cacher ses larmes, il découvre qu'eux aussi sont terriblement émus.

C'est l'intensité des émotions qui met fin au concert. Avant de monter dans l'autobus, Cohen et Ron Cornelius, le guitariste, grimpent une colline boisée toute proche. Lorsqu'ils se retournent pour regarder le Palais des sports, ils croient voir une lumière s'avancer dans la nuit pour en illuminer le toit. Quelques heures plus tôt, quand Cohen est entré en scène, il a dit à l'assistance : « Il y a des soirs où l'on se sent soulevé du sol, et des soirs où on ne peut même pas se lever soi-même. [...] Ce soir, nous ne pouvons nous décoller du plancher. [...] Ce soir, le masculin et le féminin en moi refusent de se rencontrer. » Malgré ces paroles défaitistes, il a fini par triompher, et le concert a été un succès. Pourtant, dans la scène finale du film, on le voit accroupi, effrayé, dans le bus qui s'éloigne du Palais des sports.

Les tournées ont toujours terrorisé Cohen, il pense que les risques d'humiliation y sont trop grands. Mais cette fois, il est à bout. Les trajets longs et ennuyeux, les changements d'hôtel, les essais de son, les répétitions, les conférences de presse, les fans et les spectacles l'ont épuisé. À un journaliste britannique qui lui demande ce qu'il a fait depuis 1970, Cohen répond : « Essayer de garder mon équilibre entre les stations debout et couchée. » Jennifer Warnes ne l'a jamais vu aussi vulnérable que pendant cette tournée, mais « il s'ouvrait, dit-elle, à ses chansons et à son public ». C'est en travaillant avec lui qu'elle a découvert que « la vie est l'art et que Dieu est la musique ». La présence de Leonard en scène, l'authenticité de ses émotions font souvent pleurer des gens dans la salle. Un des éléments les plus remarquables des concerts est la spontanéité du chanteur et de ses musiciens ; il leur arrive même d'improviser des paroles, une mélodie. Jennifer, elle, a l'impression qu'elle chante mal, ce dont Bob Johnston ne la dissuade pas : il lui conseille vivement d'être plus attentive aux notes, de se montrer plus réceptive aux nuances de la musique. Elle se souvient que Leonard écrivait constamment entre les tours de chant. Il travaillait sur une première version de « Chelsea Hotel ».

Au cours d'un déplacement dans le nord de la France, elle lui montre des lettres qu'elle s'écrit à elle-même. À sa naissance, on l'a nommée Bernadette, mais sa mère n'aimait pas ce prénom et l'a appelée Jennifer. La jeune femme écrit à cette Bernadette et, dans ses lettres, tente de retrouver son être essentiel. Convaincu qu'il y a une chanson à tirer de cette curieuse histoire, Cohen commence à écrire des paroles, tandis que Jennifer compose la mélodie. « Song of Bernadette » fera partie de *Famous Blue Raincoat,* un des disques de la chanteuse.

∗ ∗ ∗

Au cours du printemps et de l'été 1972, l'amour de Leonard pour Suzanne commence à chanceler sérieusement, leur vie commune est devenue pénible. Il se tourne une fois de plus vers la drogue et le mysticisme, tout en s'efforçant de se « tordre la mémoire et le vocabulaire pour en extraire des descriptions d'une soif rituelle qui semble maintenant très ancienne ». Il écrit : « Je t'ai quittée pour une chanson étalée au-dessus de mon nom… [mais] je veux me redresser plus droit qu'une promesse et lutter contre ces péchés qui me font souffrir, et renoncer à cet accroupissement si douloureux, ou faire tout ce que tu voudras. » Il a compris que Suzanne n'aime pas ses « humeurs pieuses ». « Tu méprises mes séances de méditation », lui dit-il. Pourtant, quand il rentre chez lui « après avoir aimé quelqu'un d'autre » puis ressort pour aller écrire au bar du Rainbow, rue Stanley, elle l'y rejoint tranquillement. « S'écartant discrètement de moi tandis que je griffonne ceci », écrit-il.

C'est dans le journal de cette période agitée que l'on peut lire un paragraphe tout à fait révélateur du travail d'écriture de Cohen :

> Tu me demandes comment j'écris. Voici comment j'écris. Je me débarrasse du lézard. Je fuis la pierre philosophale. J'enterre ma

petite amie. Je prive mes vers de ma personnalité afin de pouvoir utiliser le mot je autant que je le désire sans offenser ma soif de modestie. Puis je démissionne. Je fais des courses pour ma mère, ou pour quelqu'un comme elle. Je bâfre. J'accuse mes proches de ruiner mon talent. Puis tu arrives. La bonne nouvelle est pour moi.

Dans une interview du printemps 1972, Cohen fait allusion à une œuvre qu'il vient tout juste de terminer, *The Energy of Slaves*, dans laquelle il parle de sa souffrance et de l'état dépressif qui a marqué ses écrits pendant plusieurs années. Il a soumis ce texte — d'abord intitulé « Songs of Disobedience » — à son éditeur, mais il le lui a réclamé peu après pour le retravailler. C'est alors qu'il en a changé le titre. Cohen explique au journaliste qu'il ne décrit pas explicitement sa souffrance, car la souffrance ne peut être mise en formules : « Il m'a fallu 80 poèmes pour décrire l'état dans lequel je me trouve aujourd'hui. Cela me dispense de toute obligation de répéter tout cela sur un disque. J'ai tout mis dans le livre. » S'il se montre peu satisfait des limites de l'œuvre, il considère qu'elle reflète au moins son état d'esprit. Il accorde plus d'importance à l'accueil réservé à *The Energy of Slaves* qu'à celui réservé à ses livres précédents. « Parce que j'ai le sentiment d'avoir commis une erreur en le publiant. »

Un des premiers lecteurs à le soutenir est Irving Layton. Dans une note du 4 décembre 1972, le poète défend la position de Cohen. « La seule chose qui importe sont les paroles mémorables qu'on laisse derrière soi. Pour que ces paroles soient puissantes, il faut avoir la force d'être faible — dans ce livre comme dans tous ceux qui suivront. On doit, en quelque sorte, pour le talent et pour l'immortalité, avoir la force (ou le courage) de sa propre faiblesse. [...] Dieu fait parfois connaître sa sagesse à travers la faiblesse d'un poète. » Ce credo justifie presque toutes les confessions poétiques de Cohen, et ses désirs.

En septembre 1972, alors que Leonard attend, à Londres, un coup de fil de Montréal lui annonçant la naissance de son fils, il reçoit une nouvelle qui l'atterre : son grand ami Robert Hershorn vient de mourir à Hong Kong dans des circonstances mystérieuses et terribles. La naissance prématurée d'Adam atténue à peine le choc. Il s'envole immédiatement pour aller accueillir son fils en ce monde et enterrer son ami. Au cimetière Shaar Hashomayim, la mort dans l'âme, Leonard jette une pelletée de terre sur le cercueil de Hershorn, au fond de la tombe, coutume juive qu'observent les vivants pour honorer les morts. « Hershorn, mon partenaire en esprit, en paresse et en amour, n'est plus », se lamente-t-il. Il note dans un carnet : « Ô Hershorn, premier-né, premier épuisé, premier mort de tous mes amis, ces textes pleins d'ignorance sont pour toi. » Un brouillon de dédicace, inédit, rédigé quelque quatre ans après la mort de Hershorn et destiné à *Death of a Lady's Man*, témoigne de la place que le disparu occupait dans son cœur.

> [...] le Lion de notre Jeunesse, l'Aigle de l'Expérience, le Grizzly de notre Forêt et le Cerf le plus bondissant de notre Imagination. [...] Mon Élève en musique, mon Professeur en Guerre, Drogué de Dieu, Originel comme une Explosion. [...] Compagnon, Compagnon, Compagnon assassiné par des sages-femmes de Hong Kong, enseveli quelques semaines plus tard, noir et gonflé, dans la neige de Montréal, sous la surveillance des hassidims.

En 1979, trois ans après avoir écrit ce texte, Cohen commémorera le souvenir de Hershorn dans la dédicace de son disque *Recent Songs*. « À Robert Hershorn, qui m'a donné il y a quelques années les livres des vieux poètes persans Attar et Rumi, dont le langage imagé a influencé plusieurs de mes chansons, en particulier "The Guests" et "The Window". »

Malgré la naissance d'Adam, la relation de Leonard et de Suzanne devient encore plus problématique. « C'était une époque compliquée », dira Cohen. Il quitte Montréal pour le mont Baldy, en Californie, afin de rendre visite à Roshi, le maître zen de son ami Steve Sanfield. « Tout a commencé par un besoin de réforme personnelle. » Il a appelé Steve, qui vit au nord de Nevada City, pour lui demander de l'amener à son maître : « Je n'arrive pas à me sortir ce truc de la tête. Conduis-moi chez lui. » Sanfield l'emmène au centre Cimarron, où ils prennent le thé avec Roshi. La conversation est clairsemée, mais Roshi dit à Sanfield : « Amenez ami à Baldy ! » Le centre, ancien camp scout qui vient d'être racheté par le mouvement Rinzai, se trouve dans les montagnes San Gabriel. Il a pris le nom de Mt. Baldy Zen Center au printemps 1971. Cohen et Steve s'y rendent dans la Toyota grise tout terrain de ce

dernier. L'unique conseil de son ami, avant de repartir, est (il parle de
la position du lotus) : « Ça va te faire mal à crever ; mais ne bouge pas,
ce serait pire. »

C'est l'hiver et les montagnes sont couvertes de neige. Après trois
jours, Cohen est convaincu qu'il s'agit de « la revanche de la Deuxième
Guerre mondiale ». Guidés par un professeur japonais et un moine
allemand nommé Geshin, « un groupe de gamins américains se bala-
dent dans la neige en sandales à trois heures du matin ». La neige entre
dans le réfectoire et tombe dans les assiettes. Leonard tient le coup
quelques semaines, puis il craque : la discipline, la nourriture par trop
frugale, le vent glacé de la montagne sont trop durs pour lui. Il décide
de se réfugier dans la chaleur mexicaine. Plus tard, repensant à cette
expérience, il se dira que Roshi est une bonne vieille figure rabbinique,
mais qu'il ne comprend pas toujours ce qu'il raconte. De toute façon, il
n'a plus besoin de cela. Il avale une bonne quantité de ginseng, loue une
voiture pour se rendre à Tijuana, puis fait demi-tour vers Los Angeles
et appelle Suzanne. Elle accourt et ils partent pour Acapulco. Cet intermède est décrit dans un poème de *The Energy of Slaves,* qui commence
par « Oh, ma chérie (comme nous disions)... »

> [...]
> Tandis que nous sommes étendus à Acapulco
> pas tout à fait dans les bras l'un de l'autre
> plusieurs jeunes moines marchent en file indienne
> dans la neige du mont Baldy
> frissonnant et pétant au clair de lune :
> certains moments de leur méditation
> fêtent notre amour et nous souhaitent tout le bien possible

Sur une photo prise dans une salle de bain d'hôtel à Acapulco, on
voit un Cohen aux cheveux tondus comme ceux d'un moine bouddhiste. Il fixe durement l'objectif, un cigare entre les doigts, une main
passée dans la ceinture. La photo apparaîtra sans légende au dos de la
couverture de *The Energy of Slaves* (1972), et on la retrouvera sur la
pochette du disque de 1973, *Live Songs.* Sur un deuxième cliché pris à
Acapulco, on peut le voir assis au bord d'une baignoire. Il paraît beaucoup moins tendu, moins menaçant.

En dépit de sa fuite, Cohen accorde beaucoup d'importance au zen : « J'en ai rêvé. J'ai aspiré à cela toute ma vie. Je ne savais pas que cela existait ; le cérémonial du système, la technologie spirituelle étaient là ; ce n'était pas du blabla. On *pouvait y arriver* si on le voulait, si on exerçait suffisamment sa volonté. » Leonard devient beaucoup plus assidu au centre zen et, pendant un certain temps, au début des années soixante-dix, sert de secrétaire à Roshi et l'accompagne dans plusieurs monastères trappistes où il dirige parfois les *sesshins* pour les moines. Le *koan* de Roshi à ces élèves est le suivant : « Comment incarnez-vous Jésus-Christ quand vous faites le signe de la croix ? »

Dans *The Energy of Slaves,* Cohen constate que l'art l'éloigne de ses responsabilités personnelles. Et il se demande si cela en vaut la peine :

> Où sont les poèmes
> qui m'ont éloigné
> de tout ce que j'aimais.

The Energy of Slaves est un livre compliqué et troublant dans lequel l'auteur s'éloigne radicalement de la mythologie de *Let Us Compare Mythologies,* du romantisme de *The Spice-Box of Earth* et des préoccupations historiques de *Flowers for Hitler*. Il témoigne du mépris que Cohen éprouve pour lui-même et même d'un certain dégoût pour le sexe. « Sur plusieurs points, je préfère ce livre à tous les autres, déclarera-t-il dans une interview de 1993 ; il contient les textes les plus forts que j'aie jamais écrits. » Et le livre se termine par :

> Bienvenue dans ce livre d'esclaves
> écrit durant ton exil
> salopard chanceux
> tandis que je me colletais
> avec tous les menteurs indolents
> de l'ère du Verseau

Le livre ne manque pas d'humour — généralement satirique. « Viens dans ma chambre / Je pensais à toi / et je me faisais du gringue. » Il décrit avec candeur sa liaison de quatre mois avec une fille de vingt ans, Valentia, son aventure avec Terez, au Chelsea, et son désir pour une femme qu'il vient d'apercevoir : « Pourquoi ne viens-tu pas à ma table / sans culotte / j'en ai marre de t'étonner. » Sa célébrité tardive lui permet enfin de s'offrir « les filles de 15 ans » qui le séduisaient dans sa jeunesse :

> Maintenant je les ai
> c'est très agréable
> il n'est jamais trop tard
> je vous conseille à tous
> de devenir riches et célèbres

Il s'avoue comiquement à lui-même : « Je ne suis plus au meilleur de ma forme / pour faire des vers / je me débrouille beaucoup mieux / au vestiaire avec Sara. » Son but est « de décrire avec compassion la tromperie qui gît dans le cœur humain ».

Dans *The Energy of Slaves*, Cohen introduit un thème que sa poésie ultérieure, en particulier *Death of a Lady's Man*, développera : l'échec de l'imagination et de l'inspiration lorsque l'amour et la beauté sont atteints. Il explore cette faillite dans un poème intitulé ironiquement mais avec justesse « The Progress of My Style », dans lequel il explique pourquoi son art lui fait parfois défaut. « Chaque homme / a sa manière de trahir / la révolution / Ceci est la mienne », avoue-t-il brutalement. Il reconnaît les trahisons du passé, de l'amour et de l'art. La poésie et l'amour l'ont trompé lorsqu'un glissement d'identité a eu lieu : « Je n'ai plus de talent / je ne peux plus écrire un poème / Désormais, vous pouvez m'appeler Len ou Lennie. » Dans une interview de 1975, il déclare, parlant de *The Energy of Slaves* : « C'était comme tremper tous les textes dans de l'eau de Javel pour les laver — je voulais revenir à mon baroque personnel à partir d'une position bien nette. »

* * *

En cette année 1973, les problèmes l'assaillent de toutes parts. Une déclaration autobiographique de cet été-là en témoigne franchement :

J'ai trente-huit ans, je mesure cinq pieds huit pouces, je pèse cent trente-cinq livres, j'ai les cheveux bruns et les yeux noisette. Je vis à Montréal. C'est l'été 1973. Pour l'instant, les violons solennels de la radio m'accompagnent. J'ai fait tous les boulots habituels. J'ai été chanteur populaire pendant un certain temps, avec mon propre groupe. J'ai eu la chance de rencontrer des filles sur ma route. J'étais fou des filles, puis je suis devenu fou de leur con. Je me fous complètement de l'idée que tu te fais de la dignité humaine, ni l'une ni l'autre ne me concernent. Je me fous de savoir qui tu es et quelle noble forme de torture tu représentes. Tu peux refermer ce livre.

Ne viens pas à moi quand tu te sens doux et froid. Viens quand tu te sens méchant et chaud et que tu veux entendre une histoire. C'est une histoire fascinante. À propos d'un monde gras et mort.

Cohen a un fils. Il a derrière lui une œuvre impressionnante, mais son esprit n'est pas en paix. Il n'écrit plus de chansons ; son amour pour Suzanne s'est éteint. « Pendant qu'elle souffre, j'ai l'occasion de respirer l'air de la liberté et d'essayer de retrouver mon corps sous sa couche de graisse », écrit-il en mars. Deux jours plus tard, il ajoute : « J'écoute les violons tziganes, ma jeep est en train de rouiller au Tennessee, je vis, comme d'habitude, avec la femme qui ne me convient pas. » La vie du couple s'est réduite à « une lutte pour des petits morceaux de liberté, pour prendre sa revanche ».

Live Songs sort en avril 1973, sans faire de vagues. Il n'atteint que la cent cinquante-sixième place au palmarès. C'est le dernier des disques de Cohen qui sera classé au palmarès, et l'éclipse durera plus de dix ans. Le disque contient un éventail de chansons interprétées lors des tournées de 1970 et de 1972 ; il est inégal mais spontané. L'humeur générale reste sombre, les chansons sont noires, pessimistes, la photo de la pochette obsédante. Au verso, une note étrange de Daphne Richardson, artiste et poète mineur. La jeune femme écrit, entre autres choses : « [...] la transfiguration provoquée par la folle mystique que ton corps a martelée sur mon corps... et ton âme est entrée dans la mienne et une union s'est faite, dont L'INTENSITÉ m'a presque tuée. » Daphne a commencé à écrire à Cohen lorsqu'elle tentait de trouver un éditeur pour un livre de collages dans lesquels elle avait utilisé quelques-uns de ses poèmes, ainsi que des textes de Dylan et d'elle-même. Leonard trouvait ses lettres intéressantes et lui écrivait lui aussi. Il attribuait les excès de la jeune femme à son état dépressif.

Séduit par son imagination et par la qualité de ses œuvres, il souhaitait qu'elle illustre *The Energy of Slaves*. Il l'avait rencontrée à Londres au cours de la tournée de 1972 et, un mois plus tard, avait appelé son agent londonien pour la prier de dire à Daphne qu'il voulait des illustrations d'elle pour son recueil de poèmes. C'est alors qu'il avait appris qu'elle s'était suicidée trois jours plus tôt en se jetant du haut de la tour de Bush House. Elle parlait de lui dans son ultime message.

La musique de *Live Songs* prolonge les thèmes de *Songs of Love and Hate*. C'est Bob Johnston qui a produit le disque, pour l'essentiel un mixage d'enregistrements faits en direct au cours des deux dernières tournées. La première face commence avec « Minute Prologue », écrit à Londres (1972), récitatif sur les dissensions et les souffrances dans le monde — qui ne peuvent disparaître mais dont la musique peut parfois soulager les misères. Les cinq autres chansons de la première face datent de la tournée de 1972 ; on y trouve la version parisienne de « Bird on the Wire » et de « Improvisation ». La seconde face comprend la version berlinoise de 1972 de « Story of Isaac », et « Please Don't Pass Me By (a Disgrace) », écrite à Londres en 1970, (la plus longue chanson de Cohen qui ait été enregistrée : treize minutes et cinquante-cinq secondes), « Tonight Will Be Fine », chantée au concert de l'île de Wight en 1970, et « Queen Victoria », enregistrée dans une chambre, au Tennessee, en 1972.

Une des chansons les plus importantes du disque, « Seems So Long Ago, Nancy », met une fois de plus l'accent sur le désespoir et sur la mort et, comme l'explique une note sur la jaquette, parle d'une femme suicidaire de Montréal que Cohen a rencontrée en 1961. C'était la fille d'un juge ; elle avait une vie très mouvementée, couchait avec tout le monde. Lorsqu'elle a eu un fils, on le lui a pris. Elle s'est tuée avec un revolver dans sa salle de bain. Cohen écrit : « Dans la Maison de l'Honnêteté / Son père était au tribunal pour plaider / Dans la Maison du Mystère / Il n'y avait vraiment personne. » Le désespoir de la fille était devenu incurable, même si on lui répétait sans cesse qu'elle était belle et libre. La chanson de Cohen est obsédante.

Les critiques du disque sont mauvaises. Une rumeur commence à circuler, prétendant que Cohen a l'intention de se retirer du monde de la musique. Son avocat et la compagnie de disques en sont très contrariés. D'autant plus que l'on parle même de tendances suicidaires. Au cours d'une interview, au mois de mars 1973, Cohen fume toutes les cigarettes du journaliste ; il est replié sur lui-même, répond vaguement aux questions et tombe dans de longs silences. L'idée de suicide colle à son personnage et à ses chansons funèbres. « Je suis trop vieux pour me suicider, dira-t-il plus tard. Ce serait inconvenant. »

Le *Toronto Star* nourrit la controverse sur la retraite probable du chanteur en reproduisant un article dont l'auteur déclare que Cohen s'est retiré du monde du disque. Après le disque d'or que lui a décerné *Melody Maker* pour les deux cent cinquante mille exemplaires vendus de son premier disque, Cohen a été interviewé par Roy Hollingworth, un reporter londonien. Persuadé qu'il pouvait parler en toute confiance et que sa remarque serait considérée comme confidentielle, il avait dit à Hollingworth : « L'idée de continuer [dans le monde de la musique] m'est insupportable. J'en suis arrivé au point où je suis devenu incapable d'écrire quoi que ce soit. » Une semaine plus tard, il développait le thème de la désillusion et déclarait qu'il ne se laisserait plus prendre dans les mécanismes de l'industrie du disque. L'industrie en question vit bien entendu une attaque dans ces commentaires. Cohen déclara par la suite qu'il avait pris sa décision dix mois plus tôt en Californie, dans un monastère bouddhiste. Il écrirait encore des chansons, mais ne les chanterait qu'à la condition « d'être sûr qu'elles étaient bonnes ».

Dans une interview subséquente du *Toronto Star*, il explique la confusion qui s'est produite à propos de ses réflexions sur sa retraite possible : « Je ne me suis jamais retiré. Jamais je n'ai annoncé cela. C'était pure malveillance de la part du journaliste que d'écrire cela. Nous avons discuté de l'aspect déprimant du business dans le monde du disque et je lui ai dit : "Je ne veux pas de grands titres annonçant que Leonard Cohen quitte le monde de la musique pour entrer dans un monastère." Et la semaine suivante, le reporter raconte cela dans son journal, et c'est repris dans le monde entier. » Personne ne se montre plus surpris que Marty Machat, qui passe plusieurs jours au téléphone pour annoncer aux cadres des maisons d'éditions musicales et des compagnies de disques que Cohen est dans le business jusqu'au cou. « En fait, je quitterais quoi ? dit Cohen. Je veux dire, comment pourrais-je quitter une entreprise dont je n'ai jamais fait partie ? Personne ne m'a jamais obligé à faire quoi que ce soit. J'ai fait trois tournées, un disque tous les deux ou trois ans — ce n'est pas grand-chose pour un chanteur. Je suis toujours arrivé à faire ce qui me plaisait. Je quitterais quoi ? »

Ce qui ajoute à la drôlerie de l'incident, c'est que l'œuvre de Cohen est plus encensée que jamais. En juillet 1973, Gene Lesser, metteur en scène new-yorkais, prépare « Sisters of Mercy » pour le Shaw Festival. Après la première canadienne, un journal titre : « Spectacle centré sur le lit, destiné à public averti ». Mettant en vedette les chansons et l'œuvre de Cohen, la production est ensuite présentée à New York, *off-Broadway*, au Theatre de Lys. Clive Barnes, du *New York Times*, l'éreinte. Il affirme que si le spectacle est « un voyage musical dans les mots de Leonard Cohen » — c'est ce qu'annonce le programme — « c'est, pour être franc, un voyage dont je me serais bien passé. » Barnes déplore l'aspect autobiographique du spectacle : « Malheureusement, bien que M. Cohen soit peut-être […] le dernier cadeau de Dieu aux femmes, l'homme ne fait pas le poids, ni devant le poète, ni devant le musicien. Comme poète, il est charmant, comme musicien, il a un air de famille. » Un dernier coup de patte, à Marty, cette fois : « C'est la première tentative de Marty Machat au théâtre. Je n'en aurais pas douté un seul instant. » Cohen, quant à lui, déteste le spectacle.

* * *

L'existence de Leonard s'étant transformée en bataille pour la survie, il se dit que la possibilité de participer à une vraie guerre est trop tentante pour y résister. Pour se mettre à l'épreuve, et fuir par la même occasion les turbulences de sa vie privée, il s'envole d'Athènes pour Israël quelques jours avant que ne commence la guerre du Kippour, en octobre 1973. Il est décidé à y participer, bien sûr, mais il veut aussi échapper à sa carrière de chanteur et, comme il l'écrira plus tard, dans un texte intitulé « The Final Revision of My Life in Art », qui restera inédit : « […] ce n'est pas parce que les choses sont si horribles entre toi et moi [la vie et l'art] que je dois aller là-bas pour essayer d'arrêter les balles égyptiennes. Trompettes et rideau de lames de rasoir. » Quand il arrive, il déclare à la presse qu'il est venu en Israël pour divertir les troupes pendant le conflit, et « pour expier ». Il ajoute que dans le passé il appuyait les Arabes dans leurs revendications sur les territoires pris par Israël en 1967, mais qu'il soutient à présent l'État juif.

Il quitte Hydra et ses problèmes avec Suzanne. « Quel fardeau pour la femme née pour porter des bénédictions mort-nées jusqu'au sommet de la colline. [...] Il faut que j'étudie la haine que je lui porte, que je comprenne pourquoi cette haine se transmue en désir dans la solitude et l'éloignement. » Leonard se sent entravé par Suzanne, qui fait obstacle à son succès : « Je ne suis jamais devenu un symbole de tout ce qui est haut et vibrant. [...] Le groupe s'est arrêté comme une boîte à musique qu'on a oublié de remonter, trop lent, trop mou. Une moisissure recouvre l'esprit de la chanson et une trop grande prétention a infecté le don des mots. » Il conclut ce pacte avec lui-même : « Je ne baiserai pas en Terre Sainte, à moins que je n'y trouve ma Vraie Épouse. »

À l'aéroport, où il vient d'acheter le dernier billet pour Tel-Aviv, son attitude change :

Rien ne peut m'arrêter. Ma chance a tourné. Les filles en uniforme sourient à mon style aéroport. Je déteste les laisser ainsi derrière moi. Ce type voyage. Je suis redevenu mince, dissolu. Je bronze de l'intérieur. Nous pouvons tomber amoureux, maintenant, nous le sommes déjà, ça n'a pas d'importance, salut.

Assis sur le sol de la salle d'attente à côté de son sac en cuir, il a l'impression qu'il attire les regards et se lève. Après une courte visite au bureau de poste de l'aéroport, il entre dans les toilettes, où un officier en civil chargé de la sécurité le questionne. Mais l'homme le laisse aller quand il découvre que Cohen parle un peu le grec et qu'il part pour Israël. Tandis qu'il attend d'être fouillé, les pensées de Leonard changent à nouveau, et il écrit : « Je voyais bien que des gens m'avaient reconnu. Je n'avais envie de baiser personne, mais j'aurais voulu voir quelques filles nues, surtout celle qui est en train de me regarder en ce moment. »

Il arrive dans un pays tendu et agité en se disant : « Je suis dans ma maison mythique mais je n'en ai aucune preuve et ne peux en débattre et ne risque pas de me croire moi-même. [...] Comme je ne parle pas l'hébreu, je jouis de mon silence légitime. » Il accepte l'invitation que lui fait un couple marié — dont il a fait la connaissance dans l'avion —

de s'installer chez la mère et la sœur de l'épouse, qui habitent Herzelia, dans la banlieue de Tel-Aviv. Leonard s'enflamme aussitôt pour la sœur, mais son intérêt dévie lorsqu'il apprend que la guerre n'est pas si facile à trouver, en dépit des tristes nouvelles des combats émises toutes les heures à la radio. La mère et la fille continuent à aller à la plage chaque jour. « La guerre est quelque part ailleurs. »

En dépit du pacte conclu avec lui-même, Cohen a plusieurs aventures en Israël. Une grande créature aux cheveux roux, « aux longues jambes d'acier inoxydable », qui possède un corps qu'il qualifie d'« édifice sexuel » ; une présentatrice yéménite qui l'a interviewé deux ans plus tôt ; une fille qui l'a reconnu dans le hall d'une salle de concert. Un incident a lieu qui, d'après lui, est symbolique :

> Je suis immédiatement allé au Café Pinoti, cherchant Hanna. Il n'y avait personne dans la rue. J'ai décidé de mettre fin à ma recherche. Cet événement contient la qualité essentielle de ma vie d'artiste.

Au retour de la plage, il reprend sa quête. « Après m'être douché et changé, j'ai parcouru les rues vides et sans éclairage à la recherche d'Hanna, tout à mon désir d'elle. Ces patrouilles sont un des traits caractéristiques de ma vie d'artiste. »

La majeure partie de ses rendez-vous ont lieu à l'hôtel Gad, rue Hayarkon, à Tel-Aviv. Un jour où il vient de rentrer dans sa chambre, il entend des pas dans le couloir. Il sait que c'est cette femme superbe, très grande, aperçue quelques minutes plus tôt près du comptoir de la réception. Mais il entend également une voix intérieure qui lui dit : « Tu ne pourras chanter que si tu abandonnes la luxure. Choisis. Tu te trouves dans un lieu où il t'est possible de repartir de zéro. » Une autre voix s'élève, s'insurgeant contre la première : « Mais je la veux ! […] S'il te plaît, donne-la moi. » Puis il s'intime cet ordre à lui-même : « Oublie ton sexe et prends ton crayon feutre. » Il n'en perd pas moins son impertinence devant les femmes ; il demande à des femmes reporters de se déshabiller, ou d'au moins dénuder leur poitrine pendant les interviews.

Peu après son installation à l'hôtel, Cohen rend visite au chanteur et promoteur Schlomo Semach (qui occupe un poste dans l'armée de l'air) pour lui annoncer qu'il souhaite s'engager comme volontaire. Semach l'inscrit dans un groupe qui donne des spectacles pour les troupes. Avant de se joindre aux musiciens, Leonard accompagne la chanteuse israélienne Ilana Rovina dans une base aérienne près de Tel-Aviv, où ils chantent pour les soldats. Puis, à bord d'un Dakota, il part au Sinaï avec son groupe. Dans le hangar d'un aéroport désert, il vole une arme militaire, un pistolet de calibre 45. À son retour à Tel-Aviv, de nouvelles missions lui sont assignées. Avec Matti Caspi et un troisième artiste, ils sont amenés en jeep dans des bases de lancement de fusées, des campements de chars d'assaut, des postes d'assistance et des positions militaires. Puis ils survolent Suez en hélicopère. Dans une base aérienne abandonnée par les Égyptiens où ils ont donné leur spectacle dans un hangar de béton, Cohen est stupéfait de trouver un calendrier égyptien et une boîte de purée de pommes de terre sur laquelle on peut lire : « Un don du peuple canadien ». Un hélicoptère atterrit ; il transporte des soldats blessés. La vue des hommes aux membres enveloppés de bandages le bouleverse, il se met à pleurer. Lorsqu'un militaire lui dit que ce sont des Égyptiens, le soulagement qu'il ressent le trouble. Un soldat israélien lui donne de l'argent trouvé sur un soldat égyptien mort. « En souvenir de ton passage ici », dit-il. Incapable de garder ce présent, Leonard l'enterre dans le sable.

Puis il se rend avec ses compagnons à Ismalia et au camp de Sharon, où « les tanks constituent la seule architecture ».

> On me présente à un grand général, « le lion du désert ». À voix basse, je lui demande : « Comment osez-vous ? » Il ne se repent pas. Nous buvons du cognac, assis dans le sable à l'ombre d'un char. Je veux son boulot.

Revenus au champ d'aviation égyptien, les artistes sont pris sous le feu de l'ennemi et doivent se mettre à couvert. Cohen fantasme : « Je tue un officier israélien arrogant qui n'a pas cessé de me casser les pieds pour que je chante « Suzanne ». Le fléau de la balance est en équilibre. Que justice soit faite. Je ne crois pas avoir inventé tout cela. » Une question le poursuit sans cesse : « Dois-je considérer la notion de pureté personnelle comme la condition même de ma tâche ? » Une question qu'il s'est déjà posée à Cuba.

Les spectacles sont parfaits ; les soldats braquent leurs lampes de poche sur les chanteurs. « C'était très spontané, très intense, racontera Cohen. Chaque fois qu'on rencontrait des soldats, on s'arrêtait pour chanter. Le terrain est parfois dangereux, mais on est pris dans l'ambiance. Le désert est très beau ; on se dit parfois, pendant une minute ou deux, que la vie a un sens. Et la guerre est merveilleuse. [...] Elle fait partie des quelques passages dans l'existence où les gens peuvent se montrer sous leur meilleur jour. Il y a une telle économie de mouvements, de gestes... Chacun est responsable de son frère. La guerre et gagner du fric sont les deux seules activités qui ont jamais permis aux hommes de quitter les femmes. » Il explore cette vérité dans « My Life in Art » : « Sentiment de plénitude dans le désert. La guerre est O. K. [...] Comme mon ami Layton l'a dit à propos du LSD le jour de son premier "trip" : "Ils ne seront jamais capables de juguler cela." »

Le départ approchant, Cohen décide d'aller visiter Jérusalem. Il croit que s'il marche de Tel-Aviv à la Ville sainte, il sera purifié. Alors il se met à marcher. Mais il se perd dans la banlieue de Tel-Aviv, où il arrive rue Dizengoff, avec ses nombreux cafés. Le lendemain, il prend le bus pour la Ville sainte. Et le soir, au dîner, son ami Asher lui sert cette mise en demeure : « Tu dois choisir entre être un débauché ou un prêtre. »

Un mois plus tard, Cohen quitte le pays, sur lequel plane une vague de découragement en raison des pertes humaines pendant les combats. « Les gens m'arrêtaient dans la rue, me remerciaient et me disaient de ne jamais quitter Jérusalem. » Il réserve un billet sur un vol militaire pour Athènes, puis s'envole vers Asmara, en Éthiopie, où, installé à l'hôtel Imperial, il écrit des chansons et fait le point sur sa vie. Le plus drôle, c'est que la région va devenir, six semaines plus tard, le point chaud d'une révolution. Il termine « Chelsea Hotel # 2 » à l'Imperial et y commence plusieurs chansons sur son expérience israélienne : « Field Commander Cohen », par exemple, raconte comment un espion célèbre pour ses « parachutages de LSD en plein milieu de soirées diplomatiques » redevient quelqu'un de très ordinaire, aussi ordinaire que « les suicides avec une balle d'argent, les marées messianiques de l'océan, les chevauchées raciales sur les montagnes russes et autres formes d'ennui auxquelles on donne le nom de poésie ».

Il rentre à Hydra pour tenter d'étayer les ruines de sa relation avec Suzanne. Mais les choses se gâtent, les rancœurs du couple s'amplifient.

Suzanne veut à la fois « la passion et la possession ». En septembre, ils rentrent à Montréal et Cohen devient de nouveau père, d'une fille cette fois, qu'il appelle Lorca. Ils vivent dans la maison que Leonard a achetée rue Saint-Dominique. La famille continue à être allergique au bonheur, comme le journal de Leonard le confirme :

> Tout s'effondre pour l'amour de la paix, tout s'effondre pour l'amour de la paix. [...] Rien ne s'effondrera, la culpabilité, les intrigues, le trône des femmes qui attendent, le tout au service de l'amour neuf. On dit que tout s'effondre pour l'amour de la paix.

Une lettre de Suzanne témoigne de son amertume. « Elle prétend, dit Leonard, que je lui ai volé sa vie et que ma dette envers elle est énorme. Elle exige, en retour, mon sang et toutes mes richesses. » Mais il « ne peut faire la paix dans la langue de l'amour ».

En dépit de l'animosité qui les dresse l'un contre l'autre, Cohen se dit qu'il n'a plus le droit de chanter ses chansons de douleur. Il croit qu'il n'a pas assez souffert, ni ressenti assez de chagrin pour justifier les paroles de ses chansons. Une note, dans son journal, résume cet état d'esprit : « Ce n'est pas bon si ce n'est pas la femme qu'on aime. Écris des chansons mais ton cœur ne chantera jamais. » Une question qui reste sans réponse le tourmente : « Qu'est-ce qui peut dégeler un homme ? »

CHAPITRE X

Dans l'attente du Nom

L'IMPORTANCE QUE L'ENSEIGNEMENT de Roshi accorde à la souffrance ne peut que resserrer les liens qui attachent Leonard aux différentes pratiques du zen. La méditation et le rejet du matérialisme prolongent en quelque sorte l'austérité qui a présidé à sa vie en Grèce. « J'avais tant besoin de n'avoir rien à toucher : ce fut toujours ma voracité à moi », écrit-il dans « The Night Comes On ». Le zen l'oblige aussi à « se centrer » : « Si tu veux voir Dieu, tu dois trouver les racines de ton être », a écrit Roshi.

Cohen recherche les conseils du vieux maître japonais en toutes circonstances — y compris lorsque sa musique lui pose problème. Il l'invite à une séance d'enregistrement de *New Skin for the Old Ceremony*. Le lendemain, au petit déjeuner, Roshi lui dit : « Tu devrais chanter plus tristement. » Cohen se dit qu'il a perdu le courage, ou la capacité, de sonder son malaise existentiel. « Il faut que j'aille plus profond, toujours plus profond », déclarera-t-il en 1991. C'est cette obligation dans laquelle le met le zen de découvrir de nouvelles vérités sur lui-même qui le convainc de poursuivre dans cette voie. Grâce au zen, il peut écrire avec plus de simplicité, de pureté. Bien qu'il doute de la profondeur et de la force de son œuvre, il croit sincèrement, à partir du milieu des années soixante-dix, que sa voix d'écrivain, au moins, est authentique. Il a la conviction que le zen le rapproche de son œuvre.

Lors de ses premières visites au mont Baldy, le régime de vie lui a paru passablement difficile. Mais si la discipline était sévère, les idées étaient attachantes, et il a persévéré. Ses séjours se sont faits de plus en plus nombreux ; il s'est soumis de bonne grâce aux rigueurs de la pratique du zen. De trois heures du matin aux heures de méditation, du *zazen* au *sanzen,* et pendant ses entretiens privés avec Roshi, il a acquis le vocabulaire spirituel qu'il recherchait et appris à se débarrasser des éléments superficiels qui l'empêchaient de donner plus de profondeur à son œuvre. « Lorsque je vais là-bas, dira-t-il en 1980, c'est comme si je grattais la rouille qui me colle à la peau. »

Mais l'amour reste à la source de ses tourments, ainsi qu'un passage de *Death of a Lady's Man* en témoigne. Dans une suite du Château Marmont, dans Sunset Boulevard, Cohen se décrit dans les bras d'une belle Américaine, agité, regardant sans cesse l'horloge. Ses désirs ont été comblés, mais il sait qu'il est « à la fin de [sa] vie d'artiste ». Il a quarante et un ans, et l'amour a apporté la mort, et non la vie, à son art : « Six heures cinquante [du matin]. Ruiné à Los Angeles. […] Je veux mourir dans ses bras et la quitter. » Désirer des femmes ne le satisfait plus ; le fait de les posséder ternit l'idolâtrie qu'elles font naître en lui. « Je nage dans ton amour mais je me noie dans la solitude. » Comme il le chantera plus tard : « Je suis venu de si loin pour la beauté / J'ai laissé tant de choses derrière moi / Ma patience et ma famille / Mon chef-d'œuvre anonyme. »

En 1974, pendant l'été, Cohen tente de résoudre ses problèmes grâce à l'écriture. Il commence un nouveau livre, conçu comme un roman. La forme de l'ouvrage peut être qualifiée d'expérimentale : on y trouve de la prose, de la poésie, des souvenirs et des pages de journal intime. Le manuscrit, qui s'intitule *The Final Revision of My Life in Art,* est inédit et contient trois livres, « The Dictation », « Among Yellow Daisies, Summer 1975 » et « Random Evidence and Subtle Visitors, 1972-1975 ». La trilogie est inspirée par son séjour en Israël, sa vie à Hydra et sa vie à Montréal.

Il entame l'écriture dans le sous-sol de pierre de sa maison grecque ; il jeûne durant quatre jours, ne s'éclaire qu'à la lampe à huile. « Je commence à en avoir marre du monastère du mariage. Ce livre est l'esprit du mariage », déclare-t-il en commençant. Sa colère contre sa compagne et contre les liens qui l'enchaînent à elle n'empêchent pas la jeune femme de l'aider à classer les textes de cette nouvelle œuvre. Une œuvre cinglante, cruelle, dont elle est pourtant le sujet principal :

Il fut un temps où je montais sur les scènes bien polies de toute l'Europe. Les filles attendaient, alignées dans les couloirs. Mais tu

DANS L'ATTENTE DU NOM

as volé leur beauté. Tu as mis leur beauté hors de ma portée. Nuit après nuit, tu m'as enfermé avec la femme de non-beauté. Mords là-dedans. C'est maintenant que tu te vas te casser les dents et que ton impuissance va te sidérer.

Tandis que le texte progresse, la colère de Cohen se transforme en rage contre certains écrivains : « Salut, encore une fois, putains de plagiaires ! Toutes les filles que je vous ai volées ne compensent pas mon dégoût devant vos noms dans les manchettes. Arbres et photos. La dernière nuit du poète authentique. » Cohen se sent piégé, alors que Suzanne a ce qu'elle veut :

> L'homme enchaîné regardait ses cheveux tandis qu'elle se blottissait dans le creux de son épaule comme la crosse d'un fusil. À l'horizon, la brume s'élevait des eaux, se transformant avec netteté en formes éternelles, celles du confort et de la poésie. Je te descendrai, me suis-je dit à moi-même. Elle m'a donné la balle du fusil.

Cohen reprend les thèmes qui l'ont retenu au cours de son existence, leur cherche un sens, constate leur caractère éphémère. De l'hypnose, il dit : « J'ai abandonné cela à quatorze ans. Je la pratiquais depuis deux ans. Cela fait aussi longtemps que je possède la musique. Je devrais me détourner d'elle. » Il se dit qu'il pourrait peut-être redevenir amoureux de Suzanne, « ce serait plus facile ». Mais il n'y arrive pas. Dans une lettre, Roshi lui suggère d'abandonner la scène, les tournées, et de venir dans le désert pendant deux ans pour y écrire. Leonard est tenté. En attendant, son livre devient de plus en plus lugubre :

> Trop tôt pour l'arc-en-ciel,
> Trop tôt pour la Colombe
> Ce sont les Derniers Jours, ce sont
> Les Ténèbres, c'est le déluge.

The Final Revision of My Life in Art revient au thème incontournable de la vie par opposition à l'art. L'une des séductions de l'art, c'est qu'il se trouve sur le même plan que le sexe. Quant au mariage, c'est la mort.

/ Donc la Chinoise n'a pas été brutalisée
et, sans moi, sa vie est redevenue O. K.,
ma lente érection ne se manifestant
que dans le caleçon de la poésie.

Malgré les doutes tenaces et sérieux qui le tenaillent, une confiance intérieure — ou est-ce de la vanité ? — fait encore surface dans ses écrits. « Il deviendra un jour évident que je suis le styliste de ma génération et le seul honnête homme en ville. Je ne me suis pas querellé avec mes voix. »

Tandis qu'il écrit ses souvenirs, *New Skin for the Old Ceremony* est mis en vente. C'est la première série de chansons depuis *Songs of Love and Hate,* paru en 1971. Enregistré à New York, le disque témoigne de son aventure militaire en Israël et reflète son flirt constant avec les désastres politiques aussi bien que personnels. Il a retravaillé une vieille chanson, « The Bells », qui porte un autre titre, « Take This Longing ». La quête de l'amour perdu habite tout le disque. « Tu es devenue vieille et ridée / J'ai toujours dix-sept ans », chante-t-il dans « Is This What You Wanted ? » Quant à « There Is a War », elle résume l'état de déréliction dans lequel il se trouve plutôt que la situation en Israël. L'amour lui-même a été dévalué : « Je sors de ses bras, / Elle dit : "Je suppose que tu appelles cela de l'amour, / Moi j'appelle ça Room Service." » Leonard reconnaît que dans le passé il s'est souvent laissé abattre, mais il comprend maintenant qu'il doit lutter pour survivre en tant qu'artiste.

Dans « A Singer Must Die » et « Chelsea Hotel # 2 », Cohen illustre le lien entre sa vie et l'art, conséquence de son engagement renouvelé envers le zen et de sa quête de la pureté. Lorsque son art n'est pas à la hauteur de cette pureté, dit-il, c'est parce que ce n'est pas de l'art. Ce qu'il vise est la pureté, la clarté, la nécessité ; la condition zéro.

New Skin for the Old Ceremony est rehaussé par un nouveau son, que l'on doit à John Lissauer. Bien que Cohen ait coproduit le disque, c'est à Lissauer qu'il faut attribuer ce changement.

Cohen a rencontré Lissauer dans un club montréalais, où il jouait avec Lewis Furey (qui joue de l'alto dans *New Skin* et avec lequel il écrira un jour un opéra). Après avoir discuté un peu, Leonard lui a interprété quelques chansons à moitié terminées. « Personne ne possède une compréhension aussi profonde de ma musique », dira-t-il un jour. Au début de l'année 1976, ils travaillaient ensemble sur de nouvelles chansons, ce que Leonard n'avait jamais pensé faire avec personne. Dans *New Skin*, les cordes, les cors et les bois prennent plus d'ampleur que dans les premiers disques, sans étouffer pour autant la voix du chanteur. La pochette du disque crée une légère controverse. Au départ, l'illustration était une représentation symbolique de *Coniunctio spiritum*, ou l'union spirituelle des principes mâle et femelle, prise dans un recueil d'alchimie du XVIᵉ siècle intitulé *Rosararium philosophorum*. Mais comme l'explication ésotérique figurant sur la gravure ne désamorçait pas l'imagerie sexuelle par trop provocante, Columbia l'a remplacée sur une série de pochettes par une photo de Cohen — sans juger bon d'en informer ce dernier. Quant à la succursale anglaise de la compagnie, qui pensait que des anges nus offenseraient un public bigot, elle a déplacé l'aile des anges pour en couvrir leurs parties génitales !

Le disque reçoit un accueil plutôt tiède ; il ne se classe même pas au palmarès américain et n'atteint que la vingt-quatrième place au Royaume-Uni, en dépit d'une tournée de promotion. Mais on en vend deux cent cinquante mille exemplaires en Europe au cours des six premières semaines.

Après la sortie de *New Skin*, Cohen et Lissauer commencent à travailler sur un autre disque, qui ne verra jamais le jour. Six ou sept chansons sont enregistrées pour un disque intitulé provisoirement « Songs for Rebecca », puis Cohen décide d'en rester là. Une seule chanson sera sauvée, « Came So Far for Beauty », qui fera partie de *Recent Songs* (1979).

New Skin for the Old Ceremony a peu d'impact sur le public. Par contre, *Bird on the Wire*, le film réalisé en 1974 par Tony Palmer, va se tailler un succès appréciable. Le film sort après six mois de montage en Angleterre ; Cohen participe à la restructuration de l'ensemble. Il veut que l'œuvre mette l'accent sur l'aspect vivant de sa musique, qu'elle montre son rapport avec le public. Ce but est atteint, mais les images d'un homme épuisé sur le plan émotionnel sont par trop nombreuses. En fin de compte, Cohen déplore cette mise à nu ; il regrette que sa vulnérabilité soit ainsi révélée au public.

Peu après la sortie du film, il entame sa troisième tournée européenne — la plus longue : trente-trois concerts en cinquante jours. Elle commence par Bruxelles et se termine à Paris. Il joue deux fois à

Barcelone, un de ses arrêts les plus longs, et dédie l'un des deux concerts à Federico Garcia Lorca. En raison de sa popularité dans ce pays, son œuvre y a déjà été traduite.

La présence de Cohen en scène, caractérisée par sa simplicité et même par une certaine forme d'humilité, joue un rôle déterminant dans l'attrait qu'il exerce sur le public. Il termine son concert de Londres, le 20 septembre 1974, en disant à l'assistance : « Merci de vous souvenir avec une telle précision de ces chansons que j'ai écrites, pendant toutes ces années, dans une chambre. »

À la fin novembre 1974, Cohen fait une courte tournée en Amérique du Nord, jouant d'abord à guichets fermés au Bottom Line, à Greenwich Village. Il est interviewé par Danny Fields, qui lui demande pourquoi il est aussi populaire en Europe. « C'est peut-être parce qu'ils ne comprennent pas les paroles de mes chansons », répond Cohen. Il souligne le lien entre sa vie privée et sa vie d'artiste. « Quand je suis en scène, j'ai l'impression d'y apporter un peu de ma vie privée et je crois que c'est cela qui intéresse le public, et l'amuse, parfois. C'est ce qui fait le charme de mes concerts. » En décembre, il se produit trois fois au Troubadour, à Los Angeles, et reçoit « une des ovations les plus longues dans toute l'histoire du club ». Il a droit à quatre rappels. Après le spectacle, Bob Dylan vient le saluer.

Depuis quelque temps, Cohen fréquente une jeune femme, Lauren. « La première maîtresse de ma nouvelle vie, dit-il à propos d'elle. [...] Nous sommes le début d'une armée. À qui pouvons-nous offrir notre victoire ? Je m'incline et vous baise le bout des seins. Ou bien était-ce la fille que j'ai vue l'autre soir ? » Il continue sa tournée, se produit au Canada, où il joue dans un hôpital psychiatrique de London, en Ontario, et au Massey Hall de Toronto, avant de retourner à l'Avery Fisher Hall de New York. Le *New York Times* commence son compte rendu en déclarant : « Il y a beaucoup de choses que l'on peut détester chez Leonard Cohen. » Mais la critique est, dans l'ensemble, une apologie de l'originalité de son talent : sa langue est imaginative et le caractère répétitif de ses mélodies hypnotiques rappelle la musique médiévale et les vieilles ballades populaires. « La voix de M. Cohen est certes limitée sur le plan de la tessiture, mais elle est très expressive. »

Leonard interrompt la tournée fin 1974 pour participer à une séance d'enregistrement à Nashville pour l'Earl Scruggs Anniversary

Special. Il enregistre « Passing Thru » avec Billy Joel, Joan Baez, Buffy Sainte-Marie, Ramblin'Jack Elliot et les Pointer Sisters.

Il rentre en avril à Montréal pour y donner ses premiers concerts depuis quatre ans. Le spectacle, qui a lieu au petit théâtre du Nouveau Monde — il ne peut accueillir qu'un peu plus de mille personnes —, a un succès mitigé. L'épuisement de Cohen est visible tandis qu'il commence le premier tour de chant avec « Bird on the Wire » et un sourire las. Un critique écrit : « Il a l'air d'un gérant de magasin surmené [...] ses gestes mécaniques font penser à ceux des grands déprimés déambulant dans les hôpitaux. » N'empêche que Leonard a chanté « Bird on the Wire » en français et que le public le rappelle six fois.

Après la tournée, au printemps 1975, il retourne à Hydra, emportant avec lui son découragement et son inquiétude. Son triomphe récent et les retrouvailles avec sa famille et sa maison ne lui apportent aucun réconfort. Dans l'obscurité fraîche du sous-sol, ou sur la terrasse, il dissèque le présent et se souvient du passé :

> On ne peut pas dire que ce soit une efflorescence de pâquerettes. Ce n'est pas tout à fait l'opulence. Je me souviens que tout était plus chaud, plus ensoleillé. [...] Négociations avec la femme. Mots prudents. Ajustements sans fin pour garder l'équilibre et le sol loin du visage. [...] Il y a dix ans, j'ai fait un discours à ces pâquerettes et elles se sont toutes tournées vers moi. C'était très désagréable il y a dix ans, avant que le monde ne me connaisse, mais aujourd'hui c'est nettement pire. [...] Ces belles matinées, l'intestin vide, le corps honoré par les amphétamines, ne sont plus, bébé, elles ne sont plus. [...] tout cela semblait beaucoup plus intéressant avec l'acide, il y a dix ans. Je me suis adressé à elles [les pâquerettes de la terrasse] dans le style popularisé par saint François.

Il projette d'épouser Suzanne à Jérusalem, se disant que cette union sauvera leur couple. Mais il projette aussi de passer une heure par jour avec Anthony Kingsmill, d'aller à la pêche avec Don Lowe, de prendre à nouveau la route, de devenir, « pour les jeunes écrivains de Montréal, un père des rues au style direct et sans concessions », « de renverser [sa] vie avec un amour neuf », et « d'apprendre à [son] fils qu'il n'y a pas de lumière en ce monde ».

Le projet de poursuivre ma vraie chanson, n'importe où [...] Le projet d'ennoblir mon visage, de le rendre plus attirant grâce au travail acharné et aux décisions courageuses. Le projet pour mon corps [...] le projet de devenir mince et vif et aimable. Mon projet pour toi. Mon trône pour toi. Ma ruse devant Dieu [...] Le projet d'échapper. Le projet de ne pas témoigner.

Mais tous ces desseins restent lettre morte. Cohen est en guerre avec lui-même et avec Suzanne. « Je vais t'accorder jusqu'à ce que les cordes cassent [...] Je t'ai déclaré la guerre jusqu'à la fin des temps. »

C'est à cette analyse de sa carrière d'artiste et d'amant qu'il consacre la majeure partie de son temps. Des souvenirs de la vie qu'il a menée huit ans plus tôt avec une autre femme lui reviennent en mémoire. « Le silence obscène de ma carrière, tandis que les bouchers montaient sur le trône, taillaient le voile en pièces, puis restaient là, au-dessus de nous, un sourire fendu jusqu'aux oreilles [...] J'étais divisé en trois. Une partie appartenait à une femme, une autre à l'argent, la troisième aux pâquerettes. [...] Ma condamnation à la solitude et la blessure de mon beau jumeau m'ont brisé. » Les femmes, déclare-t-il à Kingsmill, n'ont pas le sens de la mesure et ont été « créées tellement plus fortes et plus sauvages que nous. [...] elles veulent détruire le système » et leur « âme primitive » est intoxiquée par « la honte et l'opportunisme ».

Son commerce avec les femmes s'est très souvent déroulé sur ce mode, mais Suzanne, elle, a exigé des gages pour l'avenir. « J'ai donné une maison et des bébés à une femme, mais c'est parce qu'elle a insisté pour les avoir », écrit-il. L'introspection de Cohen atteint son point culminant dans la description d'un paysage à la fois extérieur et intérieur :

La lune est au-dessus du moulin à vent. Je suis assis là, une couverture sur les épaules. Toutes les pâquerettes se sont penchées. Tout est tranquille. Un chien aboie. J'espère pouvoir quitter bientôt le jardin. Avec un bruit sec, un insecte distribue des portions de la plus légère des brises. [...] Une vague m'oblige à me courber au-dessus de la table bleue, un rêve de la montagne roulant sur les toits et les pâquerettes.

Leonard décide de se rebeller « contre les Entretiens domestiques », contre les répressions, le manque d'amour, et contre la maison qui a perdu sa raison d'être. Il compare Marianne à Suzanne :

La première femme faisait tournoyer cela autour d'elle comme une jupe, de plus en plus vite, avec de plus en plus de lumière, jusqu'à ce que je me détache de l'ourlet ; la suivante tournait dans l'autre sens, sombre, silencieuse et avide, rassemblant tout à l'intérieur, et j'ai été aspiré à l'intérieur comme un canoë dans un tourbillon, mais elle n'était pas au centre, elle ne savait pas comment on fait pour y être. [...] Je ne peux pas brandir la vieille table comme un étendard d'ordre et de solitude. Je suis ici pour travailler au jardin. J'ai cessé d'être votre hôte.

Vidé, il attend le Nom, le salut qui va le sortir de ce purgatoire. « Sans le Nom, je suis un enterrement dans le jardin. En attendant la fille suivante. » Il élargit ce thème dans « I Should Not Say You », poème en prose du recueil *Death of Lady's Man* : « Mon cœur aspire à devenir une chambre pour le Nom. [...] Sans le Nom le vent est un babillage, les fleurs ne sont qu'un jargon de désir. [...] Sans le Nom scellé dans mon cœur j'ai honte. »

Tout au long de sa vie, Cohen a préféré son prénom de Leonard à tout autre car il définit son identité d'écrivain. Le poème « I Have No Talent Left » explique cette préférence : « Je n'ai plus de talent / Je ne peux même plus écrire un poème / Désormais vous pouvez m'appeler Len ou Lennie / comme vous avez toujours rêvé de le faire. » Dans *Beautiful Losers*, F. déclare : « Les noms préservent la dignité de l'Apparence. » Et Cohen, dans *Parasites of Heaven*, révèle : « Leonard n'est plus le même / depuis qu'il s'est éloigné de son nom. » Il veut dire par là que sa vie en Angleterre et en Grèce a d'abord modifié, puis sapé son projet de vie bourgeoise à Montréal. La signature de Cohen sur les lettres, les documents et les autographes a toujours été, en lettres clairement dessinées, « Leonard Cohen ». Mais il se moque de ce goût qu'il a pour le cérémonial dans « The Other Village » :

> Quand vient l'heure des lamentations
> Je préfère Aretha Franklin
> à, disons, Leonard Cohen
> Inutile d'ajouter qu'il évite les sentiers battus

Le dernier poème de *Death of a Lady's Man* donne une touche finale à l'autoportrait :

J'ai presque quatre-vingt-dix ans
Tous ceux que je connaissais ont disparu
sauf Leonard
On peut encore le voir
clopiner avec son amour

* * *

Le couple Leonard-Suzanne se détériore de manière beaucoup plus spectaculaire que le couple Leonard-Marianne. « Nous retournerons près de ce ruisseau au Tennessee, écrit-il, et elle me descendra avec une 22 *long rifle*. » La frustration de Cohen prend de l'ampleur. « J'aurais dû te tuer pendant la guerre. Je ne savais pas que tu deviendrais noire et jouerais de la trompette. [...] Dans un coin de mon cœur, j'ai planté et arrosé les graines de la vengeance, puis j'ai chanté [...] le jardin est mort et cette veille touche à sa fin. »

Suzanne se sent abandonnée. En fait, depuis qu'ils se connaissent, Leonard n'a cessé de voyager et de se retirer pour écrire, ne lui consacrant que très peu de temps. Elle se venge : elle sort et ne rentre qu'aux petites heures du matin. Il est furieux, la remplace par d'autres femmes : Stephanie, qui n'a que seize ans, Sherry, « qui [l]'aime pour une chose [qu'il a] dite il y a dix ans », et une Australienne blonde qui l'a abordé dans une taverne et lui a demandé si elle pouvait lui toucher le visage. Il y a aussi « une géante blonde », Vala, qui le mordille partout, et Danae, qui habite avec lui pendant une semaine au Hilton d'Athènes : « Comment aurais-je pu savoir qu'elle n'avait que quinze ans ? Je pensais qu'elle n'en avait que treize. J'ai essayé de séduire la mère, qui a fini par se calmer. » Une blennorragie, cadeau d'une Australienne, l'oblige à se rendre à Athènes pour y recevoir une injection de pénicilline, mais son obsession ne le quitte pas. Alors qu'il commence son traitement, il se lamente de ne pouvoir mettre des femmes dans son lit :

Le désir, à Athènes, m'a perturbé. J'ai vu une femme sur une moto, les cuisses découvertes. Les fesses de la téléphoniste. Stephanie, quelque part dans le voisinage. La fille de Radcliff reposant sur un lit d'idées où je ne l'ai pas rejointe. Tout cela a nourri ma haine et je n'ai pu l'accueillir [sa compagne brune]. Aussitôt que je suis revenu à mon bureau bleu, mon cœur lui a souhaité la bienvenue. Elle ne m'inspire pas de chansons mais elle est la muse de la discipline.

Tandis qu'il attend une autre femme au Hilton, il médite sur le pouvoir et la beauté :

Pour me voir tu dois abandonner tout ce qui te réconforte. Tu dois renoncer à ta médiocre extase, à tes médiocres exercices de volupté. Enfile tes muscles et sors de la douche parfumée qui a ratatiné et adouci ta peau. [...] Je vais, sans nom, de cœur en cœur, et je me dis Courage, courage, tu t'es déjà montré courageux, pourtant tu sais parfaitement qu'ils vont mourir sans voir sa beauté.

Au cours de l'été 1974, Suzanne l'accompagne à Hollywood, où il constate, en compagnie d'une autre femme, qu'on « ne lui a pas refusé une pleine mesure de beauté ». « Il vaut mieux ne même pas soupirer en pensant à cette perfection. C'est la fin de ma vie d'artiste... [...] Quand nous faisons l'amour le matin, la journée entière ressemble à une fin de trip à l'acide. » Mais avec une telle beauté naissent la peur et l'incapacité de créer : « Si je pouvais écrire une chanson pour elle je pourrais payer la note de cette suite... [...] La table, le climat, un corps parfait pour un artiste de quarante ans, célèbre, heureux, terrorisé. »

En 1975, Cohen part au Japon avec Roshi pour y visiter des monastères zen ; il voit un moine ramper sur le ventre aux pieds du maître pour lui présenter du thé. Invité à poser une question à ce dernier, il reste curieusement muet. Il regarde les beaux signes calligraphiés sur le mur du monastère épargné par la bombe atomique et se dit : « On n'a pas eu celui-là. » À son retour, les convictions religieuses de Leonard, toujours transitoires, changent une fois de plus. « J'ai décidé d'adorer la beauté comme ces gens qui retournent à la religion de leurs ancêtres. »

Suit une tournée de lecture, en Italie, pour y faire la promotion de plusieurs de ses livres traduits en italien. Il se rend à Milan, puis à Florence et à Rome. Les Italiennes le captivent. À Milan, il a une aventure avec une doctoresse, puis avec une femme nommée Lori ; à Florence, c'est Huguette; à Rome, Patricia. Assis à une table de café avec cette dernière, il voit deux colombes voler vers lui « comme le Saint-Esprit descendant... [...] Je suis resté assis dans un café pendant vingt-cinq ans dans l'attente de cette vision. Je me rends aux lois de fer de l'univers moral qui veulent que chaque chose désirée se transforme en ennui. Je retournerai à ma compagne brune. Non, je ne crois pas. » À Rome, il lui prend une soudaine velléité de s'inscrire au parti communiste. Alors les fleuves de son enfance se soulèvent, avec serpents et voiliers, et sa mémoire le trahit tandis qu'une procession de fantômes passe, et ceux-ci s'adressent à lui, à commencer par W. B. Yeats, « qui alluma un bâton de santal pour [son] âme troublée, et les usines éliminèrent dix millions de cœurs aussi faux que le [sien]. [...] Les fantômes de grillons innombrables chantaient Un Autre Homme Fini Disparu, et des petits cailloux s'envolaient de [son] front et se cognaient aux verrières de la C.I.A. » Mais il ne peut pas écrire; il désire passionnément étreindre des jeunes femmes. Dans le train qui l'emmène de Florence à Rome, il chante, appuyé à la fenêtre ouverte, mais « la chanson ne [peut le] racheter », dit-il.

Après un bref séjour à Hydra, puis à Montréal, Cohen retourne en Californie, où Suzanne le rejoint. Mais il veut s'échapper, il veut écrire, et chanter. Roshi, qui souhaite en faire son disciple, lui propose de venir vivre avec Suzanne et leur enfant au mont Baldy. Mais le moment est mal choisi, Leonard a du travail et sa relation avec Suzanne est trop tendue. En décembre, il rentre à Montréal pour assister à la revue Rolling Thunder de Dylan au Forum, où il entend Joan Baez chanter correctement, et pour la première fois, la fin de « Suzanne ». Pendant tout l'hiver, il travaille sur de nouvelles chansons. L'année 1975 a été une année de crise, et son engagement envers le zen a, une fois de plus, été mis à l'épreuve.

Columbia lance The Best of Leonard Cohen, qui contient douze de ses chansons les plus connues, dont « Suzanne », « Sisters of Mercy », « Bird on the Wire », et « Famous Blue Raincoat ». Cohen a accepté que l'on fasse le disque parce qu'on lui en a donné la direction artistique, et parce qu'une nouvelle génération d'auditeurs l'attend. Il a choisi les chansons, conçu la pochette, obtenu qu'on y joigne le livret des chansons. Ces dernières ont été compilées à Londres; il a écrit de nouvelles notes sur leur origine. Celle de « Last Year's Man » dit :

J'ignore pourquoi j'aime cette chanson. Je la jouais sur une guitare mexicaine à douze cordes, jusqu'à ce que je détruise l'instrument en le piétinant dans un accès de colère impuissante. C'était en 1967. La chanson avait trop de couplets et cela m'a pris cinq ans pour choisir les meilleurs. J'aime les enfants dans cette version. Je les attends toujours quand j'écoute le disque.

En avril, il reprend la route pour accomplir sa plus grande tournée européenne, dont l'un des buts premiers est de faire la promotion de son dernier disque. *The Best of Leonard Cohen* est passé inaperçu aux États-Unis mais se vend très bien en Europe — le marché le plus important de Cohen au cours des années soixante-dix. Il commence la tournée à Berlin le 22 avril 1976 et la termine à Londres le 7 juillet. Roshi, qui donne des conférences en Europe à cette époque, assiste au concert de Munich et va saluer Leonard en coulisses avant le spectacle. Surpris par l'arrivée inattendue de son maître, Leonard se hâte de terminer le gobelet de cognac qu'il vient de porter à ses lèvres. « Corps, important », se contente de dire Roshi. Un critique londonien déclare que le groupe pourrait s'apparenter à un groupe rock et souligne le succès d'une nouvelle chanson au rythme rapide (non enregistrée), « Do I Have to Dance All Night ». S'émerveillant de la présence de Leonard en scène, il ajoute qu'il est « surprenant de voir à quel point son interprétation y est plus vivante qu'en studio ». À Paris, Cohen donne quatre concerts à guichets fermés. Les spectateurs vont jusqu'à le rappeler douze fois.

Après la tournée, Cohen et sa compagne passent l'été à Hydra. Leonard, Anthony Kingsmill et Pandias Scaramanga sont heureux de se retrouver ; ils se racontent un tas d'anecdotes. Pandias narre ses aventures amoureuses. « Il m'a parlé d'un bordel qu'il fréquentait à Paris, je lui ai parlé de mon club privé à New York. » Mais le chanteur est psychologiquement fragile : « Quand je ne complote pas contre tous ceux que je connais, ou que je n'essaie pas d'avoir l'air d'un dur devant les faibles, un tas d'injonctions en tous genres se bousculent dans ma tête, qui tous parlent de réforme personnelle. » Leonard ne peut ni chanter ni écrire, bien qu'il soit persuadé que « si la vie n'est pas perfectible, le travail l'est ». Le seul événement qui l'absorbe cet été-là est un spectacle sur les derniers jours de Lorca écrit par un Sud-Africain et joué dans le hall d'un petit hôtel d'Hydra. « Je me suis amèrement cramponné à ma stérilité pendant toute la soirée, me demandant si je serais jamais capable de m'exprimer comme je l'ai fait dans les meilleurs moments du passé. » Heureusement, la présence d'Irving Layton dans l'île stimule pendant un certain temps sa bonne humeur et son imagination.

Pendant toute l'année 1976, Leonard explore le zen et y trouve ce qui, selon lui, manque dans le judaïsme : une concentration sur les méthodes de prière et de méditation. « Je voulais pénétrer un peu plus profondément dans un système », expliquera-t-il plus tard. *Zazen,* la méditation, lui permet de se reposer des turbulences de sa vie privée. Mais un accident, qui survient en 1976 au mont Baldy, va l'empêcher de prendre, au *zendo,* la position du lotus : un soir, il se cogne le genou contre un mur et se déchire le ménisque. Une fois le traitement terminé, la douleur persiste, avec l'impossibilité de méditer dans la position adéquate. Il se lance alors, à Montréal, dans une étude poussée de sa religion. Il prie quotidiennement, porte les tephillim, prend contact avec plusieurs rabbins hassidiques et se procure un livre de prières hassidique bilingue auprès de membres du mouvement Lubavitch. Les deux religions — le judaïsme et le bouddhisme — se juxtaposent. « J'ai lu des textes et vu des attitudes que j'aurais été incapable de saisir si je n'avais pas étudié avec mon vieux professeur japonais. […] J'ai pris chez Roshi un ou deux éléments qui m'ont permis de comprendre, au moins superficiellement, la tradition juive. […] Sans son enseignement, il me semble que je n'aurais pas pu adopter l'attitude qui m'a permis de comprendre cette tradition de l'intérieur. »

Mais Montréal est loin de lui apporter le bonheur :

Quelques comprimés d'amphétamines, un banc de parc, rue Guy, un carnet et un crayon, et Marianne à la place d'honneur. Elle savait comment faire appel à la beauté. Et aujourd'hui ma compagne brune [Suzanne] possède sa maison et son trône.

En Californie, Cohen continue ses visites à Roshi au mont Baldy, ou bien il se lève à l'aube pour se rendre en voiture au centre zen Cimarron. Anthony Kingsmill vient le voir au ranch qu'il a loué à Brentwood, et Bob Dylan, brouillé avec sa femme, y séjourne pendant quelque temps. L'influence de Roshi se fait de plus en plus forte. La veille du Nouvel An, Suzanne, Cohen, Joni Mitchell et le maître se retrouvent au ranch — la dernière arrive en retard : elle n'a pas voulu manquer l'entrée de May West accompagnée de deux culturistes au réveillon de Nouvel An de Ringo Starr. Suzanne amène la conversation sur les relations amoureuses. « Comment vous êtes-vous débarrassé de la jalousie ? » demande Cohen à Roshi. Avant que ce dernier ne puisse répondre, Joni intervient. « On s'en débarrasse comme on cesse de fumer », dit-elle en faisant le geste d'écraser une cigarette. Cohen lui jette un regard noir. Elle a osé couper la parole à Roshi ! Mais le vieil homme ne semble pas s'en formaliser. Alors que les invités se préparent à prendre congé, il serre Joni contre lui et lui déclare qu'il veut vivre avec elle.

Les ventes insuffisantes de *The Best of Leonard Cohen* font croire à bien des gens que le contrat d'enregistrement du chanteur avec Columbia touche à sa fin, ce qui semble se confirmer lorsque court le bruit d'un projet de disque que produirait Warner Brothers. Cohen dénie, expliquant que Columbia l'a autorisé à enregistrer à la Warner parce qu'il désirait travailler avec le légendaire Phil Spector. En fin de compte, le disque sortira sous l'étiquette CBS International.

La réputation de parolier et de producteur de Spector s'est établie à un autre niveau : il a créé un son que l'on a qualifié d'« inimitable », notamment dans les chansons « To Know Him Is to Love Him », « Be My Baby », « River Deep, Mountain High » et « He's a Rebel ». Mais ces chansons appartiennent à une autre époque. Joni Mitchell déconseille à Cohen de travailler avec Spector ; il est, dit-elle, difficile et ses bonnes années sont derrière lui. Elle ajoute qu'elle a été le témoin de prises de bec entre John Lennon et Spector : le studio dans lequel elle enregistrait *Court and Spar* se trouvait en face de celui de Lennon.

Les comptes rendus diffèrent quant aux circonstances qui ont présidé à l'association artistique des deux artistes. Un texte, sur la pochette du disque, dit que c'est Marty Machat, avocat de Cohen et de Spector, qui les a présentés l'un à l'autre. Mais selon Cohen, ils se sont rencontrés à l'issue du spectacle de février 1975 au Troubadour de Los Angeles. Spector a invité Leonard chez lui. Ce dernier racontera plus tard qu'il y faisait glacial à cause de l'air climatisé et que Spector parlait très haut. (Plus il y avait de gens autour de lui, plus il devenait bruyant et théâtral.) Ce soir-là, après que Spector eut fermé la porte à clé, Leonard a dit : « Maintenant que nous sommes enfermés, nous ferions aussi bien d'écrire des chansons ensemble. » Ils ont commencé à travailler (et à boire) cette nuit-là, et ont continué un mois durant. Cohen a dû garder son manteau pendant toutes les séances.

Il accepte toutes les excentricités de Spector. En fait, cette période lui paraît « absolument charmante et agréable ». Lorsqu'on lui demandera, plus tard, ce qu'il pense du génie de Spector, il répondra : « Je crois que ses chansons étaient excellentes. » Mais au studio, c'est le cauchemar. Spector est paranoïaque, il se montre menaçant. « Il y avait plein d'armes autour de nous, et des gardes du corps ; les cartouches et les bouteilles de vin jonchaient le sol. » Il est vrai que Spector brandissant d'une main une bouteille de Manischevitz et de l'autre un Colt 45 devait constituer un spectacle assez inquiétant. Un jour, l'homme pointe un pistolet chargé vers la gorge de Cohen, libère le chien et dit : « Je t'aime, Leonard. » Tranquillement, Leonard répond : « *J'espère* que tu m'aimes, Phil. » Au cours d'une autre séance, Spector vise le violoniste, qui prend ses cliques et ses claques et disparaît. Le parolier Doc Pomus, qui a été témoin de tout cela, raconte que Cohen était mis de côté, ignoré par Spector pendant les séances et que ce dernier était si parano qu'il emportait les bandes chez lui après chaque séance, accompagné d'un garde armé.

Un soir, Dylan et Ginsberg (qui a lu sa poésie la veille au Troubadour) arrivent à l'improviste. Ils mangeaient avec Ronee Blakley au Cantor, rue Fairfax, lorsque quelqu'un leur a appris que Cohen enregistrait avec Spector aux studios Gold Star. Quelques minutes plus tard, ils font les chœurs de « Don't Go Home with Your Hard On », dirigés par Hal Blaine, le batteur. Spector se joint à eux. Il faut noter que Dylan n'a jamais influencé les chansons de Cohen. Comme l'a déclaré Ginsberg : « Dylan subjuguait tout le monde, sauf Leonard. »

La première journée d'enregistrement de *Death of a Ladies' Man* inaugure une production difficile. La séance commence à sept heures et demie du soir. À deux heures trente du matin, une prise complète n'a même pas été faite. Les musiciens sont payés à taux double après minuit, et à taux quadruple après deux heures. À trois heures trente, ils n'ont pas encore joué la chanson en entier. Spector confisque les partitions et empêche les musiciens de jouer plus de six mesures. Cohen reste assis sur le sol, les jambes croisées, jusqu'à environ quatre heures.

Enfin, Spector claque des mains et lui dit de chanter. Leonard s'approche du micro et, malgré sa fatigue, chante sans un accroc. Il dira de cette chanson : « Elle est directe ; c'est comme une confession. Je voulais que les paroles bénéficient d'une atmosphère tendre plutôt que brutale. Parfois la fusion se fait. Le cœur doit rôtir sur le feu comme un chiche-kebab. »

Cohen, qui espérait trouver Spector dans sa période Debussy, le trouve « en pleine tempête wagnérienne ». Sur le plan musical comme sur le plan personnel, le producteur a perdu toute maîtrise de lui-même. Il subtilise les bandes maîtresses du disque et les mixe à l'insu de Cohen. Ce dernier, qui a enregistré les chansons en une seule prise pour faire une bande de travail vocale (enregistrement sur une piste qui sera remplacé plus tard par un enregistrement au son plus travaillé et plus riche), voulait y ajouter différentes voix, mais Spector a disparu avec les bandes. Il y ajoute des cordes, des cors et un chœur féminin. Une fois le mixage effectué, la voix de Cohen n'est plus qu'un gémissement à l'arrière-plan. Dans « Iodine », un énorme roulement de fond de style Motown s'insinue entre les chœurs et la voix monotone de Cohen. « Fingerprints », qui sur la partition ressemble à une complainte mélancolique et plutôt traditionnelle, s'est transformée en une danse primitive entrecoupée de longs solos de violon et de *steel guitar*. « Don't Go Home with Your Hard On » est tout à fait burlesque ; le ton sardonique est souligné par des cors jouant une musique *rhythm-and-blues* pleine de punch. Le résultat peut être qualifié de réussite ou de désastre, selon ce que l'on attend d'un disque de Leonard Cohen. Les puristes déplorent une réalisation trop écrasante qui étouffe les textes.

Sur la pochette, un Cohen juvénile en costume blanc est assis entre deux femmes séduisantes dans un restaurant polynésien de Montréal. L'une d'elles est Suzanne, l'autre Éva La Pierre, mannequin rencontré à Hydra quelques années plus tôt. Cohen renie le disque avant sa sortie, en novembre 1977. Il précise qu'il a d'abord accueilli le projet avec enthousiasme parce que Spector aimait ses chansons et qu'il croyait pouvoir, avec son aide, toucher un public plus large. « Je sais qu'il y a un élément populaire dans mon œuvre, mais pour une raison ou pour une autre, il n'arrive pas à se manifester », explique-t-il. Dans ses commentaires aux journalistes, il parle du mixage du disque comme d'une « catastrophe » ; il dit que Spector l'a tout simplement ignoré. Il ajoute qu'il est prêt à donner vingt mille dollars pour se libérer de tout travail de promotion. Il accepte cependant de rencontrer quelques critiques new-yorkais dans les bureaux de la Warner Brothers de la 54ᵉ rue. Dans une interview accordée à *Crawdaddy* en février 1978, il critique le travail de Spector : « L'auditeur aurait dû être invité à entrer *dans* le disque plutôt que d'en être exclu… […] il y a quelque chose d'inaccessible, quelque chose d'hermétique dans ce disque, qui n'aurait pas dû être là. » Malgré ses critiques, Cohen persiste à dire que Spector est « capable de créer des mélodies et des disques stupéfiants. » Mais la musique, ajoute-t-il, « reste prisonnière de la tyrannie qu'il veut imposer ». Il qualifiera plus tard les orchestrations du disque de « brillantes », tout en critiquant l'utilisation des premières prises de voix et en déplorant que le mixage ait été effectué sans son autorisation. Puis il déclare qu'il devrait « engager quelques gardes du corps et régler l'affaire sur Sunset Boulevard ». Plus tard, dans un geste plein d'ironie, il enverra deux étuis à revolver rouges à Spector en gage de réconciliation.

Dans l'ensemble, la réaction des critiques est négative. *Rolling Stone* titre : « Le cauchemar *wap-doo-wap* de Leonard Cohen. » Le *Toronto Star* se montre moins généreux encore et imprime en gros caractères : « Leonard Cohen s'adresse aux sadiques musicaux. » Un journal anglais dit de l'association de Cohen et de Spector que c'est « la rencontre du doyen de la ruine et du nabab adolescent ». Mais *Saturday Night* est nettement plus aimable et affirme que le disque est « le pas en avant le plus important de cet artiste du disque depuis ses débuts en 1967 ». Le disque, déclare *Rolling Stone* en guise de conclusion, est « ou bien grandement imparfait ou grand *et* imparfait ».

Dans la chanson titre, « Death of a Ladies' Man », Cohen décrit un amour puissant mais destructeur :

> Elle lui a pris sa spiritualité
> tant admirée,
> Et l'alibi du cœur des ténèbres
> que son argent dissimule.
> Elle lui a pris sa madone blonde
> Et son vin du monastère
> « Cet espace mental est occupé
> et tout est à moi. »

La chanson est une coda révélatrice de la mort du désir — le point final de sa relation avec Suzanne. C'est une époque, dira-t-il, où « toutes les relations [qu'il avait] se brisaient. *Chaque relation se brisait.* Il ne restait rien ».

La mort de l'homme à femmes est consommée.

CHAPITRE XI

Nouvelle Écriture sainte

En 1976, Cohen soumet « My Life in Art » — à McClelland & Stewart. « J'ai lu le manuscrit, écrit l'un des membres du comité de lecture, et je jure que c'est la chose la plus déprimante qui me soit passée entre les mains depuis longtemps. » Mais il ajoute que l'œuvre est publiable et, à bien des égards, « superbe ». Lily Miller, responsable de la production, commence son rapport par ces mots : « Leonard Cohen est une des raisons pour lesquelles je suis venue au Canada ». Elle déclare que le manuscrit pose un nouveau jalon dans l'œuvre de Cohen, dans la mesure où les commentaires qui suivent certains textes importants expriment un sentiment d'insuffisance qui remplace avantageusement la « vantardise constante » caractérisant les premiers écrits de l'auteur. La pensée et l'autocritique y atteignent une vraie profondeur. « Je crois, dit-elle, que l'on peut s'attendre à de longues discussions au sujet de cette nouvelle approche. Certains l'épouseront, d'autres la refuseront. [...] L'arrogance des premiers textes et le sentiment d'impuissance et d'échec des écrits plus récents semblent avoir cédé la place à une disposition d'esprit plus mûre, plus souple : une acceptation des limites humaines, des défaites, des faiblesses — et de l'amour qui peut naître de ces faiblesses.

Cohen révise le manuscrit et le renvoie six mois plus tard avec un nouveau titre : « The Final Revision of My Life in Art ». L'ouvrage est programmé et annoncé pour l'automne ; des jeux d'épreuves sont envoyés à la presse. Mais des problèmes surgissent avec les imprimeurs — la firme Cooper & Beatty a refusé d'imprimer l'ouvrage « à cause de la langue utilisée dans le manuscrit » et un deuxième imprimeur a déclaré qu'il ne pourrait respecter le calendrier de publication de la maison d'édition. C'est finalement un troisième imprimeur, Accutext, qui s'est chargé de l'impression et a programmé les différents jeux d'épreuves pour une publication en septembre. Mais Jack McClelland panique, car il n'arrive pas à joindre Cohen pour les changements de dernière minute. Ce dernier a dessiné, comme prévu, les illustrations de la quatrième de couverture et des pages de garde, mais Lily Miller n'en veut pas. En outre, elle n'aime pas la photo prévue pour la couverture et veut la remplacer par une illustration plus frappante, peut-être un dessin, et mettre une photo de Cohen au dos. Quant aux dessins de Cohen, ils ne feraient que réduire la puissance du livre », écrit-elle. Une note ultérieure précise que, sans les illustrations de Cohen, il leur restera quatre pages blanches. Lily suggère de demander d'autres poèmes à l'auteur et, en raison de problèmes de mise en pages, quatre vers supplémentaires pour « The House ».

Le dix août 1977, Cohen notifie à Lily Miller qu'il retarde la parution. En outre, le titre sera changé pour *Death of a Lady's Man*. Et ce n'est pas tout : en révisant le manuscrit, il a rajouté d'autres textes ; l'ensemble est donc plus long que le matériel qu'ils ont en main. « Il semble très excité au sujet de ces nouveaux textes, écrit Lily. Il croit qu'ils ajouteront une nouvelle dimension au livre. Mais il ne pourra pas nous les faire parvenir avant un mois. » Écrits au dos de la note de Lily, quelques mots de McClelland : « C'est une nouvelle très désagréable. Je n'ai pas la moindre envie de retarder le bouquin. Il [Cohen] a téléphoné et laissé un numéro. Bien sûr, pas de réponse quand j'ai rappelé. Je ferai ce que je pourrai. »

Un nouveau problème, la semaine suivante : un coéditeur pressenti s'oppose à ce qu'on utilise le même titre pour le livre et le disque. Cohen essaie d'arranger les choses, mais les discussions prennent un temps fou. McClelland lui dit qu'il va ralentir la production pendant un moment. Une de ses notes de service à Lily est moins amène : « Il dit qu'il récrit le foutu livre, ce qui est tout à fait réjouissant à cette étape ! […] Je te dirai que c'est typique de Cohen, et qu'il faut se résigner. Le livre risque d'être retardé, mais je ne crois pas que le bousculer [Cohen] arrangerait les choses. »

Le 11 août, McClelland a appelé Leonard en Californie et ce dernier lui a dit qu'il espérait terminer le manuscrit dans moins d'un mois. « Il dit qu'il est en train d'écrire un commentaire de quatre-vingt dix pages sur le livre lui-même. Va savoir ce qu'il entend par là. Je crains le pire. »

Une publication en automne semblant tout à fait improbable, le projet de campagne de promotion reste dans les tiroirs. Le 18 août, un télégramme arrive du mont Baldy, annonçant : « Je ne crois pas pouvoir finir le livre dans 2 ou même 4 semaines. Une urgence fictive a été associée à ce projet depuis le début. » Cohen termine en disant à McClelland qu'il lui faut tout simplement attendre que le livre soit terminé. Le lendemain, ce dernier réplique :

LEONARD NE T'INQUIÈTE PAS. MON SEUL PROBLÈME EST QUE NOUS CROYONS VRAIMENT QUE TU AS UN BON LIVRE TERMINÉ ET QUE TU ES PROBABLEMENT EN TRAIN DE TOUT REMETTRE EN QUESTION SANS RAISON. DANS TOUS LES CAS NOUS ATTENDRONS. MES AMITIÉS COMME TOUJOURS.

JACK

En octobre, McClelland se montre moins patient. Dans une longue lettre, il explique à Cohen qu'il a dû annoncer aux libraires que le livre a été retardé une fois de plus. Ce qui l'inquiète davantage, c'est que *Saturday Night* se prépare à faire un article sur lui et sur le retard de publication. L'éditeur supplie Cohen de lui dire « où [ils vont] afin [qu'il] sache quoi répondre au magazine ». Le problème, ajoute-t-il, est que « cette fichue situation est maintenant dans l'arène publique et [qu'ils doivent] donner des réponses ».

L'article de Sandra Martin, qui paraît en novembre 1977, commence par la narration d'une soirée à New York au cours de laquelle Cohen remet le manuscrit de poèmes à McClelland après qu'ils ont siroté de la vodka et regardé un match de hockey à la télé. « Bon Dieu ! Leonard, dit alors McClelland, "Death of a Lady's Man" ! Avec un titre comme ça on n'a même pas besoin d'un manuscrit. » Dans les semaines qui suivent, McClelland annonce l'ouvrage à deux reprises dans sa liste de livres à paraître. À deux reprises il le retire.

Sandra Martin reprend ensuite toute l'histoire dans sa chronologie. En juin, Cohen termine la seconde version de son manuscrit et se rend chez McClelland & Stewart pour faire la promotion du livre et de son nouveau disque auprès des représentants. Le lendemain, il arrive avec un magnétophone au Courtyard Cafe, à Toronto, et fait entendre quelques chansons du disque à des amis. À la mi-août, alors que la deuxième mise en pages est faite et que trois magazines au moins sont prêts à publier des critiques après lecture des épreuves, Cohen appelle la maison d'édition, puis télégraphie à McClelland pour lui demander de retarder la publication parce qu'il a soixante pages à ajouter. McClelland arrête la promotion du livre et fait mettre de côté près de dix mille commandes. L'éditeur défend sa position en ces termes : « Si Leonard était un auteur normal, je lui téléphonerais une fois par semaine. Mais il est et a toujours été à part. »

Le 25 novembre 1977, McClelland dit à sa collaboratrice Anna Porter que, selon Irving Layton, Cohen travaille toujours sur le texte. Le manuscrit, ajoute-t-il, promet d'être énorme ; il est possible qu'on ne le publie pas. Le titre a été supprimé de la liste des « à paraître » du printemps. Fin janvier 1978, Cohen rentre à Montréal et envoie un mot à McClelland pour lui dire qu'il a ajouté soixante pages au livre et que quarante autres suivront. Il espère terminer fin mars et suggère une campagne de publicité avec des affiches reproduisant la gravure du XVIe siècle qui a été choisie pour la couverture, avec les mots « Leonard Cohen » inscrits au-dessus de l'illustration et « DEATH OF A LADY'S MAN, UN LIVRE CURIEUX », au-dessous.

Cohen a ajouté des commentaires aux textes de base. C'est, en quelque sorte, comme si une autre personne lisait et portait un jugement sur ces textes. Lilly Miller déclare que cette addition apporte une nouvelle dimension et une grande originalité à l'œuvre. Les commentaires seront imprimés dans un caractère différent, en regard du texte. Dans la mesure où la succession des poèmes et des textes en prose reste en grande partie inchangée, la maison d'édition pourra conserver environ quatre-vingts pour cent de la mise en pages initiale.

Mais l'espoir d'enfin terminer le livre est prématuré. Pendant tout l'été, des problèmes relatifs aux coûts, à la production, à la typographie et au papier harcèlent l'éditeur et l'auteur — le second remettant fréquemment en cause les décisions du premier. Il est contre la reliure qui porterait le prix du livre à 10 $, ce qui lui paraît trop cher. Son instinct lui dit qu'un livre de poche à 6,95 $ serait beaucoup mieux. Il se fait du souci au sujet du papier, refuse l'échantillon que l'imprimeur américain a envoyé. Si on opte pour la reliure, dit-il, le livre devra avoir « de l'élégance et du volume ». Sur le chapitre publicité, il souhaite « un traitement digne et un certain classicisme » ; il veut que la promotion soit posée, réfléchie. L'idée d'une affiche avec sa photo, sa signature et quelques extraits du texte lui déplaît. Il ne veut pas faire étalage d'éléments par trop personnels. Une affiche avec l'illustration de la couverture, le titre du livre et un sous-titre spécifiant qu'il s'agit d'« un livre curieux » lui paraît de loin préférable.

Le livre sort finalement à l'automne 1978, accueilli par des critiques mitigées. *Books in Canada* dit de l'œuvre qu'elle est « étonnante » en raison de la manière avec laquelle elle se sert du thème de l'échec poétique pour hausser Cohen « à la dignité et au sérieux ». D'autres articles parlent d'un manque de talent. Un des critiques prétend que le livre ne traduit rien de plus qu'une gueule de bois après le mauvais accueil réservé au disque qu'a produit Spector. Selon Cohen, le livre est « reçu froidement dans tous les milieux canadiens [et est] rejeté par presque tout le monde ». Lui considère l'œuvre comme « une sorte de numéro tout à fait délicieux et détendu ». Aux États-Unis, on chercherait en vain une critique de *Death of a Lady's Man*. L'une des raisons de cet oubli tient au fait que les littéraires ont oublié le poète ; il y a longtemps qu'on le considère uniquement comme un chanteur.

Pendant tout ce temps, encore sous le coup de son aventure explosive avec Phil Spector, Cohen est resté aux prises avec ses problèmes d'édition, sa relation malheureuse avec Suzanne et le chagrin causé par la maladie de sa mère. Jusqu'à ce que le disque soit terminé, fin 1977, il n'a cessé de faire le trajet Montréal-Los Angeles aller et retour. Puis il a ramené sa famille à Montréal, ce qui lui a permis de ne pas quitter sa mère.

Leonard a passé beaucoup de temps avec Adam et Lorca. Les enfants, dit-il, sont la résurrection de l'individu. La vie de famille est devenue un aspect important de son existence. Lorsque Masha est morte de leucémie, en février 1978, il a pris le deuil et s'est acquitté des différentes formalités touchant aux problèmes de succession. Il a décidé de garder la maison de l'avenue Belmont. Puis l'intermède montréalais s'est achevé. Cohen est retourné à Los Angeles avec sa famille ; il voulait commencer un nouvel enregistrement. Le couple et les enfants se sont installés dans une villa plus grande que la précédente, avenue Woodrow Wilson, sur les hauteurs de Hollywood Hills, juste en dessous de Mulholland Drive. Dans cette maison retirée, très peu meublée, avec ses nombreuses terrasses d'où l'on a une vue dégagée de Los Angeles, Cohen a tenté de recréer une partie de l'environnement dont il jouissait à Hydra. Il a renoué avec ses visites quotidiennes au centre zen Cimarron, se plie à un entraînement physique au YMCA de Hollywood et écrit.

Au printemps de 1978, la rupture définitive de Leonard et de Suzanne s'est confirmée lorsque cette dernière a décidé de partir en France avec les enfants. Les petits sont âgés de six et quatre ans. Cohen a été très secoué. Mis à part le fossé de plus en plus large qui séparait les deux amants (fossé décrit en partie dans *Death of a Lady's Man*), aucun événement particulier ne justifiait ce départ précipité. Mais Suzanne voulait changer de pays et commencer une nouvelle vie. Au début, malgré le choc, Cohen a ressenti un étrange sentiment d'allégresse. Plus tard, il dira qu'il était trop faible pour l'institution du mariage. « Le mariage est un monastère », écrira-t-il, chaque partenaire oblige l'autre au célibat, souvent déguisé en intimité. Le mariage est « la fournaise la plus brûlante qui soit pour l'esprit. Beaucoup plus difficile que la solitude, beaucoup plus malaisé pour ceux qui veulent travailler sur eux-mêmes. C'est une situation presque toujours insupportable, et pour laquelle il n'y a pas d'alibi qui tienne. »

Tout de suite après le départ de Suzanne, la tension et l'amertume dans lesquelles vivait Leonard ont disparu. Il a savouré sa quiétude et sa solitude, renoué avec de vieux amis. Nancy Bacal l'a accompagné au centre zen, à la piscine, à la salle de sports. Puis il a fait une tournée de promotion au Canada pour *Death of a Lady's Man*.

Mais il a aussi commencé, à Los Angeles, à travailler avec Henry Lewy sur *Recent Songs* (d'abord intitulé *The Smokey Life*). Dans ce disque, Cohen veut décrire une vie — la seule qui nous soit donnée — « qui ait les vertus de la fumée : fragile, détachée de tout. Et nous la menons, cette vie, écrit-il, sans points de repère et sans formules. » Lewy, ex-ingénieur, a été le producteur de Joni Mitchell pendant plusieurs années, ainsi que celui de Stephen Bishop, de Minnie Riperton et de quelques autres. C'est Joni qui l'a présenté à Cohen et a suggéré qu'ils travaillent ensemble.

* * *

Par un après-midi pluvieux, Leonard invite Lewy à écouter une cassette de travail de « The Smokey Life ». Enthousiasmé, ce dernier propose de commencer l'enregistrement tout de suite. Il appelle les membres du groupe Passenger, qui ont travaillé avec Joni Mitchell, et ils décident de se retrouver le soir même au studio United-Western. C'est là que Roscoe Beck, Bill Guin et Steve Meador enregistrent la chanson avec Cohen.

Puis ce dernier se met à la recherche de musiciens, tandis que Jeremy Lubbock travaille sur les arrangements. Paul Ostermeyer (saxo), Steve Meador (batterie), Roscoe Beck (basse), John Lissauer (piano), Raffi Hakopian (violon) et John Bilezikjian (luth) sont au nombre des musiciens exceptionnels qui enregistreront avec Cohen. Plusieurs d'entre eux — en particulier Ostermeyer et Meador — feront des tournées avec lui pendant les quatorze années qui vont suivre. Jennifer Warnes fait partie des chœurs féminins. Joni Mitchell et d'autres musiciens assistent parfois aux séances d'enregistrement.

Celles-ci ont lieu au A & M Records, qui a été le studio de Charlie Chaplin. Une belle Mexicaine y accompagne souvent Leonard — sa compagne du moment. La direction de Lewy, caractérisée par un sens profond de la musique, contraste avec la frénésie et la paranoïa de Phil Spector. Dans le but de mettre la voix de Cohen en valeur au milieu de l'impressionnante orchestration, le producteur a fait installer une cabine aux murs de verre dans le studio. Ainsi isolé des musiciens, Leonard n'entend que sa guitare et sa voix. Celle-ci est le son dominant du disque — ce qui fait également contraste avec la voix étouffée que l'on entend dans *Death of a Ladies' Man*.

Le disque se démarque par un son clair et nettement acoustique qui rappelle celui de *Songs from a Room*. Dans des chansons comme « Came So Far for Beauty », au style tragique et jazzy, ou « The Smokey Life », au rythme cool et désinvolte, Cohen réussit à « envelopper les mots de sa voix » — ce qu'il s'efforce de faire dans toutes ses chansons. Mais dans « The Guests » et « Ballad of the Absent Mare », la musique d'un groupe de mariachi mexicains offre un curieux contraste avec le son oriental du luth de John Bilezikjian.

Le disque devient très vite un point d'ancrage permettant à Leonard de supporter les moments difficiles qu'il traverse. Il le dédie à « Irving Layton, maître incomparable du langage intérieur ». Il rend également hommage à son ami décédé, Robert Hershorn, et à Nancy Bacal, mais ses remerciements les plus significatifs vont à son maître zen : « Mes remerciements à Joshu Sasaki, qui m'a révélé l'existence du très ancien texte chinois qui m'a inspiré "Ballad of the Absent Mare". » Cette référence montre à quel point Cohen incorpore l'enseignement du zen à son œuvre. Le vieux texte chinois auquel il fait allusion est une œuvre de Kakuan, maître chinois du XIIᵉ siècle, que Roshi et Cohen ont traduite. Dans la tradition, les dix images de taureaux représentent les dix étapes de l'épanouissement spirituel du moi. La chanson de Cohen et l'histoire de Kakuan mettent toutes deux l'accent sur une quête se déroulant dans « les pâturages de ce monde », quête dont le but est la réunification du moi authentique exprimé par le biais de la capture et de l'apprivoisement du taureau. On trouve ces éléments dans les deux derniers vers de la chanson, quand l'interprète s'unit au cheval et rejoint ainsi inconsciemment, lorsqu'il prend conscience qu'il ne peut y avoir de séparation entre l'objet et le sujet, le narrateur de *Ten Ox-Herding Pictures*. Il a compris que les « formes d'intégration et de désintégration » sont une seule et même force et, simultanément, a découvert « ce qui *est* création et ce qui *est* destruction ».

Le titre du disque a posé un sérieux problème. Nancy Bacal se souvient d'avoir passé une journée entière chez Leonard pour discuter avec lui de tous les titres possibles. Une fois rentrée chez elle, elle a trouvé sur son répondeur un message dans lequel Leonard lui disait qu'il n'était pas satisfait de leur choix. Il avait fini par se fixer sur *Recent Songs*.

Succès modeste pour le disque. L'avis presque général est que le chanteur est revenu à son ancien style. Le *New York Times* déclare que le disque offre « un idiome musical parfaitement adapté à ses petites manies [celles de Cohen] », mais il ajoute que l'humeur du disque reste « étrangement et, de façon magique, dépouillée ». Le *Times* classe *Recent Songs* parmi les dix meilleurs disques de 1979, et Larry Sloman, l'historien de la Rolling Thunder Review de Dylan, prédit que ce sera un disque d'argent, peut-être même un disque d'or.

Avant de commencer la tournée de concerts de promotion, Cohen passe quelques semaines à Hydra. C'est là qu'il célèbre son quarante-cinquième anniversaire en compagnie d'une Roumaine nommée Michelle. Ce que l'on appelle l'amour de Cohen pour les femmes, déclare avec candeur une de ses amies, c'est la quête de la femme totale. Tout au long de cette recherche, il lui est arrivé de trouver chez certaines femmes un fragment de cet être idéal.

La tournée de concerts de promotion de *Recent Songs* commence le 7 octobre 1979. Les musiciens sont accompagnés d'une équipe de tournage. Les répétitions ont lieu à Londres au studio Shepperton, puis la tournée commence en Scandinavie, se poursuit en France, en Allemagne et en Suisse, pour se terminer à Brighton, en Angleterre. Jennifer Warnes et Sharon Robinson (les chœurs féminins), Roscoe Beck, Steve Meador, Paul Ostermeyer, Raffi Hakopian, John Bilezikjian, Mitch Watkins et Bill Guinn accompagnent le chanteur. Mais la tournée connaît des moments pénibles. Cohen déclare à un reporter anglais :

> Chacun de nous, pendant la tournée, a fait une mini-dépression. Est-ce à cause du temps, de l'intensité de la tournée, de la musique, des incompatibilités d'humeur, je n'en sais rien. Mais nous sommes tous passés, sur la route, par une réévaluation radicale de notre vie personnelle. Nous ne regrettons rien, car cela nous a permis de nous laisser aller. Nos corps sont transportés des chambres d'hôtel aux navettes d'aéroport, et la musique renaît toute seule chaque soir !

Au Sportpalast de Berlin, où le groupe joue le 5 novembre 1979, la fatigue des musiciens se fait lourdement sentir. Lorsque le son fait défaut, le public s'agite. Cohen crie aux spectateurs de rester en place, mais ils réagissent avec une hostilité difficile à endiguer. La remise en marche du système de son et la musique qui s'élève enfin permettent d'éviter des incidents déplaisants. En Angleterre, où le groupe passe deux semaines, Cohen nie la nature dépressive de ses chansons. Il déclare à un reporter que « prendre, dans ses chansons, le sérieux pour de la mélancolie est une erreur ». « Nous avons tous une soif de sérieux et nous pouvons être détruits aussi aisément par une frivolité stupide que par une dépression obsessionnelle. »

Fin février 1980, en route vers l'Australie où la tournée va se poursuivre, Cohen s'arrête à Toronto pour assister au lancement du *Livre de l'artiste,* de l'Italien Gigino Falconi. L'œuvre consiste en un portfolio de sept lithographies inspirées des poèmes de Cohen. « Nous avons la même vision de la femme », commente ce dernier à une conférence de presse. Les journalistes posent des questions sur les textes de Cohen, en particulier ceux de son dernier disque. « Je pense que c'est un grand, un beau disque », répond Leonard. Selon lui, il connaît une plus grande popularité en Europe qu'en Amérique du Nord parce que « le marché y est plus accueillant. [Il] trouve beaucoup plus d'appui dans les compagnies de disques européennes. Ici, on met l'accent sur le succès rapide. On se fiche pas mal de l'œuvre passée. » Cohen parle de *Death of a Ladies' Man* comme d'« un classique, [d']un chef-d'œuvre grotesque » et explique qu'il a travaillé lentement, et que le processus d'écriture n'a jamais cessé d'être difficile. « Je n'arrive pas à me forcer, même quand ma compagnie me réclame véhémentement un autre disque. Je possède une défense naturelle : la lenteur avec laquelle je travaille. »

La tournée australienne commence le 6 mars 1980 à Melbourne, où il y aura quatre spectacles, puis elle se poursuit à Adélaïde et se termine le 14 à Sidney, avec deux concerts. C'est le premier voyage de Cohen en Australie ; il y est très bien reçu. Un critique dit qu'il est « destiné à devenir le chanteur-culte par excellence des années quatre-vingt ». Un autre journaliste le décrit comme « le poète le plus susceptible de durer, et le plus honnête sur le plan des émotions. [...] aux lisières du rock and roll. » Dans plusieurs interviews, Cohen insiste sur le fait que son œuvre ne traite pas seulement des mouvements du monde et des changements cataclysmiques, mais du moi : « Je ne sors jamais de ma vie personnelle », avoue-t-il. Columbia réunit en un seul album quatre de ses disques en souvenir de la tournée, et *Recent Songs* obtient un disque d'or en Australie — alors qu'au Canada « son succès reste plutôt confidentiel ». Cohen rentre à Montréal pour y passer le printemps de 1980 avec ses enfants, qui y sont venus en visite.

Harry Rasky, réalisateur de documentaires, a accompagné le groupe en Europe pour le filmer, puis a utilisé des séquences de la tournée pour monter un film qui sera programmé par CBC et s'intitulera *The Song of Leonard Cohen*. On y voit le chanteur en Europe, puis chez lui, à Montréal, répondant aux questions de Rasky et philosophant sur sa carrière et sa fascination pour la musique. Il explique qu'il a « rejeté » la vie à Hydra à cause du caractère inéluctable de son union avec la musique : « La chanson s'était emparée de moi, ainsi que le besoin de toucher un grand nombre de gens. Mais quand j'ai commencé à gagner de l'argent, la qualité de ma vie s'est très vite détériorée, et même lorsque je pouvais m'offrir une chambre convenable dans une de ces villes sombres, ce confort-là ne tenait pas le coup à côté d'une pièce inondée de soleil dans une île grecque. » Il ajoute qu'il s'y sentait plus enraciné — et moins agité. Puis il dit qu'il se prépare, après une décennie de vagabondage, à s'installer à Montréal.

Une grande partie du film est tournée à Montréal et dans sa maison, en face du parc du Portugal. De nombreuses photos de famille donnent au film une atmosphère de retour d'exil. « Un esprit nouveau, explique Cohen, habite mon œuvre. Les chansons que j'écrirai maintenant n'auront plus ce ton élégiaque qu'elles avaient. [...] Un chant, un poème, un texte en prose, ou même la position d'un homme dans le monde s'atrophient s'ils ne sont pas fondés sur la vérité et l'authenticité. »

La présence d'Irving Layton dans le film confirme la mutuelle admiration des deux écrivains. « Le génie, déclare Layton, consiste à voir les choses exactement telles qu'elles sont. » Il ajoute que c'est ce que Cohen a toujours fait dans son œuvre. Sa tristesse et la nécessité de la chanter s'apparentent à celles des baladins du XIVe siècle, mais elle est également due à sa judaïté — condition qui consiste à posséder le « don de l'anxiété, de la souffrance, de l'aliénation et de la solitude ».

Le film de 1979 montre un Cohen en pleine forme et en bonne santé ; un artiste consommé qui insuffle à ses chansons plus d'énergie et de rythme que par le passé. Les voix de Jennifer Warnes et de Sharon Robinson s'harmonisent parfaitement à la sienne — parfois un peu grinçante. La tournée a permis au chanteur de se libérer de presque toute la colère et de la tension ressenties lors de la rupture avec Suzanne et de son départ en France avec les enfants.

Revenu à Los Angeles, il enregistre une série de poèmes (avec Henry Lewy). L'un d'eux traduit sa tristesse d'être séparé de sa compagne et de ses petits :

> Je me suis éloigné de toi
> J'ai acheté un petit piano électrique.
> À des milles de l'endroit où tu vis
> J'ai composé une chanson d'adieu.
> Tout le monde l'a aimée.
> Ma tasse était pleine à ras bord.
> Un jeune communiste
> M'a rendu hommage
> avec un poème intitulé
> Ode au travailleur de l'esprit.

Je suis allé à Paris
Ô Paris, ai-je dit,
Chaque petit messie
Te remercie pour sa solitude.
Une autre fois, j'ai dit
Paris, sois fort, sois nucléaire
et parle, parle,
N'arrête pas de parler
de l'existence sans Dieu.

C'est tout de suite après
que je me suis retiré à la campagne.
J'ai installé mon piano dans un coin
et j'ai crié, parle-moi, parle-moi,
Ange de Beauté
Parle-moi
Ô Toi soutien du monde.

* * *

Cohen abandonne la maison de Los Angeles et fait des séjours en France, où Suzanne vit avec les enfants. Paris devient une escale fréquente sur le chemin du Roussillon aux collines ocres, sa première résidence, puis de Bonnieux, au cœur des montagnes du Lubéron. Leonard ne peut voir Adam et Lorca aussi souvent qu'il le voudrait, même s'il paye le loyer de la maison du Roussillon et achète ensuite celle de Bonnieux. Il lui arrive même de loger dans une caravane installée à l'extérieur de la propriété. De 1978 à 1984, le couple va se disputer la garde des enfants et négocier les termes du règlement de leur séparation. « On Seeing Kabir's Poems », qui sera écrit en 1981 au Roussillon et publié dans *Stranger Music,* reflétera bien ces temps amers.

Cohen se met à étudier le Talmud. Le livre, qui ne le quitte jamais, devient une de ses nourritures spirituelles. Il l'emporte avec lui lorsqu'il rend visite aux enfants. Les circonstances l'ont obligé à renouer avec une vie vagabonde qui le fatigue au plus haut point ; il va d'hôtel en hôtel, séjourne fréquemment au Royalton, à New York, et au Cluny, à Paris.

Ci-contre: Marianne Ihlen tapant à la machine dans la salle de musique de Cohen, à Hydra. Cette photo est reprise de la jaquette du deuxième album de Cohen, *Songs from a Room* (1969). (Photo: L. Cohen)

Ci-dessous: Cohen au début de sa carrière musicale. De gauche à droite, Mimi Farina, Dave Van Ronk, Joan Baez, Leonard Cohen, Judy Collins et Chad Mitchell à la guitare. La photo a été prise en 1966 à l'appartement de Linda Leibman à New York. (Photo: Daniel Kramer)

À gauche : Suzanne Elrod à la fin des années soixante.
À droite : Cohen sur scène dans l'île de Wight, le 31 août 1970.

Leonard Cohen lit *Peter Pan* à Lorca et à Adam.

Sous le regard d'un buste d'Irving Layton, Cohen à son bureau dans sa maison à Montréal au début des années soixante-dix, des manuscrits à ses pieds. (Photo : Sam Tata)

Un concert improvisé au début des années soixante-dix dans une salle de classe en Italie, au milieu d'un décor révolutionnaire.

À gauche : Suzanne Elrod avec ses enfants, Adam et Lorca.
À droite : Leonard Cohen au Japon, avec un moine zen.

Roshi, Leonard Cohen et un moine zen en pleine méditation, au Japon, dans les années soixante-dix.

Au centre zen du mont Baldy avec Roshi, sa femme Haruyo Sasaki et ses condisciples.

Le 12 septembre 1979, Cohen célébre son quarante-cinquième anniversaire,
à Hydra, en compagnie d'une amie roumaine.

Avec Irving et Aviva Layton à Montréal, sous une enseigne appropriée.

Au bureau. À gauche, sa gérante, Kelly Lynch ; à droite, l'assistante de cette dernière, Sarah Rich.
(Photo : I. B. Nadel)

Dominique Issermann photographiée par Leonard Cohen.

Cohen et sa banane croqués par Sharon Weitz dans un entrepôt de Los Angeles au cours du tournage de la vidéo *First We Take Manhattan* de Jennifer Warnes. Cette photo figure sur la jaquette de l'album *I'm Your Man*. (Photo : Sharon Weitz)

En 1979, il achète — très bon marché — avec Richard Cohen et Eric Lerner, tous deux élèves de Roshi, une maison mise en vente pour défaut de paiement d'hypothèque, située au centre sud de Los Angeles, non loin du centre zen Cimarron. Cohen n'y habitera pas souvent au cours des cinq ou six années qui vont suivre — il ne prendra même pas la peine de meubler son appartement —, mais il finira par en faire sa demeure de Los Angeles. Steve Sanfield se souvient qu'à cette époque Leonard menait la vie d'un « moine errant » dépouillé de tout bien matériel. Son appartement était quasiment vide. La cuisine était la seule pièce où l'on pouvait s'asseoir. Il n'y avait de chaises nulle part ailleurs ; on ne trouvait dans tout le logis que deux ou trois tables et quelques coussins.

C'est à cette époque que Cohen accepte de faire partie de la rédaction d'un journal que Roshi a décidé de lancer. *Zero*, dans lequel la philosophie du maître japonais se mêle à la littérature, paraîtra pendant plusieurs années. Son titre exprime la philosophie du maître : « Zéro signifie activité totale et pleine de bonne volonté. [...] Dans le zéro, il n'est pas de questions. » Le troisième numéro du journal indique qu'Eric Lerner en est le directeur, Richard Cohen l'assistant à la direction, Steve Sanfield et Leonard Cohen les adjoints. Le numéro présente une interview de John Cage, quelques haikus d'Allen Ginsberg, des poèmes de John Ashbery, une interview de Joni Mitchell et les paroles de plusieurs chansons de *Recent Songs* de Leonard Cohen.

Pour Roshi, le zéro est le principe central du zen et sous-entend le détachement à l'égard des distractions provoquées par le moi, ou par son absence. C'est l'expérience du vide total. Ce n'est qu'en dissolvant le moi figé que la véritable nature peut se manifester. Pour que le zen puisse être, l'ego doit d'abord mourir : « Tant que nous verrons les choses d'une manière dualiste, nous resterons incapables de discerner la vérité. » Dans un essai intitulé *On the Nature of Zero*, dont l'origine est une causerie prononcée en 1979 au mont Baldy, Roshi résume son concept du zéro, qui se manifeste par la maîtrise du transitoire, de l'éphémère, « lorsque le moi devient comme une sphère qui alternativement se dilate et se contracte ». Le but ultime est l'état d'absolue sérénité où « tout est soi-même ». Illumination, dit Roshi, « veut dire possession de deux sortes de sagesse : celle qui considère, de manière personnelle, toute chose comme étant soi-même, et celle qui fait que l'on se regarde, de manière impersonnelle, comme si on était zéro. »

Cohen passe le plus de temps possible avec Roshi au mont Baldy et l'accompagne de temps à autre dans des centres zen. Ils visitent le monastère de Gethsémani, dans le Kentucky, où a vécu Thomas Merton. Chez les trappistes de Spencer, dans le Massachusetts, ils discutent avec le père supérieur et assistent à la messe. Un peu plus tôt, un moine a confié à Cohen qu'il se questionne chaque jour sur la raison de sa présence au monastère et a envie de faire le mur. Roshi, lui, pense que ses moines doivent faire partie du monde. Il leur dit souvent : « Après avoir connu la montagne, retournez au monde. Ne restez pas ici trop longtemps. » Il encourage Cohen à jouer au tennis et à s'inscrire à un club de Claremont. Leonard obéit, puis constate qu'un entraînement régulier n'améliore pas beaucoup son jeu. « Roshi a vu que je savais travailler. Ce que je ne sais pas faire, c'est jouer. »

La fidélité de Leonard au bouddhisme rinzai reste inébranlable. Il admire la volonté de Roshi — debout à trois heures du matin et se joignant quatre fois par jour à ses élèves au *zanzen*. Le maître se soumet aux rigueurs des *sesshins* ; il dirige des séances d'entraînement intensif de sept jours, enseigne dans plusieurs centres zen, comme ceux de Vienne, d'Ithaca, dans l'État de New York, et de Porto-Rico. Le moine japonais s'est adapté au mode de vie américain. S'il donne ses *teishos* (causeries, sermons) dans sa langue, il dirige le *zanzen* en anglais, yeux dans les yeux et genoux contre genoux. Sa pratique du zen est vigoureuse, son chant scandé en japonais est « le plus rapide en Amérique ; et quand la cloche sonne le signal de quitter le coussin, les élèves sautent sur leurs pieds ». Pendant les *sesshins Rohatsu* du mont Baldy, les élèves se lèvent à trois heures du matin, se couchent à onze heures et se retrouvent face à Roshi cinq fois par jour au *zanzen*. L'entraînement de Roshi est le plus dur aux États-Unis.

Mais l'engagement de Cohen n'ira jamais jusqu'au sacrifice de son judaïsme. Il dit à un journaliste australien : « Je ne suis pas bouddhiste, je suis juif. » En dépit de vingt-cinq bonnes années de pratique du zen, une religion qu'il a un jour décrite à Nancy Bacal comme réservée « à ceux qui sont vraiment paumés », il n'a cessé d'affirmer sa judaïté. Il lui arrive de déplorer, dans le judaïsme, l'absence d'une dimension réservée à la méditation mais, bien qu'il se consacre au zen — aussi bien physiquement que financièrement —, il n'a jamais renoncé à son identité juive. Dans une lettre de 1993 à une revue d'Hollywood, il écrira :

Mon père et ma mère, d'heureuse mémoire, auraient été troublés de ce que l'un de vos reporters me décrive comme un bouddhiste. Je suis un juif.

Depuis quelque temps déjà, je suis intrigué par les divagations indéchiffrables d'un vieux moine zen. Il n'y a pas si longtemps de cela, il m'a dit : « Cohen, je te connais depuis 23 ans et je n'ai jamais essayé de t'imposer ma religion. Je me suis contenté de te servir du saké. » Et, disant cela, il remplissait ma tasse. J'ai salué de la tête et levé ma tasse en m'écriant : « Rabbi, tu es sûrement la Lumière de la Génération. »

* * *

En octobre 1980, Cohen commence sa sixième tournée européenne. Les musiciens de 1979 l'accompagnent, à l'exception de Jennifer Warnes. Ils jouent d'abord en France, une fois de plus à guichets fermés. À Berlin, une controverse s'élève entre Leonard et ses fans lorsqu'il leur demande, dans le stade comble, d'enlever les chaises : « Cet affreux plastique est le côté sombre de notre existence », leur dit-il, faisant ainsi allusion à l'histoire nazie. Contrairement à la tournée de 1979, qui lançait les chansons de *Recent Songs,* les concerts offrent cette fois un éventail des chansons les plus connues.

À Francfort, après le concert, Cohen est réveillé au beau milieu de la nuit par un coup violent frappé à la porte de sa chambre. Il ouvre et se trouve devant une femme blonde de près de deux mètres portant pour toute parure quelques feuilles d'aluminium et une paire de bottes. Il joue d'abord la vertu offensée et lui refuse l'accès de sa chambre, mais la jeune femme insiste. Il abandonne.

Au matin, il est fermement décidé à l'emmener pour le reste de la tournée, mais elle décline l'invitation et lui fait ses adieux. Leonard a beau supplier, improviser des odes à sa beauté, la déesse reste inébranlable. Avant de disparaître, elle le regarde en souriant et déclare : « Une étoile de plus dans ma constellation. »

La tournée se termine à Tel-Aviv. Cohen est repris par son marasme ; il ne sait que faire de sa vie.

Un texte du 11 décembre, dans son journal, décrit ses préparatifs de hanouka, la fête des Lumières, qu'il va célébrer avec ses enfants. Cela se passe dans sa chambre n° 700 de l'hôtel Algonquin à New York ; il a un livre de prière hassidiques à la main, porte les tephillim et le tallit de laine de son grand-père. Sur la table, une boîte de bonbons de hanouka de chez Barton et plusieurs bougies. Quatre jours plus tard, dans le même journal, il notera la première version de « If It Be Your Will ».

C'est à Hydra, en 1982, qu'il rencontre une femme qui va prendre une place importante dans sa vie : Dominique Issermann, photographe de mode parisienne. Carole Laure, l'actrice québécoise, et son mari Lewis Furey, qui se sont établis à Paris pour y faire carrière, présentent Dominique à Cohen lors d'une visite de cette dernière à son amie Carole à Hydra. Une liaison de sept années va commencer, caractérisée par la maturité et un respect mutuel pour leurs métiers respectifs. Dominique fait des photos publicitaires de Leonard et réalise deux de ses clips : « Dance Me to the End of Love » et « First We Take Manhattan ». Cohen partage fréquemment l'appartement parisien de la jeune femme, où il écrit. Il y sera plus souvent encore lorsque ses enfants habiteront Paris.

Grâce à Dominique, Cohen insuffle une nouvelle intensité et une nouvelle vigueur aux textes de ses chansons — ce dont témoigne le labeur acharné qui préside à l'élaboration de *Various Positions*. Les habitudes de travail de la jeune femme ont une heureuse influence sur lui ; il s'appuie désormais beaucoup plus sur l'effort que sur l'inspiration. Dominique est apparue au moment où sa carrière était chancelante et, d'emblée, elle est devenue une compagne de travail attentive, qui comprend les angoisses et l'engagement de son partenaire. Selon les mots de Leonard, elle l'aide à « mettre le pied à l'étrier ». Commence alors une période d'« application assidue consacrée à tout ce boulot ».

Mais les vieux schémas vont émerger — mal à l'aise dans les relations stables, Cohen ressent le besoin de s'éloigner aussitôt qu'il croit sa créativité restreinte. Il séjourne seul au Royalton de New York, ou au mont Baldy avec Roshi, ou chez lui à Montréal. Dominique le rejoint lorsque ses activités lui en laissent le loisir ; et il la retrouve parfois à Paris. En bref, il devient de moins en moins désireux d'accorder une place à la jeune femme dans sa vie et dans sa carrière, que ce soit à Los Angeles ou à Montréal. Après une période de réflexion, les amants décident de se séparer. Mais ils resteront amis intimes ; on trouvera d'ailleurs souvent des photos faites par Dominique dans les recueils de chansons et les programmes de concert de Cohen, de même que sur des cartes postales. En fin de compte, on peut dire que la jeune femme a donné une impulsion créatrice à Leonard et l'a aidé à s'ancrer dans les années quatre-vingt. Une dédicace, sur le disque *I'm Your Man*, dit ceci : « Toutes ces chansons sont pour toi, D. I. » Dominique Issermann a été, dans la vie de Cohen, un élément crucial — même si la chose est peu connue — dans l'allégement de sa dépression, la réorientation de sa carrière musicale et le renouveau de sa vie spirituelle.

Au cours de l'hiver 1981-1982, Cohen est à Hydra et travaille au livret d'un opéra dont Lewis Furey compose la musique. Il pense à divers titres pour l'œuvre naissante, *Merry-Go Man, The Hall, Angel Eyes,* mais le choix de l'auteur et du compositeur se fixe finalement sur *Night Magic,* inspiré du nom d'une boîte de nuit très en vogue dans le Vieux-Montréal. Le propriétaire s'appelle Bob Di Salvio, c'est un ami de Cohen. Il a entendu l'expression *Night Magic* dans une chanson de Van Morrison, « Moondance », et l'a reprise pour nommer son cabaret. Une des salles de la boîte s'appelle Les Beaux Ratés (c'est ainsi que Bob a traduit *Beautiful Losers*). Cohen décrit *Night Magic* comme un opéra-cabaret mettant en scène Michael, un chanteur montréalais paumé, fini, qui voit tout à coup se réaliser un de ses désirs. Michael est une vedette de music-hall qui prépare un spectacle dans le but de redonner vie à une salle délabrée, Le System (qui apparaît dans *Beautiful Losers* et est également le nom d'un ancien cinéma de Montréal). Au cours de la nuit, trois femmes anges gardiens lui rendent visite. L'une d'elles en tombe amoureuse. Il en résulte des chansons illustrant le choc entre l'art et la vie. L'opéra, aux dires des auteurs, est « un mélange de Brecht et de Disney ».

En fait, l'œuvre est un pastiche qui témoigne de l'intérêt renouvelé de Cohen pour la poésie versifiée. Le livret est écrit en stances spenseriennes, inventées par Edmund Spenser, poète de la Renaissance, pour son épopée *The Fairie Queen.* Cette forme consiste en stances de huit vers auxquelles s'ajoute un neuvième vers de douze pieds. Byron reprendra le modèle dans *Childe Harold,* et Shelley dans son élégie à Keats, qui l'a déjà utilisé dans *The Eve of St. Agnes.* Cohen ressent le besoin d'occuper une place dans la tradition littéraire, donnant ainsi une autre résonance à son œuvre.

L'opéra filmé met en vedette Nick Mancuso, Carole Laure et Frank

Augustyn. La mise en scène et la musique sont de Lewis Furey, qui double Mancuso pour toute la partie chantée. Mancuso est un acteur doué, mais il ne sait pas chanter. Les paroles sont de Cohen. Carole Laure joue l'ange amoureux. Robert Lantos et James T. Kaufman produisent le film.

La première a lieu à Cannes le 17 mai 1985. *Variety* déplore que la musique et les paroles, bien « qu'elles rappellent les années soixante [...] et que la musique soit très mélodieuse, n'aient pas assez de puissance pour subjuguer l'auditeur. [...] La chorégraphie, ajoute le critique, est dans le style des variétés télévisées ». Enregistrée sur album avec une distribution légèrement différente et vendue par la succursale française de RCA, la bande sonore est lancée en même temps que le film. Cohen et Furey gagnent un Juno de la meilleure partition musicale en 1985 pour la musique de leur « opéra-rock ».

* * *

I Am a Hotel, vidéo qui relate la vie de Cohen dans un hôtel et la genèse de la chanson « The Guests », est produite par Barrie Wexler. La vidéo est d'abord destinée au réseau de télévision payante C-Channel, mais la chaîne bat de l'aile et Cohen menace à deux reprises de rompre le contrat. C'est alors que Moses Znaimer, de CITY-TV, entre en scène et termine la production (son nom figure sur le générique en tant que directeur de production) avec CBC-TV et une subvention de la Société de développement de l'industrie cinématographique canadienne.

Aucune des personnes participant à l'élaboration de ce projet n'a de l'expérience dans la production de vidéos de rock. Wexler et Cohen en ont visionné plusieurs à CITY-TV, puis, munis d'un budget de deux cent cinquante mille dollars, se sont mis au travail. Malheureusement, le chanteur doit se rendre en France pour terminer *Book of Mercy*, et le travail est interrompu. Quelques mois plus tard, après avoir mis la dernière main à une première version de son livre (il l'envoie à Viking, à New York, qui la refuse), il revient à Toronto et annonce à Barrie Wexler qu'il se retire de la production, car il ne peut écrire une vidéo musicale dans l'état d'esprit où il se trouve. La nouvelle tombe un samedi soir, se souvient Wexler, et Leonard a promis de remettre un script le lundi matin ! Faisant appel à tout son pouvoir de persuasion, le producteur convainc le chanteur de continuer. Ils travaillent toute la nuit et, avec l'aide de l'écrivain torontois Mark Shekter, parviennent à mettre treize pages bout à bout. Entre-temps, le chanteur David Blue est mort à New York (c'est Cohen qui prononce l'éloge funèbre) et Leonard a donné son nom à la compagnie de production de la vidéo. C'est Blue qui a joué le personnage du chanteur au théâtre du Centaur, à Montréal, dans *The Leonard Cohen Show.*

Wexler et Znaimer réservent le King Edward Hotel pour le tournage, prévu pour avril 1983. Cohen est au centre zen de Roshi au Nouveau-Mexique, d'où il ne peut donner qu'un coup de fil de quinze minutes par semaine. Le jour où Wexler est sur le point de signer le contrat avec C-Channel, le chanteur envoie un télex pour dire qu'il a changé d'avis, qu'il va rembourser l'argent et que le projet doit être retardé ou supprimé. Znaimer demande à Wexler de joindre Cohen et de le convaincre à nouveau de poursuivre. Incapable de lui parler ce jour-là à cause des restrictions téléphoniques, Wexler se rend à C-Channel et signe le contrat, malgré les dispositions négatives du principal intéressé. Il doit ensuite attendre quatre jours pour pouvoir lui parler pendant les quinze minutes permises. En dépit de ce temps compté, il arrive à ses fins. Mais Cohen veut que sa présence sur les lieux du tournage soit réduite au minimum.

Quatre jours avant, Cohen arrive à Toronto. Les journaux viennent d'annoncer que C-Channel est sur le point de fermer boutique. Wexler et Znaimer décident de travailler toute la nuit au refinancement du projet. Ayant appris que trois directeurs de la CBC dînent ensemble ce soir-là, ils débarquent au restaurant, se font inviter et, entre le premier plat et le dessert, Wexler arrive à décider l'un des hommes à les accompagner dans les bureaux de CITY-TV pour y entendre leur boniment. À la fin de la journée suivante, il reçoit un coup de fil lui annonçant qu'il aura l'argent. La Société de développement de l'industrie cinématographique canadienne va elle aussi intervenir en un temps record pour apporter sa participation financière.

Le tournage dure six jours. Le résultat est une vidéo surréaliste de trente minutes, pastiche chanté et dansé illustrant un épisode de la vie de cinq couples d'amants (dont Cohen et une partenaire) dans un grand hôtel. Cinq chansons, « The Guests », puis « Memories », « Gypsy Wife », « Chelsea Hotel » et « Suzanne » racontent l'histoire. Les séquences sont filmées en noir et blanc et en couleur. Le champion de patinage artistique Toller Cranston, la danseuse Ann Ditchburn et Celia Franca, fondatrice du Ballet national, apparaissent dans le film. Cohen décrit la vidéo comme « une sorte de carrousel ; on voit simplement des personnages entrer dans l'écran et en sortir, et leurs histoires se déploient, et ils finissent par trouver ce qu'ils cherchent ». Il n'y a pas de dialogue ; seules les chansons et le mouvement des corps occupent la bande sonore et l'écran. Selon Wexler, le but recherché est que le chanteur soit presque accessoire à la danse, au jeu dramatique et à la musique. Au cours d'une interview, à l'issue du tournage, Cohen déclare que les hôtels ont toujours été son habitat naturel : « Ma vie personnelle est telle qu'il n'y a pas d'autres endroits où *aller*. Où d'autre un *type* comme moi pourrait-il aller ? »

Cohen visionne le film avant le montage. Il déteste. Quelques scènes doivent être filmées de nouveau, ce qui veut dire qu'il faut encore trouver de l'argent. Des séquences sont ajoutées par le directeur de postproduction, Don Allen, en particulier pour « Suzanne ». Le montage est long, stressant, mais lorsque Cohen visionne le produit final, il est enchanté. Le film est diffusé sur antenne le 7 mai 1984 et se classe premier devant trente-deux pays au 24ᵉ Festival international de télévision de Montreux, gagnant ainsi la Rose d'or. Il reçoit également une mention spéciale dans la catégorie Prix de la presse. Les critiques encensent l'œuvre. Ils y voient une transition entre l'érotique et l'expérimental d'une part, et le traditionnel de l'autre — avec la dévotion et la rédemption comme nouveaux centres d'intérêt. Cohen, Wexler et Znaimer souhaitent faire une adaptation vidéo de *Favorite Game*, mais le projet n'aboutira pas.

Le chanteur s'est rendu compte qu'il faut souvent « faire preuve de souplesse » et qu'il déteste cela. Il lui faut bien admettre que des projets entrepris sans structures préalables peuvent parfois réussir alors que ceux qui sont préparés d'avance peuvent échouer. Il reconnaît qu'il est inflexible et qu'il en a toujours été ainsi. « J'aime me lever à 3 heures du matin au son d'une cloche. [...] La souplesse est une position dans laquelle il faut que l'on me coince — et je n'aime pas ça. » Ordre, structure et discipline sont ses forces à lui.

* * *

À l'approche de la cinquantaine, Cohen se sent de nouveau poussé par le besoin de réévaluer ses buts ultimes. Il découvre qu'il est enfin prêt à « faire ce qu'un juif est tenu de faire ». Cette quête spirituelle résulte en partie de son incapacité récente de faire quoi que ce soit d'autre. « J'étais devenu muet dans tous les domaines. Je ne pouvais plus bouger. [...] C'était pour moi la seule manière d'analyser ma situation difficile. » Ce qu'il découvre alors est le courage d'écrire sa prière. « Aller à la source de la miséricorde. [...] J'ai découvert que l'acte d'écrire était la forme qui convenait à ma prière. » Il travaille sur un livre de psaumes qu'il intitule d'abord *The Name*, puis *The Shield* et, finalement, *Book of Mercy*. Le livre, dit-il, est « inspiré ou il ne l'est pas ; il sonne juste ou il sonne faux. Je crois qu'il est inspiré et sonne juste. [...] Je suis heureux d'être capable de l'écrire parce que cet acte est, à bien des égards, une réponse à la prière. » Cohen hésite devant la publication qui, selon lui, comporte certains risques : le livre est si différent du précédent, *Death of a Lady's Man*.

Book of Mercy sort en avril. « Il est le résultat d'un désir intense de parler ce langage », dit Leonard, faisant allusion à la nouvelle forme d'écriture utilisée. « On ne parle de cette manière que lorsqu'on se sent vraiment coincé, vraiment désespéré ; lorsqu'on se sent possédé par un sentiment d'urgence. [...] Je voulais aussi soutenir les traditions dont j'ai hérité. » Cohen se conforme dans le livre à une pratique de l'Ancien Testament qui consiste à numéroter les psaumes plutôt qu'à leur donner des titres. Le livre en contient cinquante, l'âge de l'auteur. Comme les psaumes bibliques, les psaumes de *Book of Mercy* parlent de désir et d'abnégation : « Brisé dans l'oisiveté de mon âme, j'ai enfoncé une cale dans ton monde, et je suis tombé de chaque côté. Accorde-moi ta miséricorde avec les mesures d'un chant amer, et ne m'aliène pas de mes larmes. » En 1984, Leonard enregistre quelques psaumes avec un quatuor à cordes dans un studio de Los Angeles. Henry Lewy prend en main l'aspect technique. Mais il n'y aura ni disque ni cassette.

Les critiques sont indécis, ils ne savent que dire du livre. Une indécision que Cohen partage : « Publier un livre comme celui-là est compliqué. Je ne pourrais vraiment pas dire au libraire sur quelle tablette le placer. [...] Ce n'est pas une querelle, ce n'est pas une dispute, ce n'est pas de la théologie ; c'est un questionnement. » Quelques journalistes se demandent comment le poète qui a distillé tant de venin dans *Death of a Lady's Man* peut faire preuve d'une telle spiritualité. Certains pensent que *Book of Mercy* ajoute une nouvelle dimension à l'œuvre de l'écrivain. En juillet 1985, Cohen gagne le Canadian Authors' Association Literature Prize pour la poésie lyrique, un prix de cinq mille dollars. Cet hommage ne calme pas son anxiété : « Nous sommes tous dans une sorte de pétrin. Écrire est mon métier, et je me sors de mon pétrin personnel en écrivant. Quand je suis content de mon travail, j'appelle cela ma vocation ; quand je le trouve ordinaire, j'appelle cela mon métier. »

Book of Mercy est une œuvre mystique qui baigne dans la spiritualité. On n'y retrouve rien du lyrisme des premiers écrits de Cohen, ou de la colère des derniers. Le foyer de son désir n'est plus la femme, mais un besoin d'atteindre la plénitude spirituelle. La prière, dit-il, n'est pas à la mode. « Nous vivons dans une époque branchée. Personne ne veut plus reconnaître les vérités contenues dans mon livre. Elles ne vont pas avec les verres fumés », explique-t-il à un critique.

Le réveil du judaïsme de Cohen, dans ces années quatre-vingt, prend une autre dimension lorsqu'il met en chansons des prières hébraïques. « Who by Fire » a été écrite d'après une mélodie accompagnant la prière « Mi Bamayin, Mi Ba Esh » chantée au Mousaf, le service de midi de Yom Kippour, la fête juive de l'expiation. « If It Be Your Will » est également empruntée à une prière juive, dont l'origine est une phrase du service Kol Nidrei de la veille de Yom Kippour où, juste avant la lecture de la liste des péchés, le requérant crie : « Puisse-t-il par conséquent être Ta volonté, Seigneur notre Dieu, et Dieu de nos Pères, de nous faire grâce de tous nos péchés, de nous pardonner toutes nos iniquités, de nous permettre d'expier nos transgressions. » La mélodie de la chanson s'inspire du chant de la synagogue.

* * *

Various Positions, qui sort en 1984, est le contrepoint musical de *Book of Mercy.* À cette époque, Cohen, selon ses dires, travaille d'arrache-pied sur ses chansons. Jusqu'ici, il écrivait en voyage, en tournée, dans le car qui l'emmenait d'une ville à l'autre, dans des chambres d'hôtel, en avion, au lit. Mais en 1983, à l'approche de la cinquantaine, à cett époque où il est de plus en plus obsédé par la mort, il travaille sans relâche. « Je n'imaginais pas à quel point la tâche serait ardue, confiera-t-il à un journaliste en 1993, jusqu'à ce que je me retrouve rampant, en sous-vêtements, dans une chambre délabrée de l'hôtel Royalton, incapable de terminer un vers. J'avais une séance d'enregistrement, je savais que je pouvais m'en tirer avec le matériel que je possédais, mais je savais aussi que j'étais incapable de le faire. »

Il est fauché, a un tas d'obligations financières et l'impression que sa carrière est dans une impasse. Mais il persévère : « J'ai acheté mon premier synthétiseur et j'ai expérimenté des techniques que je n'avais jamais utilisées. J'ai toujours travaillé dur, mais là, je me suis complètement immergé dans le boulot. Le travail est très intense, et très clair. » En 1993, il expliquera cette intensité nouvelle d'une manière aussi ironique que laconique : « Je ne sais pas pourquoi, mais quelque chose m'est arrivé il y a dix ans. Comme ma situation était vraiment désespérée, j'ai commencé à reprendre espoir. »

Aux alentours de 1984, le monde du rock alternatif redécouvre sa musique lorsque Nick Cave puis le groupe Sisters of Mercy reprennent ses chansons. « Le premier matériel avait fait son temps », dira Cohen. Le public du chanteur s'amenuise, mais le milieu alternatif s'est mis à l'écoute de son œuvre.

Après avoir écouté *Various Positions*, Bob Dylan fait remarquer que les chansons de Cohen ressemblent de plus en plus à des prières. Dans ce disque, le premier depuis cinq ans, les chœurs occupent une place prépondérante. C'est à John Lissauer — qui a travaillé sur *Recent Songs* — que le disque doit en partie son succès. Le réalisateur a créé un son original qui reflète parfaitement la spiritualité de l'auteur. « The Law », qui fait sans doute référence à la Torah, met l'accent sur la découverte d'un ensemble de principes puissants et durables dont le but est de permettre aux hommes et aux femmes de prendre leur vie en main. La loi a fréquemment interpellé Cohen, mais il ne lui a répondu que tout récemment : « J'ai quitté tout le monde / Mais je n'ai jamais pris le droit chemin. »

Mais la religion n'est pas seule présente dans le disque. « Coming Back to You », chanson qui s'apparente au country, souligne la détermination d'un amant-ouvrier-prisonnier qui veut revenir à une femme, en dépit des trahisons de cette dernière. « Dance Me to the End of Love » chante le retour à l'amour après la haine, de la haine de la rupture avec Suzanne à la joie d'un nouvel amour avec Dominique Issermann. Une des chansons les plus troublantes du disque, et peut-être la plus autobiographique, s'intitule « The Night Comes On ». En cinq strophes, Cohen raconte sa vie. Dans la première, le fils est près de la tombe de sa mère morte ; il a peur mais la mère le pousse à vivre. La deuxième, qui fait référence à Israël et à la paix qui a succédé à la guerre de 1973, lie la guerre à la mort du père. Dans la troisième, d'une clarté incisive, l'auteur fait allusion à son union malheureuse :

> Nous étions bouclés dans cette cuisine ;
> je me suis réfugié dans la religion,
> Et je me demandais quand elle partirait.
> J'avais un tel besoin de n'avoir rien à toucher :
> Cette soif-là, je l'ai toujours connue.

« If It Be Your Will », avec Jennifer Warnes chantant en harmonie, met un point final obsédant à l'ensemble.

Cohen a enregistré le disque à New York pour CBS, mais la maison décide de ne pas le distribuer aux États-Unis, où un disque à thème religieux serait encore moins vendable que les précédents. Le disque sort en Europe. Il est au sommet du Top Ten en Espagne, au Portugal et en Scandinavie, mais son succès est moins impressionnant en Angleterre. Aux États-Unis, où on n'a pressé que quelques milliers d'exemplaires, le disque est finalement distribué par Passport Records, une filiale de JEM Records.

Cohen déclare dans une interview que son public nord-américain s'est tari, mais que les Européens lui restent fidèles. Ils apprécient, dit-il, « les gens qui ne peuvent pas chanter mais dont la voix est raccordée au cœur. [...] Dans les chambres secrètes de [son] cœur, [il se] considère comme un chanteur ; et dans [ses] bons jours [il se] considère comme un styliste. »

Il ne peut, dit-il, organiser des tournées en Amérique du Nord parce sa compagnie de disques ne participe pas aux dépenses. Des années soixante-dix aux années quatre-vingt, ajoute-t-il, il a eu l'impression que cette dernière distribuait ses disques sous le manteau. Il appelle l'immeuble de CBS à New York « la tombe du disque inconnu ». Lorsqu'on lui demande quelle fonction il briguerait s'il devait remplir une demande d'emploi, il répond : « Pécheur ».

Déprimé par le pauvre accueil fait à son disque, il entame une nouvelle tournée. Le 5 mai 1985, il joue à Carnegie Hall — son premier concert new-yorkais depuis dix ans. Plusieurs rappels. Un mois plus tard, il se produit au Wiltern Theatre, à Los Angeles, où il se décrit comme un « vieux vétéran des arcs-en-ciel divaguant dans son imperméable invisible ». Vêtu de noir, s'accompagnant de sa guitare acoustique noire, Cohen chante de nouvelles compositions, entre autres « Dance Me to the End of Love » et un exubérant « Diamonds in the Mine ». Bob Dylan, Joni Mitchell et Al Kooper viennent le voir en coulisses.

La tournée de 1985 est la plus longue qu'il ait jamais faite : elle comprend l'Europe, l'Amérique du Nord, l'Australie et Israël. En Pologne, où Solidarité lui a demandé de venir, il découvre qu'il est une sorte de héros pour le mouvement ; lorsqu'il arrive au pays, on lui remet même un mot de Lech Walesa. Ses chansons ont été traduites, ronéotypées et assemblées en petites brochures. Une double cassette pirate du concert est en vente, *Cohen à Varsovie, 22 mars 1985* ; elle contient vingt et une des chansons interprétées au concert.

Entre janvier et juillet, le chanteur occupe soixante-dix sept fois la scène. « Ce sont les femmes, dit-il, qui m'ont aidé à rester sain de corps et d'esprit pendant la tournée. Sans elles, il n'y aurait eu que chambres d'hôtel, cars et nourriture médiocre. »

CHAPITRE XII

Algèbre plastique

Rentré à Los Angeles, Cohen s'embarque dans un nouveau projet : un disque de ses chansons interprétées par Jennifer Warnes. Cela fait des années qu'ils sont d'excellents amis. Le chanteur se trouve même aux côtés de la jeune femme pour la réconforter (selon les dires de cette dernière, il s'agit d'un « véritable sauvetage ») lorsque son ami est assassiné. « Leonard a fait ce qu'il fallait pour m'empêcher de sombrer », dit-elle.

En 1979, lorsque la carrière de la jeune femme battait de l'aile, elle a demandé à Cohen de l'engager pour la tournée qu'il était sur le point d'entreprendre. Leonard le lui a déconseillé. Il était convaincu qu'être choriste nuirait à sa carrière de chanteuse solo. Jennifer lui a répondu qu'elle avait envie d'écrire et que les loisirs de la tournée le lui permettraient. « Les tournées de Leonard sont des catalyseurs, dit-elle. Tout ce qui mijote à l'intérieur remonte à la surface et on arrive toujours à en faire quelque chose. Les tournées sont toujours stimulantes, car la passion y règne. »

En 1984, alors que Jennifer et Leonard sont en balade — elle habite chez Cohen depuis quelques mois —, ils se mettent à discuter du sida. On ne parle que de cela. Tout le monde se sent piégé, impossible de faire l'amour sans prendre de précaution. « C'est horrible, dit Jennifer. Qu'est-ce que les gens vont faire ? Ils ne vont tout de même pas cesser de s'aimer ! — Y a pas de remède à l'amour, ma chérie », répond-il. Elle sourit devant cette boutade, réfléchit un moment, puis : « Je crois que tu devrais écrire quelque chose là-dessus. » Quelques semaines plus tard, Leonard annonce : « J'ai écrit quelque chose là-dessus. Ça s'appelle "Ain't No Cure for Love". »

C'est Jennifer et Roscoe Beck, du groupe Passenger, qui ont l'idée d'un disque de chansons de Cohen interprétées par Jennifer. Au début, celui-ci se montre un peu sceptique, mais ses hésitations sont de courte durée. Il faut dire que la jeune femme fait montre d'une grande confiance en elle : « J'étais sûre d'avoir vu dans les chansons de Leonard des choses qu'il n'avait pas vues lui-même. » Hélas, les grandes compagnies de disques ne semblent pas partager cet enthousiasme, et le projet va tomber à l'eau. C'est alors qu'ils rencontrent les responsables de Cypress Records, qui décident de courir le risque. Tout au long de l'année 1986, des séances d'enregistrement ont lieu à Los Angeles. Cohen passe quatre mois avec le groupe pour participer à la production et adapter les paroles de certaines chansons. Dans « First We Take Manhattan », il récrit certaines strophes. Jennifer déteste celle qui commence par : « Et je te remercie pour ces choses que tu m'as envoyées, le singe et le violon en contre-plaqué. » Elle chante également un vers différent au milieu et à la fin de « Ain't No Cure for Love ». Cohen apparaît souvent à l'improviste au studio pour l'observer à travers la vitre, ne s'en allant que lorsqu'il est satisfait de son interprétation. Jennifer a toujours l'impression d'être meilleure quand il est là.

À la fin du printemps 1986, alors que Cohen et la chanteuse dînent chez Mario's, à Hollywood, après une séance d'enregistrement, elle lui demande comment il voit la pochette du disque. Il prend un napperon, esquisse rapidement un flambeau tenu par deux mains, puis écrit cette simple phrase : « Jenny sings Lenny. » Le titre et le dessin ne seront pas retenus. Le disque s'intitulera *Famous Blue Raincoat,* avec l'image d'un imperméable bleu sur la pochette. Cohen regrette le flambeau et les deux mains.

Le disque est un succès. Il atteint la huitième place au palmarès aux États-Unis, se maintient en bonne place pendant sept semaines en Angleterre et se transforme en disque d'or au Canada. Un critique américain déclare que *Famous Blue Raincoat* a redonné à la parole de Cohen sa respectabilité. « On a clairement déclaré que je ne savais pas chanter, dit-il, mais, comme le bourdon qui défie les lois de l'aérodynamique, je persiste… et m'élance vers le ciel. »

Famous Blue Raincoat explore un éventail musical très large, depuis le jeu vibrant de Stevie Ray Vaughan à la guitare dans « First We Take Manhattan » à la voix bizarrement grinçante de Cohen chantant « Joan of Arc » en duo avec Jennifer et au lyrisme de la chanteuse dans « Came

So Far For Beauty ». Le disque est vendu à un million et demi d'exemplaires ; les chansons passent à la radio. Plusieurs critiques prétendent que la réapparition de Cohen sur la scène américaine n'aurait pas pu avoir lieu sans cet album. Jennifer s'insurge, son disque ne peut éclipser les propres interprétations de Cohen.

« Les chansons de Leonard, déclare-t-elle, « ouvrent les cœurs avec une barre de fer. Il a changé le regard que je portais sur la musique. Sa manière de chanter et l'impact de sa voix sur le public sont le point de rencontre de Dieu, du sexe et de la littérature. [...] Je n'ai jamais rencontré quelqu'un d'aussi courageux ; il est toujours prêt à aller là où nous avons, pour la plupart, peur de nous rendre. » Jennifer ne peut oublier cette remarque que Leonard lui a faite : « Ta réponse la plus personnelle deviendra la plus universelle. »

Pour Jennifer, le talent de chanteur de Cohen reste inégalé :

L'habileté de Leonard dans l'utilisation des mots, le sentiment qu'il a de la place qu'il occupe dans la culture et son respect pour la littérature font qu'il peut construire une chanson de telle manière — en partant d'un rythme intérieur ou d'une qualité éternelle de la langue — que ses paroles touchent l'âme par leur forme seule.

Cohen trouve la voix de Jennifer extraordinaire : « Elle [la voix] est comme le temps en Californie, pleine de soleil. Mais il y a un tremblement de terre en dessous. C'est cette tension qui, je crois, définit le remarquable talent de Jennifer. » Il parle souvent de la jeune femme comme de l'artiste la plus méconnue d'Amérique. « Si vous voulez entendre ce qu'une femme pense, si vous voulez entendre à quoi une femme ressemble en 1992, écoutez Jennifer Warnes. »

C'est dans un dépôt de marchandises de Los Angeles, où il visionne le vidéoclip de Jennifer, « First We Take Manhattan », que Cohen est pris en photo par la publicitaire Sharon Weisz. Il porte des verres fumés, un costume rayé gris foncé, une chemise blanche, et il mange une banane. Pour Leonard, l'image est claire et révélatrice.

« Quand Sharon m'a montré le cliché, j'ai tout de suite vu qu'il me résumait parfaitement. « Voilà un gars cool, me suis-je dit, un gars en lunettes noires et en beau costume. Il a l'air d'avoir la situation bien en main, il a l'air d'avoir une certaine connaissance de lui-même. La seule chose qui cloche, c'est qu'il est surpris en train de manger une banane. Il m'est apparu soudainement que c'était là notre dilemme à tous : au moment où nous nous sentons tout à fait cool, ce que les autres voient est un type la bouche pleine de banane. »

La photo deviendra, en 1988, l'image signature de *I'm Your Man* et figurera sur l'affiche de la tournée mondiale.

* * *

Cohen continue à écrire pendant la production et le lancement de *Famous Blue Raincoat*. Il voyage d'est en ouest, s'essaie au métier d'acteur, donne des lectures de son œuvre. La qualité de sa brève apparition dans la série télévisée *Miami Vice*, dans le rôle du chef d'Interpol, doit plus à sa présence qu'à son jeu. La majeure partie des scènes dans lesquelles il apparaît ont disparu au montage. De mars à mai 1986, il donne quelques lectures, dont l'une au Carnival of the Spoken Word, à New York.

On retrouve sa voix dans *Poetas en Nueva York*, un disque de chansons choisies commémorant le cinquantième anniversaire de la mort de Lorca. « Take This Waltz » est enregistrée à Paris en septembre 1986. Un mois plus tard, Cohen participe à une célébration de l'œuvre du poète à Grenade. La CBS tourne une vidéo dans la maison natale de Lorca, près de Grenade, dans laquelle Leonard bondit comme un kangourou et se tient sur la tête pendant près de quatre minutes. « Je pensais que nous devions faire quelque chose de fou, de surréaliste [parce que] c'est ce que Lorca nous a apporté — le surréalisme. » Son adaptation d'un poème de l'auteur espagnol, qu'il a intitulé « Take This Waltz », lui a demandé cent cinquante heures de travail. Pendant le tournage, un touriste japonais lui demande s'il est un célèbre acteur espagnol. « Non, répond-il, je suis un célèbre inconnu. »

En juin 1987, un autre spectacle musical inspiré de son œuvre voit le jour à New York. *Sincerely, L. Cohen*, qui est en fait le prolongement d'une série très populaire de lectures faites l'année précédente dans la même ville, est produit par la compagnie Medecine Show Theatre et mis en scène par Barbara Vann. Cohen a participé au choix des textes.

Le succès du spectacle témoigne d'un nouvel intérêt pour son œuvre ; Cohen a refait surface. Les journalistes font remarquer que, même lorsqu'on le croit passé de mode, il n'est jamais très loin des projecteurs. Les lectrices de *Châtelaine,* un magazine féminin, le classent parmi les « dix Canadiens les plus sexy de l'année ».

Pendant ce temps, Roshi continue à exercer une influence vivifiante sur son disciple. Le 4 octobre 1987, une commémoration de l'arrivée du maître zen en Amérique vingt-cinq ans plus tôt rassemble ses amis et disciples à l'hôtel Biltmore de Los Angeles. Pour marquer l'événement, un album illustré sur la vie de Roshi, *The Zen of Myoshin-ji Comes to the West,* paraît en deux cents exemplaires numérotés. On y trouve racontées, en prose, l'enfance de Roshi à la ferme de ses parents, son arrivée en Amérique pour y fonder une école Rinzai, et la création de centres zen en Californie, au Nouveau-Mexique, au Texas, à New York et à Porto-Rico. Cohen a participé à la production de l'ouvrage et à l'organisation du gala.

* * *

De terribles moments de dépression jalonnent la préparation de *I'm Your Man.* Cohen est mal en point ; sa liaison avec Dominique bat de l'aile. Comme son état dépressif est devenu chronique, il se rabat sur un tas de remèdes utilisés par le passé : voyages, zen, aventures amoureuses, drogue, judaïsme et exercices physiques. Il lit un ouvrage intitulé *The Positive Value of Depression,* consulte l'œuvre de Nahman de Bratslav, un rabbin mystique hassidique, qui considère la dépression comme un « état sacré ». La production du disque n'en reste pas moins une tâche difficile. « Il [le disque] est tombé plusieurs fois en panne, dit-il. J'ai dû l'abandonner à plusieurs reprises. En plus, j'ai dépensé beaucoup d'argent et je ne cessais de me tromper. En plein milieu de l'enregistrement, j'ai réalisé que les paroles des chansons ne valaient rien, alors qu'il m'avait fallu un an ou deux pour les récrire. » Il arrive au studio avec ce qu'il croit être des chansons terminées, mais il doit se rendre à l'évidence : « Je n'arrivais pas à les interpréter avec l'émotion qu'elles exigeaient, alors qu'elles m'avaient demandé des mois, des années de travail. Je ne dis pas qu'elles manquaient d'authenticité, le problème c'est qu'elles ne me représentaient plus avec suffisamment d'acuité. Je ne trouvais pas la voix qu'il fallait pour les chanter. Alors j'ai dû les refaire presque toutes. » Le disque, explique-t-il, est plus holistique que les précédents, la vision d'ensemble est homogène, en dépit du fait qu'il a été enregistré dans trois villes différentes, Los Angeles, Montréal et Paris.

Dès sa sortie en Angleterre le 14 février 1988, le disque se classe en tête du palmarès ; il est en nomination pour le disque de l'année aussi bien au Royaume-Uni qu'en Amérique. Il est n° 1 pendant dix-sept semaines en Norvège et presque aussi longtemps en Espagne. Mais les ventes restent insuffisantes aux États-Unis, en dépit d'une critique enthousiaste. Il faut dire que l'album ne s'insère pas dans les réseaux commerciaux. « Tout est public et les institutions commerciales sont devenues les aménagements paysagers de ce monde public », dit Cohen. Il n'y a pas d'autre lieu pour exister. » [...] Si on ne fait pas partie du système, on n'existe pas. » La CBS Records lui remet le Crystal Globe, qui récompense les artistes ayant vendu plus de cinq millions de disques outre-mer. À la remise du prix, Cohen confie à un invité : « J'ai toujours été touché par le caractère confidentiel de leur intérêt [la compagnie de disques] pour mon œuvre. » *I'm Your Man* restaure le succès populaire et commercial de Cohen et transforme le bohème des années soixante en artiste branché des années quatre-vingt.

La première chanson, « First We Take Manhattan » — d'abord intitulée « In Old Berlin » —, jongle, ainsi que l'auteur l'explique à un journaliste d'Oslo, avec certaines idées politiques qui sont dans l'air, comme l'extrémisme, le terrorisme et l'intégrisme, idéologies attirantes en raison de leur côté univoque. Le dogmatisme est toujours séduisant, ajoute Cohen, car l'« engagement qu'on lui consacre est total, inconditionnel et sans réserve. [...] On peut ainsi mener une sorte de vie secrète et s'imaginer que l'on change les choses, pas avec violence, mais avec grâce et élégance, d'une façon très imaginative et avec quelques poignées de main. La chanson parle d'un désir de changement, de l'impatience devant l'immobilité des choses, du besoin de leur donner un sens. Nous nous heurtons à la logique brûlante du désir. » Deux ans plus tard, Cohen qualifiera sa chanson de « manifeste dément », mais il ajoutera qu'elle est devenue si populaire à Athènes que lorsque deux personnes se rencontrent, l'une dit : « D'abord, on prend Manhattan », et l'autre : « Ensuite on prend Berlin ! »

« Take This Waltz », très belle adaptation de « La petite valse viennoise » de Lorca, donne une résonance particulière aux images du poème original et leur ajoute une nuance surréaliste. La musique souligne la beauté des vers. La chanson inspirée du poème devient un métacommentaire sur la tradition qu'il reflète, marquée par la mort et dévoilée dans le refrain :

> Cette valse, cette valse, cette valse, cette valse
> Avec son odeur bien à elle
> de brandy et de mort
> traînant sa queue dans la mer.

Lorca voulait « plonger dans les grandes profondeurs de la ballade et leur donner vie ». La force de cette évocation se trouve dans les mouvements lents qui « devraient être l'algèbre plastique d'un drame de passion et de douleur ». L'expression de Lorca, « algèbre plastique », est du pur Cohen. Ce dernier a déclaré à un journaliste espagnol que c'est la vision transcendante de Lorca qui lui a appris que la poésie peut être pure, profonde, et populaire.

« Jazz Police », la chanson la moins classique du disque, est la réponse de Cohen aux tentatives des musiciens d'ajouter à leur jeu des quintes et des septièmes augmentées. Bien que réticent devant ces éléments jazzy, Cohen a pourtant décidé de les garder, car il n'était plus très sûr du sens de ses paroles et commençait à détester leur côté prétentieux. Et puis, dit-il, « c'était dans l'humeur de l'époque [...] cette espèce d'absurdité fragmentée ». « I Can't Forget », avec ses paroles limpides, « démarre comme un chant sur l'exode des Hébreux vers l'Égypte. Une métaphore du voyage de l'âme, de l'esclavage à la liberté ». C'est du moins ainsi que commençait la chanson, « mais une fois en studio j'ai été incapable de chanter des paroles qui parlent de délivrance alors que j'étais toujours prisonnier ». La chanson, d'abord intitulée « Taken Out of Egypt », avait demandé plusieurs mois d'écriture, puis Leonard l'avait remaniée, en commençant par la question « Quelle est ma vie ? » « C'est alors, dit-il, que j'ai écrit : "Je suis tombé du lit / Je me suis préparé à me battre / J'ai fumé une cigarette / Et j'ai rentré le ventre". »

« Tower of Song » est le texte le plus fort du disque. Cohen voulait, dans cette chanson, « faire une déclaration définitive sur ce métier héroïque » qui consiste à écrire des paroles pour les mettre en musique. Au début des années quatre-vingt, le titre de la chanson était « Raise My Voice in Song ». La préoccupation de Cohen, dans ce texte, va au parolier vieillissant, et à la « nécessité de transcender ses propres échecs en imposant sa voix comme chanteur et comme parolier ». La chanson inachevée est restée dans un tiroir quelque temps, puis il l'a terminée un soir à Montréal, avant d'appeler un preneur de son qui l'a enregistrée en une seule prise avec un petit synthétiseur. Plus tard, Jennifer Warnes y a ajouté des voix et Cohen a tenté d'y apporter quelques corrections, ce qui n'était pas évident car il ne pouvait travailler que sur deux pistes. La qualité de l'enregistrement laissait à désirer : le son était trop maigre. Jennifer Warnes est pourtant parvenue « à tout replacer, insufflant à la chanson toute l'ironie nécessaire. Elle [l'a] aidé comme elle ne l'avait jamais fait jusque-là. Jennifer avait fait des trucs merveilleux avant, mais cette espèce de perpective *wap-doo-wap* qu'elle a donnée à l'ensemble est vraiment formidable ; elle a vraiment illuminé la chanson. »

La chanson commence par une ouverture classique à la Cohen, à la fois égocentrique et ironique. Elle décrit l'état d'esprit dans lequel il se trouve : « Mes amis sont partis et mes cheveux sont gris. / J'ai mal là où j'avais l'habitude de jouer. / Et je suis fou d'amour mais je ne fais rien pour. / Je me contente de payer chaque jour mon loyer dans la tour de la chanson. »

Une fois la chanson récrite et le disque terminé, Cohen se rend compte, pour la première fois de sa vie, qu'il est un homme de spectacle : « Je ne m'étais jamais considéré comme faisant partie du *showbiz*. » En fait, il s'est accroché jusque-là à l'idée qu'il est un écrivain : « Maintenant je sais ce que je suis. Je ne suis pas un romancier. Je ne suis pas le flambeau de ma génération. Je ne suis pas le porte-parole d'une nouvelle sensibilité. Je suis un auteur de chansons et leur interprète, et je vis à Los Angeles, et voici mon disque. »

Sa propre « tour de la chanson » est le bureau du premier étage de sa modeste maison de Los Angeles, où un télécopieur, un synthétiseur et un Macintosh se partagent une énorme table rustique en bois. Leonard s'est très vite adapté à l'ordinateur : « On dit que la Torah a été écrite avec du feu noir sur du feu blanc. Le caractère noir qui brille sur l'écran blanc de mon ordinateur me rappelle cette histoire-là. Sur l'écran, le texte acquiert une certaine dignité théâtrale. » Quant au synthétiseur, il lui permet, à l'aide de différents accompagnements, de faire la « maquette » de ses chansons, et de découvrir ainsi toutes leurs possibilités musicales.

En guise de clin d'œil aux responsables des ventes de CBS lors de la sortie du single « Ain't No Cure for Love », Cohen leur envoie ce mot : « J'ai entendu dire que vous alliez faire la promotion de mon disque, alors voici deux dollars. » Sa plaisanterie s'inspire d'un livre de Fredric Dannen, *Hit Men*, qui dénonce le travail bâclé de l'industrie du disque et la prédominance des pots-de-vin. L'accueil fait au single est positif ; on en apprécie le son accessible et les paroles incisives. « Un dernier clin d'œil sardonique d'un débauché ravagé. » Une fois le disque mis en vente, Cohen se prépare à faire une tournée de quarante et un concerts en Europe.

Les répétitions sont éreintantes. Il arrive que le groupe passe plusieurs jours à travailler une chanson. Cohen se plaint : « Ça ne ressemble pas à de la musique. » Les arrangements sont transformés ; de nouvelles approches sont tentées. Perla Batalla, une des choristes, suggère une version plus funky de « First We Take Manhattan », qui remplacerait le son euro-disco de Jennifer Warnes dans *Famous Blue Raincoat*. L'essai est concluant. Cohen ne cesse de répéter aux chanteurs et aux musiciens : « Il faut viser l'honnêteté, pas les complications. » Par honnêteté, il entend une ouverture à la musique et à soi-même qui permette de transcender la perfection de la technique.

L'accueil du public et des critiques européens est enthousiaste. Le groupe se produit parfois dans de petites salles, y donnant deux ou trois spectacles, ce qui permet une excellente publicité de bouche à oreille. Les salles sont combles ; les fans grouillent autour de Cohen. Sur un bateau prêt à quitter le Danemark pour la Suède, il est assiégé par des adolescentes réclamant un autographe. Il répond à chaque demande. En Islande, le président donne une réception en son honneur. Deux voix se sont ajoutées au groupe, celles de Perla Batalla et de Julie Christensen. Perla a déjà accompagné les Motels, Cheap Trick et Ted Nugent ; Christensen tient sa voix sensuelle de ses années passées avec des groupes de jazz et de rock de Los Angeles. John Bilesikjian est au luth ; Bobby Furgo au violon et aux claviers, Bobby Metzger à la guitare et

Steve Meador à la batterie. Tom McMorran assiste Furgo aux claviers. Stephen Zirkel est à la basse et joue de la trompette. Roscoe Beck dirige.

En décembre 1988, la mort soudaine de Roy Orbison bouleverse Cohen. Roy est mort au moment où sa carrière prenait un nouveau départ avec Les Travelling Wilburys. Une cérémonie a lieu quelque jours plus tard dans le hall du Wiltern Theatre, à Los Angeles. Cohen et Jennifer y assistent. Leonard est triste, il dit à la jeune femme que le temps joue contre les vivants. Roy Orbison était devenu un modèle pour les musiciens de la tournée. Pendant les répétitions, Cohen disait souvent au groupe de « la jouer comme Orbison l'aurait fait », ce qui avait donné naissance à une plaisanterie de coulisses, « Orbisone-moi cette chanson ! » Les musiciens avaient une photo de Roy dans leur classeur à partitions.

La tournée nord-américaine inclut le théâtre Saint-Denis, à Montréal, où, à l'issue du deuxième spectacle, Leonard rencontre l'ex-premier ministre Pierre Trudeau. Cohen révélera ensuite aux journalistes qu'ils ont discuté des « acrobaties qu'il faut faire pour avoir une bonne critique dans cette ville ». La remarque avait été faite par la mère de Leonard en 1971, après un tour de chant qui n'avait récolté aucun compte rendu positif.

La voix de Cohen, comme celle de Dylan, est depuis longtemps la cible des plaisantins et des imitateurs. Dans « Tower of Song », le chanteur désamorce la critique par son humour pince-sans-rire : « Je suis né comme ça, je n'avais pas le choix. / Je suis né avec ce don : une voix d'or. » En concert, acclamations et applaudissements accueillent cette déclaration pleine d'ironie. C'est sa voix peu mélodieuse, responsable de son phrasé monocorde et de ses difficultés à changer de registre, qui l'a poussé à devenir parolier. « Je crois que si j'avais eu une bonne voix, ma carrière aurait été tout à fait différente. J'aurais probablement chanté toutes les chansons que j'aime plutôt que d'écrire les miennes. [...] Je ne crois pas qu'on doive se donner la peine d'écrire quand on est vraiment capable de faire valoir sa voix. Mais je n'ai pas ce genre de voix. » Une toute nouvelle confiance en lui-même commence à filtrer à travers l'image sombre qu'il a projetée jusque-là. « Quand je pense aux problèmes qui m'accablaient lorsque j'étais plus jeune, je me dis que je reviens de loin. À côté de ces problèmes, celui-ci [la difficulté d'écrire] ressemble à la paix. [...] Je me sens beaucoup mieux avec moi-même que je ne l'étais il y a quelque temps. Mais je m'inspire toujours de mes conflits intérieurs, qui ne se résoudront jamais, j'en ai bien peur. »

Un film réalisé en 1988 par la BBC, *Songs from the Life of Leonard Cohen*, exploite ce nouveau profil. On y trouve des séquences filmées pendant des tours de chant, une interview, de vieux clips et un documentaire tourné à Hydra. Le film pèche par manque d'unité narrative, mais il a le mérite de montrer un artiste beaucoup plus détendu et confiant que le personnage de *Bird on the Wire*, tourné en 1972.

Cohen fait également un tour de chant d'une heure pour *Austin City Limits*, réalisé par PBS à Austin, au Texas. Il apparaît à l'émission de fin de soirée de David Sanborn, à New York, où il interprète un duo mémorable avec Sonny Rollins. Lorsque Rollins commence une variation de « Who by Fire » — extraordinaire solo de saxophone —, Cohen tourne le dos à la caméra pour admirer le grand musicien de jazz. Mettant à profit la popularité du chanteur, CBS/SONY ressort tous ses disques en CD. *Various Positions* connaît ainsi, pour la première fois, une très large distribution et les premières œuvres de Cohen sont remises sur le marché en mode numérique. À cinquante-quatre ans, l'artiste est en passe de devenir une vedette du rock.

* * *

En 1989, l'œuvre de Leonard Cohen est au centre de la cérémonie organisée en l'honneur des cinquante ans de poésie canadienne-anglaise à la Bibliothèque nationale à Ottawa. L'exposition s'intitule « Let Us Compare Mythologies ». Le premier paragraphe du programme décrit le premier livre de Cohen et souligne son importance capitale dans le thème de l'exposition. L'événement porte le titre du livre, car le but des organisateurs est « de rendre hommage à Leonard Cohen et à tous les poètes qui ont enrichi le patrimoine littéraire canadien au cours des cinquante dernières années ». Les écrits de Cohen, lit-on dans le catalogue, « relient deux périodes cruciales dans l'histoire de la poésie moderne au Canada », soit les années quarante, lorsque les œuvres de Raymond Souster, d'Irving Layton et de Louis Dudek ouvrent la poésie canadienne aux influences internationales, et les années soixante, lorsque poètes et public sont réunis par le spectacle. Une époque où « les voix poétiques acquièrent une individualité intense » en contestant les formes traditionnelles. Une autre partie du catalogue met en lumière le « romantisme lyrique » de Cohen et explique que le glissement du poète vers la musique populaire « était à la fois naturel et inévitable étant donné son style lyrique et accessible ».

Malgré le succès de son disque, malgré ces honneurs, Leonard n'est pas heureux. Les femmes vont et viennent dans sa vie. Sean Dixon, dont il a fait la connaissance à Rock Steady, le studio d'enregistrement de Los Angeles où a été fait le mixage de *I'm Your Man*, passe pas mal de temps avec lui. Il fréquente aussi Claudia Kim, puis une Égyptienne vivant à Paris. Son univers sentimental est marqué par sa rupture et sa réconciliation avec Dominique Issermann et, enfin, par leur séparation définitive. Une amie de Leonard attribue son incapacité à avoir une liaison durable à son manque de confiance fondamental et à sa profonde colère contre les femmes, conséquence, selon elle, de sa relation avec sa mère, qui essayait constamment de provoquer chez lui un sentiment de culpabilité avec des pleurs et autres moyens classiques utilisés par les mères possessives. Sa rupture avec Suzanne — qui a intenté une action en justice afin d'obtenir une somme d'argent — l'a rempli d'amertume. Suzanne a perdu le procès, mais le manque de confiance de Leonard envers les femmes n'a fait que croître.

Cohen a toujours eu des liaisons, mais chacune d'entre elles a été menée selon ses propres conditions — toujours impérieuses. Il exige un engagement mais n'est pas toujours prêt à s'engager lui-même. Il veut à la fois l'intimité, l'infidélité et la liberté. En outre, il est dépressif, vulnérable, et se sert de son charme comme d'un couteau à cran d'arrêt. Le zen et le sentiment, le zen et le prozac, le zen et n'importe quoi exorcisent momentanément ses démons, mais ceux-ci ne tardent pas à l'assaillir de nouveau. Pendant toute la durée des années quatre-vingt, il continue à prendre de la drogue, mais c'est désormais sous la forme d'antidépresseurs et de produits pharmaceutiques dont l'usage est parfaitement légal. Il arrive qu'une tempête, selon les mots de William Styron dans *Face aux ténèbres. Chronique d'une folie*, l'empêche de se lever. Il dit de sa dépression : « C'est bien de cela qu'il s'agit. Chaque jour, chaque matin je l'affronte et essaie de négocier avec elle. » Il refuse d'être sous l'influence de qui que ce soit, en particulier des femmes. D'ailleurs il n'a plus vécu avec une femme depuis le départ de Suzanne.

Plusieurs copines restent quelques jours chez lui, quelques semaines tout au plus, mais aucune ne s'installe, et jamais il ne va vivre chez elles. Il ne peut s'engager qu'envers Roshi.

Dans ces moments où, selon ses propres paroles, il « est un écorché psychique », Leonard a besoin d'être seul. Sean Dixon racontera qu'en 1990, lorsqu'il écrivait « The Future », « Democracy » et « Waiting for the Miracle », elle devait souvent le forcer à quitter son synthétiseur pour aller au restaurant. La compagnie de Leonard n'était pourtant pas toujours agréable. « On allait déjeuner et il restait assis comme un zombie, se parlant à voix basse. De temps en temps il récitait les paroles d'une chanson. » Lorsqu'elle lui annonce que le communisme s'effondre, que le mur de Berlin tombe, que le président roumain est en fuite, il répond : « C'est l'enfer, ma chérie ; tu n'as pas idée de ce qui va se passer. Tout va devenir très sombre. Des choses terribles vont sortir de tout ça, crois-moi. » Sean est exaspérée. « Leonard, tu vois toujours tout en noir ! »

Lorsqu'il lui lit les premiers vers de « The Future », elle est épouvantée. « Tu ne peux pas dire de telles choses ! » s'exclame-t-elle. Mais il ne l'écoute pas et, petit à petit, elle se range à son point de vue. Il faut dire que les prédictions de Cohen : « Les choses vont déraper dans tous les sens / Il n'y aura plus rien / Plus rien à mesurer », ne sont pas exagérées.

Lorsqu'il veut terminer une chanson, il va parfois au mini-studio du Record Plant pour en tester les possibilités sonores et musicales. Et quand il se bat avec les paroles, il appelle ses amis à la rescousse.

Le travail acharné de Cohen connaît une halte lorsque son fils est victime d'un sérieux accident de voiture en Guadeloupe. Le blessé est rapatrié en avion pour être soigné à l'hôpital de North York, en Ontario. Cohen passe trois mois au chevet d'Adam, dont les blessures sont graves : côtes cassées, vertèbres fracturées, une blessure à la hanche. Cette pause freine tellement le travail déjà très lent de Leonard qu'il finit par l'interrompre, mais aussitôt son fils sorti d'affaire, il retourne à Los Angeles et se remet à l'ouvrage.

C'est aux environs de Noël 1990 que commence la liaison hautement médiatisée de Cohen et de l'actrice Rebecca De Mornay, devenue célèbre pour son jeu dans The Hand That Rocks the Cradle.

Cohen affirme avoir vu Rebecca pour la première fois au cours d'une visite à l'école Summerhill, en Angleterre. Il se souvient d'une

petite fille de cinq ans, au visage étonnamment beau. C'était elle. Quant
à la jeune femme, elle dit l'avoir entendu chanter pour la première fois
lorsqu'elle avait dix ans, un jour où sa mère écoutait un de ses disques.
Rebecca, une athlète consommée, est une experte en taekwondo. C'est,
en outre, une excellente cavalière. Après ses études secondaires en
Australie, elle s'est inscrite à l'institut d'art dramatique de Lee Strasberg,
à Los Angeles, puis a continué son apprentissage auprès de Francis Ford
Coppola. Elle a joué dans *One from the Heart*. Cohen lui a été présenté
à Paris en 1986 à une réception que donnait Robert Altman. Ils sont
devenus amis. C'est cette amitié qui, en décembre 1990, se transforme
en aventure sentimentale qui va durer environ trois ans et demi. Leur
différence d'âge — vingt-huit ans — ne semble pas poser de problème.

Rebecca faisait du cinéma depuis dix ans lorsqu'elle est devenue
une vedette grâce à son interprétation de Petty Flanders dans *The Hand
That Rocks the Cradle*. On l'avait déjà vue dans *Risky Business,* dans
And God Created Woman et dans *Backdraft* avant que son interprétation de Petty, nurse déséquilibrée et violente, attire l'attention du public
et de la critique. Elle a eu une aventure avec Tom Cruise, puis a été
l'épouse éphémère d'un scénariste de Los Angeles.

Les fans de Cohen sont très surpris de le voir accompagner Rebecca
De Mornay à la soirée des Oscars de 1992. Son nom commence à appa-
raître souvent dans les chroniques des échotiers. Rebecca voyage avec
lui, assiste aux tournages des clips et aux enregistrements. Elle s'efforce
de plaire à tout le monde, mais les membres de l'entourage du chanteur, surtout les femmes, la trouvent trop inquisitrice. Cohen lui donne
le titre de coproductrice de la chanson titre de son disque de 1992, *The
Future,* et le lui dédicace : « À Rebecca s'avançant », faisant ainsi allusion à un passage de la Genèse (chapitre 24). « Leonard est un des
hommes les plus terre-à-terre que j'aie jamais rencontrés, dira-t-elle
plus tard. Il n'a jamais l'impression que la fête se donne ailleurs. »

Dans une interview commandée à Cohen pour le magazine *Interview,* les deux célébrités font preuve d'un charme tout à fait prime-
sautier :

> R. De Mornay : Tu veux savoir ce qu'il y a de mieux dans cette
> interview ?
> Cohen : Non.

R. De Mornay : C'est….

Cohen : Je crois que je le sais.

R. De Mornay : C'est que tu es le seul interviewer qui n'essaie pas de savoir quelle est la nature exacte de mes relations avec Leonard Cohen.

Cohen : C'est justement cela que je veux savoir. Commençons par là.

Lorsqu'on demande à Cohen ce qu'il pense de la contradiction qui semble exister entre son style de vie introverti et sa liaison avec une artiste en vue, il répond : « Des artistes de premier plan *tueraient* pour ressentir ce genre d'angoisse. » En novembre 1993, l'attachement des amants n'est plus aussi fort. Cohen dit à un journaliste : « Rebecca a tout compris, et nous ne sommes plus ensemble. […] mais d'une certaine manière, nous resterons toujours amis. Nous étions fiancés. Nous ne le sommes plus. »

En dépit de ses accès de dépression, il ne perd pas son sens de l'humour. Perla Batalla lui envoie une annonce parue dans un hebdomadaire de San Francisco, dans laquelle une femme dit chercher un homme qui aurait la passion de Leonard Cohen et le langage cru d'Iggy Pop. Cohen vient tout juste de rencontrer Pop à une séance d'enregistrement. Les deux chanteurs envoient chacun une photo à la femme avec leur numéro de téléphone. Elle appelle Cohen ; ils se parlent à plusieurs reprises mais les choses n'iront pas plus loin.

Les affaires de Cohen sont très compliquées à cette époque : son avocat vit à New York, et lui à Los Angeles. Il loue l'étage inférieur de sa maison, vit dans son appartement chichement meublé. Près de dix ans après avoir acheté la demeure, il décide qu'il est temps de la rendre habitable. Avec les conseils d'une amie, il achète des tapis, des tables, des chaises. Il semble avoir enfin décidé de s'installer. En 1991, Kelley Lynch, ex-assistant juridique de Marty Machat (qui est décédé), installe son bureau à Los Angeles et devient l'imprésario de Cohen. Mais ce changement n'interfère pas avec l'achèvement du nouveau disque, bien que Leonard utilise souvent le mot chaos pour décrire la situation dans laquelle il se trouve tandis qu'il prépare la tournée de 1993, destinée en partie à faire la promotion de ce disque.

Son bureau est chichement meublé, mais la lumière y entre à flots

par les deux grandes fenêtres convexes du premier étage, inondant le
plancher et les grandes tables de bois. Des tapis grecs et d'Orient sont
étalés sur le sol, mais chacune des pièces principales ne possède qu'un
bureau et une chaise, ainsi qu'un appareil téléphonique. Les murs sont
blancs et nus. Une des pièces est remplie de classeurs ; le télécopieur et
les machines à écrire ont été placés dans un ancien garde-manger. Le
bureau de Leonard, qui se trouve à l'arrière, est lui aussi meublé avec
parcimonie ; en y entrant, on est étonné du contraste entre la large table
en bois et la chaise ergonomique high-tech. Au rez-de-chaussée, un
piano désaccordé trône dans ce qui a été jadis un salon. Sur le mur, une
grande bannière dorée, rouge et jaune avec quatre carrés bruns représentant les quatre vérités nobles du bouddhisme. C'est Cohen qui l'a
conçue pour le quatre-vingt-cinquième anniversaire de Roshi.

∗ ∗ ∗

Les chansons de Cohen sont en pleine renaissance. Elles sont
reprises par d'autres chanteurs et musiciens et utilisées dans des bandes
sonores de films. En 1990, les Neville Brothers font un malheur avec
« Bird on the Wire » ; la même année, Goldie Hawn et Mel Gibson
jouent dans une comédie portant le même titre. On peut entendre
« Everybody Knows » et « If It Be Your Will » dans un film joué par
Christian Slater, *Pump Up the Volume.* Le groupe Concrete Blonde
chante « Everybody Knows ». Un disque hommage intitulé *I'm Your
Fan* met en vedette des groupes alternatifs reprenant des chansons de
Cohen : The House of Love chante « Who by Fire » ; les Pixies, « I Can't
Forget », REM, « First We Take Manhattan » et Nick Cave, « Tower of
Song ». C'est Christian Fevret, rédacteur en chef de l'incontournable
magazine rock français, *Les Inrockuptibles,* qui a mis le projet sur pied.
Cohen est flatté par cet hommage et impressionné par les arrangements des divers groupes ou chanteurs qui présentent ses œuvres à une
toute nouvelle génération d'auditeurs. Ces interprètes ne transmettent
pas nécessairement le sens des textes, mais ils chantent les mélodies
avec beaucoup de lyrisme. Buffy Sainte-Marie, Joe Cocker, Joan Baez,
Neil Diamond, Diana Ross, Jennifer Warnes et Johnny Cash ont tous
repris ses chansons. Suzanne Vega n'a cessé de reconnaître l'influence

de Cohen sur ses propres textes. À la fin de l'été 1995, la sortie de *Tower of Song,* disque hommage qu'ont enregistré Elton John, Sting, Aaron Neville, Billy Joel, Peter Gabriel et Jann Arden, confirme l'importance de Cohen en tant que parolier.

Le 3 mars 1991, à Vancouver, l'artiste fait son entrée au Temple de la renommée des Junos, équivalent canadien des Grammy's. « J'essaie de rester vivant et à l'écoute des voix qui s'adressent à moi », déclare-t-il après que son ami Moses Znaimer, fondateur de Much Music, l'a présenté au public. « Si l'on m'avait prêté autant d'attention lorsque j'avais vingt-six ans, cela m'aurait tourné la tête. À trente-six ans, cela aurait confirmé mon envol dans des sphères spirituelles plutôt morbides. À quarante-six ans, cet honneur aurait retourné le couteau dans la plaie de mon pouvoir créateur défaillant et m'aurait forcé à concocter une fuite et un alibi. Mais à cinquante-six ans, je suis en train de prendre ma vitesse de croisière et cela ne me pose plus aucun problème. »

En avril 1991, Leonard Cohen reçoit le titre d'officier de l'Ordre du Canada. Le 30 octobre 1991, jour de son investiture, on le déclare

l'un des écrivains les plus populaires et les plus influents de sa génération, dont l'œuvre a [...] permis à la littérature canadienne de devenir accessible aux lecteurs étrangers. Des images de beauté, de désespoir, d'intense indignation et de tendresse habitent aussi bien sa prose que sa poésie lyrique, dont les thèmes — amour, deuil et solitude — touchent une corde sensible universelle en chacun de nous.

Ce même mois, Cohen est l'un des invités surprises lors de l'hommage rendu à Irving Layton au Festival international des auteurs, à Toronto. Leonard ne voulant pas souffler la vedette à son ami, le secret de sa présence a été bien gardé. Lorsqu'il apparaît devant l'assistance, il déclare que « s'exposer à l'œuvre [de Layton] est une expérience revigorante. [...] Elle est le tonique, l'élixir. Je salue l'irréprochabilité douloureuse et triomphante de [sa] vie. » Layton félicite Cohen pour son sens extraordinaire du *timing.* Trois ans plus tard, il avouera que les chansons de Cohen le font toujours pleurer — pas seulement parce qu'elles le touchent mais parce qu'il sait qu'il n'écrira plus jamais rien d'aussi beau. « Cohen, ajoutera-t-il avec gravité, n'a jamais été déloyal envers son génie. »

CHAPITRE XIII

Ma vie secrète

De sa cuisine, Cohen peut voir les flammes qui s'élèvent au centre sud de Los Angeles. Les émeutes de 1992 ont pris une importance capitale dans sa vie : l'épicerie où il s'approvisionne est détruite, ainsi que les magasins d'instruments de musique et de matériel électronique où il fait ses achats. « De mon balcon, je pouvais voir cinq grands incendies. L'air était lourd de cendres [mais] comme j'écrivais sur ces choses-là depuis longtemps, rien ne me surprenait plus. » Los Angeles lui a toujours paru bizarre. Mais elle lui offre, à lui qui a été élevé dans la communauté urbaine un peu fermée de Montréal et qui a vécu quelque temps à l'écart du monde à Hydra, des ressources qu'il n'a trouvées nulle part ailleurs. Los Angeles est une ville tentaculaire désincarnée, qui aime tout ce qui est superficiel et amoral. L'air qu'on y respire est pollué, l'industrie du film y a répandu partout son charme corrupteur, Mais les hivers y sont doux. Jack Kerouac a décrit la ville comme un lieu où « ces douces étoiles californiennes… […] sont perdues dans le halo brun de l'immense campement au milieu du désert qu'est Los Angeles. » Mais la ville possède certains avantages : des musiciens et des studios. Et Roshi.

Cohen habite non loin du centre zen Cimarron. Il y poursuit — ainsi qu'au mont Baldy — sa pratique de ce qu'il appelle « un entraînement en réforme personnelle ». Il se redéfinit d'ailleurs lui-même afin de coller à ce contexte. « Il est dangereux de se prendre pour un poète. Je me considère tout simplement comme un auteur de chansons, qui vit à Los Angeles et, comme Serge Gainsbourg l'a dit de lui-même, je suis une sorte de pseudo-poète. J'aime cette définition. »

Los Angeles sert de toile de fond au texte d'un poème, « The Mist of Pornography » :

Quand tu as surgi du brouillard de la pornographie
avec ton discours sur le mariage et les orgies
et que je n'étais qu'un gamin de 57 ans essayant de gagner
                    [un peu de pognon dans la file de droite
Et que dix ans après j'ai finalement réussi à convaincre
                    [la plus belle fille de Hollywood Hills
de poser ses lèvres là où le soleil ne se pose jamais
et que l'art de la chanson était dans ma chair
et que le café refroidissait et que je ne rappelais jamais personne
et que je priais pour ceux qui appelaient et ne laissaient
                                    [pas de message
et que c'était ma vie à Los Angeles.
[…]

Dans un poème antérieur, « My Life in Art », il éprouve le même sentiment à propos du penchant de la ville pour la destruction. « Six heures cinquante. Ruiné à Los Angeles. Je devrais recommencer à fumer. Je veux mourir dans ses bras et la quitter. »

Dans une interview pour le *Los Angeles Times*, il se décrit lui-même comme un parolier engagé qui s'aventure rarement dans le tourbillon de la ville, bien qu'une observation constante du spectacle qu'elle offre lui procure un très grand malaise. Les incongruités de la ville le fascinent : le zen et le centre zen Cimarron sont à la source de sa vie spirituelle ; la musique et le disque sont à la source de sa popularité.

En raison de son instabilité politique et géologique, Los Angeles annonce en quelque sorte le prochain millénaire. La ville est la toile de fond parfaite pour *The Future*, le premier disque de Cohen depuis quatre ans. D'abord intitulé « Busted », il devait être enregistré à Montréal, mais lorsque Leonard commence à travailler à Los Angeles avec Jennifer Warnes — la voix de soutien dans « Democracy » —, il se dit qu'il faut y rester pour y réaliser le disque au complet. Il enregistre au studio Complex, au Capitol Recording Studio, à l'Ocean Way et à l'Image Recording. Les musiciens de la tournée de 1988 l'accompagnent, notamment Bobby Metzger, Steve Meador et Bobby Furgo. C'est Leanne Unger, l'ingénieur du son, qui fait le mixage.

Les strophes de « Democracy » ont été choisies parmi les quatre-vingts écrites au cours de plusieurs années. Don Henley interprétera la chanson au bal donné par MTV, à Washington, le jour de la célébration de l'investiture du président Bill Clinton en janvier 1993. « Closing Time », avec son rythme de danse villageoise, se fait une place sur les ondes. Cohen en enregistre une autre version, à l'issue d'une lutte de deux ans avec les strophes, mais il finit par arriver « à la douloureuse conclusion qu'elle [la chanson] reste à écrire ». Il fait quelques prises mais n'arrive pas à croire aux paroles. Découragé, il jette les prises et recommence le tout en mars 1992, paroles et musique.

« Anthem » trouve son inspiration dans la kabbale, et chez un rabbin du XVIe siècle, Isaac Luria. C'est la chanson la plus difficile que Cohen ait jamais écrite — il lui a d'ailleurs fallu dix ans de travail et de réflexion pour la parachever. Il l'enregistre trois fois, dans des versions différentes pour *Various Positions* et *I'm Your Man*. Il y ajoute des cordes, des voix et des *overdubs* et la considère comme terminée, mais, dit-il, « quand je l'ai écoutée, je me suis dit que quelque chose n'allait pas dans les paroles, la mélodie et le tempo. Il y avait un mensonge quelque part, et une révélation que je refusais de faire. La solennité que je voulais lui donner était absente. » Ce n'est qu'en retravaillant la chanson pour *The Future* qu'il l'a finalement « rattrapée ». Chez Cohen, l'écriture de chansons ne commence pas par une idée, mais par une image :

> Ma manière de procéder est la suivante : je découvre la chanson et découvre de quoi elle parle en l'écrivant. Chaque chanson commence avec le vieux sentiment d'urgence que l'on éprouve devant la nécessité de se délivrer, de se sauver soi-même. Cette nécessité ronge terriblement l'esprit. Ce qu'elle raconte [la chanson] n'est pas du tout évident au départ.

Le contenu du disque est marqué par une vision très sombre des événements politiques et moraux de l'histoire contemporaine. Cohen élargit ainsi ses centres d'intérêt habituels, qui tournent généralement autour de son propre désespoir. La chanson titre, « The Future », qui s'appelait « If You Could See What's Coming Next », a subi d'innombrables révisions. (Près de soixante pages dans les carnets de notes de l'auteur.)

Le disque se vend à plus de cent mille exemplaires au Canada au cours des quatre premiers mois et obtient le disque de platine, tandis que le clip de « Closing Time » — en partie réalisé et monté par Rebecca De Mornay — gagne le Juno de 1994 du meilleur vidéoclip rock. On y voit Cohen éméché dans un bastringue, le Matador de Toronto. Il chante :

> Et la foutue place devient doublement dingue,
> une fois pour le Diable, une fois pour le Christ
> mais le Boss n'aime pas qu'on perde la tête —
> on est saoul à mort dans la lumière aveuglante de la fermeture

Cohen s'emploie à faire la meilleure promotion possible au disque. Il accorde des interviews, dans lesquelles il exprime son angoisse en ce qui concerne la qualité des chansons. À la réception donnée pour le lancement, il appose son autographe sur le soulier de cuir blanc qu'on vient de lui offrir, sur lequel figurent son nom et une phrase empruntée à *Beautiful Losers* : « Magic is afoot ». Dans le clip de « The Future », il est filmé, en costume bien coupé, dans l'eau jusqu'aux genoux. « Un pessimiste est quelqu'un qui s'attend toujours à ce qu'il pleuve, dit-il, mais je suis déjà trempé jusqu'aux os. » Le 21 mars 1993, il gagne encore un Juno, cette fois pour la meilleure voix masculine. Il déclare, en recevant le prix : « Il n'y a que dans ce pays-ci qu'une voix comme la mienne peut recevoir un tel prix. »

En avril, après six semaines de répétitions dans la grande salle d'enregistrement du Complex à Los Angeles, Cohen commence la tournée de promotion de son disque. Il donne vingt-huit concerts en Europe. Contrairement à la tournée de 1988, il chante dans de grandes salles ou dans des stades, ce qui crée des problèmes de son et d'enregistrement. Les réglages sonores sont problématiques et, la plupart du temps, le public n'est pas suffisant pour remplir les immenses salles. Cohen a des douleurs au cou et aux épaules, ce qui rend pénibles voyages et spectacles. Rebecca De Mornay est à ses côtés pendant une partie de la tournée.

Suit la tournée nord-américaine. Allen Ginsberg assiste au spectacle au Paramount Theatre de New York et admire « la voix rocailleuse et réaliste » de Cohen [...] et l'élégance ironique et désinvolte avec laquelle il remercie les zélés qui crient et réclament une autre chanson.

« Ce ton amer, désabusé, et toujours surprenant du [bouddhiste] yan-kee-canadien chevronné ». À Vancouver, alors que Cohen chante le vers « let's do something crazy » tiré de « Waiting for the Miracle », une voix de femme venant du fond de la salle de l'Orpheum Theatre crie : « Ouiiiiii, Leonard. » Il s'interrompt. Une fois les rires apaisés, il reprend. La femme crie de nouveau. Après une troisième tentative, même résultat, avec un « ouiiiiii » encore plus long. Incapable de continuer, Cohen s'avance vers le public avec le micro et, regardant vers l'obscurité de la salle, laisse tomber : « Rien de tel qu'une idée dont la force ne diminue pas avec la répétition. »

En 1993, à Boston, il se classe deuxième au Top Ten, après Peter Gabriel. Le *Boston Globe* déclare : « Au Berklee Performance Center, Leonard Cohen a enveloppé son rock de chambre d'une poésie merveilleusement triste et exquise. » Mais après la tournée, le battage publicitaire et la promotion, le chanteur en a assez. Il refuse une tournée en Europe de l'Est afin de pouvoir se reposer et retourner à ses pratiques spirituelles. Son engagement le plus intense et le plus soutenu va à Roshi.

En septembre 1993, une émission d'une heure intitulée *The Gospel According to Leonard Cohen* est diffusée à la radio de la CBC, avec une longue interview enregistrée à Montréal. Le 5 octobre 1993, on annonce que Leonard Cohen a gagné le prix du Gouverneur général des arts de la scène pour sa contribution à la musique canadienne. La remise des dix mille dollars par le gouverneur général a lieu le 26 novembre à Ottawa. Le lendemain soir, un gala est donné au Centre national des arts en l'honneur des lauréats. Un des moments les plus marquants de la soirée est le dîner, que rehaussent la présence de Gilles Vigneault — lui aussi gagnant d'un prix — et celle de Pierre Elliot Trudeau, que Cohen admire depuis longtemps pour la fermeté de son leadership dans des temps difficiles. Cette année-là, l'ex-premier ministre et Cohen ont tous deux un livre sur la liste des best-sellers.

Devant ces honneurs, devant ces manifestations d'intérêt pour sa personne et pour son œuvre, Cohen éprouve un curieux sentiment de plaisir teinté de mélancolie. « Je me sens comme un soldat », déclare-t-il quelques heures avant la remise du prix. « On peut être décoré après une campagne réussie ou pour une action qui paraît héroïque et qui n'a en fait été accomplie que par sens du devoir. Quoiqu'il en soit, on ne peut permettre à ces honneurs de changer en profondeur la manière avec laquelle on se bat. Si on le fait, il y a beaucoup de chances qu'on se fasse rosser dans la bagarre suivante. Je crois que je me trouve sur la ligne de front de ma propre existence. » Lorsqu'on lui demande ce que ces honneurs signifient, il répond en riant : « Cela sous-entend qu'on est *arrivé*! » Mais il fait bon accueil à l'hommage que vient de lui faire son pays. « C'est agréable d'être reconnu. »

Stranger Music, recueil de poèmes et de chansons depuis longtemps attendu par la critique, a paru le 13 novembre 1993. Leonard a commencé à travailler sur l'ouvrage au milieu des années quatre-vingt, à la demande de Jack McClelland. Dans une vidéo de 1989 réalisée par Adrienne Clarkson pour la chaîne CBC, on voit Cohen triant des textes sur la table de sa cuisine. Il se tourne vers Clarkson et, amusé, lui dit que ce travail de sélection vise à ne conserver que « les textes qui ne le gênent pas ». Le premier titre prévu était *New Selected Poems,* le second *If the Moon Has a Sister, It's Got to Be You — Selected Poems and Songs.* Le titre final, *Stranger Music,* est un jeu de mots à deux facettes. Avec ironie, il fait d'une part référence à la nature de l'écriture et de la musique de Cohen, et d'autre part à sa compagnie de disques qui, à la fin des années soixante, a pris son nom de la chanson « The Stranger Song », tirée de son premier disque.

Le premier projet de couverture consiste en un énorme derrière pourpre au caractère primitif se découpant sur une énorme tomate rouge. L'éditeur lui préfère une photo en noir et blanc assez évocatrice d'un Cohen au regard sombre. Ce dernier est heureux d'en avoir terminé avec les affres entourant le choix des textes ; en plus des poèmes, il voulait y voir figurer ses chansons, ou au moins une bonne partie d'entre elles. En 1990, lorsqu'il a terminé le travail, il s'est « retrouvé avec trois livres, un petit, un moyen et un gros ». « J'avais fait un index ; le gros volume était prêt. C'était fini, terminé, mais soudain je me suis désintéressé du projet. J'aurais voulu une préface. Je pensais qu'il fallait ajouter un texte aux poèmes et aux chansons. Et puis je me suis laissé distraire par d'autres choses. »

Une autre raison du retard dans la parution de l'ouvrage peut être attribuée, selon lui, au fait qu'il « n'arrivait jamais à affronter toutes les choses lugubres qui se présentaient [à lui], ne voyant que la maigreur de la chose, son côté dérisoire [le projet de livre] ». Puis il a appelé Nancy Bacal à l'aide, lui avouant qu'il ne savait par où commencer. Ils ont travaillé quotidiennement pendant plusieurs mois à trier, réviser, couper et remanier les textes. Le but de Cohen, selon Bacal, était de « choisir les textes exprimant l'état d'esprit dans lequel il se trouvait plutôt que le chemin emprunté pour y arriver ». Leonard voulait éliminer les poèmes témoignant de cette quête, ou ceux qu'il appelait « les embrouillés », et conserver ceux dont le langage était simple mais raffiné. Lorsque Rebecca De Mornay intervenait, c'était souvent pour plaider la cause de ces poèmes prétendument « embrouillés ». Mais ils n'avaient pas la précision épurée des meilleurs écrits de Cohen : ils étaient trop habités par l'émotion.

De longues soirées de travail, se prolongeant parfois tard dans la nuit, des discussions et un échange de réflexions par télécopieur interposé se sont poursuivis jusqu'à ce que le manuscrit, dans lequel Leonard avait toujours voulu inclure ses chansons, soit enfin terminé. En fin de compte, ce qu'il attendait de l'ouvrage était

> un livre qui constitue une lecture agréable du début à la fin. J'ai essayé d'éliminer les chansons qui n'étaient pas des poèmes, et les poèmes qui ne ressemblaient pas à des poèmes. Comme je suis incapable d'abandonner un texte, je ne cesse de changer des mots de place. Je ne fais pas de corrections majeures, mais il y a des nuances qui varient, je supprime des expressions qui ne me conviennent plus, et des phrases que ma voix ne peut plus épouser.

Le texte final offre une suite chronologique de son œuvre poétique, de sa prose et de ses chansons. On y remarque cependant l'absence d'extraits de *The Favorite Game,* son roman le plus autobiographique, ce qui témoigne sans doute du naturel autoprotecteur de l'auteur, même à ce stade de sa carrière. Cohen a également restreint l'importance de Montréal dans sa vie et dans son œuvre, négligeant la plupart des poèmes parlant de la ville au profit de lieux étrangers. Les extraits de *Beautiful Losers* avaient d'abord été choisis dans des passages où le sexe était absent, mais l'auteur a changé d'avis en cours de route, estimant qu'il s'agissait là de l'un des éléments essentiels du roman. Le texte dont il cite le plus souvent des extraits est *Death of a Lady's Man,* qui a été remanié et restructuré, avec de nouveaux titres pour certaines parties. Cohen se dit tout à fait satisfait de cette nouvelle version. Le recueil, selon lui, a gagné en unité et en cohérence, ainsi débarrassé de ses passages trop hermétiques.

On n'y retrouve pas toutes les chansons des disques. « Dress Rehearsal Rag », de *Songs of Love and Hate,* « Heart with No Companion », de *Various Positions,* « Jazz Police », de *I'm Your Man* et « Be for Real », de *The Future* ne font pas partie du recueil. On aurait espéré y trouver quelques poèmes aussi remarquables que « Go by Brooks », « Out of the Land of Heaven » et « The Bus ». On peut également déplorer certains remaniements. La version originale de « The Escape », sans titre dans *The Energy of Slaves,* contenait le vers suivant : « Je suis heureux que nous nous soyons enfuis ensemble. » Dans *Stranger Music,* Cohen avait écrit : « Je suis heureux qu'on ait fait le mur / de ce répugnant monastère zen. » Les premières versions de trois chansons, « Suzanne », « Avalanche » et « Master Song », sont remplacées par le texte mis au point pour l'enregistrement. La partie intitulée « Uncollected Poems », qui contient onze textes écrits de 1978 à 1987 à Paris, au mont Baldy, à Hydra et à Montréal, ont été cause de conflit entre les trois responsables de production ; deux textes manquent, dont l'un parle de Robert Hershorn.

Jack McClelland, devenu l'agent de Cohen, a expliqué à Doug Gibson, nouvel éditeur de McClelland & Stewart, que l'écrivain préférait les accords non officiels. Une simple lettre d'entente a été rédigée, que Gibson a acceptée, à la condition que le livre soit « un nouveau livre essentiel de Leonard Cohen, dont l'aspect autobiographique doit être très évident, et qui contiendra une très longue introduction et un texte de présentation de ses meilleurs poèmes ». En janvier 1990, Cohen a perdu tout intérêt pour le projet, et l'accident dont son fils a été victime en septembre a retardé davantage la parution.

La question de l'introduction a été un objet de litige. Cohen voulait un texte court et Gibson un essai autobiographique. Le conflit a ralenti la production. Pendant ce temps, des chansons ont été ajoutées au recueil. Tout le monde commençait à perdre patience. En août 1991, une introduction de vingt mille mots n'a pas été retenue, même si Gibson restait convaincu que c'était l'introduction qui permettrait de vendre le livre. Il a suggéré une pièce écrite sur un ton plus familier, « une série de réflexions sur [sa] carrière, sur [sa] vie... » Cohen a refusé ; il ne voulait pas d'introduction.

* * *

Stranger Music constitue néanmoins le recueil de poèmes et de chansons de Cohen le plus complet qui puisse exister en un seul volume. L'événement est important dans la mesure où la poésie de Cohen n'a pas été réimprimée depuis longtemps. Pour la nouvelle génération, la découverte de cette œuvre littéraire est une surprise ; les lecteurs sont étonnés d'apprendre que Leonard a écrit autre chose que des chansons. Le livre resserre l'union entre le poète et le parolier, qui pour Cohen n'ont toujours fait qu'un. Pour lui, le livre est une sorte d'autobiographie poétique : « J'ai essayé d'éliminer les poèmes souffrant de ces obscurités propres aux écrits de jeunesse et marqués par ces états d'ivresse qui défont le langage ; des poèmes qui ne tenaient vraiment pas le coup. Je ne voulais que les meilleurs. Ce qui reste dans le livre sont les poèmes qui ont survécu à mon examen minutieux. De toute façon, il s'agit de poèmes choisis, non de poésie complète. »

Les critiques aiment *Stranger Music*, en dépit de quelques fausses notes. Certains attendaient un livre contenant tous les poèmes et toutes les chansons de Cohen sans exception (le seul livre qui contiendra presque toutes ses chansons, en édition bilingue, sera édité en 1993 à Milan par Massino Cotto et s'intitulera *Leonard Cohen. Canzoni da una stanza*). Au Canada, le livre se classe quatrième dans la liste des best-sellers du quotidien torontois *The Globe and Mail*. L'ouvrage est réimprimé.

Cent vingt-cinq exemplaires signés, numérotés et reliés, joliment présentés dans un coffret et contenant trois gravures de Cohen se vendent aisément malgré leur prix élevé, trois cent cinquante dollars. Le commentaire de Leonard à la sortie du livre exprime sa satisfaction : « À cinquante-huit ans, il est vraiment agréable de revoir les livres qu'on a écrits à vingt-cinq ans. Je suis ravi. J'éprouve ce sentiment que savourent ceux qui ont été méconnus et que l'on redécouvre. » Sa réputation de professionnel de la dépression, selon lui, n'est pas tout à fait justifiée. « Je ne suis vraiment pas aussi morose. Mais on est parfois coincé dans une idée toute faite, et chaque fois que les gens inscrivent votre nom sur l'écran de leur ordinateur, ils lisent "déprimé et suicidaire". Je suis probablement un des rares artistes qui se peuvent se montrer légers et plaisanter dans leurs chansons et leurs poèmes. »

Après avoir sacrifié aux activités nécessaires à la promotion de son livre, Cohen se retire sérieusement de la vie publique pour se consacrer au zen et à Roshi. Il redevient le secrétaire principal de ce dernier, ce qui sous-entend un horaire épuisant, non seulement pour l'accomplissement des activités quotidiennes au mont Baldy, mais aussi pour les visites faites avec Roshi aux centres zen Rinzai du Nouveau-Mexique, de Porto-Rico, de Vienne et du nord de l'État de New York.

En juillet 1994, Cohen se rend à New York pour la journée de tournage du vidéoclip de « Dance Me to the End of Love », une chanson de son nouveau disque, *Cohen Live*. Entre deux prises, il rend visite à sa sœur Esther et à son mari Victor, qui souffre d'une maladie dégénérative. Il décide de prolonger son séjour pour rester à leurs côtés. Victor mourra le mois suivant.

Cohen Live présente des extraits de spectacles des tournées de 1988 et de 1993 et de nouvelles versions de vieilles chansons. Pour Cohen, le disque constitue « les dernières pages d'un chapitre » qui a commencé avec *Various Positions* et s'est poursuivi avec *I'm Your Man* et *The Future*. « De vieilles chansons ont été refaçonnées, dit-il. Et il ajoute : « Quant à la voix, après 50 000 cigarettes elle est devenue plus profonde. » Les critiques sont mitigées. Le *Time* écrit : « Ce recueil de chansons mélancoliques, voire cafardeuses, ne devrait être offert qu'avec une bonne dose de Prozac. »

Après la tournée de promotion du disque, Cohen revient au zen et à l'écriture. « Mais la quiétude du monastère, avoue-t-il, n'est que rarement troublée par le bruit de mon piano électrique. » Il boit un verre de temps à autre. « Je ne bois que professionnellement, dit-il à un journaliste à la fin de l'année 1993. Je ne pratique plus la méditation, je pratique le boire. Mon maître zen a abandonné toute tentative de m'initier à la spiritualité. Mais il a remarqué mon aptitude naturelle à lever le coude. »

Cohen lit *Le Livre tibétain des morts* pour l'Office national du film, mettant sa forte personnalité au service de cette entreprise. Barrie McLean, coproducteur et réalisateur du film, lui a demandé d'adapter le texte original qui a été préparé pour la version japonaise du film, mais il a refusé et recommandé Douglas Penick, un expert en bouddhisme. Ce dernier a accepté cette tâche difficile. Le film a deux parties, la première intitulée « A Way of Life », la seconde « The Great Liberation ». Coproduit par NHK Japan, les films Mistral, de France, et l'ONF, du Canada, le film est une remarquable esquisse de la vie dans l'Himalaya et des rituels de la religion bouddhiste. On y voit des moines lire le *Bardo Thodol* (*Le Livre tibétain des morts*) aux mourants et le lire à nouveau pendant les quarante-neuf jours qui suivent la mort physique afin d'aider leur conscience à choisir le droit chemin. Roshi dit que le livre est « un conte de fées tibétain » et Leonard n'est pas loin de partager cette idée. « Je respecte le livre et je respecte la tradition, dit-il, mais ce n'est pas celle que j'étudie personnellement. Mais on trouve des vérités profondes dans les contes de fées, même si elles sont exprimées comme des paradoxes. [...] Le conseil crucial [dans l'œuvre] est de voir toutes choses qui vous arrivent comme une projection de soi-même. De ne pas s'en écarter mais de les étreindre — et ce conseil est valable pour tout. » Lorsqu'on lui demande s'il a peur de la mort, Cohen répond que ce n'est pas l'événement en lui-même qui l'inquiète, mais ses préliminaires : « L'événement en lui-même est tout à fait naturel ».

Sur le plan musical, son prestige n'a jamais été aussi grand. Il chante « Born to Lose » de Ray Charles, avec Elton John, dans *Duets*, un disque d'Elton. « Everybody Knows » fait partie de la bande sonore d'*Exotica*, un film du cinéaste canadien Atom Egoyan ; « I'm Your Man » de celle de *Caro Diario*, du réalisateur italien Nanni Moretti ; et « Waiting for the Miracle », « Anthem » et « The Future » de celle du film controversé d'Oliver Stone, *Natural Born Killers*. Johnny Cash reprend « Bird on a Wire » dans son disque *American Recordings*.

Un livre de poèmes, d'analyses et de critiques de son œuvre, intitulé *Take This Waltz*, est publié pour le soixantième anniversaire de Cohen (le 21 septembre 1994). On y retrouve les noms de Joan Baez, Judy Collins, Louis Dudek, Allen Ginsberg, Kris Kristofferson, Jack McClelland, Phil Spector et Jennifer Warnes. Sans cet hommage, ce soixantième anniversaire serait passé quasi inaperçu : Leonard passe la journée avec Roshi dans l'avion qui les conduit à Vienne. « J'étais prêt à le laisser passer, comme un tas d'autres moments insignifiants. » Mais les félicitations offertes par d'innombrables amis et admirateurs le forcent à changer d'avis. Et, quelques mois après l'anniversaire, il en comprend le sens :

Je me souviens d'une chose que Roshi m'a dite quand j'avais environ quarante-cinq ans. Nous nous apprêtions à entrer au *zanzen*.

« Ta génération est finie », m'a-t-il annoncé. Quelle nouvelle rafraîchissante ! Quand on a grandi en Amérique du Nord dans la culture underground, on s'imagine qu'on est à la fine pointe. On se croit le porte-parole des jeunes et de ceux qui suivent des chemins parallèles [...] Fais une croix dessus, Leonard, tout ça c'est du passé, regarde-toi. C'était vraiment une nouvelle rafraîchissante de savoir que c'était au tour des jeunes. [...] Donc, c'était mon soixantième anniversaire, que j'étais prêt à ignorer comme les précédents, mais il y avait quelque chose là-dedans qui était indiscutablement lié au seuil du vieil âge. Une sorte de jalon dans mon petit, mon minuscule voyage.

Aussitôt que j'ai compris cela, je me suis détendu comme je n'avais jamais pu le faire jusqu'alors. Je me suis dit, très bien, O. K., c'est pour ainsi dire la fin de la jeunesse. [...] Dans cette culture, tu peux prolonger, tu peux vraiment prolonger une vision de ta jeunesse jusqu'à l'âge de soixante ans, et puis, il y a quelque chose d'incontestable à propos de la fin de la jeunesse : tu peux te lancer dans autre chose. Tu es au seuil de quelque chose d'autre.

Un poème publié en juin 1994 fait écho à ces sentiments :

> Sur le chemin de solitude
> je suis arrivé au lieu où l'on chante
> et je m'y suis attardé
> pendant la moitié de ma vie
> Maintenant je quitte ma guitare
> mes claviers
> mes dessins et mes poèmes
> mes tapis turcs neufs
> mes quelques amis et compagnes de lit
> et je trébuche
> sur le chemin de solitude
> Je suis vieux mais sans regrets
> pas un seul
> bien que je sois seul et en colère
> et rempli de peur et de désir.

Juin 1995 voit la publication de *Dance Me to the End of Love,* un livre dans lequel les paroles de la chanson se mêlent à vingt et un dessins de Matisse. Cohen a envie de faire un disque de quatorze chansons courtes — pas plus de trois minutes chacune. Il enregistre « I Was Never Any Good at Loving You », mais finit par comprendre que son « esprit lent semble avoir besoin de huit à dix strophes pour mettre au jour l'idée contenue dans une chanson ». Le projet est mis de côté.

En août 1995 sort *Tower of Song*, un troisième disque hommage à Cohen (*Famous Blue Raincoat*, de Jennifer Warnes, date de 1986 et *I'm Your Fan*, enregistré par plusieurs groupes de musique alternative, de 1991). *Tower of Song*, qui se veut un disque populaire, contient des interprétations de quelques-uns des chanteurs les plus connus de la musique pop : Billy Joel, Tori Amos, Sting, Bono, Elton John, Peter Gabriel, Suzanne Vega, Don Henley, Jann Arden, Willie Nelson et Aaron Neville. Heureux de cette initiative, Cohen déclare : « Je suis très très content quand quelqu'un reprend une de mes chansons. Mes facultés critiques s'arrêtent immédiatement de fonctionner. [...] Tout ce qui arrive de bon à mes chansons est mérité, ajoute-t-il, parce qu'elles n'ont pas été faites avec désinvolture. » En remerciement, il envoie un coupe-papier en argent à chaque artiste.

Tom Robbins est l'auteur des réflexions que l'on trouve sur la pochette du disque. Le romancier résume ainsi la vie de Cohen : « Une plume entre les dents, une larme solitaire roulant sur sa paume, il était le jeune prince poète de Montréal, celui dont le langage était la littérature et la chanson. » Le rock est sur son déclin, « le rideau de paillettes s'est déchiré, mais Cohen reste sur un autel dans le jardin, prenant solennellement plaisir à sa toute nouvelle popularité et au respect qu'on lui porte ». Ses chansons, dit Robbins, « peuvent peler la pomme d'amour et la pêche du désir avec un couteau qui coupe jusqu'au mystère ». Et il conclut : « La voix de Cohen est « faite pour prononcer des prénoms de femme. Personne ne peut dire "nue" d'une manière aussi dénudée que Cohen. »

La sortie du disque amène une réévaluation de l'œuvre de Leonard. Son pessimisme récurrent est devenu la nouvelle réalité ; le monde ressemble à la vision qu'il en a. Un essai publié par *Time* en automne 1995, intitulé « À la recherche de l'optimisme », met en vedette Cohen et son disque *The Future*. Un des vers d'« Anthem » — « Il y a une fissure dans tout, c'est comme ça que la lumière entre » — devient le symbole d'une nouvelle philosophie permettant à beaucoup de voir un espoir ou une promesse dans un paysage où tout est mensonge (cela se passe en 1994, lorsqu'un prêtre écossais attribue sa survie dans une avalanche au fait qu'il a chanté une chanson de Leonard Cohen toute la nuit).

Cet automne-là, dans une interview faite par Angelica Huston, Cohen expose clairement la manière optimiste avec laquelle il voit l'amour, qu'il considère, en dépit de ses échecs personnels, comme un sentiment durable. Bien que nous ne sachions pas quoi en faire « quand il [l'amour] est assimilé au paysage de la panique, il est la seule possibi-lité de rédemption qui soit donnée à l'être humain. [...] Nous menons des existences très violentes, très passionnées et je crois que nous avons soif de comprendre cette condition. »

Malgré les diverses publications, malgré les disques, l'engagement de Cohen auprès de Roshi est de plus en profond. En 1993, il s'installe définitivement au monastère du mont Baldy, dans une cabane de deux pièces à peine meublée. Les seules commodités qu'il s'accorde sont un synthétiseur, une petite radio et un lit de camp. Il mange, prie et étudie avec les moines. Dans ce dénuement volontaire, la richesse de son esprit créateur s'affirme. Un schéma propre à sa jeunesse se dégage de cette manière de vivre : chaque fois que son existence est devenue trop désordonnée, Leonard Cohen s'est réfugié dans un lieu vide. Il enlevait les débris, reprenait tout à zéro, faisait table rase, essayant de retrouver le dénuement de sa vie de bohème à Montréal, dans l'île lointaine d'Hydra ou dans la forêt perdue du mont Baldy. Sur le plan spirituel, cela équivaut au changement qui a consisté à délaisser les éléments compliqués du judaïsme pour l'austère pratique du zen, et sur le plan physique, à l'abandon des costumes foncés et du look branché de Los Angeles au profit de la simple robe de moine qu'il enfile dès son arrivée au monastère (mais il porte encore les lunettes noires). Pour Leonard Cohen, survie veut dire réinvention et simplification. « Aujourd'hui, je n'ai qu'un seul besoin : tout noter. Je ne me prends plus pour un chan-teur ou un écrivain. Je ne suis plus que la voix, un journal vivant. »

Au mont Baldy, il cuisine, participe aux tâches domestiques et veille sur Roshi, tout en participant au rituel quotidien du zen. Il voyage avec son maître et l'assiste dans l'administration de ses cinq nouveaux centres, dont celui de Montréal, ouvert au cours de l'été 1995 sur le Pla-teau Mont-Royal et qui s'appelle Centre zen de la *Main*.

Sa relation avec Roshi est caractérisée par une complexité enjouée. Il a souvent affirmé que son rôle principal auprès du vieux maître a été de lui apprendre à intégrer la nourriture juive à son régime alimentaire et que celui de Roshi a été de lui apprendre à boire. Mais il redevient sérieux lorsqu'il exprime son admiration pour un homme qui a su incorporer le sensuel au spirituel. « Avec lui, a-t-il dit un jour, la piété n'est jamais coupée de la condition humaine. » Tout récemment, Roshi a décidé d'étudier le vin rouge sous la tutelle de son élève.

La vie au mont Baldy est régie par la discipline et la rigueur. Cohen se lève à trois heures du matin pour se rendre à la salle de méditation. « J'adore ça. Tout est parfait. Cela ne pourrait pas être pire. J'ai toujours été attiré par la volupté de l'austérité [mais] je travaille sur une chanson pendant que je médite. » La vie au monastère vaut la peine d'être vécue. Lorsqu'on lui demande quelle est la part de Roshi et du zen Rinzai dans son œuvre et dans son existence, Cohen répond : « Survie ».

Il explique son engagement dans la pratique du zen comme l'accomplissement de ce qui est, selon lui, sa vocation de prêtre. Il a pris la décision symbolique d'obéir au précepte de Bouddha, qui veut qu'un homme de cinquante ans renonce à ses possessions et parcoure le monde avec un simple bol. « Pour moi, c'est arrivé dix ans plus tard », dit-il.

Cohen projette d'écrire un commentaire sur le premier verset de la Genèse afin de mettre en lumière sa conviction que le monde a été créé à partir du chaos et de la désolation.

En 1994, il résume l'importance que le zen a pris dans sa vie par ce qu'il « ne fait pas » :

Il y a [dans le zen] une sorte de vide. Pas de culte, pas de prières. Pas de supplications, pas de dogme, pas de théologie. La plupart du temps, je n'arrive même pas à comprendre de quoi ils parlent. Mais [le zen] offre en quelque sorte une version de cet « endroit propre et bien éclairé » d'Hemingway. Il vous donne un endroit tranquille où vous installer pour réfléchir à tout cela.

En 1992, Roshi fête son quatre-vingt-cinquième anniversaire et ses trente ans d'enseignement du zen en Amérique. Un livre est publié à cette occasion. *The Great Celebration* contient une interview de Roshi et d'un *teisho* et un compte rendu des activités des centres zen Rinzai. Cohen et Kelley Lynch organisent la cérémonie à Los Angeles et supervisent la production du livre. L'emblème figurant sur la couverture a été dessiné par Leonard. Au cours de l'été 1995, ce dernier invitera les adeptes à participer à une journée de chants et de méditation au centre Cimarron en l'honneur des trente-trois ans d'enseignement du vieux maître japonais en Amérique.

Il faut souligner que, vers la fin des années quatre-vingt-dix, l'engagement de Cohen envers le zen a subi une évolution. Un gros recueil est à l'état de projet, qui doit contenir des carnets de notes et des poèmes inédits ainsi qu'une partie consacrée à de nouveaux poèmes et intitulée provisoirement « The Collapse of Zen ». Le titre qu'a proposé Cohen pour le volume, *The Book of Longing*, révèle qu'un changement dans sa pratique du zen pourrait se produire après la mort de Roshi. En bref, le grand âge du maître pourrait amener Leonard à modifier sa position à l'égard du zen. Il se conformerait ainsi à ce qui a toujours caractérisé sa carrière — mouvement, changement et réinvention —, adoptant des positions variées dans l'espoir de découvrir un point de vue d'où il pourra poursuivre sa quête du *kensho*, cet état qui permet de voir la véritable nature des choses.

Pendant près de trente ans, le zen et le judaïsme ont dialogué en Cohen, lui donnant ainsi les moyens de concilier les exigences de sa vie spirituelle et celles de sa carrière. Sa vie incarne une des grandes idées du zen voulant que l'harmonie avec l'univers ne puisse se réaliser que lorsque l'on permet à chaque événement de se produire librement et spontanément. Cet aspect du zen, qui veut que chaque expérience prenne contact avec l'absolu, fait partie du *koan* de *Mu*, qui enseigne que l'être est néant. Il équivaut à la genèse du hassidisme dans l'*ayin*, le zéro. La pensée chassidique met l'accent sur la connaissance de l'absolu par le biais de l'expérience religieuse directe plutôt que par celui de la théologie ou de la doctrine. Ce n'est qu'en se concentrant sur la vérité individuelle que l'on peut atteindre le bonheur spirituel. La discipline, l'intégrité, l'esprit et la générosité — tous ingrédients du zen — sont les composants essentiels du lexique de Leonard Cohen. Ils ne posent pas seulement les bases de l'action, mais celles d'une croyance que le judaïsme, le zen, la musique, l'écriture et l'étude ont réaffirmée.

Les femmes ont toujours été à la source des souffrances de Cohen :

« Les miettes d'amour que tu m'as offertes / sont les miettes que j'ai semées derrière moi », chante-t-il. Il aspire à « arriver au bout / de [son] vagabondage », mais il part quand même. Il s'est bien souvent trouvé sans défense devant la beauté et l'énergie des femmes :

Un jour je me lèverai,
J'irai à l'aéroport.
Je me lèverai et je dirai
Je t'aimais plus que tu ne m'aimais
et alors je mourrai pour longtemps
au milieu de mon organisation maussade,
et je me souviendrai du temps,
du temps où j'étais un con en costume d'été bleu
qui n'en pouvait plus.

Malgré tout ce désespoir, Cohen a mené une existence sentimentale sans entrave, presque libre de toute obligation et de toute responsabilité. Sa foi l'a soutenu, ses dépressions l'ont marqué. À la fin de l'été 1995, il se rend compte que sa vie ne l'intéresse plus. « Ma vie se confond tellement avec moi-même qu'il m'est devenu impossible d'en avoir une perspective objective. [...] Je suis incapable de voir les choses qui me sont arrivées avec objectivité. Elles sont cellulaires. » En revanche, le fait qu'il soit parvenu à se rendre maître de sa vie lui permet enfin, à soixante-deux ans, de trouver celle-ci agréable. Les choses du passé n'entravent plus ses pas. Bien qu'il n'ait pas tiré de son existence tout ce qu'il en attendait, il est aujourd'hui capable, avec l'aide de ce zen qu'il pratique depuis vingt-cinq ans, de voir avec précision ce qui lui est nécessaire pour arriver au but qu'il s'est fixé.

Sur un des murs du bureau ensoleillé de Cohen, à Los Angeles, est suspendue une amulette de la Kabbale, un *kame'a*. C'est une main ouverte. Sur la paume et à l'intérieur de chaque doigt, des caractères hébreux dorés sont entourés de textes mystiques hébreux contenus dans un grand H d'argent. Une des prières contient quarante-deux mots, dont les premières lettres forment le nom secret de Dieu en quarante-deux lettres, tandis que les six premières lettres des sept versets forment d'autres noms divins.

Cet objet sacré a-t-il repoussé la malchance ? L'image du tombeau de Catherine Tekakwitha, la sainte canadienne, accrochée un peu plus loin dans la cuisine a-t-elle écarté le désastre? Le *zendo* qui se trouvait au rez-de-chaussée a-t-il procuré à Cohen la voie de la méditation qu'il a longtemps recherchée? Il nierait sans doute le pouvoir de ces talismans et l'univers qu'ils représentent, comme il nierait qu'il est heureux. À l'instar de la plupart d'entre nous, Cohen n'est pas certain de la route à suivre pour conserver sa santé spirituelle et psychique. Mais il sait que la capacité d'aimer, d'écrire, de composer et de pratiquer le zen et le judaïsme constitue la meilleure protection contre tout ce qui engendre le désordre.

Pour Leonard Cohen, dompter l'aube aussi bien que la nuit est un triomphe.

Remerciements

J'AI RENCONTRÉ Leonard Cohen pour la première fois en mai 1993, après un concert au Royal Albert Hall de Londres. Ce fut une brève rencontre de coulisses. En dépit de son épuisement, l'artiste s'est montré fidèle à sa réputation : il a été poli et attentif. Nous avons échangé quelques mots, et après avoir rassemblé assez de courage pour lui demander un autographe, je me suis esquivé. En rentrant chez moi, je me suis soudainement rendu compte que je ne lui avais posé aucune des questions qui me tenaient depuis si longtemps à cœur.

Cette biographie, écrite après une période passionnante d'entrevues, de voyages, de lectures et de recherches, tente de répondre à quelques-unes de ces questions. Mon travail a bénéficié du soutien constant de Leonard Cohen qui, tout en acquiesçant à mes requêtes — qui tombaient, je l'avoue, parfois bien mal —, m'a non seulement encouragé à rencontrer ses nombreux amis mais ouvert la porte de ses demeures, que ce soit à Montréal, à Hydra ou à Los Angeles. Je lui en suis profondément reconnaissant. « Ne laisse pas les faits te cacher la vérité », me disait-il, avec ce don du paradoxe qu'il cultive. Et s'il lui arrivait parfois de s'exclamer : « Voilà une chose que j'ignorais ! » lorsque je lui lisais un passage du manuscrit, dans cette cabane isolée du centre zen du mont Baldy, il n'a jamais essayé de me dissuader de chercher la vérité et de la présenter sans fard.

Je rends hommage à l'extraordinaire collaboration des amis de toujours de Leonard Cohen. Leur ouverture d'esprit et leur honnêteté lorsqu'ils m'ont parlé de cet être qu'ils respectent témoignent de la place importante que ce dernier occupe dans leur vie. Ils ont éclairé certains événements, précisé des dates, révélé des noms à une personne qu'ils n'avaient jamais vue et dont le but était de leur arracher des détails sur la vie d'un homme extrêmement jaloux de son intimité. Que ce soit à la terrasse d'un bar d'Hydra, dans un bureau délabré de l'hôtel Chelsea ou dans un *deli* montréalais bien connu, mes interlocuteurs se sont toujours montrés empressés de m'aider dans ma tâche. Certes, ce livre n'aurait pu être écrit sans l'assistance de Leonard Cohen, mais la richesse de son contenu, si richesse il y a, n'aurait pu exister sans la contribution de ses nombreux amis. Ce que j'ai tenté de faire, pour ma part, est de témoigner de mon mieux de l'intégrité d'un homme dont les actions ont toujours été commandées par le cœur et qui sait que le contraire du désespoir est la joie.

Parmi ceux dont la collaboration a été si généreuse, il faut saluer Kelley Lynch, l'imprésario de Leonard, et Nancy Bacal, sa grande amie. Lors de mes nombreuses visites à Los Angeles, ces deux femmes m'ont non seulement fait part de leurs réflexions sur la carrière et la vie du poète, mais elles ont facilité mon accès à une série d'informations. En dépit des pressions que son métier lui fait subir et des innombrables interruptions qui ont jalonné notre conversation, Kelley Linch a trouvé le temps de m'expliquer certaines choses, de me faire des suggestions, de m'aider et de me conseiller. Dès notre première rencontre, Nancy Bacal s'est montrée serviable et encourageante. Elle ne m'a pas seulement offert un point de vue remarquablement éclairé sur le caractère de Leonard, elle m'a fait bénéficier de sa perspicacité et de son talent pour l'écriture. Joan Lynch et Sarah Rich, qui travaillent au bureau de Leonard, m'ont elles aussi aidé et je les en remercie.

Un hommage particulier doit être rendu à un personnage cher à Cohen : Joshu Saski Roshi, son maître zen. Être en compagnie de Roshi, que ce soit au *zendo* du mont Baldy ou dans un restaurant de Los Angeles, est une expérience inoubliable. La perception aiguë que le vieux maître a de son élève est essentielle si l'on veut comprendre un tant soit peu la vie et la pensée de Cohen. En outre, Roshi m'a clairement démontré que l'on peut se comprendre dans le silence.

Esther Cohen, la sœur de Leonard, m'a gentiment permis de jeter un coup d'œil sur la vie de la famille ; et Adam et Lorca, les enfants de Leonard, ont répondu de bonne grâce à mes questions.

Perla Batalla, une des choristes de Cohen pendant les tournées de 1988 et de 1993, a été, à Los Angeles, mon aide la plus précieuse dans la réalisation de ce livre. Elle a vécu les débuts de ce projet, dont nous avons parlé à l'issue de la toute première conférence sur Leonard Cohen tenue au Canada. Son mari, Claude, et elle-même, m'ont parlé du talent et de la présence de Cohen sur scène et de la vie en tournée. Jennifer Warnes a rogné sur une séance d'enregistrement pour bavarder avec moi et m'expliquer avec patience les défis musicaux qu'a représentés pour elle l'interprétation de certaines chansons de Cohen. Elle m'a aussi parlé de la carrière de l'artiste. Henry Lewy, producteur, m'a raconté quelques-uns des événements et incidents qui ont émaillé les enregistrements de Cohen aussi bien que ses tournées. Sean Dixon, Sheila et l'équipe d'Ocean Recording Studios m'ont également épaulé. Yafa Lerner et Steve Sanfield, en Californie, m'ont brossé l'un et l'autre un tableau unique et vibrant des débuts de Cohen dans la pratique du zen. Quant à Eric Lerner, qui vivait autrefois à Los Angeles, il m'a décrit la vie de Leonard en Californie.

Deux chanteuses se sont montrées particulièrement généreuses de leur temps : Judy Collins et Joni Mitchell. L'une et l'autre m'ont décrit ces moments cruciaux de leur carrière où elles ont travaillé avec Leonard et m'ont aidé à comprendre certains revirements dans la vie de ce dernier. Judy Collins m'a énuméré les premières étapes de la carrière de Leonard, et Joni, au cours d'un déjeuner de fin d'été sur la côte Sunshine, en Colombie-Britannique, m'a narré des moments passés avec lui à Montréal, à New York et à Los Angeles.

Des Montréalais et des Torontois ont également répondu à mon appel. Jack McClelland m'a invité dans sa merveilleuse retraite du lac Muskoka ; Beryl et Giza Schiff ont fait en sorte que je ne connaisse pas une minute de répit à Toronto ; Doug et Janet Fetherling, qui furent parmi les premiers à promouvoir la réalisation de ce livre, m'ont patiemment amené à une compréhension profonde et détaillée du passé littéraire de Cohen. David Mayerovitch m'a conté quelques anecdotes sur les camps de vacances où Leonard a été moniteur et a obtenu d'Eleanor Levine qu'elle me cède une superbe photo de la colonie Pripstein, tandis que Roz et Eddie Van Zaig se montraient intarissables sur la vie de famille des Cohen rue Belmont. Les Van Zaig m'ont permis d'inclure un cliché important dans l'album-photo du livre et je les en remercie. Danielle Tremblay, de CITY-TV, et Gérald l'Écuyer, de BRAVO TV, m'ont également aidé. David Kaufman ne m'a pas seulement confié des photos mais m'a fourni un aperçu de moments historiques depuis longtemps oubliés. Florence Pripstein a esquissé, avec un don certain pour le comique, la vie dans le camp d'été de son beau-père. Winfried Siemerling m'a fait découvrir un exemplaire publié d'une passionnante causerie de Cohen, tout en me faisant bénéficier de ses connaissances sur les écrits de ce dernier. Avie Bennett, un des responsables de McClelland & Stewart, m'a aimablement donné accès aux archives de la maison d'édition.

À Montréal, deux après-midi mémorables avec Irving Layton m'ont éclairé sur la compréhension aiguë qu'a Leonard de la poésie canadienne et sur sa contribution personnelle à son évolution. Layton m'a fait profiter de ses analyses remarquables sur le cheminement de Cohen en tant qu'écrivain. Louis Dudek fut tout aussi généreux dans ses souvenirs de l'époque où son ami fréquentait l'université McGill. Lors de notre rencontre, il m'a montré son exemplaire personnel du premier livre de Cohen. Mort Rosengarten, Hazel Field et Charles Gurd, trois des amis montréalais de l'artiste, ont répondu à mes questions sur sa jeunesse et ses années d'adolescence. Nancy Southam m'a révélé quelques moments clés de sa vie à Montréal. Les réflexions de Freda Guttman m'ont permis d'avoir une idée exacte des premiers centres d'intérêt de Cohen sur les plans littéraire et social, et Vera Frenkel m'a raconté quelques moments marquants du début de sa carrière. Edgar Cohen, qui a aujourd'hui plus de quatre-vingts ans, m'a joyeusement narré plusieurs faits qui, selon lui, ont décidé de la vocation de Leonard. Son fils Andrew y a ajouté ses propres souvenirs, tout aussi vivants, sur la vie de la famille. Quant à Joseph et Joanne Ronsley, ex-Montréalais, ils m'ont amené à mieux comprendre la vie culturelle et culinaire de la métropole. Sam Tata, photographe canadien de grand talent, m'a autorisé à utiliser de très belles photos et m'a fait un portrait tout à fait amusant du Leonard des années soixante-dix, tandis que Hugh Whitney Morrison faisait la lumière sur l'époque « Marita » et sur Marita elle-même. Michael et Rona Kenneally, de Montréal, m'ont aimablement offert l'hospitalité ; Steve Goldstein m'a fait connaître la topographie de cette ville, en particulier le Vieux-Montréal, et m'a fait admirer son impressionnante collection de disques et de cassettes de Cohen.

Bob et Joy Johnston, ainsi que Charlie Daniels, m'ont immensément aidé à comprendre les années de Cohen à Nashville. Selon eux, Leonard a façonné un style qui amalgame la musique country à la musique folk. J'ai pu, grâce à eux, saisir l'évolution constante de sa musique. Grâce aussi à John Cale, qui m'a donné autant de conseils pour mon livre que de détails sur le séjour de Leonard au Tennessee. Le poste n° 2 des pompiers de Franklin et le bureau du Williamson County Deeds m'ont aidé à trouver la ferme dans laquelle a vécu l'artiste. Que soit aussi remerciée sœur Mary Colman, du couvent des sœurs de la Miséricorde, fondé en 1886 à Nashville. À New York, Stanley Bard, de l'hôtel Chelsea, m'a parlé du passé étonnant de l'établissement aussi bien que de son présent peu ordinaire en me faisant visiter quelques étages de l'immeuble.

À Hydra, un groupe de merveilleux raconteurs, des amis de Leonard et de simples passants se sont livrés à une surenchère de détails sur la vie du chanteur dans l'île. Demetri Gassoumis s'est montré particulièrement efficace — je ne suis pas encore tout à fait remis de la promenade à dos d'âne que nous avons faite jusqu'au monastère du prophète Élie! Mais quelques après-midi idylliques au Moita, un bar ensoleillé de l'île, avec Brian Sidaway, Gunther et Lilly Bohr m'ont fait oublier cette excursion éprouvante et m'ont appris que les découvertes les plus fructueuses se font souvent loin des archives. Don Lowe, que j'ai acculé dans un bistrot de Kamini à une heure du matin, a également été une source inestimable de renseignements; la documentation qu'il m'a prêtée concernant les coutumes de l'île et les travaux en cours à Hydra m'a été fort précieuse. Pandias Scaramanga et George Lialios, deux Athéniens dont la famille est originaire d'Hydra, se sont montrés tout à fait aimables. Et à Paris, Dominique Issermann m'a gracieusement prêté de très bonnes photos de Cohen.

À Vancouver, Leonard Angel, Herbert Rosengarten, Sandra Djwa, les docteurs Mark Fisher et Sid Katz et le rabbin Mordecai Feuerstein m'ont procuré des renseignements aussi bien que des conseils médicaux et des réflexions sur la spiritualité. Robert Silverman m'a narré d'une manière cocasse des mésaventures survenues à Leonard au cours de sa jeunesse à Montréal et de ses séjours au camp de vacances

Pripstein. Stephen Scobie, qui connaît la carrière et l'œuvre de Cohen presque aussi bien que celles de Bob Dylan, n'a pas hésité à partager ses souvenirs avec moi. De très bon cœur, James McClaren m'a permis de tirer parti de tous les enregistrements réalisés lors des concerts, et Michael Pacey m'a autorisé à examiner la correspondance d'Irving Layton et de Desmond Pacey. Le journaliste Alan Twigg, le critique Peter Buitenhuis et Lewis Rosenbloom, marchand de vêtements à la retraite de Sherbrooke qui a fait des affaires avec la compagnie Freedman, m'ont aidé à leur manière. Le chanteur Tom Northcott s'est montré d'une grande générosité et d'une merveilleuse clarté dans ses explications sur le travail d'enregistrement en studio et sur les diverses interprétations possibles des chansons de Leonard. Pamela Dalziel n'a cessé de me soutenir dans mon travail et a fait preuve d'une grande indulgence devant ce qui était devenu pour moi une idée fixe.

Mes enfants, Dara et Ryna, n'ont pas seulement prouvé leur intérêt envers ce livre mais ils y ont participé chacun à leur façon. Leur engagement a été total. Un soir, ma fille — qui avait sept ans — m'a demandé avec impatience, après mon sempiternel résumé du livre : « C'est de l'information ou une histoire ? » J'ai essayé de lui expliquer que c'était les deux à la fois, sans que l'une l'emporte nécessairement sur l'autre. Mon fils a eu une approche différente. Frustré devant ma maladresse dans la composition d'un petit poème humoristique, pour lequel il m'avait demandé mon aide, il a eu un sourire ironique et m'a conseillé d'appeler Leonard ! « Il saura, lui ! » Je m'en suis abstenu et j'ai redoublé d'efforts. Ma mère, Frances Sofman Nadel, devenue une fervente adepte de Leonard Cohen, se demandait parfois si la vie de son fils n'avait pas fini par se confondre avec celle de l'objet de son étude. Isaac David Nadel, feu mon père, aurait sans nul doute pris plaisir à tous ces petits détails et aurait apprécié ma détermination de raconter la vie de Cohen avec la plus grande précision possible.

Parmi les archivistes de la carrière de Leonard Cohen, il faut citer Robert Bower, de New York, et Yvette Hakze, de Hollande. Ils m'ont fourni un nombre incalculable de renseignements, le tout assorti de chaleureux encouragements. Robert, en particulier, m'a donné accès à de nombreuses sources qui sans lui m'auraient été inaccessibles et m'a offert un exemplaire rare de *Beautiful Losers*. Son enthousiasme pour mon ouvrage ne s'est jamais démenti. Sa collaboration a été unique, sa connaissance de la carrière de Cohen étant inégalée. Par le biais de son rôle d'éditeur du journal *Intensity*, qu'elle partage avec Bea de Koning, Yvette fait en sorte de garder les membres d'un réseau mondial de fans de Leonard informés de ses dernières activités et de ses œuvres antérieures. Jusque dans les derniers mois de la rédaction de ce livre, elle m'a donné des renseignements extrêmement utiles. Jim Devlin, de Sheffield, en Angleterre, qui a tenu pendant plus de dix ans un bulletin sur Cohen et sur sa carrière, m'a fourni des détails qui m'ont permis de clarifier certains événements de la vie de ce dernier en concert. Christof Graf, en Allemagne, m'a communiqué certains éléments de ses archives et m'a prêté des photos ; qu'il en soit remercié. Fidèle à une amitié engagée un jour venteux à l'aéroport de Calgary, où il m'a décrit les charmes d'Hydra, Soheyl Dahi n'a cessé de me tenir au courant des derniers événements de la vie de Cohen. Il a été un assistant de recherches extraordinaire et généreux.

Larry Hoffmann, mon agent littéraire, s'est montré encourageant, énergique et efficace. Doug Pepper, de Random House, éditeur enthousiaste et scrupuleux, a compris qu'il était essentiel que cette biographie soit claire et complète, au risque d'en retarder la publication. Nancy Flight a été extraordinaire dans son travail de révision. J'ai admiré son égalité d'humeur. Nancy a su cacher sa perplexité devant les défaillances de ma prose et un certain désordre dans la première version de mon manuscrit. Elle m'a rappelé qu'une biographie n'a rien d'un ouvrage théorique, m'empêchant ainsi d'ennuyer le lecteur au nom du détail. Don Gillmor et Tanya Wood n'ont pas hésité à me faire bénéficier de leur talent pour la révision.

Enfin, mes remerciements au Social Science and Humanities Awards Comittee de l'université de Colombie-Britannique pour son soutien dès les débuts de ce projet ; à Patrick Dunn, David Truelove et Patrick Patterson, du service des prêts interbibliothèques de l'université de Colombie-Britannique ; à Kathleen Garay, curatrice des archives de McClelland & Stewart à l'université McMaster ; à Richard Landon, bibliothécaire en charge des livres rares au Thomas Fisher de l'université de Toronto, et à Mme Edna Hajnal, la curatrice. Bruce Whiteman, chef du département des livres rares de la bibliothèque MacLennan de l'université McGill, et lui-même auteur d'une bibliographie de Leonard Cohen, m'a également été d'une aide inestimable.

Bibliographie

Poésie

Let Us Compare Mythologies, Contact Press, Toronto, 1956.

The Spice-Box of Earth, McClelland & Stewart, Toronto, 1961.

Flowers for Hitler, McClelland & Stewart, Toronto, 1964.

Parasites of Heaven, McClelland & Stewart, Toronto, 1966.

Selected Poems, 1956-1968, McClelland & Stewart, Toronto, 1968.

Energy of Slaves, McClelland & Stewart, Toronto, 1972.

Death of a Lady's Man, McClelland & Stewart, Toronto, 1978.

Book of Mercy, McClelland & Stewart, Toronto, 1984.

Stranger Music. Selected Poems and Songs, McClelland & Stewart, 1993.

Dance Me to the End of Love, New York, Welcome Books, 1995.

Romans

The Favorite Game, Viking Press, New York, 1963 ; McClelland & Stewart, Toronto, 1970.

Beautiful Losers, McClelland & Stewart, 1966.

Discographie

Songs of Leonard Cohen, Columbia CL 2733, 1968.

Songs from a Room, Columbia CS 9767, 1969.

Songs of Love and Hate, Columbia C 30103, 1971.

Live Songs, Columbia KC 31724, 1973.

New Skin for the Old Ceremony, Columbia KC 33167, 1974.

The Best of Leonard Cohen, Columbia ES 90334, 1975.

Death of a Ladies' Man, Columbia 90436, 1977.

Recent Songs, Columbia, KC 36364, 1979.

Various Positions, Passport, PCC 90728, 1984.

I'm Your Man, Columbia, FC 44191, 1988.

The Future, Columbia-SONY, CK 53226, 1992.

Cohen Live, Columbia-SONY, CK 80188, 1994.

Disques hommages

I'm Your Fan, Warner Music, 17 55984, 1991. Contributions by Ian McCulloch, John Cale, Nick Cave, REM and others.

Jennifer Warnes, *Famous Blue Raincoat,* Cypress Records, 1986.

« *Tower of Song* », *The Songs of Leonard Cohen,* A & M Records 31454 0259 2, 1995. Contributions by Sting, Elton John, Peter Gabriel, Bono, Aaron Neville, Billy Joel, the Chieftans, Jann Arden, Willie Nelson and Suzanne Vega.

Sources

Introduction

ENTREVUES AVEC L'AUTEUR : Leonard Cohen 10/05/94, 14/11/94 et 20/4/95.

ARTICLES : Angelica Huston, « Leonard Cohen », *Interview* (novembre 1995). Steve Lake : « *The Grocer of Despair* » *Münchner Stadt Zeitung* 14 (1987). Richard Guilliatt, « *At Times His Life Has been Dark* », *Sunday Times* (12 décembre 1993). Leon Wieseltier, « *The Prince of Bummers* », *New Yorker* (26 juillet 1993). Nancy Southam, « *A Flash of Genius* », *Toronto Star* (20 août 1988). Elysa Gardner, « Leonard Cohen », *Rolling Stone* (5 août 1993). « *Love me, Love my Gun Barrel* », *New Musical Express* (23 février 1980). *The Gateway* (University of Alberta) (2 décembre 1966).

ARCHIVES : Interview de Leonard Cohen par Vince Scelsa, « *Idiot's Delight* », WXRK-FM (NYC) 13/06/93. Interview de LC par Peter Gzowski, CBC Radio 18/11/92.

LIVRES : *Beauty at Close Quarters. Beautiful Losers.* Joshu Sasaki Roshi, Steve Sanfield « *The Inner Passage* », *Zen and Hasidism*, dir. Harold Heifetz (Wheaton, Ill. : Theosophical Publishing House, 1978).

ALBUMS : « *Field Commander Cohen* », *New Skin for the Old Ceremony*.

Chapitre 1

ENTREVUES AVEC L'AUTEUR : Esther Cohen 23/10/94. Roz Van Zaig (née Ostrow) 19/07/94. Leonard Cohen 29/12/94. Freda Guttman 11/08/94. Nancy Bacal 18/02/94.

ARTICLES : *People* 13 (14 janvier 1980). Michael Benazon, « Leonard Cohen of Montreal », *Matrix* (automne 1986). Christian Fevret, « Comme un guerrier », *Throat Culture* n° 3 (1992), (l'article a fait l'objet d'une première parution dans *Les Inrockuptibles*). Mark Rowland, « Leonard Cohen's Nervous Breakthrough », *Musician Magazine* (juillet 1988). Entrevue dans le *Toronto Star* (18 octobre 1986). Michael Harris, « Leonard Cohen : The Poet as Hero : 2 », *Saturday Night* (juin 1969). Susan Lumsden, « Leonard Cohen Wants the Unconditional leadership of the World », *Weekend Magazine* (12 septembre 1970).

ARCHIVES : Interview de LC par Vince Scelsa, « *Idiot's Delight* » WXRK-FM (NYC) 13/06/93. *Westmount High school Yearbook* (1951). Radio de la BBC 08/07/94. National Public Radio 01/05/1985.

LIVRES : *The Favorite Game. Beauty at Close Quarters. Beautiful Losers.* L. S. Dorman et C. L. Rawlins, *Leonard Cohen, Prophet of the Heart* (London, Omnibus, 1990). *People's Songbook* (1948 ; NY : People's Artists, 1956).

ALBUMS : *Best of Leonard Cohen.*

Chapitre 2

ENTREVUES AVEC L'AUTEUR : Nancy Bacal 18/02/94. Leonard Cohen 24/10/95.

ARTICLES : Michael Harris, « Leonard Cohen : The Poet as Hero : 2 », *Saturday Night* (juin 1969). Louis Dudek, « Black Mountain Contact, *CIV/n* Tish, A Memoir », *Sagetrieb* 7 (printemps 1988). Michael Benazon, « Leonard Cohen of Montreal », *Matrix* (automne 1986). Northrop Frye, « Letters in Canada : 1951 », *University of Toronto Quarterly* 21 (1952). Don Owen, « Leonard Cohen : The Poet as a Hero : 3 », *Saturday Night* (juin 1969). Paul Williams, « The Romantic in a Ragpiper's Trade », *Crawdaddy* (mars 1975). Michael Freeman, « Leonard Cohen », *Venue* (hiver 1994).

ARCHIVES : Archives personnelles de Leonard Cohen (dont le « carnet noir » de 1967 et le « journal du Lubéron »). Fonds Leonard Cohen, Thomas Fisher Rare Book Library, Université de Toronto. *McGill Yearbook* (1955). Lettre de Louis Dudek à l'auteur 20/7/93. McGill Convocation 16/06/92. « Newsletter », *Leonard Cohen Information Service* I (16 décembre 1984).

LIVRES : *Flowers for Hitler. Let Us Compare Mythologies. Parasites of Heaven.* « Louis Dudek » dans *Contemporary Authors Autobiography Series* 14 (Février 1956). *CIV/n, A Literary magazine of the 50's,* sous la dir. de Aileen Collins (Montréal, Vehicule Press, 1983). L. S. Dorman et C. L. Rawlins, *Leonard Cohen, Prophet of the Heart* (London Omnibus, 1990). Elspeth Cameron, *Irving Layton* (Toronto, Stoddart, 1985). Louis Dudek, *Dk/Some Letters to Ezra Pound* (Montréal, DC Books, 1974). Phyllis Webb, « Tibetan Desire », *Take this Waltz, A Celebration of Leonard Cohen,* sous la dir. de Michael Fournier et Ken Norris (Sainte-Anne-de-Bellevue, The Muses' company, 1994). Sandra Djwa, *The Politics of Imagination, A Life of F. R. Scott* (Toronto, McClelland & Stewart, 1987). Irving Layton, *The Tightrope Dancer* (Toronto, McClelland & Stewart, 1978).

Chapitre 3

ENTREVUES AVEC L'AUTEUR : Leonard Cohen 12/05/94. Vera Frenkel 02/03/95. Esther Cohen 23/10/94.

ARTICLES : John Walsh, « Research, you understand... Leonard Cohen », *Mojo* (septembre 1994). Morley Callaghan, « Holiday Weekend in Montreal », *Maclean's* (30 août 1958). Louis Dudek, « Pattern of Recent Canadian Poetry », *Culture* 19 (décembre 1958). Michael Benazon, « Leonard Cohen of Montreal », *Matrix* (automne 1986). Christian Fevret, « Comme un guerrier », *Throat Culture* n° 3 (1992), (l'article a fait l'objet d'une première parution dans *Les Inrockuptibles*).

ARCHIVES : Interview de Leonard Cohen par Vince Scelsa, « *Idiot's Delight* » WXRK-FM (NYC) 13/06/93. *The Phoenix,* n° 1. Fonds Leonard Cohen, Thomas Fisher Rare Book Library, Université de Toronto (carnets de 1956 et de 1961, lettres d'Esther Cohen à LC et de LC à Ann Sherman et au Conseil des Arts, correspondance de LC avec Jack

McClelland et Claire Pratt, manuscrits de *Ballet of Lepers* et de *Tower of Song).* Correspondance entre Irving Layton et Desmond Pacey. Enregistrement de LC sur bande magnétique du 8 avril 1957.

LIVRES : *The Spice-Box of Earth. The Favourite Game.* Jack Kerouac, *The Portable Kerouac,* sous la dir. de Ann Charters (NY, Viking, 1995). Winfried Siemerling, « Interview », « Loneliness and History » *Take this Waltz, A Celebration of Leonard Cohen,* sous la dir. de Michael Fournier et Ken Norris (Sainte-Anne-de-Bellevue, The Muses' company, 1994). Elspeth Cameron, *Irving Layton* (Toronto, Stoddart, 1985). Al Purdy, *Reaching for the Beaufort Sea* (Madeira Park, Harbour Publishing, 1993). Louis Dudek, Irving Layton, Raymond Souster, *Cerberus* (Toronto, Contact Press, 1952).

Chapitre 4

ENTREVUES AVEC L'AUTEUR : Leonard Cohen 10/05/94 et 11/05/94 et 24/10/95. Charles Gurd 12/07/94. Nancy Bacal 29/12/94.

ARTICLES : Christian Fevret, « Comme un guerrier », *Throat Culture* n° 3 (1992), (l'article a fait l'objet d'une première parution dans *Les Inrockuptibles*). Michael Ballantyne, « Poet-Novelist Reflects on the Quebec Scene », *Montreal Star* (26 octobre 1963).

ARCHIVES : Fonds Leonard Cohen, Thomas Fisher Rare Book Library, Université de Toronto (correpondance avec Jack McClelland et Claire Pratt ; pari entre LC et George Johnston, 16 octobre 1961 ; journal de mai 1966 ; lettres de LC à Irving Layton, à Masha et à Esther Cohen, à Daniel Kraslavski ; lettre « À mes chers amis », 15 décembre 1960 ; lettres de LC à Maryann Greene, à Jake et Stella Pullman, à Desmond Pacey.) Correspondance entre Irving Layton et Desmond Pacey. Lettre de George Lailios à l'auteur. BBC 08/07/94.

LIVRES : *Beauty at Close Quarters. Stranger Music* (« Fragment of a Journal »). Charmian Clift, *Peal Me a Lotus* (London, Hutchison, 1959). Garry Kinnane, George Johnston, *A Biography* (Melbourne, Thomas Nelson, 1986).

Chapitre 5

ENTREVUES AVEC L'AUTEUR : Leonard Cohen 11/05/94

ARTICLES : Thomas Chaffin, « Conversations from a Room », *Canadian Forum* (août-septembre 1983). Robert Weaver, « Leonard Cohen's *Spice-Box of Earth* Presents Somber Vision », *Toronto Daily Star* (10 juin 1961). David Bromige, « The Lean and the Luscious », *Canadian Literature* 10 (automne 1961). Christian Fevret, « Comme un guerrier », *Throat Culture* n° 3 (1992), (l'article a fait l'objet d'une première parution dans *Les Inrockuptibles*).

ARCHIVES : Fonds Leonard Cohen, Thomas Fisher Rare Book Library, Université de Toronto (lettres de LC à Anne Hébert ?, à Victor Cohen, à Cork Smith, à Lonie ?, au Conseil des arts, à Shar Hashomayim Hadassah, à Esther Cohen, à Madeleine ?, à Irving Layton, à John B. Oakes, à Stephen Vizicenzy, à Yafa Lerner, à Peter Dwyer, au rabbin Samuel Cass, correspondance avec Claire Pratt et Jack McClelland, journal de La Havane, *Tower of Song*). Correspondance entre Irving Layton et Desmond Pacey. Archives personnelles de Leonard Cohen (lettres à Daniel Kraslavsky, à Madeleine ?, à Marianne Ihlen, à Masha Cohen, à Irving Layton, à Esther Cohen).

LIVRES : *The Spice-Box of Earth. Flowers for Hitler. Parasites of Heaven. The Favorite Game.* Desmond Pacey, *Creative Writing in Canada* (1952 ; nouvelle édition, Toronto, Ryerson, 1961).

FILM : *Ladies and Gentlemen… Mr. Leonard Cohen* (ONF).

Chapitre 6

ARTICLES : Leonard Cohen, « Luggage Fire Sale », *Partisan Review* 36 (hiver 1969). Barbara Amiel, « Leonard Cohen says that to all the girls », *McLean's* (18 septembre 1978). « Poet-Novelist says Judaism Betrayed », *Canadian Jewish Chronicle* (10 janvier 1964). Christian Fevret, « Comme un guerrier », *Throat Culture* n° 3 (1992), (l'article a fait l'objet d'une première parution dans *Les Inrockuptibles*). *Time* 84 (6 novembre 1964). *Montreal Star* (13 juillet 1963). Miriam Waddington, « Bankrupt Ideas and Chaotic Style », *Globe Magazine* (30 avril 1966). bill bisset, «!!! », *Alphabet* 13 (juin 1967). S. Lumsden, *Weekend Magazine* (12 septembre 1970). Robert Fulford, « Leonard Cohen, the TV Star », *Toronto Star* (28 juillet 1966).

ARCHIVES : Fonds Leonard Cohen, Thomas Fisher Rare Book

Library, Université de Toronto (lettres de LC à Masha Cohen, à Esther
Cohen, à Madeleine?, à Roland Grant, à Renée Rothman, à George
Dickerson, à Irving Layton, à la CBC, à Earle Birney, à Ann Caffin, à
Marian McNamara, à Phyllis Webb, correspondance avec Jack McClelland, lettre à George Johnston?, lettre de Leslie Fielder à LC, télégramme anonyme à LC). Archives personnelles de Leonard Cohen
(lettres à Robert Weaver, à Cork Smith, à Sheila Watson, reportage
inédit). Archives McClelland & Stewart, Université McMaster (lettres
de Jack McClelland à LC, lettres anonymes à LC, lettres de Claire Pratt
à LC, lettre de Jack McClelland à George Renison). Archives de la
Columbia University (lettre de LC à Marian McNamara). « The John
Hammond Years, Pt. 12 », radio de la CBC (octobre 1986).

LIVRES : *Flowers for Hitler. Death of a Lady's Man. The Energy of
Slaves. Beautiful Losers. Parasites of Heaven.* Sous la dir. de John Glassco,
English Poetry in Quebec (Montréal, McGill University Press, 1965).
Wienfried Siemerling, « A Political Constituency that Really Exists »,
dans *Take this Waltz, A Celebration of Leonard Cohen,* sous la dir. de
Michael Fournier et Ken Norris (Sainte-Anne-de-Bellevue, The Muses'
company, 1994).

ALBUMS : *Songs of Leonard Cohen.*

Chapitre 7

ENTREVUES AVEC L'AUTEUR : Sid Katz 24/12/95. Leonard Cohen
11/05/94 et 14/11/94. Vera Frenkel 02/03/95. Yafa Lerner 17/12/94. Joni
Mitchell 26/08/94.

ARTICLES : William Ruhlman, « The Stranger Music of Leonard
Cohen », *Goldmine* 19 (19 février 1993). Paul Williams, « The Romantic in a Ragpiper's Trade », *Crawdaddy* (mars 1975). John Walsh,
« Research, you understand... Leonard Cohen », *Mojo* (septembre
1994). Christian Fevret, « Comme un guerrier », *Throat Culture* n° 3
(1992), (l'article a fait l'objet d'une première parution dans *Les Inrockuptibles*). Gaby Goliger, « Leonard Cohen », *Echo* I (16 septembre
1966). Jack Hafferdamp, « Ladies and Gents, Leonard Cohen », *Rolling
Stone,* 1972. Mark Rowland, « Leonard Cohen's Nervous Breakthrough », *Musician Magazine* (juillet 1988). « Cohen Overwhelms Lis-
teners with Prose, Poetry and Song », *Introspectrum,* Buffalo State Uni-

versity (11 avril 1967). Buffy Sainte-Marie, « Leonard Cohen, His Songs », *Sing Out,* 17 (1967). William Kloman, « I've Been on the Out-Law Scene Since 15 », *New York Times* (28 janvier 1968). Donald Henahan, « Alienated Young Man Creates Some Sad Music », *New York Times* (28 janvier 1968). *Maclean's* (février 1968). Richard Goldstein, « Beautiful Creep », *Village Voice* (27 décembre 1967). Alastair Pirrie, « Cohen Regrets », *New Musical Express* (10 mars 1973).

ARCHIVES : Enregistrement du concert de LC à Amsterdam, 30 octobre 1980. LC à Oslo, Norvège, 1988. Archives personnelles de Leonard Cohen (journal de mars 1967). Fonds Leonard Cohen, Thomas Fisher Rare Book Library, Université de Toronto. Interview de LC par Vince Scelsa, « *Idiot's Delight* » WXRK-FM (NYC) 13/06/93. « The John Hammond Years, Pt. 12 », radio de la CBC (octobre 1986).

LIVRES : Sandra Djwa, *The Politics of Imagination, A Life of F. R. Scott* (Toronto, McClelland & Stewart, 1987). D. Thompson, *Beyond the Velvet Underground* (Londres, Omnibus, 1989) (pour les citations de Paul Morissey et Richard Goldstein). Adrienne Clarkson, « Leonard Cohen, a Monster of Love », dans *Take this Waltz, A Celebration of Leonard Cohen,* sous la dir. de Michael Fournier et Ken Norris (Sainte-Anne-de-Bellevue, The Muses' company, 1994). Scott Cohen, « Leonard Cohen », *Yakety Yak* (NY, Simon and Schuster, 1994).

ALBUMS : *Songs of Leonard Cohen. Best of Leonard Cohen. Songs of Love and Hate. Flowers for Hitler.*

Chapitre 8

ENTREVUES AVEC L'AUTEUR : Leonard Cohen 11/05/94, 29/12/94 et 17/02/94. Bob Johnston 29/10/94. Charlie Daniels 03/11/94. Jack McClelland 23/07/94. Hugh Withney Morrison (ex-mari de Marita La Fleche) 14/11/94.

ARTICLES : Barbara Amiel, « Leonard Cohen says that to all the girls », *McLean's* (18 septembre 1978). People 13 (14 janvier 1980). Christian Fevret, « Comme un guerrier », *Throat Culture* n° 3 (1992), (l'article a fait l'objet d'une première parution dans *Les Inrockuptibles*). William Ruhlman, « The Stranger Music of Leonard Cohen », *Goldmine* 19 (19 février 1993). Paul Zollo, « Leonard Cohen Inside the

Tower of Song », *Song Talk* 3:2 (1993). Paul Williams, « The Romantic in a Ragpiper's Trade », *Crawdaddy* (mars 1975). Vincent Canby « McCabe and Mrs Miller », *New York Times* (25 juin 1971). John Simon, « An Appalling Plague has been Loosed on Our Films », *New York Times* (19 septembre 1971). *Time* (25 janvier 1993). *Vancouver Province* (7 mai 1969). « Quebec Writers Take Lion's Share », *Montreal Star* (22 avril 1969). Alan Twigg, « The Gospel According to Leonard Cohen », *Georgia Straight* 12 (10-17 novembre 1978). Sheldon Tietlbaum, « Leonard Cohen, Pain Free », *Los Angeles Times Magazine* (5 avril 1992). *New York Times* (29 septembre 1968). K. Murphy et G. Gross, « Leonard Cohen », *New York Times* (13 avril 1969). H. Kubernik et J. Pierce, « Cohen's New Skin », *Melody Maker* (1er mars 1975). « Leonard Cohen, the Poet as a Hero », *Saturday Night* (juin 1969). Tony Palmer, « A Modern Troubadour », *Observer* (7 juin 1970). Michael Jahn, « Cohen and Army sing in Forest Hills », *New York Times* (27 juillet 1970). Jack Batten, « Cohen, the Genuine Article », *Globe and Mail* (5 décembre 1970). Susan Lumsden, « Leonard Cohen Wants the Unconditional Leadership of the World », *Weekend Magazine* (12 septembre 1970).

ARCHIVES : Lettre de George Lialios à l'auteur 12/09/94. Archives personnelles de Leonard Cohen (carnet de Nashville 1969, journal de 1969, journal d'Antigua, août 1973). Presse canadienne, 13 mai 1970.

LIVRES : *Death of a Lady's Man. Selected Poems. The Energy of Slaves. The Final Revision of my Life in Art. Take this Waltz, A Celebration of Leonard Cohen*, sous la dir. de Michael Fournier et Ken Norris (Sainte-Anne-de-Bellevue, The Muses' company, 1994). L. S. Dorman et C. L. Rawlins, *Leonard Cohen, Prophet of the Heart* (London Omnibus, 1990). Steve Sanfield, « The Inner Passage », *Zen and Hasidism*, sous la dir. de Harold Heifetz (Wheaton Ill., The Theosophical Publishing House, 1978).

ALBUMS : *Best of Leonard Cohen. Songs from a Room.*

Chapitre 9

ENTREVUES AVEC L'AUTEUR : Bob Johnston 29/10/94. Leonard Cohen 12/05/94 et 24/10/95. Jennifer Warnes 13/05/94.

Articles : William Ruhlman, « The Stranger Music of Leonard Cohen », *Goldmine* 19 (19 février 1993). H. Kubernik, « Cohen Through the Years », *Melody Maker* (6 mars 1975). Alastair Pirrie, « Cohen Regrets », *New Musical Express* (10 mars 1973). H. Kubernik et J. Pierce, « Cohen's New Skin », *Melody Maker* (1er mars 1975). Paul Saltzman, « Famous Last Words from Leonard Cohen », *Maclean's* 85 (juin 1972). Paul King, « Love, Zen and the Search for Self », *Vancouver Sun* (28 septembre et 20 octobre 1973 et 30 juin 1983). Roy Hollingworth, « Leonard Cohen », *Melody Maker* (1er avril 1972). Roy MacSkimming, « New Leonard Cohen Opens up his Thoughts », *Toronto Star* (22 janvier 1975). Alan Twigg, « The Gospel According to Leonard Cohen », *Georgia Straight* 12 (10-17 novembre 1978). *Toronto Star* (15 février 1973 et 30 juin 1973). *Hamilton Spectator* (5 juin 1973).

Archives : Archives personnelles de Leonard Cohen (pour l'annotation de Layton dans un exemplaire de *The Energy of Slaves* et textes autobiographiques). Archives McClelland & Stewart, McMaster University (pour une version alternative de *The Final Revision of my Life in Art*).

Livres : Burr Snider, « Leonard Cohen, Zooey Glass in Europe », dans *Leonard Cohen, the Artist and his Critics,* sous la dir. de Michael Gnarowski (Toronto, McGraw-Hill Ryerson, 1976).

Livres : *The Final Revision of my Life in Art. The Energy of Slaves. Death of a Lady's Man.* L. S. Dorman et C. L. Rawlins, *Leonard Cohen, Prophet of the Heart* (London Omnibus, 1990). Leonard Cohen, « Robert Appears Again », dans *Writing Away, The PEN Canada Travel Anthology,* sous la dir. de Constance Rooke (Toronto, McClelland & Stewart, 1994)

Albums : *Best of Leonard Cohen. Songs of Love and Hate. Recent Songs. Live Songs. New Skin for the Old Ceremony.*

Chapitre 10

Entrevues avec l'auteur : Leonard Cohen 11/05/94 et 21/04/95. Joni Mitchell 26/08/94.

Articles : Christian Fevret, « Comme un guerrier », *Throat Culture* nº 3 (1992), (l'article a fait l'objet d'une première parution dans *Les Inrockuptibles*). *People* 13 (14 janvier 1980). H. Kubernik, « Cohen

Through the Years », *Melody Maker* (6 mars 1975). Pike, *Zig Zag*. Danny Fields, « Leonard Cohen Looks at Himself », *Soho News* 1 (5 décembre 1974). H. Kubernik et J. Pierce, « Cohen, A True Craftsman », *Melody Maker* (28 décembre 1974). John Rockwell, « Leonard Cohen Gives his Songs », *New York Times* (9 février 1975). Andrew Weiner, « Poet on the Rack », *New Musical Express* (5 avril 1975). Rob Mackie, « Romance at the Broncoburger », *Street Life* (12-25 juin 1976). Michael Benazon, « Leonard Cohen of Montreal », *Matrix* (automne 1986). *Songtalk* 3:2. William Ruhlman, « The Stranger Music of Leonard Cohen », *Goldmine* 19 (19 février 1993). Kubernic, « The greatest ones never just sit it out once », *Melody Maker* (26 novembre 1977). Alan Twigg, « The Gospel According to Leonard Cohen », *Georgia Straight* 12 (10-17 novembre 1978). Hugh Seidma, « Unful'phil'ed : Cohen & Spector's Looney Tunes », *Crawdaddy* (février 1978). *Rolling Stone* (9 février 1978). *Toronto Star* (19 novembre 1977). Roy Carr, « Doyen of Doom meets Teen Tycoon… », *Melody Maker* (novembre 1977). Ken Waxman, « Rebirth of a Ladies' Man », *Saturday Night* (March 1978). Stephen Williams, « The Confessions of Leonard Cohen », *Toronto Life* (février 1978).

ARCHIVES : Archives personnelles de Leonard Cohen.

LIVRES : *Death of a Ladies' Man. Beautiful Losers. The Final Revision of my Life in Art. Parasites of Heaven.* Joshu Sasaki Roshi, *Buddha is the Center of Gravity* (San Cristobal, New Mexico, Lama Foundation, 1974).

ALBUMS : *Various Positions. Recent Songs. Best of Leonard Cohen. New Skin for the Old Ceremony.*

Chapitre 11

ENTREVUES AVEC L'AUTEUR : Steve Sanfield 03/10/94. Leonard Cohen 10/05/94. Nancy Bacal 29/12/94. LC 11/05/94 et 14/11/94.

ARTICLES : Sandra Martin, « Don't be impatient : Leonard Cohen will let you see his new poems. Eventually. », *Saturday Night* (novembre 1977). Sam Ajzenstat, « The ploy's the thing », *Books in Canada* (octobre 1978). William Ruhlman, « The Stranger Music of Leonard Cohen », *Goldmine* 19 (19 février 1993). Stephen Williams, « The Confessions of Leonard Cohen », *Toronto Life* (février 1978). Paul

Williams, « The Romantic in a Ragpiper's Trade », *Crawdaddy* (mars 1975). Jeani Read, « Leonard Cohen : A Much Bigger Man than He Appears », *Vancouver Province* (27 octobre 1978). Janet Maslin, New York Times (18 novembre 1978). Stephen Godfrey, « A New Artistic Twist for Pied Piper Poet », *Globe and Mail* (1er mars 1980). Joshu Sasaki Roshi, « The Nature of Zero », *Zero* III. Stephen Holden, « Leonard Cohen Brings Back His Blues », *New York Times* (3 mai 1985). *Variety* (22 mai 1985). Kate Daller, « I Am A Hotel », *Starweek* (5-12 mai 1984). *Hollywood Reporter* (25 octobre 1993). Mirolla, *Montreal Gazette* (12 mai 1984). Christian Fevret, « Comme un guerrier », *Throat Culture* n° 3 (1992), (l'article a fait l'objet d'une première parution dans *Les Inrockuptibles*). *Quill and Quire* (mai 1984). *Songtalk* 3:2. Richard Guillat, « Leonard Cohen », *The Magazine, Sunday Times* (12 décembre 1993). Liam Lacey, « Leonard in Winter », *Globe and Mail* (27 novembre 1993). Ashley Collie, « Leonard Cohen, Old Skin for the New Ceremony », *Canadian Musician* VII (août 1985). Jeffrey Ressner, « Leonard Cohen », *Hollywood Reporter* (14 juin 1985).

ARCHIVES : Archives McClelland & Stewart, McMaster University (correspondance entre Anna Porter, Jack McClelland, Lily Miller et Leonard Cohen). Harry Rasky, « The Songs of Leonard Cohen », CBC-TV, 1980. Archives personnelles de Leonard Cohen (enregistrement sur bande magnétique 1980). National Public Radio (1er mai 1985). Pete Fortenel, « Mixed Bag », WNEW (NY), 5 mai 1985.

LIVRES : *Book of Mercy*. L. S. Dorman et C. L. Rawlins, *Leonard Cohen, Prophet of the Heart* (London, Omnibus, 1990). Joshu Sasasi Roshi, « Questions and Answers », *The Great Celebration* (Los Angeles, Rinzai-ji, Inc. 1992). Joshu Sasaki Roshi, Steve Sanfield « *The Inner Passage* », *Zen and Hasidism*, dir. Harold Heifetz (Wheaton, Ill. : Theosophical Publishing House, 1978). Christof Graf, « Cohen in Nazi-Land », dans *Take this Waltz, A Celebration of Leonard Cohen*, sous la dir. de Michael Fournier et Ken Norris (Sainte-Anne-de-Bellevue, The Muses' company, 1994). Alan Twigg, « Leonard Cohen », *Strong Voices : Conversations with Fifty Canadian Writers* (Madeira Park, Harbour Publishing, 1988). *Mahzor for Rosh Hashanah and Yom Kippur* (New York, Rabbinical Assembly, 1972).

ALBUMS : *Recent Songs. Various Positions*.

Chapitre 12

ENTREVUES AVEC L'AUTEUR : Jennifer Warnes 13/05/94. Leonard Cohen 11/05/94 et 14/05/94. Perla Batalla 11/05/94. Sean Dixon 11/05/94. Irving Layton 25/07/94.

ARTICLES : Steve Lakes, « The Grocer of Despair, Leonard Cohen », *Münchner Stadt Zeitung* 14 (1987). Paul Zollo, « Of Sunlight and Earthquakes, Jennifer Warnes », *Songtalk* 3:1 (1992). *Songtalk* 3:2. Greff Quill, « Cohen Finds the Humor in Being Taken Seriously », *Toronto Star* (4 mai 1988). Howell Llewellyn, « Cohen Goes Surreal in Spain », *Toronto Star* (18 octobre 1986). L. S. Dorman et C. L. Rawlins, *Leonard Cohen, Prophet of the Heart* (London Omnibus, 1990). Mark Rowland, « Leonard Cohen's Nervous Breakthrough », *Musician Magazine* (juillet 1988). Juan Rodriguez, « The Odd Couple, Leonard Cohen and Michel Pagliaro », *Montreal Magazine* (mars 1990). Brian Cullman, « Sincerely, L. Cohen », *Details* (janvier 1993). Liam Lacey, « Leonard in Winter », *Globe and Mail* (27 novembre 1993). *Vancouver Province* (16 octobre 1988). Lorna Knight, « Let Us Compare Mythologies, Half a Century of Canadian Poetry in English » (Ottawa, National Library of Canada, 1989). David Browne, « 7 Reasons Leonard Cohen is the Next-Best Thing to God », *Entertainment Weekly* (8 janvier 1993). « Knowing Rebecca De Mornay like only Leonard Cohen can », *Interview* (juin 1993). *RTE Weekly* (20-26 août 1993). Ian Pearson, « Growing Old Disgracefully », *Saturday Night* (mars 1993). *Globe and Mail* (25 octobre 1991).

ARCHIVES : « The Songs of Leonard Cohen », *Omnibus*, télévision de la BBC, 1988. Archives personnelles de Leonard Cohen (allocution à la CBS Records Crystal Globes Ceremony). Radio norvégienne, 13 février 1988. Ordre du Canada, Bureau du Gouverneur général, Rideau Hall, Ottawa (16 août 1993).

LIVRES : Wienfried Siemerling, « A Political Constituency that Really Exists », dans *Take this Waltz, A Celebration of Leonard Cohen*, sous la dir. de Michael Fournier et Ken Norris (Sainte-Anne-de-Bellevue, The Muses' company, 1994).

ALBUMS : *I'm Your Man. The Future.*

Chapitre 13

Entrevues avec l'auteur : Leonard Cohen 11/05/94. Nancy Bacal 18/02/94 et 29/12/94.

Articles : John Walsh, « Melancholy Baby », *Independant Magazine* (8 mai 1993). Alan Twigg, « The Gospel According to Leonard Cohen », *Georgia Straight* 12 (10-17 novembre 1978). John Walsh, « Research, you understand... Leonard Cohen », *Mojo* (septembre 1994). *Songtalk* 3:2. Agence Reuter, « Leonard Cohen enjoying the spotlight », *Vancouver Province* (28 décembre 1993). *Georgia Straight* (9 juillet 1993). *Boston Globe* (26 décembre 1993). Paul Cantin, « Citizen Cohen », *Ottawa Sun* (29 novembre 1993). *Toronto Star* (21 novembre 1993). Dev Sherlock, « Leonard Cohen », *Musician Magazine* (Novembre 1993). J. Lozaw, « Leonard Cohen », *Boston Rock* 141 (juin 1994). Liam Lacey, « Leonard in Winter », *Globe and Mail* (27 novembre 1993). William Ruhlman, « The Stranger Music of Leonard Cohen », *Goldmine* 19 (19 février 1993). *RTE Weekly* (20-26 août 1993). « Cohen Live », *People* 42. *Globe and Mail* (4 juin et 3 août 1994). Rod Usher, « In Search of Optimism », *Time* (25 septembre 1995). Angelica Huston. « Leonard Cohen », *Interview* (novembre 1995). Merja Asikainen, « Leonard Cohen », *Ilta-Sanomat* (14 octobre 1995). James Adams, « Dancing in the Tower of Song », *Globe and Mail* (3 août 1995).

Archives : « Morningside », radio de la CBC, 13 décembre 1994. BRAVO TV, 31 août 1995. Archives personnelles de Leonard Cohen. Discours aux prix Junos, télévision de la CBC (21 mars 1993). Archives McClelland & Stewart, Université McMaster (correspondance entre Doug Gibson et Jack McClelland).

Livres : *The Energy of Slaves. Stranger Music. Take this Waltz, A Celebration of Leonard Cohen,* sous la dir. de Michael Fournier et Ken Norris (Sainte-Anne-de-Bellevue, The Muses' company, 1994).

Albums : *Death of a Ladies' Man. Tower of Song. The Future. Songs of Love and Hate.*

Index

Autorisations de reproduction

Nous exprimons nos remerciements et notre gratitude aux personnes ou institutions citées ci-dessous, qui nous ont autorisés à reproduire des textes publiés ou inédits. Nous avons fait tous les efforts possibles pour contacter les détenteurs des droits de reproduction ; s'il advenait toutefois que, par inadvertance, une omission ou une erreur se soient produites, nous leur serions reconnaissants d'en aviser l'éditeur pour qu'il soit fait mention de la référence omise ou que l'erreur soit corrigée dans les éditions ultérieures.

Table des matières

MISE EN PAGES ET TYPOGRAPHIE :
LES ÉDITIONS DU BORÉAL

ACHEVÉ D'IMPRIMER EN OCTOBRE 1997
SUR LES PRESSES DE L'IMPRIMERIE GAGNÉ,
À LOUISEVILLE (QUÉBEC).